所有者不明土地
解消・活用のレシピ

民法・不動産登記法・相続土地国庫帰属法の徹底利用術

第2版

中里　功・神谷忠勝・倉田和宏・内納隆治◉著

民事法研究会

第 2 版はしがき

1　改正法施行後の動向

　令和 3 年 4 月21日に成立した「民法等の一部を改正する法律」の主要部分が施行されたのは令和 5 年 4 月 1 日である。改正法には、所有者不明土地の解消・活用という立法担当者の熱意が込められている。その襷を受け取った私たち実務家が、施行と同時に改正法を縦横無尽に駆使しなければならないとの思いの下、施行前の令和 5 年 1 月に本書の初版が産声を上げた。

　施行から 1 年以上が経過した現在、初版発刊の段階ではまだ明らかにされていなかった各種裁判手続に関する記載例や運用方法、関連する登記、供託、公告に関する諸規則や通達等が出揃った。著者らも改正法を活用して実際に依頼者が抱える問題を解決したり、解決策の提案・模索をしたりするケースを経験しており、新制度は着実に実務に浸透していることが実感できる。

　また、初版ではコラムで取り上げるにとどまっていた相続土地国庫帰属制度も令和 5 年 4 月27日に施行され、法務省の統計によれば、令和 6 年 6 月30日現在で2,348件の承認申請がなされ、このうちの564件について国庫帰属が承認されているとのことであるし、令和 6 年 4 月 1 日には相続登記の義務化が施行されたことにより、本書の読者の多くを占めるであろう全国の司法書士は、多忙を極めていることが予測できる。

　このような状況の下、初版で披露した「実務家による実務家のためのレシピ」がさらに広くかつ深く活用されることを期待し、初版発刊から現在に至るまでの改正法をめぐる動向をくまなく網羅した第 2 版を発刊するに至った。

2　第 2 版の構成

　第 2 版の基本的なコンセプトは、初版と変わらない。

　著者らが実際に相談を受けた事案を題材とし、改正法を実務でいかに使いこなすかという観点の下で 4 名の司法書士が一つの題材を多角的に議論する過程を文字起こしすることにより、依頼者の抱える問題を解決するために議論を闘わせる様子を垣間見ることができる構成となっている。

第2版はしがき

　主に改正民法を検討する第1章から第6章では、初版で検討した各事案を
ベースとし、裁判所から公表された記載例や添付書類等の運用方法、法務省
から発出された供託や登記に関する通達等の初版発刊移行に明らかとなった
情報を詳細に紹介しながら、改正法を駆使した各事案の具体的な解決方法を
考察する構成とした。

　改正不動産登記法を検討する第7章では、所有者不明土地問題の解消を目
的とした改正項目のうち、初版発刊移行に詳細が明らかとなった所有権登記
名義人の登記事項についての概観を加筆した。

　また、登記名義人の所在が判明しないまま長期にわたり登記が放置されて
いる用益権、買戻権、担保権については土地・建物の所有者による単独申請
を認めた新たな抹消登記手続が創設されているところ（不登70条2項・70条
の2）、初版発刊時点では登記名義人の所在の調査方法は明らかとされてい
なかった。この点について不動産登記規則152条の2が整備されたことを受
け、要件ごとに場合分けした詳細な検討を施している。

　さらに、相続土地国庫帰属制度については新たに第8章を書き起こし
た。第8章の新設にあたっては、私たち実務家が本書を精読することによ
り、①国庫帰属を検討する依頼者の関心事である「承認を受けられるのか」
という点と「コストがどのくらい必要か」という点に可及的正確な回答を示
すことができるようにすること、②承認申請書やその添付書類を具体的に起
案できるようすること、の2点に腐心した。

　この目的に適う内容とするため、承認の可否を調査する法務局の職員が各
要件についてどのような観点からどのような方法で調査を進めるのかを紐解
く趣旨で、法や政省令はもちろんのこと、関係通達、事務処理要領、政省令
制定時のパブリック・コメントに対する法務省民事局民事第二課の回答、法
務省ウェブサイト上に掲載されているQ&Aや各種記載例等のあらゆる関連
情報を漏れなく抽出して検討している。

　相続土地国庫帰属制度の解説書としては、類書の追随を許さないクオリ
ティーの高いレシピが提供できたものと自負している。

3　本書の出版に至る経緯

　本書が誕生したきっかけは、著者の一人である中里の苦悩にあった。

第 2 版はしがき

　令和 3 年 4 月に改正法が成立したが、条文を眺めるだけで具体的なイメージが浮かばないまま徒に時間だけが過ぎていたとき、ふと「今まで取り扱った事案を改正法にあてはめたらどんな結論になるのだろうか」と思いつき自身のウェブサイト上に書き綴った原稿が、本書の下地となっている。

　ちょうど同時期、著書の神谷と内納が所属していた司法書士法人中央合同事務所では、業務上で生じた日々のさまざまな疑問を数名の司法書士で議論し、その様子を YouTube 動画として同法人のウェブサイト上で公開していた。

　この YouTube 動画の仕掛人こそが、古橋清二司法書士であった。

　一人だけでの検討作業に限界を感じていた中里は、書き溜めたいくつかの素材を題材として携え、中央合同事務所の勉強会に半ば強引に参戦した。こうして始まった古橋、神谷、内納を交えた議論は、中里にとって二次元の活字にすぎなかった改正法が、深みと厚みを伴う三次元の構築物へと昇華していく貴重な時間であった。

　古橋が「余命十数ヶ月」と宣告されたのは、中里の持ち込んだ素材をひととおり検討し終わった令和 4 年 2 月のことだ。

　それでも古橋は、月に 2 回程度のペースで継続していた勉強会には必ず出席した。YouTube の映像には登場していないときでも、カメラの向こうで的確な指摘を繰り返していた。陰に徹する古橋からの指摘が、理論武装を強化し、新たな課題を発見し、見落としていた論点を発掘し、実務におけるアイディアを創出した。

　繰り返し投稿される動画が、静岡県司法書士会で研修担当を務めていた倉田の目にとまり、会員向け研修会の企画が舞い込んできたのは令和 4 年夏のこと。倉田のオーダーは「講義形式ではなく YouTube 動画のように議論の過程をそのまま研修会で再現してほしい」というもの。まだコロナによる行動制限が課せられていたときでもあったため、倉田が進行役となって神谷・内納・中里の 4 名による研修動画を事前撮影することとした。闘病生活を続ける古橋はこのときも、自ら撮影係と監修を買って出た。無論、研修動画の随所に古橋の指摘が散りばめられていた。

　研修動画が完成したその日、古橋から「で、本はいつできるの?」との一

第2版はしがき

言が。こうして始まった執筆作業は、約半年の期間を経て初版発刊に至った。とどのつまり、著者の4名は古橋の掌中で踊らされていたのだ。中里が素材を持ち込んだ最初の勉強会の日、すでに古橋の頭の中では、本書が完成していたのだろう。

その初版が古橋の手に渡らなかったことが、悔やまれてならない。

踊らされていた4名の著者が、今度は自ら主導して粉塵の力を込めて取りまとめたものが、本書の第2版である。古橋の手がけたレシピの完成形だ。

本書がそのタイトルのとおり、所有者不明土地の解消・活用のために読者各位から徹底的に利用されることを切望してやまない。

令和6年8月

著者代表　中　里　　　功

推薦の辞

　日本司法書士会連合会では、大きな社会問題となっている「所有者不明土地問題」の解決の担い手として、全国の司法書士が改正法の施行と同時に実務家として十全な対応が行えるようインフラ整備を継続しています。

　すでに、さまざまな機会で繰り返し述べているところではありますが、所有者不明土地問題の解決の担い手としての司法書士の責務は、登記の専門家としての役割に限定されるものではありません。以下のような「登記」「財産管理」「裁判」等、あらゆる分野における法律専門家としての活躍が期待されています。

①　相続登記が義務化されたことに伴う、「相続登記の法律専門家」としての役割

②　新たに創設される土地管理人等や、見直しがされた不在者財産管理人や相続財産管理人等の財産管理人としての役割

③　新たに創設される所在等不明共有者の共有持分の取得手続や、「裁判による共有物の分割」の見直しにより柔軟となった共有物分割訴訟を活用した共有不動産の処分における役割

④　新たに創設される土地所有権の国庫への帰属の承認手続における役割

　また、今般の民法・不動産登記法改正に関する附帯決議には、「遺産分割協議が行われ、その結果を登記に反映させることは確定的な権利帰属を促進し、不動産所有権の分散化の防止につながるもので、本改正の趣旨にも沿うものであることから、関係機関及び専門職者は連携体制を強化し、その促進に向けて、積極的に周知広報を行うこと」とありますので、遺産分割協議の促進役としての期待もされています。

　本書は、中里功司法書士をはじめとする実務経験豊富な司法書士による著作ですが、その豊富な実務経験から、事案ごとに適切なレシピを提供するという、実務家にとっては極めて有益な内容となっています。

　司法書士は、法務局や裁判所との連携はもちろん、市民から多くの相談が寄せられるであろう地方自治体や金融機関など、さまざまな連携先と一丸となって、この「所有者不明土地問題」の解決にあたっていく必要がありま

推薦の辞

す。寄せられている期待に応え、期待以上の実績を示していくために、本書はまさに必携の書籍でありましょう。そして、本書を参考に実務にあたった司法書士が、さらなる創意工夫で実務例を積み重ね、それが司法書士界全体の財産となっていくことを祈念しております。

　令和4年11月

日本司法書士会連合会会長　小　澤　吉　徳

はしがき

1 所有者不明土地問題は相続登記義務化だけでは解決しない

令和4年7月7日に法務省民事局がとりまとめた「所有者不明土地の解消に向けた民事基本法制の見直し」によれば、「所有者不明土地」とは、不動産登記記録により所有者が直ちに判明しない土地、または所有者が判明してもその所在が不明で連絡がつかない土地と定義される。所有者不明土地が九州全土に相当する国土の24%を占めている（令和2年国土交通省調査）という情報は、不動産登記、不動産取引に携わる者にとってもはや周知の事実といえよう。

同調査によると、所有者不明土地の発生を招いた原因の実に63%が「相続登記の未了」ということである。相続登記が放置される要因を探ると、都市部への人口移動により地方の土地が管理できなくなっていること、林業の衰退や若者の離農化により山林や農地の価値が低下したこと等の理由から、土地を所有することに価値が見出せないばかりかかえって管理費や公租公課等のコストを持ち出す必要が生じており、いわゆる「負動産」化の進行が著しいという社会情勢が浮かび上がる。加えて、日本の不動産登記制度は個人の権利を守ることを目的としているため（対抗要件主義）、登記を経由することは土地の所有者にとって義務ではない。このような状況では、価値のない土地について、わざわざ登録免許税や司法書士報酬を支払ってまで登記名義を取得しようというインセンティブは働かない。先の東日本大震災は、放置された相続登記が公共事業や災害復興事業の足かせとなっていることを社会に対し赤裸々にしたし、所有者が不明な土地は長年にわたる管理不全を常態化させ、隣接土地や周辺環境へ与える悪影響も測り知れない。

このような状況を憂慮し、令和3年4月21日に成立した「民法等の一部を改正する法律」では、相続登記が義務化される。また、同時に成立した「相続等により取得した土地所有権の国庫への帰属に関する法律」（以下、「相続土地国庫帰属法」という）では、高いハードルをクリアしなければならないとはいえ、実質的な土地の所有権放棄が立法化されている。いずれの制度も、長年にわたって登記実務に携わってきた私たち司法書士にとってにわか

には信じがたい改正であったが、それだけにこの問題の根深さと、政府の本気度をうかがうことができる。私たちは今、個人の権利保全を目的としていた相続登記が、社会インフラとしての登記という公共的性格を帯びることとなった歴史的大転換を経験しているといっても、決して過言ではなかろう。

　しかし、相続登記を義務化したからといって所有者不明土地が解消に向かうのかといえば、ことはそう簡単ではない。法定相続分による相続登記や、新設された相続人申告登記の利用が広まることにより、確かに不動産登記記録によって現在の所有者が判明しない、あるいは現在の所有者と連絡がつかないという事態は相当程度改善されるとしても、これだけでは「所有者不明」状態が解消されただけで、この土地が依然として市場に流通しない土地であることに変わりはない。幾重にも数次相続が重なり、たった一人の登記名義人の権利を承継する者が数十名ないし百余名とねずみ算式に増加している現状の下、当事者間における遺産分割協議を成立させて流通しうる土地としてのお膳立てをすることが至極困難であることは、相続実務に携わった経験のある者ならば、誰しも容易に首肯できるはずである。

　すなわち、相続登記の義務化は、所有者不明土地問題解消のためのほんの入口にすぎず、重要なことは、長年にわたって相続登記を放置してきたことにより所有者不明となった土地について、いかにして遺産共有状態を解消することによって市場に流通させるのかという視点である。また、これにも増して重要なことは、所有者不明土地化を招かないための有効な活用策の模索であろう。誰もが活用価値を見出すことができる土地は、そう簡単に塩漬けにはならないし、所有者不明にもならないからである。

2　所有者不明土地問題解消に向けた司法書士の責任

　このような観点から改正法を俯瞰すると、改正法が所有者不明となってしまった土地の問題解決を図るためだけに成立したのではないことが、よく理解できる。土地を対象として新設された制度のうち所有者不明土地を対象とするものには、所有者不明土地管理命令（264条の2）、所在等不明共有者の持分取得（262条の2）または持分譲渡権限付与（262条の3）がある。所有者が判明している土地にも適用される制度としては、管理不全土地管理命令（264条の9）、相隣関係の見直し（209条以下）、不動産登記法の見直し、相続

土地国庫帰属法の創設がある。なお、これらのうち、相隣関係の見直しおよび相続土地国庫帰属法を除く各制度は、建物についても適用がある（所有者不明建物管理命令（264条の8）、管理不全建物管理命令（264条の14）ほか）。

また、所有者不明化を招く要因の一つとして土地や建物が利用されずに塩漬け状態となることがあげられるが、その大きな原因の一つが、土地や建物が共有に服していることにある。共有者の全部または一部が所在不明であるケース、共有者の全部または一部に相続が開始しており相続人の一部に所在不明の者がいるケースだけでなく、共有者全員の所在は明らかであるが共有者間での合意が得られないことにより共有物の利用方法が決せられないケースもある。そこで改正法では、共有制度そのものを根本的に見直すことに加え（249条以下）、共有状態の一類型である遺産共有を対象とし、長期にわたる遺産共有状態を解消するためのしくみとして相続開始から10年を経過した遺産共有について一定の条件の下で共有物分割の対象とすることとしたり（258条の2第2項）、特別受益や寄与分の主張を排除したりする規定（904条の3）を新設するなど相続制度の見直しも施されている。さらに、共有者間の合意が得られない場合に、一部の共有者の合意に代えて裁判所の許可を得て共有物の管理または変更を行うことができる制度（252条2項・251条2項）を新設するなど、共有をめぐる規定に改正を施すことにより共有不動産の所有者不明化の防止、所有者不明状態からの脱却を図り、共有不動産の利活用を推進している。

このほか、不在者財産管理人、相続財産管理人の各制度を見直すための規定もあるなど、所有者不明土地問題以外の幅広い分野に影響があるラインナップとなっており、改正法全体を横断的に習熟しておく必要があることはもちろんのこと、本書の読者の多くを占めるだろう法律実務家にとっては、日々の具体的な相談に対し「この制度が使えないだろうか」とひらめく力も求められる。無論、手続の選択をするにあたっては、新設された各制度の条文だけでなく、趣旨や目的、制定に至るまでの立法過程における議論の経緯をも含めた深い洞察が必要となるし、現行法の各制度と比較対照した場合の依頼者にもたらすメリット・デメリットの検証も不可欠となる。

立法作業は、一部の政省令や通達を除きすでに終わった。改正法は、立法

はしがき

担当者から実務家である私たちにバトンタッチされたわけだ。多岐にわたる改正条文に習熟し、相談現場においてこれを駆使して所有者不明土地問題の解消にいかに寄与することができるのか。実務家の責任が問われている。

ことに、国民から権利の登記をほぼ独占的に請け負っている司法書士の責任は、極めて重い。

3　本書の狙いと構成

本書では、著者らが実際に相談を受けた事案を題材とし、現行法での解決策の紹介、改正法による手続を選択した場合の改正条文へのあてはめ、現行法による解決策との比較検討をすることにより、改正法を実務でいかに使いこなすかを模索する。

検討を進めるにあたっては、4名の司法書士がいくつかの題材を素材としてこれを多角的にとらえ、さまざまな角度から問題解決のためのアイディアを出し合いながら議論を進める様子を文字起こしする方法を試みた。本書ではこの議論の過程を"レシピ"と称した。レシピといえば料理であるが、レシピを参考にすることで料理の素人がプロのノウハウを簡単に実践でき、プロ顔負けの料理を提供できるように、本書を読み進めることにより、裁判手続や非定型な登記手続に不慣れな司法書士や経験の浅い司法書士であっても、躊躇なく事件を受任し、質の高い解決策を提供することができるようになってほしい、そんな願いを込めたネーミングである。

議論の過程においては改正法の条文や成立に至るまでの議論の経過についても言及しているが、問題解決に必要な論点だけを抽出しているため、逐条解説的にまんべんなく改正法の論点整理を施しているわけではないし、条文の構成順に従った体系的な構成となっていない点にもご注意いただきたい。もっとも、このような問題解決を中心とする構成を採用した結果、改正項目を深く理解したいと考える読者にとっては、改正法の条文解説が第何章のどの部分に言及されているのかを探しにくいという不都合が生じる点は否めない。そこで、「本書の使い方」として、改正法による改正条文のうち本書で言及している条文か否か、言及している場合にはいずれの個所で言及しているのかを、民法の条文に限って一覧にまとめているので参照していただきたい。

また、本書ではあえて本文中に条文を引用するスタイルを採用した。著者らは、法律を習熟するには条文の読み込みが不可欠であると考える。これは改正法を理解する場面に限らず、現行法の規定でも事に触れてあらためて条文を読み込むことによって新たな気づきがあり各規定へのより深い理解に資するのであるが、昨今の実務家、ことに司法書士試験合格者の話を聞くと、試験勉強に六法（電子記録を含める）を用いた経験のない者が少なくないと耳にする。しかし、条文は法律実務家にとっての教科書そのものであるし、条文にあたり、条文を読み込むことによって気づき、理解し、発想するという能力を培うことこそが法律実務家としてのスキルアップであるとの考えの下、本書を読み進めることによって自然と関連条文をも読み込むことができる構成となっている。ぜひ、条文を読み飛ばさずに精読いただきたい。なお、引用条文は改正法に関する規定を中心としているが、改正に関係しない条文も必要な範囲内で引用している。また、条文を引用する際には読みやすさを優先し、漢数字は算用数字に置き換えている。

最後に、僭越ながら議論に加わった4名の司法書士はいずれも裁判手続や難易度の高い相続手続に対する豊富な経験を有しており、多くの読者と同じ実務家の視点から依頼者の抱える問題を解決するために議論を闘わせる様子を垣間見ることができる構成となっている。論文を読み込むのではなく、研修会を受講しているような気楽さで本書を読み進めてもらうことができ、自然と読者の理解が深まる構成となっているのも本書の特徴といえよう。

読者各位が、本書で提供する改正法活用のための"レシピ"を縦横無尽に使い込んでいただくことを切望する。

令和4年11月

著者代表　中　里　　功

本書の使い方

◎本書の使い方◎

　以下の表は、改正法によって改正された民法の条文のうち、本書で言及している条文と言及していない条文とを区分し、言及している条文については言及している個所を一覧にまとめたものである。

　「はしがき」にも掲げたとおり、本書は問題解決に必要な論点だけを抽出しているため、逐条解説的にまんべんなく改正法の論点整理を施しているわけでないし、条文の構成順に従った体系的な構成となっていないため、本書で言及している改正項目が第何章のどの部分に掲載されているのかがわかりづらい。

　このため、読者の利便を図る趣旨から、民法の条文に限り本書における言及の有無と言及がある場合の言及箇所について一覧にまとめる。

　表の見方は、次のとおりである。

① 　条数・見出し欄は改正法により改正された民法の条文と、その条文の見出しである。

② 　項目欄は、各条文が解説されている本書における項目を示す。なお、複数項目において言及している条文の場合には主要な解説をしている項目（条文によっては複数を並記）を表示し、本書で言及のない条文については「-」と表示する。

条数・見出し	項　目
第209条（隣地の使用）	-
第213条の2（継続的給付を受けるための設備の設置権等）	-
第213条の3	-
第233条（竹木の枝の切除及び根の切取り）	-
第249条（共有物の使用）	第4章5-3
第251条（共有物の変更）	第4章3-3-2・5-1
第252条（共有物の管理）	第4章3-3-1
	第5章4-1・4-3-3
第252条の2（共有物の管理者）	第5章5-2
第258条（裁判による共有物の分割）	第4章4-1-3
第258条の2	第4章4-1-4
第262条の2（所在等不明共有者の持分の取得）	第1章4-1-1
第262条の3（所在等不明共有者の持分の譲渡）	第1章7-1
第264条（準共有）	第4章1-3
第264条の2（所有者不明土地管理命令）	第2章4-2・4-4-1

第264条の3 （所有者不明土地管理人の権限）	第2章4-3-2・4-4-3
第264条の4 （所有者不明土地等に関する訴えの取扱い）	第2章5-1
第264条の5 （所有者不明土地管理人の義務）	第2章5-1
第264条の6 （所有者不明土地管理人の解任及び辞任）	－
第264条の7 （所有者不明土地管理人の報酬等）	第2章5-3
第264条の8 （所有者不明建物管理命令）	第2章4-1-1
第264条の9 （管理不全土地管理命令）	第3章4-2-1・4-4-1
第264条の10 （管理不全土地管理人の権限）	第3章4-4-2
第264条の11 （管理不全土地管理人の義務）	第3章6-3
第264条の12 （管理不全土地管理人の解任及び辞任）	第3章4-4-2
第264条の13 （管理不全土地管理人の報酬等）	第3章5-2-3
第264条の14 （管理不全建物管理命令）	第3章4-2・4-4-1
第897条の2 （相続財産の保存）	第6章2-1-1・2-3
第898条 （共同相続の効力）	
第904条の3 （期間経過後の遺産の分割における相続分）	第4章1-2
第907条 （遺産の分割の協議又は審判）	－
第908条 （遺産の分割の方法の指定及び遺産の分割の禁止）	－
第918条 （相続人による管理）	第6章2-1-2
第926条 （限定承認者による管理）	第6章2-1-2
第936条 （相続人が数人ある場合の相続財産の清算人）	第6章2-2
第940条 （相続の放棄をした者による管理）	第6章2-1-3
第952条 （相続財産の清算人の選任）	第6章2-2
第953条 （不在者の財産の管理人に関する規定の準用）	第6章2
第957条 （相続債権者及び受遺者に対する弁済）	－

目　次

『所有者不明土地解消・活用のレシピ〔第2版〕』

◎目　　次◎

第1章　所在等不明共有者の持分取得のレシピ

1　はじめに ……………………………………………………………… 2

2　事案❶の概要 ………………………………………………………… 2

　〔図表1〕　事案❶の関係図／2

3　改正法施行前の解決策 ……………………………………………… 3

　3-1　考えられる選択肢 …………………………………………… 3

　3-2　不在者財産管理人の選任申立て …………………………… 4

　3-3　買取交渉の可否 ……………………………………………… 5

4　改正法の活用 ………………………………………………………… 8

　4-1　所在等不明共有者の持分取得 ……………………………… 8

　4-1-1　所在等不明共有者の持分取得の概要／8

　4-1-2　通常の共有と遺産共有／9

　〔図表2〕　通常の共有と遺産共有の解消（改正法施行前）／11

　4-1-3　共有物分割訴訟の改正点／11

　4-1-4　遺産共有の場合の注意点／13

　〔図表3〕　改正法における遺産共有の解消／14

　4-2　所在等不明共有者の持分取得の要件 ……………………… 16

　4-2-1　対象となる共有物／16

　4-2-2　所在等不明／16

　4-2-3　所在等不明共有者が死亡しており、相続人がいない
　　　　　場合／18

　4-2-4　相続開始から10年／19

　4-3　所在等不明共有者の持分取得の手続 ……………………… 20

　4-3-1　管　轄／20

4-3-2　申立ての方法／21

　　　4-3-3　申立ての手数料／23

　　　4-3-4　添付書類／23

　　　4-3-5　公告・通知／25

　　　4-3-6　供託の方法／27

　　　【書式1】　所在等不明共有者の持分の取得の裁判における供託
　　　　　　　　命令に基づく供託①――他の共有者を知ることがで
　　　　　　　　きない場合／29

　　　【書式2】　所在等不明共有者の持分の取得の裁判における供託
　　　　　　　　命令に基づく供託②――他の共有者の所在を知るこ
　　　　　　　　とができない場合／30

　　　4-3-7　登　記／35

5　事案❶へのあてはめ ……………………………………………… 38

　　　【書式3】　所在等不明共有者持分取得決定申立書／39

　　　【書式4】　所有者・共有者の探索等に関する報告書／43

6　改正法施行前の解決策との比較 ……………………………… 51

　6-1　コスト・時間 ………………………………………………… 51

　6-2　他の遺産がある場合 ………………………………………… 51

　6-3　全体的解決の模索 …………………………………………… 52

7　所在等不明共有者の持分譲渡権限付与 ……………………… 53

　7-1　所在等不明共有者の持分譲渡権限付与の概要 …………… 53

　　　【書式5】　所在等不明共有者持分譲渡権限付与決定申立書／55

　　　【書式6】　所在等不明共有者の持分の譲渡権限の付与の裁判に
　　　　　　　　おける供託命令に基づく供託①――他の共有者を知
　　　　　　　　ることができない場合／60

　　　【書式7】　所在等不明共有者の持分の譲渡権限の付与の裁判に
　　　　　　　　おける供託命令に基づく供託②――他の共有者の所
　　　　　　　　在を知ることができない場合／61

　7-2　所在等不明共有者の持分譲渡権限付与の特徴 …………… 62

　7-3　所在等不明共有者以外の共有者との関係 ………………… 63

目　次

7－4　供託金への影響 ………………………………………………… 64

7－5　登記手続上の問題点 …………………………………………… 65

7－6　実務上の注意点 ………………………………………………… 65

第2章　所有者不明土地管理命令のレシピ

1　はじめに …………………………………………………………… 68

2　事案❷の概要 ……………………………………………………… 69

　〔図表4〕　事案❷の関係図／70

3　改正法施行前の解決策 …………………………………………… 70

　3－1　不在者財産管理人選任申立て ……………………………… 70

　3－2　時効取得 ……………………………………………………… 72

　3－3　特別代理人選任申立て ……………………………………… 73

4　改正法の活用 ……………………………………………………… 75

　4－1　所有者不明土地管理命令の概要 …………………………… 75

　4－2　所有者不明土地管理命令の手続 …………………………… 76

　4－2－1　管　轄／76

　4－2－2　申立ての方法／78

　4－2－3　申立ての手数料／79

　4－2－4　添付書類／79

　4－2－5　公　告／83

　4－2－6　管理人の印鑑証明書／84

　【書式8】　所有者不明土地管理人選任及び印鑑証明書／86

　4－3　所有者不明土地管理命令の要件 …………………………… 87

　4－3－1　所有者不明／87

　4－3－2　必要性／88

　4－3－3　利害関係／90

　4－3－4　申立書の起案／93

【書式9】　所有者不明土地管理命令申立書／94

　4-4　　所有者不明土地管理命令の効果 ……………………………… 98

　4-4-1　管理権限の範囲／98

　4-4-2　登　記／100

　4-4-3　管理人の権限／103

　4-4-4　表題部所有者不明土地法との関係／106

5　事案❷へのあてはめ ………………………………………………… 107

　5-1　　所有者不明土地管理人に対する時効援用 ………………… 107

　5-2　　所有者不明土地管理人からの買取り ……………………… 110

　5-3　　所有者不明土地管理人の報酬面からの検討 …………… 111

6　いくつかの論点整理 ………………………………………………… 112

　6-1　　管理権限 ……………………………………………………… 112

　6-1-1　債務の弁済／113

　6-1-2　建物の敷地利用料の支払い／114

　6-1-3　建物の取壊し／116

　6-2　　遺産共有 ……………………………………………………… 117

　6-3　　管理業務の終了 ……………………………………………… 118

【書式10】　所有者不明土地管理命令における所有者不明土地
　　　　　　管理人がする供託①——所有者を知ることができ
　　　　　　ない場合／120

【書式11】　所有者不明土地管理命令における所有者不明土地
　　　　　　管理人がする供託②——所有者の所在を知ること
　　　　　　ができない場合／121

【書式12】　所有者不明土地・建物管理命令における所有者不
　　　　　　明土地・建物管理人がする供託——所有者を知る
　　　　　　ことができない場合・不動産が複数ある場合／123

【書式13】　所有者不明土地管理人による供託公告／126

【書式14】　所有者不明土地及び建物管理人による供託公告／127

7　所有者不明土地管理命令の活用可能性 ………………………… 127

　7-1　　公共事業への活用 …………………………………………… 127

目　次

7－2　空家・空地への活用 ……………………………………………… 128

7－3　共有土地の解消 ……………………………………………………… 130

第3章　管理不全建物管理命令のレシピ

1　はじめに ………………………………………………………………… 134

2　事案❸の概要 …………………………………………………………… 136

　　〔図表5〕　事案❸の関係図／137

3　改正法施行前の解決策 ………………………………………………… 138

　3－1　未払管理費の回収 ……………………………………………… 138

　3－2　危険の除去①──A社による建物解体の模索 ……………… 140

　　〔図表6〕　事案❸の建物／141

　3－2－1　清算人からの建物購入／143

　3－2－2　金銭債権に基づく強制競売／144

　3－3　危険の除去②──予防措置を求める方法 ………………… 146

　3－3－1　妨害予防請求権／146

　3－3－2　占有保全の訴え／146

　3－4　別荘地の活性化──景観の保持 ……………………………… 149

4　改正法の活用 …………………………………………………………… 152

　4－1　管理不全建物管理命令の概要 ………………………………… 152

　4－2　管理不全建物管理命令の手続 ………………………………… 153

　4－2－1　管　轄／154

　4－2－2　申立ての方法／154

　4－2－3　申立ての手数料／157

　4－2－4　添付書類／157

　4－2－5　公告・登記／160

　4－2－6　所有者の陳述／160

　4－3　管理不全土地管理命令の要件 ………………………………… 163

4－3－1　管理が不適当であること／163

4－3－1－1　管理放置・不適切管理／163

4－3－1－2　物が放置された土地／164

4－3－1－3　ゴミ屋敷／165

4－3－1－4　そのほかに想定される例／167

4－3－2　因果関係／167

4－3－3　必要性／168

4－3－4　利害関係／169

4－3－5　申立書の起案／170

【書式15】　管理不全建物管理命令申立書／170

4－4　管理不全土地管理命令の効果 ……………………………… 174

4－4－1　管理権限の範囲／174

4－4－2　管理人の権限／177

4－4－3　管理人による供託／180

5　事案❸へのあてはめ ………………………………………… 183

5－1　未払管理費の回収 …………………………………………… 183

5－2　危険の除去 …………………………………………………… 184

5－2－1　各要件へのあてはめ／184

5－2－2　建物の解体を目的とする場合／184

5－2－3　管理不全建物管理人に対し予防措置を求める場合
／185

5－3　別荘地の活性化 ……………………………………………… 186

6　所有者の権利との調整 ……………………………………… 187

6－1　所有者の手続保障 …………………………………………… 188

6－2　訴訟の当事者適格 …………………………………………… 189

6－3　善管注意義務 ………………………………………………… 190

7　管理不全土地管理命令・管理不全建物管理命令の活用可能性 ……… 192

7－1　空家問題への活用 …………………………………………… 192

7－2　隣地からの草木の越境 ……………………………………… 194

7－3　不法投棄 ……………………………………………………… 195

目　次

第 4 章　共有物変更決定のレシピ

1　はじめに ……………………………………………………………………… 198

　1-1　共有の解消 ………………………………………………………… 198

　1-2　遺産共有における特則 ………………………………………… 199

　1-3　不動産以外の共有物 …………………………………………… 201

2　事案❹の概要 …………………………………………………………… 202

　〔図表 7〕　事案❹の関係図／202

3　共有をめぐる規律の整理 ………………………………………… 203

　3-1　保存・管理・変更・処分 …………………………………… 203

　3-2　裁判例の整理──賃貸借契約を中心に ……………… 205

　〔図表 8〕　共有物の変更・管理（改正法施行前）／206

　3-2-1　賃貸借契約の締結／206

　3-2-2　賃貸借契約の解除／208

　3-2-3　賃料の増減額ほか／209

　3-3　改正法による変更点 …………………………………………… 210

　〔図表 9〕　共有物の変更・管理（改正法）／210

　3-3-1　短期賃貸借等／211

　3-3-2　軽微な変更／214

　〔図表10〕　軽微な変更／216

　3-3-3　共有私道ガイドライン／217

　3-3-4　区分所有法の規定／218

4　改正法施行前の解決策 …………………………………………… 220

　4-1　賃貸借契約の解除 ……………………………………………… 220

　4-2　未払賃料の請求 …………………………………………………… 220

　4-3　新たな賃貸借契約の締結 …………………………………… 222

5　改正法の活用 …………………………………………………………… 224

　5-1　共有物変更決定の概要 ……………………………………… 224

5－2　共有物変更決定の要件と手続 ……………………………………… 225

5－2－1　所在等不明／225

5－2－2　管　轄／226

5－2－3　申立ての方法／227

5－2－4　申立ての手数料／228

5－2－5　添付書類／228

【書式16】　所在等不明共有者共有物変更決定申立書／230

5－2－6　公　告／234

5－2－7　登　記／235

5－3　共有物変更決定の効果 ……………………………………………… 236

5－3－1　自己の持分を超える使用の対価／236

5－3－2　持分の喪失をもたらす行為／239

6　他の制度との比較 ……………………………………………………… 240

6－1　改正法施行前の解決策との比較 …………………………………… 240

6－2　所在等不明共有者の持分取得との比較 …………………………… 241

6－3　所有者不明建物管理命令との比較 ………………………………… 242

第 5 章　共有物管理決定のレシピ

1　はじめに ………………………………………………………………… 244

2　事案❺の概要 …………………………………………………………… 244

〔図表11〕　事案❺の関係図／245

3　改正法施行前の解決策 ………………………………………………… 246

3－1　共有株式の権利行使者の指定 ……………………………………… 246

3－2　仮取締役の選任申立て ……………………………………………… 249

4　改正法の活用 …………………………………………………………… 251

4－1　共有物管理決定の概要 ……………………………………………… 251

4－2　共有物管理決定の要件と手続 ……………………………………… 254

目　次

4−2−1　他の共有者への催告／254

〔図表12〕　所在不明者と無回答者がある場合／256

4−2−2　管　轄／256

4−2−3　申立ての方法／257

4−2−4　申立ての手数料／258

4−2−5　添付書類／258

【書式17】　賛否不明共有者の共有物管理決定申立書／259

4−2−6　公　告／263

4−2−7　他の共有者への通知／265

4−2−8　登　記／266

4−3　共有物管理決定の効果 ……………………………………………… 267

4−3−1　裁判の時期／267

4−3−2　異議の届出または賛否の回答があった場合／268

〔図表13〕　複数の無回答者がある場合／269

〔図表14〕　対応方法ごとの結論／269

4−3−3　共有物を使用する共有者への影響／270

4−3−3−1　事実上の使用者の場合／270

〔図表15〕　共有者の承諾の要否／272

4−3−3−2　協議・裁判に基づく使用者の場合／274

4−3−3−3　特別の影響／275

5　共有物の管理者 …………………………………………………………… 277

5−1　概　要 ………………………………………………………………… 277

5−2　管理者の権限ほか …………………………………………………… 278

5−3　共有物の管理者による登記申請 …………………………………… 280

5−4　管理者の職務違反と第三者保護 …………………………………… 281

6　共有物変更決定・共有物管理決定の活用可能性 ………………… 282

6−1　共有不動産への活用 ………………………………………………… 282

6−2　不動産以外の共有物への活用 ……………………………………… 284

6−3　所有者不明土地法との関係 ………………………………………… 284

目　次

第 6 章　相続財産管理制度のレシピ

1　改正法施行前の相続財産管理制度 ……………………………… 288

　1-1　相続財産の管理 ………………………………………………… 288

　1-2　相続人廃除の審判前（895条1項）…………………………… 289

　1-3　承認・放棄までの間（改正前918条2項）………………… 291

　1-4　限定承認（改正前926条2項・936条1項）………………… 292

　1-5　相続放棄（改正前940条2項）……………………………… 294

　1-6　相続財産分離（943条）……………………………………… 294

　1-7　相続人不存在（改正前952条）……………………………… 295

　1-8　遺産分割の審判前（家事200条）…………………………… 296

2　改正法における相続財産管理制度 …………………………… 297

　〔図表16〕　相続財産管理制度新旧対照表／297

　2-1　相続財産の保存に関する規定 ……………………………… 302

　2-1-1　相続財産の保存（897条の2）／302

　2-1-2　改正前民法との関係／303

　2-1-3　相続放棄者の注意義務／304

　2-1-3-1　改正点の整理／304

　2-1-3-2　発生要件／305

　2-1-3-3　注意義務の内容／308

　2-1-3-4　終了の時期／308

　2-2　相続財産の清算に関する規定 ……………………………… 310

　2-3　相続財産管理人の権限 ……………………………………… 311

　2-3-1　債務の弁済／311

　2-3-2　相続財産の売却／313

　2-4　供託による選任処分の取消し ……………………………… 313

　2-4-1　相続財産管理人による供託／313

　2-4-2　供託の方法／316

23

目　次

　　　【書式18】　不在者の財産の管理に関する処分に伴う供託／317

　　　【書式19】　相続財産の保存に必要な処分に伴う供託／318

　　2－4－3　供託したことの公告／319

　　　【書式20】　不在者財産管理人による供託公告／320

　　　【書式21】　相続財産管理人による供託公告／321

　　2－4－4　供託規則の整備／321

　　2－5　相続財産清算人選任の申立て ……………………………… 323

　　2－5－1　管　轄／323

　　2－5－2　申立ての方法／323

　　2－5－3　申立ての手数料／324

　　2－5－4　添付書類／324

　　2－5－5　申立書の起案／325

　　　【書式22】　相続財産清算人選任申立書／326

　　2－6　経過措置 …………………………………………………………… 328

　　2－6－1　相続財産の保存に関する経過措置／329

　　2－6－2　相続財産管理人（改正前936条1項）に関する経過措置
　　　　　　　／330

　　2－6－3　相続財産の清算に関する経過措置／331

　3　事案❻の検討 ……………………………………………………………… 332

　　3－1　事案❻の概要 ………………………………………………………… 332

　　　〔図表17〕　事案❻の関係図／332

　　3－2　改正法施行前の解決策 …………………………………………… 333

　　3－2－1　入院費の支払い／333

　　3－2－2　相続財産の引継ぎ／335

　　3－3　改正法下での対応 …………………………………………………… 336

第 7 章　休眠担保権等の抹消登記のレシピ

1　不動産登記法改正の概観 …………………………………………… 342

　1-1　相続登記、住所・氏名変更登記の義務化 ………………… 342

　1-2　不要な登記の抹消 …………………………………………… 344

　1-3　所有権の登記名義人の登記事項 ………………………… 345

　1-3-1　法　人／345

　1-3-2　外国に居住する日本人／346

　1-3-3　日本国内に居住する外国人／347

　1-3-4　外国に居住する外国人／348

　1-4　その他の改正 ………………………………………………… 349

2　買戻権の抹消 …………………………………………………………… 350

　2-1　事案❼の概要 ………………………………………………… 350

　《登記記録 1》　買戻権の登記（事案❼）／351

　2-2　買戻特約 ……………………………………………………… 351

　2-3　改正法施行前の抹消登記手続 …………………………… 353

　2-4　改正法の活用 ………………………………………………… 354

　2-4-1　契約の日から10年を経過した買戻権／354

　【書式23】　買戻権抹消登記申請情報／355

　2-4-2　公示催告・除権決定／357

　2-4-2-1　改正法施行前の状況／358

　2-4-2-2　登記義務者の所在が判明しない場合／359

　〔図表18〕　自然人の所在の調査／365

　〔図表19〕　法人の所在の調査／374

　〔図表20〕　法人の代表者の所在の調査／375

　2-4-2-3　効　果／375

　【書式24】　公示催告申立書／379

3　解散法人名義の担保権の抹消 ……………………………………… 380

目　次

3-1　事案❽の概要 ……………………………………………… 380

《登記記録2》　解散法人名義の担保権の登記（事案❽）／381

3-2　改正法施行前の解決策 …………………………………… 381

3-2-1　休眠担保権抹消手続／381

3-2-2　清算人選任申立て／384

3-3　不動産登記法70条の2の活用 …………………………… 386

3-3-1　要件の確認／386

3-3-1-1　対象となる権利／386

3-3-1-2　所在不明／387

3-3-1-3　弁済期から30年／388

3-3-1-4　解散の日から30年／389

3-3-2　事案❽へのあてはめ／390

〔図表21〕　株式会社笠井銀行の変遷／391

《登記記録3》　株式会社笠井銀行の閉鎖登記簿謄本（抜粋）
／392

《登記記録4》　株式会社浜松商業銀行の閉鎖登記簿謄本（抜
粋）／393

《登記記録5》　土地の閉鎖登記簿謄本（抜粋）／394

3-3-3　登記申請／394

【書式25】　抵当権抹消登記申請情報／398

【書式26】　抵当権抹消登記の登記原因証明情報／399

4　経過措置 ………………………………………………………… 400

第8章　相続土地国庫帰属のレシピ

1　相続土地国庫帰属法制定の背景と経緯 ……………………… 404

2　承認申請者 ……………………………………………………… 406

2-1　承認申請できる者 ………………………………………… 406

	2-2	承認申請できない者 ……………………………………………… 410
	2-3	土地の共有持分を有する者 ……………………………………… 412
3	法務局による調査 ……………………………………………………… 414
4	却下事由 ………………………………………………………………… 418
	4-1	建物の存する土地 ………………………………………………… 419
	4-2	担保権または使用および収益を目的とする権利が設定 されている土地 …………………………………………………… 422
	4-3	通路その他の他人による使用が予定される土地 ……………… 427
	4-3-1	通　路／428
	4-3-2	墓地内の土地／429
	4-3-3	境内地／431
	4-3-4	水道用地、用悪水路、ため池／433
	4-4	土壌汚染対策法に規定する特定有害物質により汚染さ れている土地 ……………………………………………………… 433
	4-5	境界が明らかでない土地その他の所有権の存否、帰属 または範囲について争いがある土地 …………………………… 437
5	不承認事由 ……………………………………………………………… 443
	5-1	崖がある土地 ……………………………………………………… 444
	5-1-1	崖／444
	〔図表22〕	崖の例(1)／446
	〔図表23〕	崖の例(2)／446
	5-1-2	過分の費用や労力／447
	5-2	土地の通常の管理または処分を阻害する工作物、車両 または樹木その他の有体物が地上に存する土地 …………… 449
	5-3	除去しなければ土地の通常の管理または処分をするこ とができない有体物が地下に存する土地 …………………… 450
	5-4	隣接する土地の所有者その他の者との争訟によらなけ れば通常の管理または処分をすることができない土地 …… 453
	5-4-1	袋　地／454
	5-4-2	使用、収益を妨害されている土地／455

目　次

5−5　通常の管理または処分をするにあたり過分の費用また
　　　は労力を要する土地 ……………………………………………… 457

5−5−1　災害による被害の生じるおそれがある土地／458

5−5−2　動物による被害が生じるおそれがある土地／461

5−5−3　管理が必要な森林／462

5−5−4　賦課金を伴う土地／464

6　負担金 ……………………………………………………………………… 467

6−1　負担金（総論）………………………………………………… 467

6−2　負担金（各論）………………………………………………… 471

6−2−1　帰属令5条1項1号の宅地／471

〔図表24〕　負担金の算定方法①（帰属令5条1項1号の宅地）／472

〔図表25〕　宅地の区分表／472

6−2−2　帰属令5条1項2号の農地／473

〔図表26〕　負担金の算定方法②（帰属令5条1項2号の農地）／474

6−2−3　森　林／476

〔図表27〕　負担金の算定方法③（森林）／477

6−2−4　隣接する土地／478

〔図表28〕　合算の申出による軽減例①（帰属令5条1項4号の土地）
　　　　　　／479

〔図表29〕　合算の申出による軽減例②（帰属令5条1項1号の宅地）
　　　　　　／479

〔図表30〕　負担金の比較／480

〔図表31〕　合算の申出による軽減例③（連続する三筆の土地）／480

〔図表32〕　合算の申出による軽減例④（点で接する二筆の土地）／481

〔図表33〕　合算の申出による軽減例⑤（一部分が接している
　　　　　　二筆の土地）／482

【書式27】　合算申出書①／483

7　承認申請手続 …………………………………………………………… 484

7−1　承認申請書の記載事項（1頁目）……………………………… 484

【書式28】　承認申請書①（1頁目）／485

目　次

7-1-1　承認申請書の提出／486

7-1-2　承認申請者／488

【書式29】　承認申請書②（法人による承認申請）／489

【書式30】　承認申請書③（法定代理人による承認申請）／491

7-1-3　土地の表示／491

7-1-4　所有権登記名義人／492

7-1-5　添付書面／493

7-1-5-1　相続・遺贈による取得を証する書面／493

7-1-5-2　代理権を証する書面／495

7-1-5-3　土地の位置および範囲を明らかにする図面／496

7-1-5-4　土地の形状を明らかにする写真／499

7-1-5-5　隣接土地との境界点を明らかにする写真／500

7-1-5-6　登記承諾書／502

7-2　承認申請書の記載事項（2頁目・3頁目）……………………………504

【書式31】　承認申請書④（2頁目・3頁目）／504

7-2-1　任意の添付書面／505

7-2-2　審査手数料／506

7-2-3　土地の状況ほか／509

7-2-4　承認申請者の押印と連絡先／510

7-2-5　書類作成者／514

7-3　承認申請書の記載事項（4頁目）…………………………………………514

【書式32】　承認申請書⑤（4頁目）／514

8　承認申請書と合算申出書の起案 ……………………………………………516

8-1　承認申請書 ………………………………………………………………516

〔図表34〕　事案❽の関係図／517

【書式33】　承認申請書（事案❽）／518

【書式34】　土地の位置及び範囲を明らかにする図面（事案❽）／525

【書式35】　隣接土地との境界点を明らかにする写真（事案❽）／526

【書式36】　土地の形状を明らかにする写真（事案❽）／527

8-2　合算申出書 ………………………………………………………………528

目　次

　　　　〔図表35〕　事案❾の関係図／528

　　　　【書式37】　合算申出書②（事案❾）／529

　　　　〔図表36〕　事案❿の関係図／530

　　　　【書式38】　合算申出書③（事案❿）／531

　　9　承認申請後の流れ ………………………………………………………… 533

　　9-1　通知・納付・登記・取下げ・審査請求 ……………………………… 533

　　9-2　地位の承継 …………………………………………………………… 537

　　　　【書式39】　地位承継の申出書①（一般承継）／538

　　　　【書式40】　地位承継の申出書②（特定承継）／539

10　事案集積の必要性 ………………………………………………………… 542

　・著者紹介／544

凡　例

◎凡　例◎

▶条文の表記方法

　本書では特に断りがなく条文番号だけを記す場合は改正後の民法の条文を指し、同じく改正法後の不動産登記法、非訟事件手続法、家事事件手続法、区分所有法の各条文を記す場合は、単に、不動産登記法、非訟事件手続法、家事事件手続法、区分所有法と記載する。一方、改正前の各法律の条文を指す場合は、それぞれ「改正前」と付記する。

▶法　令

改正法	民法等の一部を改正する法律（令和3年法律第24号）
民	民法
最高裁規則／裁規	共有に関する非訟事件及び土地等の管理に関する非訟事件に関する手続規則
相続土地国庫帰属法／帰属	相続等により取得した土地所有権の国庫への帰属に関する法律
相続土地国庫帰属令／帰属令	相続等により取得した土地所有権の国庫への帰属に関する法律施行令
相続土地国庫帰属規則／帰属規	相続等により取得した土地所有権の国庫への帰属に関する法律施行規則
所有者不明土地法／不明	所有者不明土地の利用の円滑化等に関する特別措置法
表題部所有者不明土地法／表題部	表題部所有者不明土地の登記及び管理の適正化に関する法律
空家特措法／空家	空家等対策の推進に関する特別措置法
会	会社法
借地	借地借家法
区分所有法／区分	建物の区分所有等に関する法律
民訴	民事訴訟法
民訴規	民事訴訟規則
民執	民事執行法

凡　例

民調	民事調停法
非訟	非訟事件手続法
家事	家事事件手続法
家事規	家事事件手続規則
不登	不動産登記法
不登令	不動産登記令
不登規	不動産登記規則
商登	商業登記法
商登規	商業登記規則
供託	供託法
供託規	供託規則
供託公告令	非訟事件手続法第90条第8項及び第91条第5項並びに家事事件手続法第146条の2第2項の規定による公告の方法等を定める省令
司	司法書士法
戸籍	戸籍法
収用	土地収用法
都市	都市計画法
改良	土地改良法
改良規	土地改良法施行規則
土壌	土壌汚染対策法
土壌規	土壌汚染対策法施行規則
農振法／農振	農業振興地域の整備に関する法律
宗教	宗教法人法
墓埋	墓地、埋葬等に関する法律
地自	地方自治法

▶資　料

会議録	第204回国会衆議院法務委員会会議録
要綱	民法・不動産登記法（所有者不明関係）等の改正に関する要綱（令和3年2月10日）
部会資料	法制審議会民法・不動産登記法部会資料

部会第○回会議	法制審議会民法・不動産登記法部会第○回会議議事録
中間試案補足説明	民法・不動産登記法（所有者不明土地関係）等の改正に関する中間試案の補足説明（令和 2 年 1 月）
ポイント	法務省民事局「令和 3 年民法・不動産登記法、相続土地国庫帰属法のポイント」（令和 4 年10月版）
共有私道ガイドライン	共有私道の保存・管理等に関する事例研究会「複数の者が所有する私道の工事において必要な所有者の同意に関する研究報告書～所有者不明私道への対応ガイドライン～〔第 2 版〕」（令和 4 年 6 月）
ガイドブック	国土交通省「所有者不明土地ガイドブック～迷子の土地を出さないために！～」（令和 4 年 3 月）

▶判例集等

民録	大審院民事判決録
民集	最高裁判所民事判例集／大審院民事判例集
集民	最高裁判所裁判集民事
家月	家庭裁判所月報
判決全集	大審院判決全集（法律新報付録）
判時	判例時報
判タ	判例タイムズ
金法	金融法務事情
ジュリ	ジュリスト

▶著書・論文

あかし	静岡県司法書士会あかし運営委員会編『相続実務必携』（民事法研究会）
荒井	荒井達也『Q&A 令和 3 年民法・不動産登記法改正の要点と実務への影響』（日本加除出版）
内田	内田貴『民法 I 総則・物権総論〔第 4 版〕』（東京大学出版会）
小川＝宗宮	小川英明＝宗宮英俊共編『事例からみる訴額算定の手引〔改訂版〕』（新日本法規）
五右衛門	弁護士五右衛門『限定相続の実務〔改訂 2 〕』（オブアワーズ）
後藤浩	後藤浩平『不動産登記添付情報全集〔新版〕』（新日本法規）

凡　　例／参考文献

後藤基	後藤基『休眠担保権をめぐる登記と実務』（新日本法規）
小林ほか	小林昭彦ほか編著『注釈司法書士法〔第4版〕』（テイハン）
小山	小山昇『民事訴訟法〔4訂版〕』（青林書院）
新堂	新堂幸司『民事訴訟法』（弘文堂）
東司	東京司法書士会民法改正対策委員会編『Q&Aでマスターする民法・不動産登記法改正と司法書士実務』（日本加除出版）
東弁	東京弁護士会法友全期会相続実務研究会編『遺産分割実務マニュアル〔第4版〕』（ぎょうせい）
遠田	遠田新一『新版注釈民法(1)』（有斐閣）
中村	中村平八郎「財産管理に関する各種家事事件処理についての実証的研究」（法曹会）
編集室	登記研究編集室編『不動産登記実務の視点VI』（テイハン）
正影	正影秀明『休眠担保権に関する登記手続と法律実務』（日本加除出版）
松井	松井信憲『商業登記ハンドブック〔第2版〕』（商事法務）
松岡	松岡登『不在者の財産管理及び失踪（講座・実務家事審判法4）』（日本評論社）
馬橋	馬橋隆紀『共有関係における紛争事例解説集』（新日本法規）
山田	山田忠治「東京家裁財産管理部の実情」（判時1168号）
吉田	吉田徹編『一問一答改正マンション法──平成14年区分所有法改正の解説』（商事法務）
我妻	我妻榮『民法講義Ⅱ〔新訂〕物権法』（岩波書店）
我妻ほか	我妻榮ほか『コンメンタール民法──総則・物権・債権〔第8版〕』（日本評論社）
野澤	野澤千絵『老いた家　衰えぬ街──住まいを終活する』（講談社）

◎参考文献◎

・後藤浩平『Q&A所有者不明土地特措法・表題部所有者不明土地適正化法の実務と登記』（日本加除出版）
・一般財団法人土地総合研究所ウェブサイト「土地総研リサーチ・メモ」
・財産管理実務研究会編『不在者・相続人不存在財産管理の実務〔新訂版〕』（新日本法規）

第1章
所在等不明共有者の持分取得のレシピ

1　はじめに

倉田　本章では、改正法施行前に解決に至った一つの相談事案を題材とし、改正法によって新設された規定である所在等不明共有者の持分取得（262条の2）による解決を図ることの可否、同制度が利用できるとした場合の要件や効果、改正法施行前における解決策との比較検討を進めていきます。

　なお、所在等不明共有者の持分取得の制度を深く理解するためには、改正法によって改正された共有物分割に関する規定（258条）や遺産共有に関する特則（258条の2）についての理解が不可欠となりますので、この点についてもあわせて検討していきます。

　さらに、本章の最後では、所在等不明共有者の持分取得と類似の制度として、同じく改正法によって新設された所在等不明共有者の持分譲渡権限付与（262条の3）についても言及します。

2　事案❶の概要

中里　事案❶をご紹介します（〔図表1〕）。

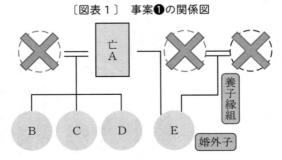

〔図表1〕　事案❶の関係図

15年前に他界した亡父（A）名義の土地建物について、依頼者である長

男（B）から相続登記の依頼を受けた事案です。Aの配偶者はすでに20年前に他界しており、相談者（B）には2名の兄弟（C・D）がいますので、相続人は3名。その3名全員が、B名義とすることに同意しているとのことでした。

　ところが、戸籍調査をしたところ、生まれて間もなく養子に出された婚外子（E）の存在が判明しました。Bは親戚中から事情聴取をしたようですが、誰一人としてEの存在を知る者はなかったという事案です。

神谷　当然、BにEへの接触をしてもらったのですよね。

中里　Eの住民票上の住所は隣の市でした。Bに住所を伝えてEの自宅を訪ねてもらったのですが、時間帯や曜日を変えて何度訪ねてもいつもEが在宅していないし、メモを残しても連絡すら来ないとのこと。隣人に様子を聞いたりもしてくれたようですが、1年ほど前から姿をみていないようなことを話していたそうです。

神谷　相続人が行方不明というありがちなケースにあたってしまったということですね。

中里　そういうことになりますね。

倉田　確認ですが、**事案❶**ではAの遺産は不動産だけだったということですね。

中里　はい、そのとおりです。

3　改正法施行前の解決策

3-1　考えられる選択肢

倉田　**事案❶**は神谷さんが指摘するとおり、わりとよくある、さほど珍しいケースでもないように感じますが、まずは改正法施行前における解決策を確認しておきましょう。

　このケース、改正法施行前にはどのような解決策を提案できましたか。

内納　私なら、相続人の一人が行方不明ということですから、家庭裁判所に不在者財産管理人の選任を求め、選任された不在者財産管理人が権限外許

第1章　所在等不明共有者の持分取得のレシピ

可を得たうえで遺産分割協議をするという方針を立てます。

　そのほかに、何か考えられる方法はありますかね。

神谷　時効取得も採用できるかもしれませんね。

倉田　ＢがＡの遺産である土地建物を時効によって取得した、という構成でしょうか。

　もう少し、詳しく教えてください。

神谷　Ａの相続開始により、Ａの遺産はＢ・Ｃ・Ｄ・Ｅの４名の遺産共有状態となります。Ｂの占有は、Ｂ自身の持分については自主占有、Ｃ・Ｄ・Ｅの持分については他主占有となるとするのが判例の考え方ですが[1]、時効取得が認められるためには自主占有者であること、つまり占有者に「所有の意思」があることが必要ですから（162条１項）、このままではＡの遺産全体について、Ｂの取得時効は成立しません。

　しかし、昭和47年の最高裁判決では[2]、①共同相続人の一人が単独で相続したものと信じて疑わない事情あること、②不動産を現実に占有していたこと、③使用収益を独占していたこと、④公租公課を自己の名で負担していたこと、⑤他の共同相続人から異議がないこと等の事情の下で、185条に規定する要件を満たせば他主占有から自主占有への転換が認められると判断しています。

　したがって、Ｂにこのような事情があるのであれば、解決策の一つになりうると考えます。

3-2　不在者財産管理人の選任申立て

倉田　実際にはこのケースでどのように対応したのですか。

中里　私は内納案を採用しました。

　Ｂから事情をうかがった後、Ｂに同行して現地調査に出向きました。その際に、近隣数件の方から事情聴取をしましたが、やはり１年程度家を空けている様子でしたし、郵便受けに鍵がかかっていなかったので中を覗いてみたのですが、ずいぶん古そうな郵便物を含め、かなりの量がそのまま放置されていました。中には借金の督促状と思われるものも複数ありまし

1　大判昭和12年11月17日判決全集４輯23号７頁。

2　最判昭和47年９月８日民集26巻７号1348頁。

たので、借金の返済に窮してどこかへ逃げたのではないかとの推測もできる状況でした。

そこで、以上を報告書にまとめ、Bを申立人として不在者財産管理人選任の申立てをしました。

倉田 管理人には中里さんが就任したのですか。

中里 私が代表を務める司法書士法人を選任してもらっています。

内納 裁判所は、不在者財産管理人の報酬相当額を申立人に予納させることになると思いますが、Bはこの点について承知したのでしょうか。

中里 本件では裁判所からの予納の指示を受けていません。というのは、不在者財産管理人として遺産分割協議をするとなると、Eの法定相続分相当額を確保しなければならないですよね[3]。このケースでEの取り分は約50万円でしたので、Bから遺産取得の代償金として50万円を支払ってもらい、これを不在者財産管理人のための報酬原資としています。

内納 不在者がいる遺産分割協議では「不在者が帰来したときはいくら支払う」という条項で権限外許可を求めることが多いと思うのですが[4]、今回は実際に支払ったのですね。

中里 そうです。なお、いわゆる「帰来型」は常に認められるわけではない点に注意が必要です。裁判所は、不在者の年齢や所在不明の期間、所在不明となる前の不在者の生活状況等を考慮し、帰来の可能性が高い場合には現実の支払いを求める傾向にあるようです。

3-3　買取交渉の可否

神谷 実は、私も似たような事案の相談を受けています。

A・Bの共有名義の登記地目を公衆用道路とする土地について、相談者Aからの「自分一人の名義にできないか」という相談です。しかし、A

3　実務上、不在者の法定相続分を確保する遺産分割協議案とするのが通常と思われるが、必ずしも法定相続分による必要はなく、不在者の年齢、職業などの906条所定の事由のほか、将来の帰来可能性や配偶者、直系卑属の有無なども考慮して決することができるとの指摘もある（松岡127頁）。実際に不在者の法定相続分を下回る遺産分割協議案を妥当とした審判例として、大分家審昭和49年12月12日家月28巻1号72頁。

4　中村105頁。

第1章　所在等不明共有者の持分取得のレシピ

はBのことを、連絡先も含めて全く知らないとのことです。そこで、まずはBの所在調査をし、Bの所在が判明すれば買取交渉を進めることとし、仮にBの所在が判明しなければ所在等不明共有者の持分取得の申立てを進めてみようと考えています。

中里　Bの所在調査をするとのことですのでBの住民票などを取り寄せるのだと思いますが、職務上請求書にはどのように記載するのですか。

神谷　Aから、Bの共有持分を買い取ることを目的とする裁判外交渉、つまり司法書士法3条1項7号業務の委任を受けた旨を記載します。買取りの交渉をしようとするのはBの共有持分だけですので、おそらく紛争の目的たる価格は140万円を超えず、司法書士の代理権の範囲内であると考えています。

中里　私は、今のケースで司法書士がBの共有持分の買取交渉をする代理権はないと考えます。

倉田　どのような理由によるのでしょうか。

中里　司法書士法3条1項7号は「民事に関する紛争……であつて……裁判外の和解について代理すること」と規定されていますので、裁判外和解に関する代理権は、依頼者と相手方との間に「民事に関する紛争」が存在することを前提としています。

　　　この点、平成14年司法書士法改正当時の解説書によれば、「紛争」とは「当事者間において一定の事項に関する主張が一致しないことにより、その間に生じた争いをいう」との指摘があり、さらに「したがって、本号の司法書士の法律相談の権限は、具体的な紛争を前提としない、いわゆる一般的な法律相談には及ばない」と言及しています。[5]

　　　また、「裁判外の和解は、民法上の和解契約（民法695条が規定する和解契約）を指している」と指摘されているところ、同条には「和解は、当事者が互いに譲歩をしてその間に存する争いをやめることを約することによって、その効力を生ずる」（下線は著者）とあります。[6]

　　　買取交渉という行為は、司法書士法3条1項7号の紛争要件、つまり具

5　小林ほか124頁。

6　小林ほか131頁。

6

体的紛争の存在という前提を欠いていますし、695条がいう当事者「の間に存する争いをやめることを約する」という要件も欠いていますので、民法上の和解契約にも該当しないと考えるからです。

神谷　司法書士法の理解を誤っていました。

　　職務上請求をする場合には、その都度その根拠や請求の可否について検討する姿勢が求められますね。十分に注意を払わなければならないことを、あらためて認識しました。

倉田　買取交渉についての代理権がないとして、神谷さんの相談にはどのように対処すればよいでしょうか。

中里　私なら、以上のような司法書士側の事情を丁寧に依頼者に説明したうえで、たとえばＡから共有物分割請求訴訟の委任をしていただく方法を模索します。これなら、司法書士法3条1項6号事件の受任に基づき、職務上請求が可能と考えます。

倉田　代償分割による共有物分割であれば、「Ｂの持分を取得したい」というＡの依頼事項とも合致しますので一つの考え方として有効だと思いますが、Ａが「買取交渉を頼みたい」と考えているところを「共有物分割訴訟」に司法書士側で勝手に変換してしまうのは問題ですので、この点は十分な注意が必要ですね。

内納　Ａは「Ｂの所在がわからない」と話しているのですから、いったんＢの不在者財産管理人選任申立書作成の委任を受けて職務上請求によって調査し、結果的にＢの所在が判明すれば同事件は申立ての必要がなくなることから終了とし、あらためてＡ自身、あるいはＡから不動産業者を仲介者として買取交渉をしてもらうという方法も選択できると思います。

中里　それも一案ですね。いずれにしても、私たちは司法書士法に基づき職務を行っているのですから、依頼を受けることができる職務であるのか否かについては、常に厳格かつ慎重に判断する姿勢をもち続けたいものです。

第 1 章　所在等不明共有者の持分取得のレシピ

4　改正法の活用

4-1　所在等不明共有者の持分取得

4-1-1　所在等不明共有者の持分取得の概要

倉田　改正法施行前における解決策が整理できましたので、次に改正法の検討を進めていきましょう。

　　改正法ではいくつかの新しい規定が新設されていますが、ここでは、**事案❶**を262条の 2 で新設された所在等不明共有者の持分取得の制度を利用して解決できないかという点について検討してみたいと思います。

　　所在等不明共有者の持分取得の制度をざっくりと説明すると、不動産の共有者に行方不明者（**事案❶**では E ）がいる場合には、共有状態を解消したいと考える共有者（**事案❶**では B ）に対して、行方不明者の共有持分を取得させることを命じる裁判手続となります。

中里　部会長の山野目章夫さんは「所在等不明共有者のキャッシュアウト制度」と表現していますね。[7]

倉田　まずは条文の確認と要件ごとの検討をしていきましょう。

神谷　条文はこちらです。

（所在等不明共有者の持分の取得）

民第262条の 2 　不動産が数人の共有に属する場合において、共有者が他の共有者を知ることができず、又はその所在を知ることができないときは、裁判所は、共有者の請求により、その共有者に、当該他の共有者（以下この条において「所在等不明共有者」という。）の持分を取得させる旨の裁判をすることができる。この場合において、請求をした共有者が二人以上あるときは、請求をした各共有者に、所在等不明共有者の持分を、請求をした各共有者の持分の割合で按分してそれぞれ取得させる。

2 　前項の請求があった持分に係る不動産について第258条第 1 項の規定による請求又は遺産の分割の請求があり、かつ、所在等不明共有者以外の共

7　部会第 3 回会議 4 頁〔山野目章夫部会長発言〕。

8

有者が前項の請求を受けた裁判所に同項の裁判をすることについて異議が
ある旨の届出をしたときは、裁判所は、同項の裁判をすることができない。
3　所在等不明共有者の持分が相続財産に属する場合（共同相続人間で遺産
の分割をすべき場合に限る。）において、相続開始の時から10年を経過して
いないときは、裁判所は、第1項の裁判をすることができない。
4　第1項の規定により共有者が所在等不明共有者の持分を取得したとき
は、所在等不明共有者は、当該共有者に対し、当該共有者が取得した持分
の時価相当額の支払を請求することができる。
5　前各項の規定は、不動産の使用又は収益をする権利（所有権を除く。）が
数人の共有に属する場合について準用する。

倉田　262条の2第2項では、所在等不明共有者の持分取得による解決を希
望しない所在等不明共有者以外の共有者は、通常の共有の場合は裁判所に
共有物分割の請求、遺産共有の場合には遺産分割の請求をし[8]（258条の2第
2項）、かつ、裁判所に異議の届出をしなければならないとされているの
ですね。

神谷　はい。この点は、所在等不明共有者の持分だけでなく、共有物全体あ
るいは遺産全体についての共有状態の解消を希望している者がいる場合に
は、共有物分割訴訟や遺産分割調停・審判を優先すべきと考えられている
からです[9]。

4−1−2　通常の共有と遺産共有

内納　事案❶は898条1項で規定されているいわゆる遺産共有の共有者の一
人が行方不明ということですから、262条の2第3項を検討する必要があ
ります。

遺産共有の共有物について所在等不明共有者の持分取得の申立てをする
場合には、相続開始から10年が経過している必要がありますが（262条の
2第3項）、相続開始から10年以上経過している遺産共有の場合には、所
在等不明共有者の持分取得の申立て時にすでに遺産分割協議や調停が先行
していることも考えられます。また、所在等不明共有者の持分取得の申立

8　通常の共通と遺産共有との違いについては、4−1−2参照。

9　部会資料51・14頁。

第 1 章　所在等不明共有者の持分取得のレシピ

てが先行して申し立てられた場合であっても、遺産分割による解決を希望
する相続人も想定できます。

　このような場合に、遺産分割による解決を希望する相続人が、遺産分割
の請求をし、かつ裁判所に異議を届け出た場合、裁判所は所在等不明共有
者の持分取得の裁判をすることはできません（262条の 2 第 2 項）。

中里　改正法が、わざわざ262条の 2 第 3 項のように、遺産共有と遺産共有
ではないいわゆる通常の共有とを分けて規定した理由はどのような点にあ
りますか。

内納　改正法施行前には、遺産共有は共有状態の一態様ではあるけれども、
その解消のためには遺産分割によるほかなく、共有物分割による解消は認
められていませんでした[10]。また、〔**図表 2**〕のように通常の共有と遺産共
有とが併存する共有物についても、共有物分割訴訟によって共有関係を解
消した後に、遺産分割によって遺産共有を解消すべきとされています[11]。

　しかし、そもそも共有状態にある不動産の処分には共有者全員の同意が
必要ですし（改正前251条）、管理行為も持分の過半数の同意が必要です
（改正前252条）。このため、共有者間で意見調整ができなかったり行方不明
者がいたりする場合、共有不動産が流通しないまま塩漬けとなり、これが
所有者不明土地または所有者不明建物の一要因になっているとの指摘が
あったわけです[12]。

　特に遺産共有の場合、遺産分割以外に共有の解消ができないことを徹底
すると、いつまでも遺産分割がまとまらず売ることも貸すこともできない
状態が続き、そのうちに数次相続が発生してさらに共有者が増えるという
悪循環に陥るため、このような状況をどこかで断ち切る必要があることか
ら、258条の 2 第 2 項で、通常の共有と遺産共有とが併存する場合、相続
開始の時から10年を経過した遺産共有を解消するために共有物分割の規定
を適用することが明記されました。

神谷　258条の 2 第 2 項の条文は後ほど確認しますが[13]、今の説明からする

10　最判昭和62年 9 月 4 日集民151号645頁。

11　最判平成25年11月29日民集67巻 8 号1736頁。

12　部会資料 1 ・ 4 頁参照。

4 改正法の活用

〔図表２〕 通常の共有と遺産共有の解消（改正法施行前）

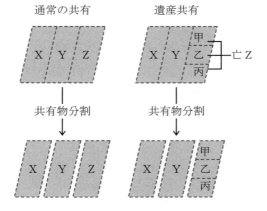

と、262条の２第３項の規定も、258条の２第２項との整合性を図る趣旨から導入された規定であると理解すればよいですね。

4－1－3 共有物分割訴訟の改正点

倉田 内納さんから、共有物分割についてのご指摘がありました。
改正法では、共有物分割に関する規定についても改正が施されていますので、ここで整理しておきたいと思います。

内納 258条には裁判による共有物分割に関する規定が整備されました。

神谷 ここも条文を確認しておきましょう。

（裁判による共有物の分割）
民第258条　共有物の分割について共有者間に協議が調わないとき、又は協議をすることができないときは、その分割を裁判所に請求することができる。
2　裁判所は、次に掲げる方法により、共有物の分割を命ずることができる。
　一　共有物の現物を分割する方法
　二　共有者に債務を負担させて、他の共有者の持分の全部又は一部を取得させる方法
3　前項に規定する方法により共有物を分割することができないとき、又は

13　4－1－4参照。

第 1 章　所在等不明共有者の持分取得のレシピ

> 分割によってその価格を著しく減少させるおそれがあるときは、裁判所
> は、その競売を命ずることができる。
> 4　裁判所は、共有物の分割の裁判において、当事者に対して、金銭の支
> 払、物の引渡し、登記義務の履行その他の給付を命ずることができる。

中里　改正前258条では、共有物分割を裁判所に請求できるのは「共有者間
　　に協議が調わないとき」に限られていたところ、改正法では「協議をする
　　ことができないとき」が加えられていますが、この点はどのような理由に
　　よりますか。

内納　改正前民法の「協議が調わないとき」には、共有者の一部が協議に応
　　じる意思がない場合のように現実には協議を経ていないような場合も含ま
　　れると解するのが判例の立場でしたので[14]、改正法では条文上この点を明ら
　　かにしたものとなります[15]。

倉田　共有物分割の方法について改正前258条では具体的に明記されていま
　　せんでしたが、改正法では、258条 2 項で現物分割のほか、代償分割が可
　　能であることが明文化されたのですね。

内納　そうですね。代償分割はすでに判例によって認められている分割形態[16]
　　ですので、この点も改正法によって明確化されたことになります[17]。もっと
　　も、代償分割を認める場合の具体的な判断基準が示されているわけではあ
　　りませんので、個々の事案ごとに検討せざるを得ないものと考えます[18]。

神谷　ちなみに、今、紹介された判例では代償分割の判断に際して、共有物
　　の性質や形状、共有の発生原因、共有者の数と持分割合、利用状況、分割
　　された場合の経済的価値、共有者の希望、分割方法についての合理性の有
　　無などの要素を総合的に考慮するとされていますので、実際の案件を処理
　　するにあたってもこれらの事情を丁寧に分析する必要があると考えます。

14　最判昭和46年 6 月18日民集25巻 4 号550頁。

15　中間試案補足説明28頁。

16　最判平成 8 年10月31日民集50巻 9 号2563頁。

17　中間試案補足説明28頁。

18　部会資料47・ 2 頁。

倉田　ところで、258条4項では裁判所の給付命令等の規定が設けられていますので、共有物分割訴訟の判決に「所有権移転登記手続をせよ」とあれば、判決による登記申請（不登63条1項）として登記権利者からの単独請求が可能となりますね。

中里　そうなります。なお、代償分割の場合は、金銭の支払いとの引換給付判決になるのでしょうね。

内納　はい、このあたりは立法過程においても議論されており、いずれも指摘どおりの結論となります。[19]

4－1－4　遺産共有の場合の注意点

倉田　次に、共有物分割の請求については、258条の2で遺産共有に関する特則がおかれています。

神谷　遺産共有に関して規定した258条の2の条文は、こちらです。

民第258条の2　共有物の全部又はその持分が相続財産に属する場合において、共同相続人間で当該共有物の全部又はその持分について遺産の分割をすべきときは、当該共有物又はその持分について前条の規定による分割をすることができない。

2　共有物の持分が相続財産に属する場合において、相続開始の時から10年を経過したときは、前項の規定にかかわらず、相続財産に属する共有物の持分について前条の規定による分割をすることができる。ただし、当該共有物の持分について遺産の分割の請求があった場合において、相続人が当該共有物の持分について同条の規定による分割をすることに異議の申出をしたときは、この限りでない。

3　相続人が前項ただし書の申出をする場合には、当該申出は、当該相続人が前条第1項の規定による請求を受けた裁判所から当該請求があった旨の通知を受けた日から2箇月以内に当該裁判所にしなければならない。

神谷　遺産共有の解消について共有物分割によることができないという改正法施行前における結論は、改正法の下でも維持されます。

　一方、〔図表2〕のように通常の共有と相続開始の時から10年が経過し

19　部会資料37・6頁、部会資料10・5頁。

た遺産共有とが併存している場合は、258条の2第2項本文の規定により、遺産共有の部分を含めて共有物分割により共有状態の解消を図ることができるようになりました（〔図表3〕参照）[20]。258条の2第2項の「共有物の持分が相続財産に属する場合」とは、通常の共有の一部が遺産共有の状態であることを指しています。

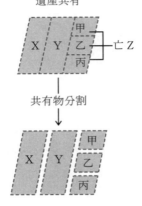

〔図表3〕 改正法における遺産共有の解消

　もっとも、258条の2第2項ただし書で、相続開始から10年を経過した遺産共有持分であっても、当該共有物の持分について遺産分割の請求があり、かつ相続人が共有物分割の裁判をすることに異議の申出をしたときには、258条の規定による共有物分割の裁判はできないこととされています。
　この場合の異議の申出期間は258条の2第3項に規定されており、共有物分割訴訟が係属する裁判所からの通知、すなわち共有物分割訴訟の訴状の送達を受けた日から、2か月以内にしなければなりません[21]。

倉田　相続開始から10年が経過してもなお一部の持分に遺産共有が併存している状態を解消できないケースで、一律に共有物分割訴訟の対象とはせずに258条の2第2項ただし書のような例外規定をおいたのはなぜですか。

内納　この点は、遺産分割上の権利を不当に侵害しないためであると説明さ

20　ポイント47頁・49頁。
21　部会資料51・12頁。

れています。

　つまり、共有物分割の枠組みによる共有状態の解消を図る場合には、遺産分割において認められている特別受益や寄与分といった具体的相続分の主張ができなくなること、906条に従って分割を受けることができなくなること、配偶者居住権（1028条以下）の設定をすることができなくなることなど、遺産分割において相続人に認められている一定の権利が制限されることとなります。

　すなわち、相続人の権利を一方的に制限することは妥当でないとの判断によります。[22]

（遺産の分割の基準）

民第906条　遺産の分割は、遺産に属する物又は権利の種類及び性質、各相続人の年齢、職業、心身の状態及び生活の状況その他一切の事情を考慮してこれをする。

神谷　特別受益や寄与分については、改正法により相続開始から10年を経過した場合には原則として主張できなくなりましたが、すべてが排斥されるわけではなく次のように一定の例外規定がおかれています。この点も、一律に共有物分割訴訟に一本化することが妥当ではないとする理由の一つになるのですね。

（期間経過後の遺産の分割における相続分）

民第904条の3　前三条の規定は、相続開始の時から10年を経過した後にする遺産の分割については、適用しない。ただし、次の各号のいずれかに該当するときは、この限りでない。

　一　相続開始の時から10年を経過する前に、相続人が家庭裁判所に遺産の分割の請求をしたとき。

　二　相続開始の時から始まる10年の期間の満了前6箇月以内の間に、遺産の分割を請求することがきないやむを得ない事由が相続人にあった場合において、その事由が消滅した時から6箇月を経過する前に、当該相続

22　部会資料42・2頁。

第1章　所在等不明共有者の持分取得のレシピ

> 人が家庭裁判所に遺産の分割の請求をしたとき。

倉田　遺産共有の共有者に、相続人として認められる一定の権利を保障しようとするのが258条の2第2項の考え方だとすると、相続開始から10年を経過したケースで所在等不明共有者の持分取得が申し立てられた場合でも、同様に遺産分割による解決を図ることを希望する共有者は、異議を届け出ることによって本条による解決を回避することができるということですね。

内納　そのとおりです。遺産共有については、以上のように258条、258条の2、262条の2の各規定を横断的に整理すると理解が深まりますね。

4-2　所在等不明共有者の持分取得の要件

4-2-1　対象となる共有物

倉田　続いて、所在等不明共有者の持分取得の裁判について、各要件を検討していきましょう。

　　所在等不明共有者の持分取得の裁判は、あらゆる共有物に利用できるのですか。

神谷　262条の2第1項で「不動産が数人の共有に属する場合」とあるとおり、この裁判は不動産の共有状態を解消するために新設された制度です。したがって、動産、株式など不動産以外の共有者がこの制度を利用して共有状態を解消することはできません。

　　ただし、262条の2第5項で「不動産の使用又は収益をする権利」については不動産に準じて取り扱われますので、土地や建物に対する借地権や地上権などの共有状態を解消する際にも利用できます。

4-2-2　所在等不明

倉田　先ほどから「所在等不明共有者」と説明していますが、そもそも「所在等不明」とはどんな状態を指すのでしょうか。

神谷　条文では、262条の2第1項で「共有者が他の共有者を知ることができず、又はその所在を知ることができないとき」と規定されていますから、申立人となる共有者は、そのような事情があることを疎明する必要がありそうですが、具体的にはどのようにすればよいのでしょうか。

中里　この点は、不在者財産管理人の選任申立てをする場合と同程度の調査報告をすれば十分であると考えます。

　　したがって、住民票、戸籍、登記記録などの公文書の調査・取寄せはもちろんのこと、現地調査や近隣住民への事情聴取をした結果を報告書にまとめて疎明資料とすればよいと思います。

　　立法過程においてこの点は何か言及されていますか。

内納　個人の場合は、指摘いただいたような方法が必要であるとされています。また、対象となる共有者がすでに死亡している場合には、相続人調査が必要になることもあわせて指摘されています[23]。

　　法人の場合は、本店または主たる事務所が判明せず、かつ代表者の所在を知ることができないまたは代表者が死亡等により存在しない場合は「共有者の所在を知ることができない」に該当します[24]。

倉田　法人の本店または主たる事務所が判明しているが代表者が死亡等により存在しない場合は、利用できないのでしょうか。

内納　本店または主たる事務所が判明しているのであれば、法人に活動の実態があると考えられます。

　　262条の2の制度が法人の共有持分を喪失させるという重大な効果を生じさせることに鑑みると、代表者が存在しないことをもって直ちに所在不明と扱うことは相当ではないと考えられるため、このような場合には利用できません[25]。

神谷　法人の場合、法務局は保管期間経過後の閉鎖登記簿を廃棄せずに保管していることもあり、廃棄されていない分については閉鎖登記簿謄本を交付してくれますので、これによって本店または主たる事務所が判明することも少なくありません。したがって法人の場合、個人と比べて利用可能な場面は限定されそうです。

内納　そうですね。このような場合は、裁判所に当該法人の清算人選任の申立て[26]をするなど、別の解決策を模索する必要があります。

23　部会資料30・12頁。

24　部会資料30・15頁。

25　部会資料30・15頁。

第1章　所在等不明共有者の持分取得のレシピ

4-2-3　所在等不明共有者が死亡しており、相続人がいない場合

中里　所在等不明共有者について戸籍の調査をしたところすでに死亡していることが判明し、同人について相続人調査をしたところ相続人がいないようなケースでは、どのように考えればよいでしょう。

神谷　改正前民法によれば、このような場合は相続財産管理人[27]の選任を求め（改正前952条）、相続財産管理人が所定の手続を進めます。その後、所在等不明共有者の相続財産は、特別縁故者からの分与請求の対象となり（改正前958条の3）（改正後の958条の2）、特別縁故者へ分与されなかった残余相続財産は国庫に帰属しますが（956条）、残余相続財産が共有物の共有持分であった場合は、国庫ではなく他の共有者に帰属することになりますね（255条）。

倉田　特別縁故者に対する相続財産の分与は、他の共有者への帰属に優先するのが判例の立場でしたね。[28]

中里　このあたりの手続は改正法施行後も変更はないようですが、改正法施行後は、相続財産清算人（952条1項）の選任を求めることなく所在等不明共有者の持分取得の申立てをすることはできないのでしょうか。

内納　この点は立法過程においても議論の対象となりました。

　　相続財産清算人の選任を求めずに所在等不明共有者の持分取得の申立てを認めることになると、特別縁故者がいる場合に特別縁故者の相続財産分与請求の機会を奪ってしまい不当であるとの意見もあったのですが、後で説明があるように所在等不明共有者の持分取得の申立人となる共有者は、裁判所が定める額を供託する必要があります（非訟87条5項）。[29]この供託金還付請求権も相続財産ですので、分与請求を希望する特別縁故者は、他の共有者が262条の2の規定により不動産の共有持分を取得した後であっても、自ら相続財産清算人の選任を求めたうえで供託金還付請求権の分与を請求することが可能です。

26　第7章3-2-2参照。

27　改正法では「相続財産清算人」に変更された（952条1項）（**第6章2**参照）。

28　最判平成元年11月24日民集43巻10号1220頁。

29　**4-3-4**参照。

このように考えれば、所在等不明共有者が死亡しており、かつ相続人が不存在の場合であっても、所在等不明共有者の持分取得の申立てをあえて排除する理由はないことから、相続財産清算人の選任を求めずに所在等不明共有者の持分取得の申立てをすることも可能と結論づけられています[30]。

倉田　たとえば、共有者がX・Y・Zの3名で持分は各3分の1、Zはすでに死亡しておりその相続人が不存在のケースで、Zには特別縁故者も存在しないものとします。

　　所在等不明共有者の持分取得の申立てをしない場合には、相続財産清算人による清算業務を経てZの共有持分は他の共有者に帰属しますので（255条）、帰属後のX・Yの持分は各2分の1となりますね。

　　しかし、Xが所在等不明共有者の持分取得の申立てをした場合、Zの持分はすべてXが取得しますのでXが3分の2、Yが3分の1となり、Yにとって不利益が生じないでしょうか。

神谷　Yがその結果に不満であれば、Y自身も所在等不明共有者の持分取得の申立てをすることができ（262条1項後段）、この場合にZの持分はX・Yの持分割合により按分されますので、結果としてX・Yが各2分の1となります。

　　また、Yは共有物分割（遺産共有の場合は遺産分割）の請求を求めたうえで異議の届出をすることも認められていますので（262条2項）、Xに所在等不明共有者の持分取得の申立てを認めたとしても、Yに特段の不利益は生じません。

4-2-4　相続開始から10年

倉田　遺産共有については先ほど説明がありましたが[31]、そうすると相続開始から10年を経過する日までは、遺産分割協議の成立を模索するしかないということですね（262条の2第3項）。

神谷　原則としてはそのとおりだと考えますが、262条の2第3項かっこ書で「共同相続人間で遺産の分割をすべき場合に限る」とあるので、そもそも898条1項の規定によらない場合、つまり遺産共有状態が生じない相続

30　部会資料30・15頁。

31　4-1-2参照。

第1章　所在等不明共有者の持分取得のレシピ

については、262条の2第3項の規律の対象外となるケースもあるということですよね。

（所在等不明共有者の持分の取得）

民第262条の2　（略）

2　（略）

3　所在等不明共有者の持分が相続財産に属する場合（共同相続人間で遺産の分割をすべき場合に限る。）において、相続開始の時から10年を経過していないときは、裁判所は、第1項の裁判をすることができない。

4・5　（略）

内納　はい。たとえばそもそも相続人が一人だったり、遺言、相続放棄、相続分の譲渡等により結果的に単独相続となったりした場合が考えられます。また、相続人不存在の場合も同様です。

倉田　登記名義人の死亡から10年が経過しているが、登記名義人の死亡後に数次相続が開始しており、二次相続以降の開始からはまだ10年が経過していないようなケースでは、どのように考えればよいのでしょう。

中里　相続開始から10年が経過したことの要件が課せられた趣旨は、904条の3との関係で相続人が特別受益や寄与分の主張をすることができる機会を保障することにあるとの指摘がありました。[32]

　そうすると、数次相続が開始した日からまだ10年が経過していない場合に所在等不明共有者の持分取得を認めてしまうと、数次相続の相続人についての遺産分割上の権利を侵害することになりますので、この場合も申立ては認められないものと考えます。

4-3　所在等不明共有者の持分取得の手続

4-3-1　管　轄

倉田　次に、この手続は裁判所への申立てをするわけですが、管轄はどうなりますか。

神谷　これは民法ではなく、同時に改正された非訟事件手続法の87条1項で

32　4-1-4参照。

20

4　改正法の活用

「当該不動産の所在地を管轄する地方裁判所の管轄に属する」とされています。

（所在等不明共有者の持分の取得）

非訟第87条　所在等不明共有者の持分の取得の裁判（民法第262条の2第1項（同条第5項において準用する場合を含む。次項第1号において同じ。）の規定による所在等不明共有者の持分の取得の裁判をいう。以下この条において同じ。）に係る事件は、当該裁判に係る不動産の所在地を管轄する地方裁判所の管轄に属する。

2～11　（略）

4-3-2　申立ての方法

倉田　具体的な申立ての方法も教えてください。

神谷　こちらは最高裁規則8条に規定されています。

（所在等不明共有者の持分の取得の裁判に係る非訟事件及び所在等不明共有者の持分を譲渡する権限の付与の裁判に係る非訟事件の手続への準用）

裁規第8条　前三条の規定は、所在等不明共有者の持分の取得の裁判に係る非訟事件及び所在等不明共有者の持分を譲渡する権限の付与の裁判に係る非訟事件の手続について準用する。この場合において、第5条第1項第2号中「共有物又は民法第264条に規定する数人で所有権以外の財産権を有する場合における当該財産権（以下この条から第7条までにおいて単に「共有物」という。）」とあるのは「不動産」と、第5条第2項第2号中「共有物」とあるのは「不動産」と、第6条中「申立てに係る共有物が不動産又は不動産に関する所有権以外の財産権である場合には、前条第1項」とあるのは「第8条において読み替えて準用する前条第1項」と、前条第2号中「共有物」とあるのは「不動産」と、同条第3号中「当該他の共有者等」とあるのは「所在等不明共有者」と読み替えるものとする。

神谷　第4章で検討する共有物変更決定（251条2項・252条の2第2項）、第5章で検討する共有物管理決定（252条2項）について規定した同規則5条～7条が、所在等不明共有者の持分取得の裁判と、本章の最後に検討する

第1章　所在等不明共有者の持分取得のレシピ

所在等不明共有者の持分譲渡権限付与の各規定に準用されています（最高裁規則8条）。

　共有物変更決定や共有物管理決定はその適用対象を不動産に限定せず、他のあらゆる共有物も対象とする一方、所在等不明共有者の持分取得の裁判と所在等不明共有者の持分譲渡権限付与の裁判は不動産が共有の場合に限定される関係上、最高裁規則8条にはいくつかの読み替え規定がおかれています。

　最高裁規則5条に規定された申立書の記載事項は、次のとおりです。

（申立書の記載事項）

裁規第5条　民法第251条第2項、第252条第2項及び第252条の2第2項（これらの規定を同法第264条において準用する場合を含む。）の規定による裁判に係る非訟事件の手続に関する申立書には、申立ての趣旨及び原因並びに申立てを理由づける事実を記載するほか、次に掲げる事項を記載し、申立人又は代理人が記名押印しなければならない。

一　当事者の氏名又は名称及び住所並びに法定代理人の氏名及び住所

二　申立てに係る共有物又は民法第264条に規定する数人で所有権以外の財産権を有する場合における当該財産権（以下この条から第7条までにおいて単に「共有物」という。）の表示

2　前項の申立書には、同項に規定する事項のほか、次に掲げる事項を記載するものとする。

一　代理人（前項第1号の法定代理人を除く。）の氏名及び住所

二　申立てに係る共有物の共有者（申立人を除く。）の氏名又は名称及び住所並びに法定代理人の氏名及び住所

三　申立てを理由づける具体的な事実ごとの証拠

四　事件の表示

五　附属書類の表示

六　年月日

七　裁判所の表示

八　申立人又は代理人の郵便番号及び電話番号（ファクシミリの番号を含む。）

九　その他裁判所が定める事項

神谷　申立ての趣旨、申立ての原因、申立てを理由づける事実とその証拠、当事者・代理人の氏名・住所、申立てに係る不動産（最高裁規則8条による読み替え後）の表示とその共有者の氏名・住所など、最高裁規則5条に掲げる各事項を記載することが求められています。

4-3-3　申立ての手数料

倉田　申立ての手数料としての貼用印紙額はいくらになりますか。

内納　1000円に持分取得申立ての対象となる持分の数を乗じ、さらに申立人の数を乗じて算出します。

4-3-4　添付書類

倉田　次に添付書類です。

（申立書の添付書類）

裁規第6条　申立てに係る共有物が不動産又は不動産に関する所有権以外の財産権である場合には、前条第1項の申立書には、当該不動産の登記事項証明書を添付しなければならない。

神谷　最高裁規則6条で登記事項証明書を添付する必要があります。最高裁規則8条による読み替えにより、必ず添付が必要になります。

　また、これに加えて資料の提出に関する一般規定が最高裁規則2条に定められていますので、こちらもあわせて確認しておいてください。

（申立人に対する資料の提出の求め）

裁規第2条　裁判所は、前条の申立てをした者又はしようとする者に対し、当該申立てに関する申立書及び当該申立書に添付すべき書類のほか、申立てを理由づける事実に関する資料その他同条の手続の円滑な進行を図るために必要な資料の提出を求めることができる。

倉田　最高裁規則2条が、所在等不明共有者の所在が不明であることや、不動産の持分の時価を証する書面などを提出しなければならない根拠条文となるのですね。

中里　東京地方裁判所のウェブサイト上に今般の改正法により新設された裁

第1章　所在等不明共有者の持分取得のレシピ

判手続についての説明が掲載されています[33]。所在が不明であることの報告
書としては、東京地裁ウェブサイト上に掲載された「所有者・共有者の探
索等に関する報告書」[34]を添付する必要があります（後掲【書式4】参照）。

内納　ほかにも、所在等不明共有者の所在が不明であることを裏づける関係
資料として、調査の過程で取り寄せた住民票や戸籍籍本等、返却された郵
便物、警察に対する捜索願、他の共有者からの聴取事項をまとめた書面等
の提出が求められていますね[35]。

倉田　時価を算定するための資料も必要になりますが、この点は後ほど供託
の論点の中で整理することにします[36]。

神谷　申立人や共有者が法人の場合には資格証明書も必要です（民訴規18
条、15条）。ほかには何かありますか。

（法定代理権の証明・法第34条）
民訴規第15条　法定代理権又は訴訟行為をするに必要な授権は、書面で証明
しなければならない。選定当事者の選定及び変更についても、同様とする。
（法人の代表者への準用・法第37条）
民訴規第18条　この規則中法定代理及び法定代理人に関する規定は、法人の
代表者及び法人でない社団又は財団でその名において訴え、又は訴えられ
ることができるものの代表者又は管理人について準用する。

中里　所在等不明共有者の持分が相続財産である場合は、相続人の確定のた
め法定相続情報一覧図や戸籍謄本等、過去に成立した遺産分割協議書や調
停調書などの写しの提出も求められます[37]。

33　東京地裁ウェブサイト「共有に関する事件（非訟事件手続法第三編第一章）、土地等
の管理に関する事件（非訟事件手続法第三編第二章）」〈https://www.courts.go.jp/tokyo/
saiban/vcmsFolder_1958/vcms_1958.html〉（以下、「東京地裁ウェブサイト」といいま
す）。

34　東京地裁ウェブサイト「申立書書式」欄の「所有者・共有者等の探索等に関する報告
書」参照。

35　東京地裁ウェブサイト「説明文書」欄の「所在等不明共有者持分取得申立てについ
て」参照。

36　4-3-6参照。

4-3-5　公告・通知

倉田　申立てを受けた裁判所がどのように手続を進めていくのかについて
も、非訟事件手続法に規定されているのですね。

神谷　はい。非訟事件手続法87条2項～4項の各条文を確認します。

（所在等不明共有者の持分の取得）

非訟第87条（略）

2　裁判所は、次に掲げる事項を公告し、かつ、第2号、第3号及び第5号
の期間が経過した後でなければ、所在等不明共有者の持分の取得の裁判を
することができない。この場合において、第2号、第3号及び第5号の期
間は、いずれも3箇月を下ってはならない。

　一　所在等不明共有者（民法第262条の2第1項に規定する所在等不明共
有者をいう。以下この条において同じ。）の持分について所在等不明共有
者の持分の取得の裁判の申立てがあったこと。

　二　裁判所が所在等不明共有者の持分の取得の裁判をすることについて異
議があるときは、所在等不明共有者は一定の期間内にその旨の届出をす
べきこと。

　三　民法第262条の2第2項（同条第5項において準用する場合を含む。）
の異議の届出は、一定の期間内にすべきこと。

　四　前二号の届出がないときは、所在等不明共有者の持分の取得の裁判が
されること。

　五　所在等不明共有者の持分の取得の裁判の申立てがあった所在等不明共
有者の持分について申立人以外の共有者が所在等不明共有者の持分の取
得の裁判の申立てをするときは一定の期間内にその申立てをすべきこと。

3　裁判所は、前項の規定による公告をしたときは、遅滞なく、登記簿上そ
の氏名又は名称が判明している共有者に対し、同項各号（第2号を除く。）
の規定により公告した事項を通知しなければならない。この通知は、通知
を受ける者の登記簿上の住所又は事務所に宛てて発すれば足りる。

4　裁判所は、第2項第3号の異議の届出が同号の期間を経過した後にされ
たときは、当該届出を却下しなければならない。

37　東京地裁ウェブサイト「説明文書」欄の「所在等不明共有者持分取得申立てについ
て」参照。

第 1 章　所在等不明共有者の持分取得のレシピ

---

　5 ～11（略）

中里　今の部分を整理すると、申立てを受理した裁判所は、共有持分を失う
　ことになる所在等不明共有者（E）からの異議申出の機会を確保するた
　め、3 か月以上の期間を定めた公告をするということですね。ただし、所
　在等不明共有者が公告をみて異議の届出をすることは通常は考えられませ
　んので、ここはあまり問題にはなりません。

　　次に 3 項で、公告の内容は、所在等不明共有者の持分取得の申立てをし
　た共有者（B）以外の共有者（C・D）に対して裁判所から個別に通知さ
　れ、他の共有者は、先ほど説明いただいたように共有物分割訴訟や遺産分
　割調停などによる解決を希望する場合には異議の届出をすることができる
　し、所在等不明共有者（E）の持分を申立人（B）に取得させるのではなく
　自身が取得したい場合には、「自分も取得したい」と新たな申立てをする
　こともできるようになるということですね（262条の 2 第 1 項後段）。

神谷　はい、そのとおりです。

倉田　公告が必要とのことですが、公告の方法は決まっていますか。

神谷　最高裁規則 4 条で次のとおり規定されています。官報に掲載されるこ
　とになるため、申立人には官報公告料の予納が求められることになりま
　す。

　　東京地裁ウェブサイトによると官報公告料は基本額が7134円で[38]、共有物
　の数など申立ての内容によって変動するようですので、事案ごとに裁判所
　に確認してください。

　（公告の方法等）
　裁規第 4 条　公告は、特別の定めがある場合を除き、裁判所の掲示場その他
　　裁判所内の公衆の見やすい場所に掲示し、かつ、官報に掲載してする。
　2 （略）

38　東京地裁ウェブサイト「説明文書」欄の「所在等不明共有者持分取得申立てについ
　て」参照。

4 改正法の活用

倉田　非訟事件手続法87条2項に公告事項が明記されていますが、これとは別に最高裁規則においても公告する事項に関する規定がおかれているようですね。

神谷　はい。最高裁規則8条で準用する7条に、次のとおり規定されています。

　なお、先に条文を紹介した最高裁規則8条の読み替え規定により、7条2号の「共有物」は「不動産」と、3号の「当該他の共有者」は「所在等不明共有者」と読み替えることになっています。

（公告すべき事項）

裁規第7条　非訟事件手続法（平成23年法律第51号）第85条第2項の規定による公告には、同項各号に掲げる事項のほか、次に掲げる事項を掲げなければならない。

一　申立人の氏名又は名称及び住所

二　申立てに係る共有物の表示

三　当該他の共有者等の氏名又は名称及び住所

（所在等不明共有者の持分の取得の裁判に係る非訟事件及び所在等不明共有者の持分を譲渡する権限の付与の裁判に係る非訟事件の手続への準用）

裁規第8条　前三条の規定は、所在等不明共有者の持分の取得の裁判に係る非訟事件及び所在等不明共有者の持分を譲渡する権限の付与の裁判に係る非訟事件の手続について準用する。この場合において、……前条第2号中「共有物」とあるのは「不動産」と、同条第3号中「当該他の共有者等」とあるのは「所在等不明共有者」と読み替えるものとする。

4-3-6　供託の方法

倉田　では、続いて非訟事件手続法87条5項～8項をお願いします。

神谷　はい。5項～8項の各条文は、次のとおりです。

（所在等不明共有者の持分の取得）

非訟第87条　（略）

39　4-3-2参照。

第1章 所在等不明共有者の持分取得のレシピ

2～4 （略）

5 裁判所は、所在等不明共有者の持分の取得の裁判をするには、申立人に対して、一定の期間内に、所在等不明共有者のために、裁判所が定める額の金銭を裁判所の指定する供託所に供託し、かつ、その旨を届け出るべきことを命じなければならない。

6 裁判所は、前項の規定による決定をした後所在等不明共有者の持分の取得の裁判をするまでの間に、事情の変更により同項の規定による決定で定めた額を不当と認めるに至ったときは、同項の規定により供託すべき金銭の額を変更しなければならない。

7 前二項の規定による裁判に対しては、即時抗告をすることができる。

8 裁判所は、申立人が第5項の規定による決定に従わないときは、その申立人の申立てを却下しなければならない。

9～11 （略）

中里 この制度は、所在等不明共有者（E）の共有持分を、その者の関与が事実上ない状態の下で申立てをした共有者（B）に取得させる手続きですので、これによって共有持分を失うことになる所在等不明共有者（E）の利益を確保しなければなりません。

　　そこで、持分取得を希望する共有者（B）に対し、裁判所が定める額の供託を命じることになるわけですね。

神谷 そのとおりです。なお、改正法ではいくつか供託に関する改正項目がありますが、これらの手続については「民法等の一部を改正する法律の施行に伴う供託事務の取扱い」（令和5年3月27日民商第67号民事局長通達。以下、「令和5年第67号通達」といいます）が出されており、この場合の記載例は【書式1】【書式2】のとおりとなります（令和5年第67号通達別紙1・別紙2）。

4　改正法の活用

【書式１】　所在等不明共有者の持分の取得の裁判における供託命令に基づく供託
　　　　　①――他の共有者を知ることができない場合

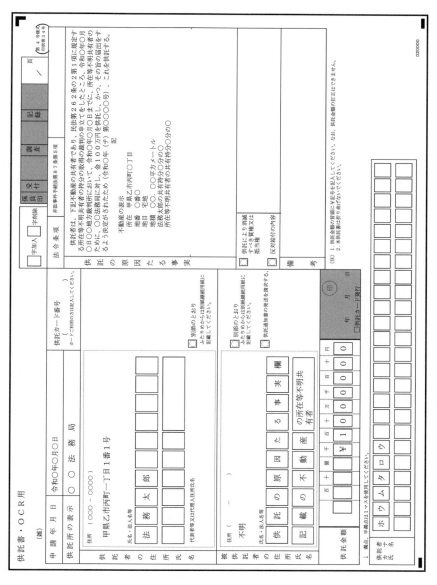

第1章 所在等不明共有者の持分取得のレシピ

【書式2】 所在等不明共有者の持分の取得の裁判における供託命令に基づく供託
②―――他の共有者の所在を知ることができない場合

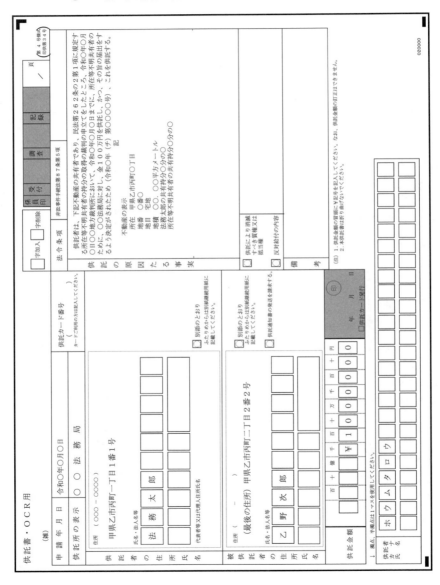

4　改正法の活用

倉田　所在等不明共有者（E）に対し取得対価を支払う代わりに国に対し裁判所が定める額を支払い、これを条件に所在等不明共有者の共有持分を買い取るというイメージですね。

中里　遺産共有の不動産について所在等不明共有者の持分取得が認められるのは、相続開始から10年が経過している場合だけでした。相続開始から10年が経過すると、原則として特別受益や寄与分を主張することができなくなるため（904条の3）、裁判所が供託すべき金額を定めるにあたっても具体的相続分を考慮する必要はなく、法定相続分または指定相続分を基準にすることになるとの指摘もあります[40]。

内納　所在等不明共有者の持分取得決定がなされた場合、所在等不明共有者（E）は、持分を取得した共有者（B）に対し、取得した持分の時価相当額の支払請求権が認められることになります。

（所在等不明共有者の持分の取得）

民第262条の2　（略）

2・3　（略）

4　第1項の規定により共有者が所在等不明共有者の持分を取得したときは、所在等不明共有者は、当該共有者に対し、当該共有者が取得した持分の時価相当額の支払を請求することができる。

5　（略）

内納　このため、裁判所が定める額も、取得する共有持分の時価との差額が少なくなることに配慮して決せられるものと考えられます。このような事情から、裁判所の定める額を算定するための資料として、申立て時には固定資産評価証明書、不動産業者による査定書、場合によっては不動産鑑定士による鑑定書などの添付が必要になりそうです[41]。

中里　東京地裁ウェブサイトによると、必ずしも不動産鑑定士が作成した鑑定書が必要となるわけではなく、不動産業者の査定書などの簡易な方法に

40　ポイント50頁。

41　部会資料56・13頁。

第1章　所在等不明共有者の持分取得のレシピ

よる算定も認められそうです。[42]

神谷　ちなみに、取得する共有持分の価額に関する資料は、最高裁規則2条の「手続の円滑な進行を図るために必要な資料」として提出を求められることになると考えます。

（申立人に対する資料の提出の求め）

裁規第2条　裁判所は、前条の申立てをした者又はしようとする者に対し、当該申立てに関する申立書及び当該申立書に添付すべき書類のほか、申立てを理由づける事実に関する資料その他同条の手続の円滑な進行を図るために必要な資料の提出を求めることができる。

倉田　所在等不明共有者（E）は、後日帰来した場合には、供託金の還付を受けることにより裁判所の定めた額の金銭を取得できることになります。この際、供託金還付請求の手続にはどのような添付書類が必要になりますか。

神谷　①還付を受ける権利を有することを証する書面（供託規24条1項1号）として、自己が所在等不明共有者と同一人であることを証する情報と、②所在等不明共有者の持分の取得の裁判が確定したことを証する情報が必要になると説明されているほか（令和5年第67号通達1(4)）、印鑑証明書の提供が必要になる場合もあります（供託規26条）。

倉田　具体的には何になるのでしょう。

中里　①については、供託金還付請求をする者の住民票や印鑑証明書を添付すればよいでしょう。決定書と還付請求時の住所・氏名が異なる場合は、変更を証する戸籍抄本や戸籍の附票の添付も必要となるでしょうし、所在等不明共有者が死亡したときは法定相続情報一覧図等の添付も必要になりますね。

神谷　②については、持分取得決定書の謄本と確定証明書になります。

倉田　印鑑証明書は必要な場合と必要でない場合とがあるのですね。

42　東京地裁ウェブサイト「説明文書」欄の「所在等不明共有者持分取得申立てについて」参照。

4　改正法の活用

神谷　供託規則26条を確認しておきましょう。

（印鑑証明書の添付等）

供託規第26条　供託物の払渡しを請求する者は、供託物払渡請求書又は委任による代理人の権限を証する書面に押された印鑑につき市町村長又は登記所の作成した証明書を供託物払渡請求書に添付しなければならない。ただし、供託所が法務大臣が指定した法務局若しくは地方法務局若しくはこれらの支局又はこれらの出張所である場合を除き、その印鑑につき登記官の確認があるときは、この限りでない。

2　（略）

3　前二項の規定は、次の場合には適用しない。

一　払渡しを請求する者が官庁又は公署であるとき。

二　払渡しを請求する者が個人である場合において、運転免許証（道路交通法（昭和35年法律第105号）第92条第1項に規定する運転免許証をいう。）、個人番号カード（行政手続における特定の個人を識別するための番号の利用等に関する法律（平成25年法律第27号）第2条第7項に規定する個人番号カードをいう。）、在留カード（出入国管理及び難民認定法（昭和26年政令第319号）第19条の3に規定する在留カードをいう。）その他の官庁又は公署から交付を受けた書類その他これに類するもの（氏名、住所及び生年月日の記載があり、本人の写真が貼付されたものに限る。）であつて、その者が本人であることを確認することができるものを提示し、かつ、その写しを添付したとき。

三　供託物の取戻しを請求する場合において、第14条第4項前段の規定により供託官に提示した委任による代理人の権限を証する書面で請求者又は前項に掲げる者が供託物払渡請求書又は委任による代理人の権限を証する書面に押した印鑑と同一の印鑑を押したものを供託物払渡請求書に添付したとき。

四　法令の規定に基づき印鑑を登記所に提出することができる者以外の者が供託物の取戻しを請求する場合において、官庁又は公署から交付を受けた供託の原因が消滅したことを証する書面を供託物払渡請求書（当該請求書に委任による代理人の預金又は貯金に振り込む方法による旨の記載がある場合を除く。次号において同じ。）に添付したとき。

第 1 章　所在等不明共有者の持分取得のレシピ

> 　五　前号に規定する者が供託金の払渡しを請求する場合（その額が10万円
> 　　　未満である場合に限る。）において、第30条第 1 項に規定する証明書を供
> 　　　託物払渡請求書に添付したとき。
> 　六　裁判所によって選任された者がその職務として供託物の払渡しを請求
> 　　　する場合において、供託物払渡請求書又は委任による代理人の権限を証
> 　　　する書面に押された印鑑につき裁判所書記官が作成した証明書を供託物
> 　　　払渡請求書に添付したとき。
> 4 　（略）

神谷　印鑑証明書が不要となるのは26条 3 項各号に該当する場合ですが、所
　　在等不明共有者からの還付請求の場合、規則30条の条文を後掲しておきま
　　すが裁判所の支払委託書に基づく請求ではありませんので、 3 項 5 号の適
　　用はありません。
　　　したがって、関係がありそうなのは 3 項 2 号の本人確認書類を印鑑証明
　　書に代えて提供する場合ですね。ただしこの場合、写しを提供するだけで
　　は足りず原本を提示しなければなりませんので、供託所に出向いて還付請
　　求する場合を想定した規定であり、司法書士が代理人となる場合には利用
　　できるケースは少ないでしょう。

> （配当等の場合の特則）
> 供託規第30条　配当その他官庁又は公署の決定によって供託物の払渡しをす
> 　べき場合には、当該官庁又は公署は、供託物の種類に従い、供託所に第27
> 　号から第28号の 2 までの書式の支払委託書を送付し、払渡しを受けるべき
> 　者に第29号書式の証明書を交付しなければならない。
> 2 　前項に規定する場合において、同項の支払委託書の記載から供託物の払
> 　渡しを受けるべき者であることが明らかとならないときは、供託物の払渡
> 　しを受けるべき者は、供託物払渡請求書に同項の証明書を添付しなければ
> 　ならない。

内納　ここで注意が必要なのは、所在等不明共有者に認められるのは持分取
　　得決定の裁判があったときにおける時価相当額の請求権ですので、供託金

還付請求によって取得した金員が実際の時価を下回っていた場合には、供
託者である持分を取得した共有者（B）に対し、受領した還付金と実際の
時価との差額を請求することができるとされている点です。

中里　BがEから差額の請求を求められ、これに同意しない場合はどのよ
うに解決されるのですか。

内納　この点は改正法に規定はありませんので、金額について協議が調わな
い場合は訴訟による解決を図らざるを得ません。[43]

4-3-7　登　記

倉田　非訟事件手続法87条2項～8項の規定によれば、通知・公告に対し
て、期間内に所在等不明共有者からの異議または他の共有者からの新たな
持分取得の裁判の申立てのいずれもなく、さらに申立人が裁判所の定める
金額を供託してその旨の供託書正本の写しを裁判所に提出することによ
り、裁判所は持分取得決定の裁判をするとありますが、その後の手続はど
のようになるのでしょう。

内納　非訟事件手続法87条9項により持分取得の裁判は確定しなければ効力
が生じないとされています。したがって、持分取得決定書と確定証明書を
添付し、持分を取得した共有者（申立人）からの単独申請による登記申請
ができそうですよね。

（所在等不明共有者の持分の取得）

非訟第87条　（略）

2～8　（略）

9　所在等不明共有者の持分の取得の裁判は、確定しなければその効力を生
じない。

10・11　（略）

神谷　この点は「民法等の一部を改正する法律の施行に伴う不動産登記事務
の取扱いについて（民法改正関係）」（令和5年3月28日民二第533号民事局長
通達。以下、「令和5年第533号通達」といいます）が出されています。

43　部会資料41・8頁。

第 1 章 　所在等不明共有者の持分取得のレシピ

倉田 　持分を取得した共有者からの単独申請が可能となるとすると、登記権
　　　利者と登記義務者との共同申請を原則とする不動産登記法60条の特則を設
　　　ける必要がありますが、不動産登記法が改正されたのでしょうか。

神谷 　令和 5 年第533号通達によれば、持分を取得した共有者からの単独申
　　　請が認められるのではなく、所在等不明共有者と持分を取得した共有者と
　　　の共同申請ではあるものの、持分を取得した共有者は所在等不明共有者の
　　　代理人になると解される、と指摘されています。

中里 　登記権利者が登記義務者の代理人を兼務するということですね。代理
　　　権限証明情報は、持分取得決定書と確定証明書になるのでしょうか。

神谷 　はい。「確定裁判に係る裁判書の謄本が代理人の権限を証する情報及
　　　び登記原因証明情報となる」とあります。

　　　　なお、共同申請ではありますが、登記識別情報の提供は不要とされまし
　　　た。また、通達には特に言及がありませんが、そもそも所在等不明共有者
　　　の印鑑証明書は提供できる状況にありませんので、こちらも不要であると
　　　解されます。

内納 　登記原因はどうなりますか。

神谷 　「年月日民法第262条の 2 の裁判」とし、登記原因日付は裁判の確定日
　　　となります（以上につき、令和 5 年第533号通達第 1 - 7 ⑵）。

倉田 　**事案❶**のように登記上の所有者が死亡している場合、前提として法定
　　　相続分による相続登記を経由しなければならないですよね。

神谷 　はい。**事案❶**の場合、ＢがＢ・Ｃ・Ｄ・Ｅのために保存行為として法
　　　定相続分による相続登記を申請することができますね。

中里 　登記面で少し疑問があります。持分取得を求める土地が農地の場合、
　　　農地法の許可との関係がどのようになるのでしょうか。

　　　　本件のように遺産共有の場合では、持分取得者も相続人の一人であるこ
　　　とから農地法の許可は不要と考えられそうですが、通常の共有の場合や、
　　　遺産共有持分を共有者である相続人の一人から譲り受けた相続人以外の者
　　　が持分取得者となる場合などでは、登記を実現するにあたって農地法の許
　　　可申請にどのように対応すればよいのかを検討しなければなりませんが、
　　　いかがでしょう。

4 改正法の活用

内納　登記原因から考えると、契約によって権利移転効が生じたのではな
く、法律の規定により権利が移転したと解するのが妥当でしょうから、農
地法の許可は不要と考えられます。

中里　もう一つ疑問があります。さきほど、所在等不明共有者がすでに死亡
していることが判明し、同人について相続人がいないようなケースについ
て、相続財産清算人の選任申立てをしなくとも、所在等不明共有者の持分
取得の申立てが認められるとの説明がありました[44]。

　このようなケースで所在等不明共有者の持分取得の裁判が確定した場合
の登記の処理は、どのようになるのでしょうか。

倉田　相続人不存在のため、実体上は相続財産法人が成立していますね（民
951条）。そうすると、持分取得による移転登記の前提として相続財産法人
への所有権登記名義人の氏名等の変更登記が必要になりそうです。

内納　相続財産法人への所有権登記名義人の氏名等の変更登記の申請人は、
相続財産法人の代表者である相続財産清算人（953条・28条）とするのが登
記実務ですが、この登記申請のためだけに相続財産清算人の選任申立てが
必要であるとなると、相続財産清算人の選任申立てをせずに所在等不明共
有者の持分取得の申立てが認められたとしても、結局は登記の実現のため
に相続財産清算人の選任を申し立てなければならなくなってしまい、やや
迂遠な感じもしますしコスト面での課題も残りそうです。

神谷　この点も、令和5年第533号通達に言及があります。同通達によれ
ば、相続人不存在の場合のほかに、所在等不明共有者の死亡の事実は判明
したが戸籍の廃棄等により相続人のあることが明らかでない場合も含め、
持分を取得した共有者が相続財産法人の代理人として、所在等不明共有者
から同人の相続財産法人へと所有権登記名義人の氏名等の変更登記を申請
し、そのうえで持分の移転登記をすべきとされました。

倉田　この場合に添付すべき代理権限証明情報も、持分取得の裁判に係る裁
判書の謄本と確定証明書でよいのでしょうか。

神谷　そのとおりですが、裁判書には「当該持分が相続財産法人に帰属する

44　4-2-3参照。

第1章 所在等不明共有者の持分取得のレシピ

旨」が記載されていることが必要とされています（以上につき、令和5年
第533号通達第1-7(2)）。

中里 そうすると、この種の事案では「相続財産に帰属した」点を書面上明
確にする必要があることについて、あらかじめ裁判所と協議をしておく必
要がありそうですね。

5 事案❶へのあてはめ

倉田 以上のとおり検討してきた所在等不明共有者の持分取得の裁判に関す
る各要件を、あらためて事案❶にあてはめてみましょう。

亡Aは遺言を遺していないため、亡A名義の土地建物はいわゆる遺産
共有の状態にあります。Aの死亡からすでに10年以上が経過しており、
共有者の一人であるBが単独所有することについてC・Dも同意してい
ますので、BからのEの持分取得の裁判が申し立てられた場合、行方不
明者であるEから異議が届け出られることも、Bが単独所有すること
について同意しているC・Dから異議の届出や新たな持分取得の裁判の申
立てがあることも、いずれも想定できません。

この結果、Bが指定された金額を供託することにより、Eの持分を取得
することができるように考えます。

中里 事案❶で、Bから所在等不明共有者の持分取得決定申立てをする場合
の申立書は、【書式3】のようになります[45]。なお、この申立書では、C・
DがあらかじめBに対し相続分の全部を譲渡し、遺産共有から離脱した
ことを前提としています[46]。

また、裁判所が定める供託すべき金額の算定資料として、固定資産評価
証明書のほかに不動産業者2社の査定書を添付しています。さらに、Eが
所在不明であることを疎明するため、東京地裁ウェブサイトに掲載されて
いる「所有者・共有者等の探索に関する報告書」[47]を添付するほか、調査の

---

45 東京地裁ウェブサイト「申立書書式」欄の「所在等不明共有者持分取得決定申立書」
参照。

38

5　事案❶へのあてはめ

過程で取り寄せた資料等の写しもあわせて添付しています。

【書式３】　所在等不明共有者持分取得決定申立書

所在等不明共有者持分取得決定申立書

令和６年８月１日 [*1]

静岡地方裁判所浜松支部　御中 [*2]

申立人　Ｂ　㊞ [*3]

貼用印紙　1000円

予納郵券　　　円

第１　当事者の表示 [*4]

　　　別紙当事者目録記載のとおり

第２　申立ての趣旨 [*5]

　　　申立人は、別紙物件目録記載の不動産の共有持分を取得する

　　　との裁判を求める。

第３　申立てに係る不動産の表示 [*6]

　　　別紙物件目録記載のとおり（なお、申立人の持分は７分の６）

46　事案❶はＡの死亡が平成10年であるため、Ｅの相続分はＢ・Ｃ・Ｄの２分の１となる
が、嫡出でない子の相続分を嫡出子の２分の１としていた平成25年12月11日改正前の民
法900条４号を憲法違反とした最高裁決定（最大決平成25・９・４民集67巻６号1320頁）
を受け、平成25年12月５日に成立、同月11日に公布・施行された民法の下では、嫡出で
ない子と嫡出子の相続分が同一と変更されました。なお、この改正民法が適用されるの
は、平成25年９月５日以後に開始した相続ではありますが、前記最高裁決定を根拠とし
て、平成13年７月１日以後に開始した相続についてもすでに遺産分割が終了しているな
ど確定的なものとなった法律関係を除いては，嫡出でない子と嫡出子との相続分が同等
のものとして扱われることが考えられます（法務省ウェブサイト「民法の一部が改正さ
れました」〈https://www.moj.go.jp/MINJI/minji07_00143.html〉）。

47　東京地裁ウェブサイト「申立書書式」欄の「所有者・共有者等の探索等に関する報告
書」参照。

第 1 章　所在等不明共有者の持分取得のレシピ

第 4　共有物の共有者（申立人を除く）[*7]

　　　別紙共有者目録記載のとおり

第 5　申立ての原因（申立てを理由づける事実の記載※理由ごとに資料番号
　　を付す）[*5]

　1　所在等不明共有者の所在等が不明となった経緯及びその探索状況等

　　(1)　所在等不明共有者の所在等が不明となった経緯

　　　　ア　別紙物件目録記載の各不動産（以下、「本件各不動産」という）の
　　　　　登記記録上の所有者は、申立外亡 A である（添付書類 2 ）。

　　　　イ　申立外亡 A は、平成10年12月 5 日死亡し、申立人、申立外 C 及び
　　　　　D 並びに所在等不明共有者の 4 名がその権利義務を承継した（添付
　　　　　書類 3 ）。

　　　　ウ　申立外 C 及び D は、令和 6 年 7 月10日、申立外亡 A に関する相
　　　　　続分の全部を申立人に譲渡し、申立人は、同日、これを譲り受けた
　　　　　（添付書類 8 及び 9 ）。

　　　　エ　前各項により、本件各不動産は、申立人が 7 分の 6 、所在等不明
　　　　　共有者が 7 分の 1 の割合による遺産共有の状態にある。

　　　　オ　申立人、申立外 C 及び D は、いずれも所在等不明共有者を知ら
　　　　　ず、申立人が遺産分割協議をするため所在等不明共有者を探索した
　　　　　ところ、令和 5 年夏頃から所在が知れなくなり、本日まで音信不通
　　　　　の状態が続いていることが判明した（添付書類 7 、10乃至12）。

　　(2)　所在等不明共有者の探索状況等

　　　　別添「所有者・共有者の探索等に関する報告書」のとおり

　2　所在等不明共有者の持分が相続財産である場合

　　■　相続開始は、平成10年12月 5 日であり、既に10年が経過している。

　　□　　　　年　　月　　日、遺産分割協議済みである。

　　□　所在等不明共有者の単独相続である。

　　□　（その他、持分取得を可能とする事情）

　3　取得を希望する持分の時価相当額

　　　申立人が取得を希望する持分の時価相当額は、金60万円である（添付
　　書類 4 及び 6 ）。

　4　よって、申立ての趣旨記載の裁判を求める。

40

5 事案❶へのあてはめ

＊10・＊11
添付書類

- □ 1 資格証明書（法人の場合）＊13
- ■ 2 登記事項証明書（土地又は建物）＊12
- ■ 3 法定相続情報一覧図（相続財産の場合）
- ■ 4 固定資産評価証明書
- □ 5 土地（建物）の現況調査報告書又は評価書
- ■ 6 不動産鑑定書　簡易鑑定書
- ■ 7 所有者・共有者の探索等に関する報告書
- ■ 8 相続分譲渡証明書
- ■ 9 印鑑証明書
- ■ 10 所在等不明共有者の住民票
- ■ 11 所在等不明共有者の戸籍謄本
- ■ 12 返送されたレターパック

（別紙）

当事者目録

〒111-1112　静岡県浜松市東区細田一丁目1番12号（送達場所）

申立人　B ＊8・＊9

電　話　053-999-9999

ＦＡＸ　なし

（別紙）

物件目録

1　土地　静岡県浜松市東区細田一丁目100番1

宅地　180.00平方メートル

所在等不明共有者の持分　7分の1

2　建物　静岡県浜松市東区細田一丁目100番地1

家屋番号100番1

居宅　木造瓦葺平家建　85.00平方メートル

41

第 1 章　所在等不明共有者の持分取得のレシピ

	所在等不明共有者の持分　　7分の1

（別紙）

共有者目録
住居所不明 （最後の住所）静岡県磐田市原5番地5 　　　　　　所在等不明共有者　　E^{*7}

＊1　年月日（最高裁規則8条で準用する（以下【書式3】の注書き（＊）において同
　　じ）5条2項6号）。
＊2　裁判所の表示（最高裁規則5条2項7号）。
＊3　申立人または代理人の記名押印（最高裁規則5条1項柱書）。なお、代理人が選任
　　されている場合は代理人の氏名および住所も記載しなければならない（最高裁規則5
　　条2項1号）。
＊4　当事者の氏名または名称および住所。なお、法定代理人がいる場合は法定代理人の
　　氏名および住所も記載しなければならない（最高裁規則5条1項1号）。
＊5　申立ての趣旨、申立ての原因、申立てを理由づける事実（最高裁規則5条1項柱
　　書）。
＊6　申立てに係る不動産の表示（最高裁規則5条1項2号）。
＊7　申立てに係る不動産の共有者（申立人を除く）の氏名または名称および住所。な
　　お、法定代理人がいる場合は法定代理人の氏名および住所も記載しなければならない
　　（最高裁規則5条2項2号）。
＊8　申立人の郵便番号、電話番号、ファクシミリの番号。なお、代理人が選任されてい
　　る場合は代理人について記載しなければならない（最高裁規則5条2項8号）。
＊9　送達場所の届出（民訴104条）。
＊10　申立てを理由づける具体的な事実ごとの証拠（最高裁規則5条2項3号）。
＊11　附属書類の表示（最高裁規則5条2項5号）。東京地裁ウェブサイトに掲げられて
　　いる記載例では、申立てを理由づける具体的な事実ごとの証拠とまとめて記載されて
　　いる。
＊12　申立てに係る不動産の登記事項証明書を添付しなければならない（最高裁規則6
　　条）。
＊13　法定代理権は書面で証明しなければならない（民訴規15条）。法定代理および法定
　　代理人に関する規定は、法人の代表者について準用する（民訴規18条）。
＊14　最高裁規則には「事件の表示」を記載すると規定されているが（最高裁規則5条2
　　項4号）、東京地裁ウェブサイトに掲げられている記載例には特段の記載がない。

5 事案❶へのあてはめ

【書式４】 所有者・共有者の探索等に関する報告書

令和 6 年(ヂ)第 〇〇〇 号（不明所有者___E___）

所有者・共有者の探索等に関する報告書

令和___6___年___8___月___1___日

申 立 人 _____B_____印___

　下記第１の（土地・建物）に係る所有者・共有者（以下「所有者等」といいます。）の探索等をした結果は、次のとおりです（※複数の所有者等の場合、原則として、各所有者等（相続が発生している場合には各相続人ごと）について各通の報告書をお出しいただくことになります。ただ、例えば、二筆の土地であっても、登記名義人が同一で、その同一性が確実な資料により確認できる場合、一通の報告書でよい場合もございます）。

第１　対象となる土地・建物（申立人において、「所有者不明土地・建物」であると主張する土地・建物）

　添付の不動産登記事項証明書のとおり

第２　登記名義人に関する探索

１　不動産登記事項証明書の交付請求の結果
　→　添付の不動産登記事項証明書のとおり

２　登記名義人に対する書面の送付又は訪問の結果
　(1)　不動産登記記録上の住所・事務所への調査
　　ア　書面を送付した。
　　　→　発送日　令和___6___年___4___月___20___日
　　　　　方法　　書留郵便　・　その他（___レターパック___）
　　　　　結果　還付（事由：___保管期間経過___）（封筒コピー添付）

43

第1章　所在等不明共有者の持分取得のレシピ

　　　　回答があった（内容：＿＿＿＿＿＿＿＿＿＿＿＿＿）
　　　　その他　　　（内容：＿＿＿＿＿＿＿＿＿＿＿＿＿）
　イ　訪問した。
　　→　日時　令和 6 年 6 月 3 日（土）午後 5 時 00 分ころ
　　　　訪問した者　所属等　　　　申立人＿＿＿＿＿＿＿＿
　　　　　　　　　　氏　名　　　　　　B＿＿＿＿＿＿＿＿＿
　　　　訪問の結果（書ききれない場合は、別紙を用いてください。）

　　　　　　上記日時以降も月に2～3回の頻度で、朝8時ごろから夜
　　　　10時くらいまで日によって時間も変えて訪問しましたが、建
　　　　物にはEを含め誰もいませんでした。何度か通ううちにEの
　　　　自宅隣家の住人からから話を聞くことができました。隣家住
　　　　人の話では「一緒に住んでいた両親（注・養父母のこと）は
　　　　既に他界し、その後は一人で暮らしている」「目が不自由との
　　　　ことで、どこかのマッサージ店に按摩師として登録して生計
　　　　を得ていたらしい」「生活サイクルはとても不規則で、夜遅く
　　　　に帰って来ることもよくあった」「令和5年夏頃から電気の点
　　　　いていることを見たことがなく、帰宅していないと思われる」
　　　　「草も伸び放題だったため、自治会の何人かで草刈りをしてあ
　　　　げた」「家の中で孤独死しているのではないかと心配になり、
　　　　令和6年4月に警察に立ち会ってもらったうえで窓ガラスを
　　　　割って家の中に入ったが、人の姿はなかった。なお、家の中
　　　　は荒れ放題だった」「家の中にマッサージ店の資料があったた
　　　　め、勤務先ではないかと思い連絡してみたが『Eを雇用した
　　　　ことはない』との回答を受けた」等の事実が明らかとなりま
　　　　した。

(2)　不動産登記記録上の住所・事務所以外の住所・居所・事務所の調査
　ア　添付の（住民票・戸籍（除籍）・戸籍附票・法人登記簿）のとおり
　　　他に判明した住所等はない
　　　※このほかに判明した住所がある場合は、以下に記載してください。
　　　　判明した住所等　＿＿＿＿＿＿＿＿＿＿＿＿＿＿＿＿＿
　　　　判明した経緯等　＿＿＿＿＿＿＿＿＿＿＿＿＿＿＿＿＿
　イ　該当がなかった（不在籍、不在住証明書等を添付）

ウ　アで判明した住所等への調査

　　a　書面を送付した。

　　　→　発送日　令和＿＿＿年＿＿＿月＿＿＿日

　　　　　　方法　　書留郵便　・　その他（＿＿＿＿＿＿＿＿）

　　　　　　結果　　還付（事由：＿＿＿＿＿＿＿＿）（封筒コピー添付）

　　　　　　　　　　回答があった（内容：＿＿＿＿＿＿＿＿＿＿）

　　　　　　　　　　その他　　　（内容：＿＿＿＿＿＿＿＿＿＿）

　　b　訪問した。

　　　→　日時　令和＿＿＿年＿＿＿月＿＿＿日（＿＿）午＿＿＿時＿＿＿分ころ

　　　　　訪問した者　所属等　＿＿＿＿＿＿＿＿＿＿＿＿＿＿＿＿＿

　　　　　　　　　　　氏　名　＿＿＿＿＿＿＿＿＿＿＿＿＿＿＿＿＿

　　　　　訪問の結果（書ききれない場合は、別紙を用いてください。）

　　　　　--

　　　　　--

第3　登記名義人以外の所有者に関する探索

1　登記名義人のほかに、所有者と思料される者は、（いない・いる）。
　（いる場合）
　　住所　　添付の（住民票・戸籍（除籍）・戸籍附票・法人登記簿）のとおり

　　氏名（名称）＿＿＿＿＿＿＿＿＿＿＿＿＿＿＿＿＿＿＿＿＿＿＿

　　※上記のほかに判明した住所がある場合は、以下に記載してください。

　　　判明した住所等　＿＿＿＿＿＿＿＿＿＿＿＿＿＿＿＿＿＿＿＿＿

　　　判明した経緯等　＿＿＿＿＿＿＿＿＿＿＿＿＿＿＿＿＿＿＿＿＿

（※　登記名義人のほかに、所有者と思料される者がいない場合は、2の記載は不要です。）

2　上記1の者への書面の送付又は訪問の結果
　ア　書面を送付した。

　　　→　発送日　令和＿＿＿年＿＿＿月＿＿＿日

　　　　　　方法　　書留郵便　・　その他（＿＿＿＿＿＿＿＿）

第1章　所在等不明共有者の持分取得のレシピ

　　　　結果　　還付（事由：＿＿＿＿＿＿＿＿＿）（封筒コピー添付）

　　　　　　　　回答があった（内容：＿＿＿＿＿＿＿＿＿＿＿＿）

　　　　　　　　その他　　（内容：＿＿＿＿＿＿＿＿＿＿）

　イ　訪問した。

　　→　日時　令和＿＿年＿＿月＿＿日（＿＿）午　＿＿時＿＿分ころ

　　　　訪問した者　所属等　＿＿＿＿＿＿＿＿＿＿＿＿＿＿＿＿＿

　　　　　　　　　　氏　名　＿＿＿＿＿＿＿＿＿＿＿＿＿＿＿＿＿

　　訪問の結果（書ききれない場合は、別紙を用いてください）

　　　　　　　　　　--

　　　　　　　　　　--

　　　　　　　　　　--

> 第4　所有者を確知するために必要な情報（以下「所有者確知情報」と
> いう。）を保有すると思料される者（登記名義人以外）に対する調
> 査、情報提供の請求の有無等

1　登記名義人が法人である場合に、代表者等（清算人、破産管財人）に
　関する調査をした結果は次のとおりである。

(1)　法人登記簿上の住所への調査

　ア　書面を送付した。

　　→　発送日　令和＿＿年＿＿月＿＿日

　　　　方法　　書留郵便　・　その他（＿＿＿＿＿＿＿）

　　　　結果　　還付（事由：＿＿＿＿＿＿＿＿＿）（封筒コピー添付）

　　　　回答があった（内容：＿＿＿＿＿＿＿＿＿＿＿＿）

　　　　その他　　（内容：＿＿＿＿＿＿＿＿＿＿＿＿）

　イ　訪問した。

　　→　日時　令和＿＿年＿＿月＿＿日（＿＿）午　＿＿時＿＿分ころ

　　　　訪問した者　所属等　＿＿＿＿＿＿＿＿＿＿＿＿＿＿＿＿＿

　　　　　　　　　　氏　名　＿＿＿＿＿＿＿＿＿＿＿＿＿＿＿＿＿

　　訪問の結果（書ききれない場合は、別紙を用いてください）

　　　　　　　　　　--

　　　　　　　　　　--

　　　　　　　　　　--

5 事案❶へのあてはめ

(2) 法人登記簿上の住所以外の住所・居所の調査

　ア　添付の（住民票・戸籍（除籍）・戸籍附票）のとおり

　　※このほかに判明した住所がある場合は、以下に記載してください。

　　　　判明した住所等　＿＿＿＿＿＿＿＿＿＿＿＿＿＿＿＿＿＿＿

　　　　判明した経緯等　＿＿＿＿＿＿＿＿＿＿＿＿＿＿＿＿＿＿＿

　イ　該当がなかった（不在籍、不在住証明書を添付）

　ウ　アで判明した住所等への調査

　　a　書面を送付した。

　　　→　発送日　令和＿＿＿年＿＿＿月＿＿＿日

　　　　　方法　　書留郵便　・　その他（＿＿＿＿＿＿＿）

　　　　　結果　　還付（事由：＿＿＿＿＿＿＿＿）（封筒コピー添付）

　　　　　　　　　回答があった（内容：＿＿＿＿＿＿＿＿＿＿＿＿）

　　　　　　　　　その他　　　（内容：＿＿＿＿＿＿＿＿＿＿＿＿）

　　b　訪問した。

　　　→　日時　令和＿＿＿年＿＿＿月＿＿＿日（＿＿＿）午＿＿＿時＿＿＿分ころ

　　　　　訪問した者　所属等　＿＿＿＿＿＿＿＿＿＿＿＿＿＿＿

　　　　　　　　　　　氏　名　＿＿＿＿＿＿＿＿＿＿＿＿＿＿＿

　　　　　訪問の結果（書ききれない場合は、別紙を用いてください）

　　　　　---

(3) 代表者等が死亡等により存在しないことを示す事情

2　上記1以外の所有者確知情報を保有すると思料される者が（いる・い
ない（判明しない））

　（いる場合）次の者に、所有者確知情報の提供を請求した。

　（※　複数いる場合は、別紙を用いてください）

(1) 請求の相手方

　a　当該土地を現に占有する者

　b　当該土地につき、所有権以外の権利を有する者

　c　当該土地にある物件に関し、所有権その他の権利を有する者

　d　親　族　　　Eの従兄弟にあたる○○○○さん

　e　在外公館の長

47

第1章　所在等不明共有者の持分取得のレシピ

 f 所有権に関する登記がない土地で、表題部の所有者欄に所有者の全部又は一部の氏名、名称、住所が記載されていないもの

  (a) 閉鎖登記簿又は土地台帳を備えると思料される登記所の登記官

  (b) （表題部の所有者欄に市町村内の区域等の名称のみが記録されている土地、または、表題部の所有者が2人以上で、かつ、その全部もしくは一部の氏名等が記載されていない土地である場合、）当該土地の市町村の長

(2) 情報提供の請求の方法、結果

 a 書面を送付した。

  → 発送日 令和＿＿年＿＿月＿＿日

   方法 書留郵便　・　その他（＿＿＿＿＿＿）

   結果 還付 （事由：＿＿＿＿＿＿＿＿＿）

      回答があった（内容：＿＿＿＿＿＿＿＿）

      その他 （内容：＿＿＿＿＿＿＿＿）

 b 訪問した。

  → 日時 令和＿＿年＿＿月＿＿日（＿＿）午 ＿＿時＿＿分ころ

   訪問した者　所属等 ＿＿＿＿＿＿＿＿＿＿＿

       氏　名 ＿＿＿＿＿＿＿＿＿＿＿

  訪問の結果（書ききれない場合は、別紙を用いてください。）

 c その他（情報提供の請求の方法及び結果を簡潔に記載し、資料があれば、添付してください。）

  申立人がE宅を訪問した際に話を聞くことができた隣家の住人が「Eの従兄弟にあたるFさんという方の連絡先を知っている」とのことでその場で電話をかけて様子を聞いてくれましたが、Fさんの話では、EはFさんをはじめとする数人の従兄弟らにも金銭面で多大な迷惑をかけてきたようであり、「数年前から全員が関係を断っており今では連絡先すら知らない」とのことでした。

5　事案❶へのあてはめ

第 5　　登記名義人の死亡等が判明した場合

1　登記名義人（個人）の相続関係

　→　相続関係図のとおり（相続関係図を添付してください。）

2　登記名義人（個人）の戸籍（除籍）（出生～死亡）、判明した全ての相続人の戸籍（除籍）（登記名義人とのつながりがわかるようにしてください）、登記名義人及び相続人の戸籍附票、住民票の請求

　→　添付の＿（戸籍（除籍）・戸籍附票・住民票）＿のとおり

3　判明した相続人及び相続人に対する土地所有者確知情報の請求結果

　※　書ききれない場合は、適宜、欄を追加してください。

　　　　a　住　所　＿＿＿＿＿＿＿＿＿＿＿＿＿＿＿＿＿＿＿＿＿＿＿＿＿＿
　　　　　　氏　名　＿＿＿＿＿＿＿＿＿＿＿＿＿＿（名義人との関係：＿＿＿＿）
　　　　　　方　法　令和＿＿年＿＿月＿＿日（書面送付・訪問・　　　　　　）
　　　　　　結　果　＿＿＿＿＿＿＿＿＿＿＿＿＿＿＿＿＿＿＿＿＿＿＿＿＿＿

　　　　b　住　所　＿＿＿＿＿＿＿＿＿＿＿＿＿＿＿＿＿＿＿＿＿＿＿＿＿＿
　　　　　　氏　名　＿＿＿＿＿＿＿＿＿＿＿＿＿＿（名義人との関係：＿＿＿＿）
　　　　　　方　法　令和＿＿年＿＿月＿＿日（書面送付・訪問・　　　　　　）
　　　　　　結　果　＿＿＿＿＿＿＿＿＿＿＿＿＿＿＿＿＿＿＿＿＿＿＿＿＿＿

　　　　c　住　所　＿＿＿＿＿＿＿＿＿＿＿＿＿＿＿＿＿＿＿＿＿＿＿＿＿＿
　　　　　　氏　名　＿＿＿＿＿＿＿＿＿＿＿＿＿＿（名義人との関係：＿＿＿＿）
　　　　　　方　法　令和＿＿年＿＿月＿＿日（書面送付・訪問・　　　　　　）
　　　　　　結　果　＿＿＿＿＿＿＿＿＿＿＿＿＿＿＿＿＿＿＿＿＿＿＿＿＿＿

　　　　d　住　所　＿＿＿＿＿＿＿＿＿＿＿＿＿＿＿＿＿＿＿＿＿＿＿＿＿＿
　　　　　　氏　名　＿＿＿＿＿＿＿＿＿＿＿＿＿＿（名義人との関係：＿＿＿＿）
　　　　　　方　法　令和＿＿年＿＿月＿＿日（書面送付・訪問・　　　　　　）
　　　　　　結　果　＿＿＿＿＿＿＿＿＿＿＿＿＿＿＿＿＿＿＿＿＿＿＿＿＿＿

4　登記名義人（法人）の解散

　(1)　解散後の承継先（法人の名称：　　　　　　　　　　　　　　　　　）

　　　　承継の原因：添付の法人登記簿（閉鎖登記簿を含む）のとおり

第 1 章　所在等不明共有者の持分取得のレシピ

---

(2)　承継した法人に対する土地所有者確知情報の請求結果

　ア　書面を送付した。

　　→　発送日　令和＿＿＿年＿＿＿月＿＿＿日

　　　　方法　　書留郵便　・　その他（＿＿＿＿＿＿＿＿）

　　　　結果　　還付（事由：＿＿＿＿＿＿＿＿＿）（封筒コピー添付）

　　　　　　　　回答があった（内容：＿＿＿＿＿＿＿＿＿＿＿＿＿）

　　　　　　　　その他　　　（内容：＿＿＿＿＿＿＿＿＿＿＿＿＿）

　イ　訪問した。

　　→　日時　令和＿＿＿年＿＿＿月＿＿＿日（＿＿＿）午　＿＿＿時＿＿＿分ころ

　　　　訪問した者　所属等　＿＿＿＿＿＿＿＿＿＿＿＿＿＿＿＿＿＿

　　　　　　　　　　氏　名　＿＿＿＿＿＿＿＿＿＿＿＿＿＿＿＿＿＿

　　　　訪問の結果（書ききれない場合は、別紙を用いてください）

神谷　裁判所への申立てに先立って、法定相続分による相続登記を申請しておく必要があるかもしれませんね。

中里　【書式3】では、C・DはBに対し相続分を全部譲渡していますので、申立て後の手続を円滑に進めるという意味では、法定相続分による登記申請を済ませておくだけでなく、相続分の贈与または相続分の売買を登記原因としてC・Dの持分についてBへの移転登記まで済ませておくとよいように思います。

倉田　登記記録上の所有者をB（持分7分の6）、E（持分7分の1）としておくわけですね。

　そのほかに、何か注意することはありそうですか。

内納　裁判所の定めた額について、所定の期間内に申立人が供託できない場合は非訟事件手続法87条8項で申立てが却下されますので、あらかじめ想定される供託金の準備もしておく必要があります。

（所在等不明共有者の持分の取得）

非訟第87条（略）

2〜7（略）

8　裁判所は、申立人が第5項の規定による決定に従わないときは、その申

立人の申立てを却下しなければならない。

9 ～11（略）

6　改正法施行前の解決策との比較

6－1　コスト・時間

倉田　以上の検討によれば、令和5年4月1日以降は、**事案❶**のようなケースで所在等不明共有者の持分取得の裁判を利用することもできそうだし、今までどおり不在者財産管理人の選任を求めることもできそうですが、手続選択のポイントとしてどのような点を検討すればよいでしょう。

内納　供託金の準備をしておくべきと指摘しましたが、**事案❶**のように亡Aの遺産が不動産だけの場合は、所在等不明共有者の持分取得の裁判を選択した場合の供託金と、不在者財産管理人の選任申立てを選択した場合の遺産取得の代償金との間には、大きな金額のズレは生じないと考えます。申立書準備のための事前調査についても両者はほぼ共通ですし、申立書作成のための司法書士報酬にも大きな違いは生じないでしょうから、コスト面だけを考えればどちらでもよいように思えますね。

倉田　不在者財産管理人の場合、選任された後にあらためて遺産分割協議のための権限外許可申立てをする必要がある一方、所在等不明共有者の持分取得では3か月の公告期間がありますので、迅速な解決を図るという点においても、どちらもあまり変わらないのかもしれません。

6－2　他の遺産がある場合

神谷　**事案❶**とは違い、不動産以外にも預金等の遺産がある場合はどうでしょうか。

　　所在等不明共有者の持分取得の裁判の適用対象は不動産だけですから、不動産の遺産共有は解消できるとしても、他の遺産については遺産分割をしなければなりませんね。

中里　遺産分割が調う前にまとまった金銭が必要な事情があるならば、未分割の預貯金債権について遺産分割前の預貯金債権の行使（909条の2）や、

第 1 章　所在等不明共有者の持分取得のレシピ

　　遺産分割調停・審判を申し立て、その保全処分（家事200条 3 項）として預
　　貯金債権の一部の取得を求めるなどの対応も検討できます。

内納　逆に、遺産に不動産もあるけど負債もあるというようなケースでは、
　　所在等不明共有者の持分取得の裁判における供託金よりも、不在者財産管
　　理人を選任した場合における遺産取得の代償金のほうが低廉になるでしょ
　　うから、この場合は後者を選択したほうが B のメリットになるように思
　　います。

▌6-3　全体的解決の模索

中里　以上はいずれも、申立人となる B の立場から検討されています。B
　　にとっては遺産共有の解消を図ることができれば問題は解決するわけです
　　が、一方で行方不明者である E の権利関係については依然として放置さ
　　れたままである点にも注目する必要があるのではないでしょうか。

　　　実は**事案❶**で、E の住民票上の住所地に存在する土地建物は E の亡養
　　父名義でした。E の養母はすでに亡くなっており、養父母には E のほか
　　に子がありませんので、この土地建物は E が単独相続しています。そう
　　すると、B の問題は所在等不明共有者の持分取得の裁判によって解決した
　　としても、結局のところ E について不在者財産管理人を選任しなけれ
　　ば、E が居住していた住宅が空家問題として積み残されることになるわけ
　　です。

　　　いずれの手続を選択しても B のコスト面での負担が変わらないのであ
　　れば、B に不在者財産管理人選任の申立人となっていただくことの協力を
　　求めることが全体的な解決につながることもありうるので、手続選択の際
　　にはこのような俯瞰的な観点での検討も不可欠になりそうです。

神谷　せっかく解決策を模索するのであれば、依頼者の理解が得られる範囲
　　内で問題の全容を把握し、問題を将来に先送りしない総合的な解決案を提
　　示する姿勢が求められるということですね。

7 所在等不明共有者の 持分譲渡権限付与

7-1 所在等不明共有者の持分譲渡権限付与の概要

倉田 本章の最後に、今まで検討してきた所在等不明共有者の持分取得に似た制度として、262条の3で新設された所在等不明共有者の持分譲渡権限付与という制度がありますので、ここで検討してみましょう。

神谷 共有状態にある土地の購入希望者がいるが、共有者の一人が行方不明のため迅速な売却ができないようなケースで、申立人となった共有者に対し、裁判所が所在等不明共有者の持分を第三者に譲渡するための権限を付与するという制度ですね。

中里 このようなケースは実務でも割とよくあるのではないかと思いますので、所在等不明共有者の持分取得の制度とあわせて十分に勉強し、実務で駆使できる準備を整えておかなければなりません。

倉田 所在等不明共有者の持分取得と所在等不明共有者の持分譲渡権限付与は、構造としてはとても似ている制度ですので、重複する論点については言及しませんが、まずは条文を確認しましょう。

神谷 262条の3の条文を紹介します。

（所在等不明共有者の持分の譲渡）

民第262条の3　不動産が数人の共有に属する場合において、共有者が他の共有者を知ることができず、又はその所在を知ることができないときは、裁判所は、共有者の請求により、その共有者に、当該他の共有者（以下この条において「所在等不明共有者」という。）以外の共有者の全員が特定の者に対してその有する持分の全部を譲渡することを停止条件として所在等不明共有者の持分を当該特定の者に譲渡する権限を付与する旨の裁判をすることができる。

2　所在等不明共有者の持分が相続財産に属する場合（共同相続人間で遺産の分割をすべき場合に限る。）において、相続開始の時から10年を経過していないときは、裁判所は、前項の裁判をすることができない。

53

第 1 章　所在等不明共有者の持分取得のレシピ

> 3　第 1 項の裁判により付与された権限に基づき共有者が所在等不明共有者の持分を第三者に譲渡したときは、所在等不明共有者は、当該譲渡をした共有者に対し、不動産の時価相当額を所在等不明共有者の持分に応じて按分して得た額の支払を請求することができる。
> 4　前三項の規定は、不動産の使用又は収益をする権利（所有権を除く。）が数人の共有に属する場合について準用する。

神谷　また、手続面については、非訟事件手続法88条で次のとおり規定されています。

> （所在等不明共有者の持分を譲渡する権限の付与）
> 非訟第88条　所在等不明共有者の持分を譲渡する権限の付与の裁判（民法第262条の 3 第 1 項（同条第 4 項において準用する場合を含む。第 3 項において同じ。）の規定による所在等不明共有者の持分を譲渡する権限の付与の裁判をいう。第 3 項において同じ。）に係る事件は、当該裁判に係る不動産の所在地を管轄する地方裁判所の管轄に属する。
> 2　前条第 2 項第 1 号、第 2 号及び第 4 号並びに第 5 項から第10項までの規定は、前項の事件について準用する。
> 3　所在等不明共有者の持分を譲渡する権限の付与の裁判の効力が生じた後 2 箇月以内にその裁判により付与された権限に基づく所在等不明共有者（民法第262条の 3 第 1 項に規定する所在等不明共有者をいう。）の持分の譲渡の効力が生じないときは、その裁判は、その効力を失う。ただし、この期間は、裁判所において伸長することができる。

神谷　さらに最高裁規則にも規定がありますが、こちらは所在等不明共有者の持分取得に関する規定と重複しますので、条文の紹介は省略します。

中里　事案❶で、法定相続分によるＢ・Ｃ・Ｄ・Ｅ名義の相続登記を経由した後に、ＢがＣ・Ｄと共に、Ｅの持分も含めて第三者に売却することを希望する場合の所在等不明共有者の持分譲渡権限付与決定申立書は、【書式5 】のようになります。また、【書式 4 】の「所有者・共有者の探索等に

48　東京地裁ウェブサイト「申立書書式」欄の「所在等不明共有者持分譲渡権限付与決定申立書」参照。

関する報告書」の提出も求められます。

　なお、購入希望価格が適正であることを疎明するため、不動産業者2社
の査定書を添付しています。

【書式5】　所在等不明共有者持分譲渡権限付与決定申立書

所在等不明共有者持分譲渡権限付与決定申立書

令和6年8月1日^{*1} → 令和6年8月1日[*1]

静岡地方裁判所浜松支部　御中[*2]

申立人　B　㊞[*3]

貼用印紙　　1000円

予納郵券　　　　円

第1　当事者の表示[*4]

　　　別紙当事者目録記載のとおり

第2　申立ての趣旨[*5]

　　　申立人に、本裁判確定後2か月以内に、所在等不明共有者以外の共有
者全員が特定の者に対してその有する持分の全部を譲渡することを停止
条件として、別紙物件目録記載の不動産の共有持分を当該特定の者に譲
渡する権限を付与する
　　　との裁判を求める。

第3　申立てに係る不動産の表示[*6]

　　　別紙物件目録記載のとおり（なお、申立人の持分は7分の2）

第4　共有物の共有者（申立人を除く）[*7]

　　　別紙共有者目録記載のとおり

第5　申立ての原因（申立てを理由づける事実の記載※理由ごとに資料番号

第 1 章　所在等不明共有者の持分取得のレシピ

を付す）[*5]

1　所在等不明共有者の所在等が不明となった経緯及びその探索状況等

　(1)　所在等不明共有者の所在等が不明となった経緯

　　　ア　別紙物件目録記載の各不動産（以下、「本件各不動産」という）の登記記録上の所有者は、申立人、共有者C、共有者D及び所在等不明共有者の4名であり（添付書類2）、共有持分は申立人、共有者C及び共有者Dが各7分の2、所在等不明共有者が7分の1である（添付書類3）。

　　　イ　申立人、共有者C及びDは、いずれも所在等不明共有者を知らず、申立人が遺産分割協議をするため所在等不明共有者を探索したところ、令和5年夏頃から所在が知れなくなり、本日まで音信不通の状態が続いていることが判明した（添付書類7乃至10）。

　(2)　所在等不明共有者の探索状況等

　　　別添「所有者・共有者の探索等に関する報告書」のとおり

2　所在等不明共有者の持分が相続財産である場合

　■　相続開始は、平成10年12月5日であり、既に10年が経過している。

　□　　　年　　月　　日、遺産分割協議済みである。

　□　所在等不明共有者の単独相続である。

　□　（その他、持分取得を可能とする事情）

3　譲渡を予定する不動産全体の時価相当額

　　　別紙物件目録記載の不動産全体の時価相当額は金420万円であるところ、所在等不明共有者の共有持分の割合に応じて案分した金額は、金60万円である（添付書類4及び6）。

4　よって、申立ての趣旨記載の裁判を求める。

添付書類[*10・*11]

□　1　資格証明書（法人の場合）[*13]

■　2　登記事項証明書（土地又は建物）[*12]

■　3　法定相続情報一覧図（相続財産の場合）

■　4　固定資産評価証明書

□　5　土地（建物）の現況調査報告書又は評価書

■　6　不動産鑑定書　簡易鑑定書

■　7　所有者・共有者の探索等に関する報告書

　■　8　所在等不明共有者の住民票

　■　9　所在等不明共有者の戸籍謄本

　■　10　返送されたレターパック

（別紙）

当事者目録

　　　〒111-1112　静岡県浜松市東区細田一丁目1番12号（送達場所）
　　　　　　　　　　　　＊8・＊9
　　　　申立人　B

　　　　電　話　053-999-9999

　　　　ＦＡＸ　なし

（別紙）

物件目録

　1　土地　静岡県浜松市東区細田一丁目100番1
　　　宅地　180.00平方メートル

　　　　　　　　　　　　所在等不明共有者の持分　　7分の1
　2　建物　静岡県浜松市東区細田一丁目100番地1
　　　家屋番号100番1
　　　居宅　木造瓦葺平家建　85.00平方メートル

　　　　　　　　　　　　所在等不明共有者の持分　　7分の1

（別紙）

共有者目録

住居所不明
（最後の住所）静岡県磐田市原5番地5
　　　　　　　　　　　　　　　　＊7
　　　　所在等不明共有者　E

〒222-2222　静岡県浜松市西区西山二丁目2番2号
　　　　　　　　　　＊7
　　　共有者　C

第 1 章　所在等不明共有者の持分取得のレシピ

> 〒333-3333　静岡県浜松市南区高橋三丁目 3 番 3 号
> 　　共有者　　D ^*7

＊ 1　年月日（最高裁規則 8 条で準用する（以下【書式 5 】の注書き（＊）において同じ）5 条 2 項 6 号）

＊ 2　裁判所の表示（最高裁規則 5 条 2 項 7 号）。

＊ 3　申立人または代理人の記名押印（最高裁規則 5 条 1 項柱書）。なお、代理人が選任されている場合は代理人の氏名および住所も記載しなければならない（最高裁規則 5 条 2 項 1 号）。

＊ 4　当事者の氏名または名称および住所。なお、法定代理人がいる場合は法定代理人の氏名および住所も記載しなければならない（最高裁規則 5 条 1 項 1 号）。

＊ 5　申立ての趣旨、申立ての原因、申立てを理由づける事実（最高裁規則 5 条 1 項柱書）。

＊ 6　申立てに係る不動産の表示（最高裁規則 5 条 1 項 2 号）。

＊ 7　申立てに係る不動産の共有者（申立人を除く）の氏名または名称および住所。なお、法定代理人がいる場合は法定代理人の氏名および住所も記載しなければならない（最高裁規則 5 条 2 項 2 号）。

＊ 8　申立人の郵便番号、電話番号、ファクシミリの番号。なお、代理人が選任されている場合は代理人について記載しなければならない（最高裁規則 5 条 2 項 8 号）。

＊ 9　送達場所の届出（民訴104条）。

＊10　申立てを理由づける具体的な事実ごとの証拠（最高裁規則 5 条 2 項 3 号）。

＊11　附属書類の表示（最高裁規則 5 条 2 項 5 号）。東京地裁ウェブサイトに掲げられている記載例では、申立てを理由づける具体的な事実ごとの証拠とまとめて記載されている。

＊12　申立てに係る不動産の登記事項証明書を添付しなければならない（最高裁規則 6 条）。

＊13　法定代理権は書面で証明しなければならない（民訴規15条）。法定代理および法定代理人に関する規定は、法人の代表者について準用する（民訴規18条）。

＊14　最高裁規則には「事件の表示」を記載すると規定されているが（最高裁規則 5 条 2 項 4 号）、東京地裁ウェブサイトに掲げられている記載例には特段の記載がない。

倉田　売買により第三者へ移転登記する前提として相続登記を経由する必要があるため、【書式 5 】では、申立てに先立って法定相続分による相続登記の申請を済ませてあるということですね。

内納　ちなみに、持分譲渡権限付与決定の申立てに要する手数料は、1000円に申立ての対象となる持分の数を乗じて算出されます。

神谷　なお、持分譲渡権限付与の手続における供託の記載例は【書式6】【書式7】のとおりとなります（令和5年第67号通達別紙4・別紙5）。

第1章　所在等不明共有者の持分取得のレシピ

【書式６】　所在等不明共有者の持分の譲渡権限の付与の裁判における供託命令に基づく供託①──他の共有者を知ることができない場合

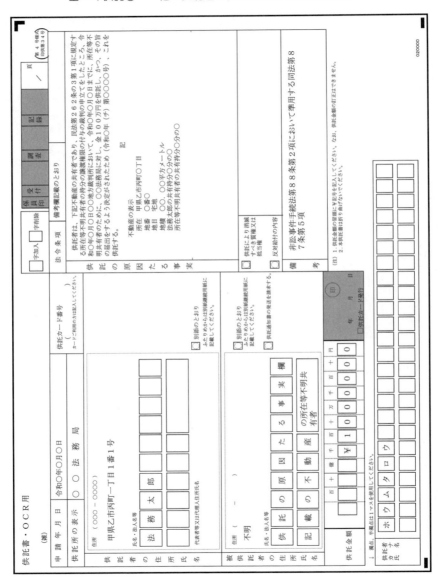

7 所在等不明共有者の持分譲渡権限付与

【書式7】 所在等不明共有者の持分の譲渡権限の付与の裁判における供託命令に基づく供託②――他の共有者の所在を知ることができない場合

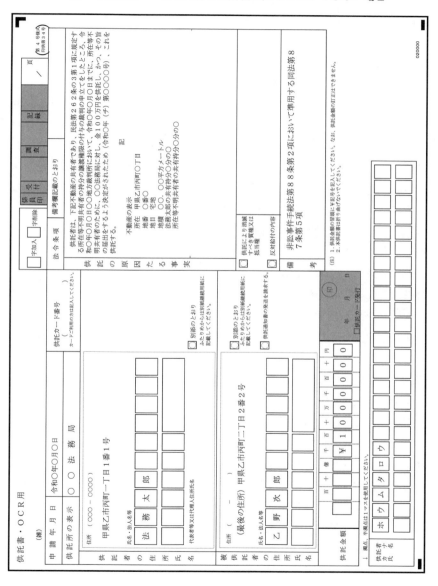

第1章　所在等不明共有者の持分取得のレシピ

倉田　後日帰来した所在等不明共有者が供託金還付請求をする場合の添付書面については、持分取得の場合と同じですか。

中里　印鑑証明書[49]、自己が所在等不明共有者と同一人であることを証する情報、持分譲渡権限付与の裁判が確定したことを証する情報が必要となるのは持分取得の場合と同じですが、持分譲渡権限付与の裁判は、裁判の効力が生じた時から2か月以内に実際に持分の譲渡の効力が生じない場合には失効してしまうため（非訟88条3項）、これらに加えて期間内に持分が譲渡されたことを証する不動産の登記事項証明書等を提供しなければならないとされました（令和5年第67号通達2⑷ア）。

神谷　仮に2か月以内に持分を第三者に譲渡することができなかった場合、申立人となった共有者は、不動産の登記事項証明書等を提供して供託金の取戻請求をすることができます（令和5年第67号通達2⑷イ）。

7-2　所在等不明共有者の持分譲渡権限付与の特徴

倉田　所在等不明共有者の持分取得と所在等不明共有者の持分譲渡権限付与とで、異なる点はありますか。

神谷　この裁判は、所在等不明共有者以外の共有者全員が第三者に対し自己の共有持分を譲渡することが停止条件となっていることに特徴があります。他の共有者の一人でも譲渡に応じない場合、裁判の効力は生じない点に注意が必要です。

内納　持分取得の裁判は裁判所の決定によって所有権移転効が生じますが、本条の制度は、裁判所の決定は申立人となった共有者に対し所在等不明共有者の持分の譲渡権限が付与されるにとどまり、裁判所の決定によって第三者への譲渡の効力が発生するわけではない点にもご注意ください。

倉田　非訟事件手続法88条3項によれば、所在等不明共有者の持分譲渡権限付与の裁判が確定した日の翌日から、原則として2か月以内に持分の譲渡の効力が生じないときは、持分譲渡権限付与の裁判は失効するとありますので、決済までのスケジュール管理も必要になりますね。

神谷　農地法の許可申請が必要なケースなど、決済までに一定の日数を要するような場合は特に注意が必要ですし、場合によっては非訟事件手続法88

49　4-3-6参照。

条3項ただし書にある期間伸長の申立てをする必要もありそうです。

中里　農振法に基づく除外申請が必要になるような事案では、契約から決済までに1年近い期間を要することになりますが、このような場合でも期間の伸長が認められるのでしょうか。

内納　立法課程の議論では、伸長が認められるのは例外的なケースだと指摘されていますので、決済が1年も先になるような事案では認められない可能性が高いと考えられます[50]。

中里　そのような取扱いが想定されるのはなぜですか。

内納　決定から実際の譲渡までに長期間が経過することによって申立て時の事情が変更し、これによって供託金額が不相当になるような事態を避ける必要があることが指摘されています[51]。

7-3　所在等不明共有者以外の共有者との関係

中里　ところで、所在等不明共有者の持分取得の裁判では、申立てに係る共有物について共有物分割または遺産分割の請求があり、かつ所在等不明共有者以外の共有者が異議の届出をしたときには、裁判所は所在等不明共有者の持分取得の裁判をすることができないとされていますが（262条の2第2項）、所在等不明共有者の持分譲渡権限付与の裁判にはこのような規律がおかれておりません。

　　この点はどのような理由によるのですか。

神谷　所在等不明共有者の持分譲渡権限付与の裁判は、決定がなされたからといって直ちに譲渡の効力が発生するのではなく、所在等不明共有者以外の共有者全員が持分を第三者に譲渡することを停止条件として効力が生じるという建付けになっていますので、仮に異議ある共有者があるとすれば停止条件が成就しないことになります。

　　したがって、申立てにあたっては共有者間の調整が済んでいることが通常と考えられますので、所在等不明共有者の持分取得の場合のような条文上の手当ては施されていないと指摘されています[52]。

50　部会資料51・16頁。

51　部会資料51・16頁。なお、譲渡の効力が2か月以内に有効に生じていれば足り、登記まで完了している必要はない（部会資料51・16頁）。

第 1 章　所在等不明共有者の持分取得のレシピ

7-4　供託金への影響

倉田　そのほかに、所在等不明共有者の持分取得の場合と異なる点はありますか。

内納　供託金に若干の違いが出るという指摘があります。

　　これは、時価の算定にあたって「共有減価」という考え方を採用するか否かの違いなのですが、所在等不明共有者の持分を取得してもなお共有関係が継続するようなケースでは、時価の算定にあたって減価される可能性があります。[53]

　　一般に、共有減価の減価率は2割～3割とされているようですので、同じ土地を目的として申立てがあった場合で、裁判の結果、共有状態が解消される場合の供託金が100万円であったとすると、共有減価の考え方が採用される場合、すなわち共有関係が継続するケースの供託金は、70万円～80万円に減額される可能性があるということです。

中里　持分を取得した結果単独所有になるような場合には、共有減価の考え方は採用されないということなのですね。

内納　そのとおりです。

　　一方、所在等不明共有者の持分譲渡権限付与は売却を前提とする手続ですし、所在等不明共有者の持分取得における262条の2第4項で、所在等不明共有者は「取得した時価相当額」を請求できるとして「持分の時価」を評価することになっているのに対し、譲渡権限付与における262条の3第3項では「不動産の時価相当額を所在等不明共有者の持分に応じて按分して得た額」を請求することができるとし、「持分の時価」ではなく「共有物全体の時価」を評価し、そこから持分割合に応じた額を算出するという条文の建付けですので、共有減価という考え方はそもそも採用されません。[54]

倉田　そうすると、所在等不明共有者の持分取得の場合よりも所在等不明共有者の持分譲渡権限付与の場合のほうが、供託額は高額になる可能性があるということですね。

52　荒井121頁。

53　中間試案補足説明37頁。

54　荒井119頁、中間試案補足説明39頁。

7　所在等不明共有者の持分譲渡権限付与

7-5　登記手続上の問題点

倉田　所在等不明共有者の持分の譲渡権限が申立人に付与された場合の登記手続についても確認しましょう。この場合の申立人は、持分取得の場合と同様に所在等不明共有者の代理人になるものと解してよいのでしょうか。

内納　はい。所在等不明共有者の代理人として、第三者へ売却する際の売主の代理人にもなりますし、所有権移転登記の際の申請代理人にもなります。なお、いずれの場合も、代理権限を証する情報は持分譲渡権限付与の裁判に係る裁判書の謄本と確定証明書となります。

神谷　第三者への所有権移転登記申請に際しては、所在等不明共有者の登記識別情報や印鑑証明書の提供は不要となりますか。

内納　はい。この点も持分取得の場合と変わりません。

中里　持分譲渡権限付与の裁判は、原則として裁判の確定の日の翌日から2か月以内に持分の譲渡の効力が生じないときは失効しますが、期間の経過後になされた第三者への所有権移転登記の効力にはどのような影響がありますか。

内納　この場合、登記申請は却下されることになりますので（不登25条13号、不登令20条8号）、期日管理には十分な注意を払わなければなりません。

倉田　持分取得の場合、所在等不明共有者が死亡しておりその相続人が不存在または不分明の場合の相続財産法人への所有権登記名義人の氏名等の変更登記申請は、申立人が相続財産法人の代理人として申請することができるとのことでしたが、この点は持分譲渡権限付与の場合も同様に考えてよいですね。

内納　はい。そのとおりです（以上につき、令和5年第533号通達第1-8(2)）。

7-6　実務上の注意点

中里　先ほどの共有減価の点を考慮すると、売却先が決まっている事案であっても、あえて所在等不明共有者の持分取得の裁判を選択し、その後に売買契約を締結する方法も選択肢の一つとして検討しなければならないわけですね。ますますプランニング能力が求められることなりそうです。

神谷　それから、所在等不明共有者の持分譲渡権限付与のほうは、場合によっては仲介業者と協議し、手付金の額を通常よりも多めに設定してもら

第1章　所在等不明共有者の持分取得のレシピ

う必要が生じることもありそうです。というのも、所在等不明共有者の持分譲渡権限付与の手続は売却先が決定しているとはいえ、一定額の供託をした後に決定がなされるのは所在等不明共有者の持分取得の場合と異なりません。そうすると、申立人となる共有者に金銭的な余裕があればよいのですが、そうでない場合、手付金を供託金の原資とせざるを得ない場合もあると思います。

　通常は売買代金の1割程度を手付金とすることが多いと思いますが、所在等不明共有者の持分割合が多い場合には供託金に不足が生じることもあり得るため、仲介業者を通じて買主に手付金の増額への理解を求めなければならないような場面も生じるのではないかと考えます。

中里　そのようなときには、手付金返還債権を被担保債権として売買物件に買主のための抵当権の設定をするなど、あわせて手付金の保全策を提案する必要がありそうです。漫然と決済を処理するだけでなく、さまざまな可能性やリスク保全策を企画提案していくことが、今後の司法書士には求められることになるでしょう。

第 2 章
所有者不明土地管理命令のレシピ

第2章　所有者不明土地管理命令のレシピ

1　はじめに

倉田　本章では、改正法施行前において解決に至った一つの相談事案を題材とし、改正法によって新設された規定である所有者不明土地管理命令（264条の2）による解決を図ることができないか、また同制度が利用できるとした場合の要件や効果、さらに改正法施行前における解決策との比較検討を進めていきます。

　なお、必要に応じて所有者不明建物管理命令（264条の8）についても言及しています。

　はじめに、そもそも所有者不明土地管理命令・所有者不明建物管理命令の各制度が新設された目的を教えてください。

神谷　都市への人口移動、山林や農地の価値下落、若者の農業離れ等の社会経済情勢の変化から、土地への関心は薄まる傾向が進んでいます。また、所有者が死亡しても相続登記がなされないことが主な原因となり、登記記録から所有者が判明せず、あるいは判明しても連絡がつかない所有者不明土地が発生したり、これらの土地が管理されずに放置されることによって周囲に悪影響を及ぼしたりする事態が、深刻な社会問題に発展しています[1]。

　このような土地を管理する制度としては、不在者財産管理制度（25条）、相続財産管理制度（改正前952条ほか）があります。しかし、これらの制度により選任された財産管理人は、不在者あるいは相続財産のように「人」を対象として当該「人」の財産全般を管理する職務を負うこととなるため、財産の調査・把握をはじめとする事務作業のために、多大な時間や費用の負担が強いられていると指摘されています。

　そこで、新設された所有者不明土地管理命令は、所有者が誰なのかわからない、あるいは所有者は判明するがその所在がわからないことにより土地を適切に管理することが困難な状態になっているというケースに対応す

1　法務省民事局「所有者不明土地の解消に向けた民事基本法制の見直し【民法等一部改正法・相続土地国庫帰属法の概要】」（令和3年12月27日更新）、中間試案補足説明50頁。

るため、土地の円滑かつ適正な管理を図ることを目的として土地所有権に制約を加え、これにより適切な管理をめざそうとする当該「土地」の管理に特化した制度となります。

内納 人を対象とする従来の財産管理制度とは異なり、個々の土地や建物を対象とする財産管理制度であることが特徴的であるといえますね。

倉田 本章では、新設された所有者不明土地管理命令が実務でどのように活用できるのかという視点で検討を進めていきたいと思います。

　本章でも、実際の事案を素材として検討を進めていきます。**事案❷**を紹介してください。

2　事案❷の概要

中里 **事案❷**をご紹介します（〔**図表4**〕）。依頼者は、市内で産業廃棄物処理業を営むA社の代表者Bです。

　A社では、平成の初めに土地を購入して新工場を稼働しました。しかし、購入した一団の土地の一部（数平米の小さな土地）は、購入時にあらゆる手を尽くしましたが登記記録上の所有者を探しあてることができず、かといってこの数平米を除いて工場を稼働させることには支障が生ずるため、所有者不明のまま工場の敷地として使用し始めました。

　以上の経緯から、Bより「当社名義に変更できないだろうか」との相談がありました。

　なお、該当の数平米の土地は建物の敷地とはなっていないため、建築確認申請の手続には支障がありませんでした。

69

第 2 章　所有者不明土地管理命令のレシピ

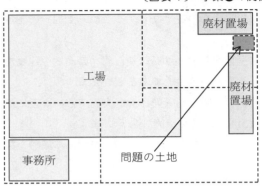

〔図表４〕　事案❷の関係図

神谷　所有者が不明の土地がある状態で、産業廃棄物処理業の許可に支障はなかったのですか。

中里　該当の土地がほんの数平米であったこともあり、「……の理由ですぐに名義変更ができないが、引き続き所有者の調査に努め、判明次第当社で買い取る」というような内容の誓約書を差し入れて許可を受けたと聞いています。

3　改正法施行前の解決策

3-1　不在者財産管理人選任申立て

倉田　事案❷のような相談に対し、改正法施行前ではどのような解決策が考えられるでしょうか。

内納　何点か確認させてください。
　Ａ社は一団の土地を購入するにあたり、該当の所有者がわからない土地について、Ａ社自身で所有者の調査を行ったのですか。

中里　Ａ社が、仲介業者の協力を得ながら行いました。

内納　購入後も、Ａ社は引き続き調査を継続していたのですか。

中里　定期的に継続して調査をしていたわけではないようですが、産業廃棄

物処理業許可の更新申請のたびに、申請手続を担当した行政書士や会社の顧問弁護士に相談をし、所有者の把握に努めてきたとのことです。

内納 そのような状況であれば、不在者財産管理人の選任を検討してもよいかと思います。

　この数平米の土地の登記名義人を不在者とし、不在者財産管理人の選任申立てをし、選任された管理人から売却のための権限外許可申請をしたうえで、該当の土地をA社に売却するという方法はいかがでしょう。

倉田 その場合、申立人となる者には利害関係が必要かと思いますが、A社は利害関係人に該当しますか。

中里 別の事案なのですが、貸し駐車場として利用している土地の隣接地の所有者が不明であった事案で、この隣接地を購入して駐車場用地の拡張を希望する者から不在者財産管理人選任の申立てをした事案があります。このケースでは、単に買受希望というだけでなく、駐車場用地の除草作業をする際に地続きの該当の土地についてもあわせて除草作業をしていた経緯があるため、管理のためのコストを負担する事務管理者としても利害関係があるという主張をしましたが、家庭裁判所では利害関係を認めない旨の判断をしています。

　そこで私は、**事案❷**においてもA社の利害関係の有無について、消極に考えました。

内納 **事案❷**と似たようなケースに、大分家庭裁判所の審判例[2]があります。

　この事案では、不在者の所有地を含めた周辺一帯について、すでに宅地造成工事をほぼ完了している宅地造成販売業者からの不在者財産管理人選任の申立てについて、裁判所は利害関係を肯定しています。もっともこのケースは、買収希望者であることを理由として利害関係を肯定したのではなく、すでに宅地造成工事がほぼ完了していることから、土地所有者（不在者）の許可を得ることなく勝手に土地に進入し形状を変更したことが不在者に対する不法行為を構成するとし、申立人である宅地建物取引業者と不在者との間の損害賠償その他の法律関係を法的に解決するために不在者

2　大分家審昭和49年12月26日家月27巻11号41頁。

第 2 章　所有者不明土地管理命令のレシピ

財産管理人を選任することについて、宅地建物取引業者には法律上の利害関係があると考えられると判示されています。

　　そうすると**事案❷**でも、A 社は工場の敷地として、長年にわたり土地の所有者の許可を得ることなく勝手に利用していたということですので、大分家庭裁判所の審判例と類似する事案であると評価でき、A 社は利害関係人に該当するのではないでしょうか。

中里　この審判例は知りませんでした。単なる買受希望者ということではなく、申立人と不在者との間に法律上の利害関係が存在することを丁寧に理論構成すれば、申立てが認められる可能性もあったようですね。

3－2　時効取得

倉田　そのほかには、どんな方法が考えられますか。

神谷　A 社は平成の初めにこの場所で工場を稼働したそうですから、工場用地の一部であるこの土地について時効取得が成立するのではないでしょうか。

内納　すでに20年以上占有が継続しているようですので期間については問題ないとして、A 社はこの土地をいわば不法占拠していることになると思うのですが、この場合、取得時効の要件である「所有の意思」（162条 1 項）は認められるのでしょうか。

神谷　不法占拠による占有が、所有の意思ある占有、つまり自主占有と評価されるかが問題となるわけですが、判例[3]によれば、所有の意思の有無は「占有取得の原因たる事実によって外形的客観的に定まる」のであり、占有者の内心によって左右されないことが示されています。不法占拠に基づく占有についても、他人の物であることを知りながら自分の物として占有を開始することはありうるわけですし、この状態が20年間という長期にわたって継続している事実を保護しようとするのが時効制度の目的ですので、取得時効が認められるケースもあると考えます。

　　裁判例の中には所有の意思を否定したケースもありますが、[4]**事案❷**では、A 社は該当の土地の周辺一帯を工場用地として購入し、その後は実

3　最判昭和45年 6 月18日判時600号83頁。

4　大阪高判平成15年 5 月22日判タ1151号303頁ほか。

3　改正法施行前の解決策

際に工場も建設し、該当の土地も廃材置場の一画として使用しているという外観を考慮すれば、所有の意思は認められるのではないでしょうか。

中里　私も、**事案❷**では神谷案で処理しました。

　　時効の起算日となる占有開始の日は、周辺の土地の売買契約の効力発生日とする考え方もあるかと思いますが、私は、工場の建築工事に着手した日とし、所有権移転登記手続を求める訴訟を提起しました。

倉田　この裁判は公示送達（民訴110条）で進められたのでしょうか。

中里　はい、訴状の提出と同時に公示送達の申立書を提出しています。

　　登記記録では、登記記録上の所有者が該当の土地の権利を取得したのが昭和20年代でしたので、訴訟提起の70年以上前のことになります。登記記録からは、昭和20年代にこの土地の権利を取得した時の登記名義人の年齢まではわかりませんが、裁判官が「すでに亡くなっている蓋然性が高い」と判断した場合は相続人調査が必要になります。もっとも相続人を特定することはできませんので、特別代理人（民訴35条）の選任を求める準備もしていました。

（特別代理人）

民訴第35条　法定代理人がない場合又は法定代理人が代理権を行うことができない場合において、未成年者又は成年被後見人に対し訴訟行為をしようとする者は、遅滞のため損害を受けるおそれがあることを疎明して、受訴裁判所の裁判長に特別代理人の選任を申し立てることができる。

2　裁判所は、いつでも特別代理人を改任することができる。

3　特別代理人が訴訟行為をするには、後見人と同一の授権がなければならない。

中里　しかしこのケースでは、明らかに死亡しているとは認定しがたいとの判断がなされ、公示送達の申立てが認められました。

3-3　特別代理人選任申立て

倉田　民事訴訟法上の特別代理人は、条文では「法定代理人がいない場合又は法定代理人が代理権を行うことができない場合において、未成年者又は成年被後見人に対し訴訟行為をしようとする」場合に利用できると規定さ

れていますが、このような相続人不分明の事案でも利用できるのですね。

内納　民事訴訟法35条だけでなく、37条もあわせて検討する必要があります。

（法人の代表者等への準用）

民訴第37条　この法律中法定代理及び法定代理人に関する規定は、法人の代表者及び法人でない社団又は財団でその名において訴え、又は訴えられることができるものの代表者又は管理人について準用する。

内納　民事訴訟法37条は、法定代理および法定代理人に関する規定は、法人や権利能力なき社団・財団の代表者や管理人について準用するとしていますので、特別代理人に関する35条の規定もまた、法人等の代表者や管理人について準用されます。代表者を欠く株式会社が原告となるケースで、仮代表取締役（会346条2項）の選任に代えて特別代理人の選任を認めた判例があります。[5]

　また、特別代理人が選任される対象として「自ら訴訟行為をすることができない者」を幅広く対象に含むものと考えられており、後見開始の審判を受けていないが意思能力を欠いている者に対し訴訟提起する場合に、特別代理人の選任を認めた事案があります。[6]

　さらに、本件のように相続人不分明の相続財産についても、複数の裁判例において特別代理人の選任が肯定されています。[7]

中里　私の利用したケースでは、第1順位の相続人について相続放棄の申述がなされてその手続中であり、その後も第2順位、第3順位と順次相続放棄が見込まれていた事案で、相続財産管理人の選任を待たず、相続人不分明を理由に特別代理人が選任されたケースや、年齢的には死亡していることが確実である被相続人が何十年も前にアメリカ国籍を取得し、その後のアメリカにおける生活状況を知る者がないケースで、相続人を特定するこ

5　最判昭和41年7月28日民集20巻6号1265頁。

6　東京地判昭和62年12月18日金法1219号68頁。なお、事案は当時の禁治産者に関するもの。

7　大決昭和5年6月28日民集9巻640頁ほか。

とができないことを理由として特別代理人が選任されたケースなどがあります。

神谷　民事訴訟法35条では、遅滞のため損害を受けるおそれがあることを疎明しなければならないとされていますので、この点も注意が必要ですね。

中里　はい。建物収去土地明渡しを求める事案で、建物の老朽化が著しく崩壊のおそれがあるため早期解決を図る必要があること、原告が高齢のため元気なうちに問題を解決しておく必要があることなどの事情を、特別代理人選任申立書に申立ての事情として記載し、関連する資料や写真を疎明資料として提出するなどの対応をしています。

4　改正法の活用

4-1　所有者不明土地管理命令の概要

倉田　事案❷について、改正法で新設された264条の2の所有者不明土地管理命令の制度が利用できないかを検討していきましょう。

　　あらためてこの制度の概略を解説してください。

内納　今回の法改正は、所有者不明土地・所有者不明建物を発生させない、今あるものを解消する、そして活用していくことが主たる目的です。このうちの「解消」のために新設されたのが、今から検討する所有者不明土地管理命令・所有者不明建物管理命令の制度です。

　　本章の冒頭で指摘があったとおり、この制度は不在者財産管理制度の見直しという側面があります。不在者財産管理人は、不在者の全財産を管理することが職務であるため、財産全体を調査・管理するための事務作業等の負担が生じ、事務処理にも長期の時間を要するのが通常でした。また、申立人に予納金の納付が求められることもあり、事案によっては100万円以上の予納を命じられるケースもあると聞いています。予納金を用意できないことが足かせとなり不在者財産管理人選任申立てを躊躇することになれば、適正な管理人を選任して管理を命じるべき土地が放置されたままになりかねないとの指摘もありました。

第2章　所有者不明土地管理命令のレシピ

　　そこで、このような実務上の課題を解決し、円滑かつ適正な管理を図る
ため、土地・建物に特化した財産管理制度として、所有者が不明な土地や
建物について、利害関係人の申立てにより裁判所が所有者不明土地管理
人・所有者不明建物管理人を選任し、選任された管理人に該当の土地や建
物の管理を専属させる制度となります[9]。

4-2　所有者不明土地管理命令の手続

倉田　それでは条文を確認しながら、所有者不明土地管理命令の手続を検討
　　していきましょう。

神谷　所有者不明土地管理命令を規定した264条の2第1項の条文は、次の
　　とおりです。

　（所有者不明土地管理命令）

民第264条の2　裁判所は、所有者を知ることができず、又はその所在を知る
　　ことができない土地（土地が数人の共有に属する場合にあっては、共有者
　　を知ることができず、又はその所在を知ることができない土地の共有持分）
　　について、必要があると認めるときは、利害関係人の請求により、その請
　　求に係る土地又は共有持分を対象として、所有者不明土地管理人（第4項
　　に規定する所有者不明土地管理人をいう。以下同じ。）による管理を命ずる
　　処分（以下「所有者不明土地管理命令」という。）をすることができる。

2～4　（略）

4-2-1　管　轄

倉田　裁判所が管理命令を発するとのことですが、管轄はどこになります
　　か。

神谷　非訟事件手続法90条に規定されています。

　　90条1項で「裁判を求める事項に係る不動産の所在地を管轄する地方裁
　　判所の管轄に属する」と規定されています。

8　中間試案補足説明49頁。このような経緯から、いわゆる「スポット管理人」と呼ばれ
　る制度の検討が始められた（部会第3回会議58頁〔山野目章夫部会長発言〕）。

9　中間試案補足説明50頁。

4 改正法の活用

> （所有者不明土地管理命令及び所有者不明建物管理命令）
> 非訟第90条　民法第２編第３章第４節の規定による非訟事件は、裁判を求める事項に係る不動産の所在地を管轄する地方裁判所の管轄に属する。
> ２～16（略）

倉田　財産管理制度というと、今までの感覚では家庭裁判所の管轄に属するように考えがちですが、この制度の管轄は地方裁判所に属するのですね。

神谷　これまでの財産管理制度は、不在者財産管理人にせよ、相続財産管理人にせよ、あるいは後見制度にしてもそうですが、いずれも「人」に注目し、その人に帰属する財産や権利義務を包括的に管理する制度でしたので、家事事件として取り扱われています。

　一方、所有者不明土地管理命令・所有者不明建物管理命令は、「人」ではなく、所有者が不明な「土地」や「建物」に注目した管理制度であることから、家事事件ではなく非訟事件として処理されることになり、この結果、管轄も家庭裁判所ではなく地方裁判所となるわけです。

内納　ちなみに、実際にはほぼ全件で管理人が選任されているとは思いますが、条文上は、不在者財産管理制度や相続財産管理制度では必ずしも管理人が選任されなければならないわけではなく、裁判所は必要に応じて財産の供託、封印、競売、弁済等のさまざまな行為を命じることもできます[10]。

　25条をみると「財産の管理について必要な処分を命ずることができる」とあり、相続財産管理人の一例としても改正前918条２項で「相続財産の保存に必要な処分を命じることができる」とされていることから、不在者財産管理人や相続財産管理人の選任が必要的ではないことがわかります。

　一方で、所有者不明土地管理命令の場合は、264条の２第４項で「所有者不明土地管理命令において、所有者不明土地管理人を選任しなければならない」と規定され、建物についても264条の８第４項に同様の規定がおかれていることからも明らかなように、管理人の選任が必要的である点に注意してください。

10　中間試案補足説明55頁。

第2章　所有者不明土地管理命令のレシピ

> （所有者不明土地管理命令）
>
> 民第264条の2　（略）
>
> 2・3　（略）
>
> 　4　裁判所は、所有者不明土地管理命令をする場合には、当該所有者不明土地管理命令において、所有者不明土地管理人を選任しなければならない。

4-2-2　申立ての方法

倉田　申立書の記載事項として注意することはありますか。

神谷　具体的な記載事項は、最高裁規則に定められています。

　　最高裁規則9条で、申立ての趣旨、申立ての原因、申立てを理由づける事実とその事実ごとの証拠、当事者の氏名・住所、管理命令の対象となる土地・建物・共有持分の表示とその所有者の氏名・住所の記載などが必要となります。

> （申立書の記載事項）
>
> 裁規第9条　民法第2編第3章第4節の規定による非訟事件の手続に関する申立書には、申立ての趣旨及び原因並びに申立てを理由づける事実を記載するほか、次に掲げる事項を記載し、申立人又は代理人が記名押印しなければならない。
>
> 　一　当事者の氏名又は名称及び住所並びに法定代理人の氏名及び住所
>
> 　二　所有者不明土地管理命令の対象となるべき土地若しくは共有持分若しくは所有者不明土地管理命令の対象とされた土地若しくは共有持分又は所有者不明建物管理命令の対象となるべき建物若しくは共有持分若しくは所有者不明建物管理命令の対象とされた建物若しくは共有持分の表示
>
> 2　前項の申立書には、同項に規定する事項のほか、次に掲げる事項を記載するものとする。
>
> 　一　代理人（前項第1号の法定代理人を除く。）の氏名及び住所
>
> 　二　前項第2号に規定する土地又は建物の所有者又は共有持分を有する者の氏名又は名称及び住所並びに法定代理人の氏名及び住所
>
> 　三　申立てを理由づける具体的な事実ごとの証拠

> 四　事件の表示
>
> 五　附属書類の表示
>
> 六　年月日
>
> 七　裁判所の表示
>
> 八　申立人又は代理人の郵便番号及び電話番号（ファクシミリの番号を含む。）
>
> 九　その他裁判所が定める事項
>
> 3　前項の規定にかかわらず、第1項の手続に関し、申立人又は代理人から前項第8号に掲げる事項を記載した申立書が提出されているときは、以後裁判所に提出する当該手続を基本とする手続の申立書については、これを記載することを要しない。

4-2-3　申立ての手数料

倉田　申立ての手数料としての貼用印紙額はいくらになりますか。

内納　申立ての対象となる土地1筆、建物1棟ごとに1000円となります。なお、共有持分の場合はその持分を1とカウントします。

　　たとえば、住宅の底地1筆、建物1棟、進入路2筆についてそれぞれ共有持分がある場合、同時に所有者不明土地管理人、所有者不明建物管理人の選任申立てをする場合は4000円の収入印紙を貼付します。

4-2-4　添付書類

倉田　添付書類はどのように定められていますか。

神谷　最高裁規則10条と11条に規定されています。

　　管理命令の対象となる土地や建物の登記事項証明書、土地については不動産登記法14条1項の地図、土地や建物に至るまでの経路と方法を記載した図面、土地や建物の現況の調査の結果または評価を記載した文書がある場合にはその文書のほか、管理命令の対象が登記されていない土地である場合には土地所在図（不登令2条2号）と地積測量図（同条3号）、登記されていない建物である場合には建物図面（同条5号）と各階平面図（同条6号）も添付する必要があります。

第2章　所有者不明土地管理命令のレシピ

（申立書の添付書類）

裁規第10条　前条第1項の申立書には、所有者不明土地管理命令の対象となるべき土地（共有持分を対象として所有者不明土地管理命令が申し立てられる場合にあっては、共有物である土地。次条第1項において同じ。）若しくは所有者不明土地管理命令の対象とされた土地（共有持分を対象として所有者不明土地管理命令が発せられた場合にあっては、共有物である土地）又は所有者不明建物管理命令の対象となるべき建物（共有持分を対象として所有者不明建物管理命令が申し立てられる場合にあっては、共有物である建物）若しくは所有者不明建物管理命令の対象とされた建物（共有持分を対象として所有者不明建物管理命令が発せられた場合にあっては、共有物である建物）の登記事項証明書を添付しなければならない。

2　前項の規定にかかわらず、前条第1項の手続に関し、前項に規定する書面が提出されているときは、以後裁判所に提出する当該手続を基本とする手続の申立書には、これを添付することを要しない。

（手続の進行に資する書類の提出）

裁規第11条　所有者不明土地管理命令の申立人は、裁判所に対し、次に掲げる書類を提出するものとする。

一　所有者不明土地管理命令の対象となるべき土地に係る不動産登記法（平成16年法律第123号）第14条第1項の地図又は同条第4項の地図に準ずる図面の写し（当該地図又は地図に準ずる図面が電磁的記録に記録されているときは、当該記録された情報の内容を証明した書面）

二　所有者不明土地管理命令の対象となるべき土地の所在地に至るまでの通常の経路及び方法を記載した図面

三　申立人が所有者不明土地管理命令の対象となるべき土地の現況の調査の結果又は評価を記載した文書を保有するときは、その文書

四　所有者不明土地管理命令の対象となるべき土地について登記がされていないときは、当該土地についての不動産登記令（平成16年政令第379号）第2条第2号に規定する土地所在図及び同条第3号に規定する地積測量図

2　前項（第1号を除く。）の規定は、所有者不明建物管理命令の申立人について準用する。この場合において、同項第2号から第4号までの規定中

> 「所有者不明土地管理命令の対象となるべき土地」とあるのは「所有者不明建物管理命令の対象となるべき建物（共有持分を対象として所有者不明建物管理命令が申し立てられる場合にあっては、共有物である建物）」と、同号中「当該土地」とあるのは「当該建物」と、「第2条第2号に規定する土地所在図及び同条第3号に規定する地積測量図」とあるのは「第2条第5号に規定する建物図面及び同条第6号に規定する各階平面図」と読み替えるものとする。

中里 最高裁規則11条1項4号の規定は、未登記の土地や建物について判決により所有権を有することが確認された者、または収用によって所有権を取得した者から所有権の保存登記を申請する場合の不動産登記法75条の規定と同様に、未登記の土地や建物について所有者不明土地管理命令・所有者不明建物管理命令が発せられた場合に、登記官の職権による保存登記や表題登記がなされることを前提とした規定ですね。

内納 そうですね。所有者不明土地管理命令の登記は一種の処分の制限の登記と考えられておりますので（令和5年第533号通達第2-1(1)エ）、表題登記や所有権の登記がない不動産について管理命令の登記が嘱託された場合は、登記官が職権でこれらの登記をしなければなりません（不登76条2項・3項）。

> （所有権の保存の登記の登記事項等）
> 不登第76条 （略）
> 2 登記官は、所有権の登記がない不動産について嘱託により所有権の処分の制限の登記をするときは、職権で、所有権の保存の登記をしなければならない。
> 3 前条の規定は、表題登記がない不動産について嘱託により所有権の処分の制限の登記をする場合について準用する。

神谷 このほか、最高裁規則2条に次のような条文がおかれていますので、今指摘した添付書類のほかにも、「手続の円滑な進行を図るために必要な資料」として提出を求められるものがあるでしょう。

第 2 章　所有者不明土地管理命令のレシピ

> （申立人に対する資料の提出の求め）
> 裁規第 2 条　裁判所は、前条の申立てをした者又はしようとする者に対し、当該申立てに関する申立書及び当該申立書に添付すべき書類のほか、申立てを理由づける事実に関する資料その他同条の手続の円滑な進行を図るために必要な資料の提出を求めることができる。

内納　最高裁規則 2 条に該当するものとしては、「所有者・共有者の探索等に関する報告書[11]」と、所有者または所有者の所在が不明であることを裏づける関係資料として、調査の過程で取り寄せた住民票や戸籍籍本等、返却された郵便物等の添付が求められます。

　また、土地や建物の固定資産評価証明書、適切な管理が必要な状況にあることを裏づける資料、所有者不明土地や所有者不明建物を適切に管理するために必要となる費用に関する資料として、業者による簡易な見積書などの提出が求められます[12]。

倉田　適切な管理が必要な状況にあることを裏づける資料とは、具体的にどのようなものが考えられますか。

内納　現況調査をした報告書や写真等が考えられます。なお、写真を提出する場合は、撮影日時と撮影者を明記する必要があります。また、適切な管理が必要な状況がわかるように、撮影位置等を検討する必要もあります。

神谷　管理のために必要となる費用の見積書は、予納金算定のための参考資料となることが考えられます。

中里　申立て時に見積書の提出まで求められるということは、選任された管理人に管理方法をお任せするのではなく、申立人側で申立てに先立って具体的な管理方法についての計画を立案し、そのためのコストも算定しておかなければならないものと考えなければなりませんね。

内納　なお、選任された管理人用に申立書の副本も添付する必要がありま

11　東京地裁ウェブサイト「申立書書式」欄の「所有者・共有者の探索等に関する報告書」、第 1 章【書式 4】参照。

12　東京地裁ウェブサイト「説明文書」欄の「所有者不明土地・建物管理命令について（汎用）」参照

82

4　改正法の活用

す。

4-2-5　公　告

倉田　非訟事件手続法90条2項では、所有者不明土地管理命令を発する前提
として公告が必要とされていますが、これについても教えてください。

神谷　まず公告の方法ですが、最高裁規則4条で裁判所の掲示場へ掲示し、
かつ官報に掲載するとされています。したがって、官報公告料の予納が必
要になりますね。

（公告の方法等）

裁規第4条　公告は、特別の定めがある場合を除き、裁判所の掲示場その他
裁判所内の公衆の見やすい場所に掲示し、かつ、官報に掲載してする。

2　（略）

神谷　次に、公告すべき事項ですが、非訟事件手続法90条2項1号で「対象
となるべき土地または共有持分について所有者不明土地管理命令の申立て
があったこと」、2号で「土地所有者または共有者は期間内に異議の届出
ができること」、3号で「異議の届出がない場合は所有者不明土地管理命
令がされること」とされ、これらは16項で建物についても準用されます。

　なお、公告期間は1か月を下ることができず、異議の届出もこの期間内
に行う必要があります。

（所有者不明土地管理命令及び所有者不明建物管理命令）

非訟第90条　（略）

2　裁判所は、次に掲げる事項を公告し、かつ、第2号の期間が経過した後
でなければ、所有者不明土地管理命令（民法第264条の2第1項に規定す
る所有者不明土地管理命令をいう。以下この条において同じ。）をすること
ができない。この場合において、同号の期間は、1箇月を下ってはならな
い。

一　所有者不明土地管理命令の申立てがその対象となるべき土地又は共有
持分についてあったこと。

二　所有者不明土地管理命令をすることについて異議があるときは、所有

83

第2章　所有者不明土地管理命令のレシピ

　　　者不明土地管理命令の対象となるべき土地又は共有持分を有する者は一
　　　定の期間内にその旨の届出をすべきこと。
　　三　前号の届出がないときは、所有者不明土地管理命令がされること。
3 ～15（略）
16　第2項から前項までの規定は、民法第264条の8第1項に規定する所有
　　者不明建物管理命令及び同条第4項に規定する所有者不明建物管理人につ
　　いて準用する。

神谷　また、これらに加えて最高裁規則12条では、申立人の氏名・住所、土
　　地・建物・共有持分の表示、土地・建物・共有持分の所有者の氏名・住所
　　も公告事項とされています。

　（公告すべき事項）
　裁規第12条　非訟事件手続法第90条第2項（同条第16項において準用する場
　　合を含む。）の規定による公告には、同条第2項各号に掲げる事項のほか、
　　次に掲げる事項を掲げなければならない。
　　一　申立人の氏名又は名称及び住所
　　二　所有者不明土地管理命令の対象となるべき土地若しくは共有持分又は
　　　所有者不明建物管理命令の対象となるべき建物若しくは共有持分の表示
　　三　前号に規定する土地又は建物の所有者又は共有持分を有する者の氏名
　　　又は名称及び住所

4-2-6　管理人の印鑑証明書

倉田　そのほかに、手続面で注意することはありますか。
神谷　最高裁規則14条では、所有者不明土地管理人・所有者不明建物管理人
　　の資格証明書と印鑑証明書に関する規定がおかれ、管理人の職務として使
　　用する印鑑証明書を裁判所書記官が発行することができることとされまし
　　た。

　（資格証明書の交付等）
　裁規第14条　裁判所書記官は、所有者不明土地管理人又は所有者不明建物管

4　改正法の活用

　理人に対し、その選任を証する書面を交付しなければならない。

　2　裁判所書記官は、所有者不明土地管理人又は所有者不明建物管理人があ
　　らかじめその職務に使用する印鑑を裁判所に提出した場合において、当該
　　所有者不明土地管理人又は所有者不明建物管理人が所有者不明土地管理命
　　令の対象とされた土地若しくは共有持分又は所有者不明建物管理命令の対
　　象とされた建物若しくは共有持分についての権利に関する登記を申請する
　　ために登記所に提出する印鑑の証明を請求したときは、当該所有者不明土
　　地管理人又は所有者不明建物管理人に係る前項の書面に、当該請求に係る
　　印鑑が裁判所に提出された印鑑と相違ないことを証明する旨をも記載し
　　て、これを交付するものとする。

内納　この場合の印鑑証明書は「裁判所によって選任された者がその職務上
　　行う申請の申請書に押印した印鑑に関する証明書であって、裁判所書記官
　　が最高裁判所規則で定めるところにより作成したもの」（不登規48条3号）
　　に該当するため、破産管財人の場合と同様に不動産登記令16条2項の印鑑
　　証明書として利用できることになります。

　（申請情報を記載した書面への記名押印等）

不登令第16条　申請人又はその代表者若しくは代理人は、法務省令で定める
　場合を除き、申請情報を記載した書面に記名押印しなければならない。

2　前項の場合において、申請情報を記載した書面には、法務省令で定める
　場合を除き、同項の規定により記名押印した者（委任による代理人を除
　く。）の印鑑に関する証明書（住所地の市町村長（特別区の区長を含むもの
　とし、地方自治法第252条の19第1項の指定都市にあっては、市長又は区長
　若しくは総合区長とする。次条第1項において同じ。）又は登記官が作成す
　るものに限る。以下同じ。）を添付しなければならない。

3～5　（略）

　（申請書に印鑑証明書の添付を要しない場合）

不登規第48条　令第16条第2項の法務省令で定める場合は、次に掲げる場合
　とする。

　一・二　（略）

　三　裁判所によって選任された者がその職務上行う申請の申請書に押印し

85

第2章　所有者不明土地管理命令のレシピ

　　　た印鑑に関する証明書であって、裁判所書記官が最高裁判所規則で定め
　　　るところにより作成したものが添付されている場合
　　四・五（略）

中里　これについては「供託規則第26条第3項第6号に規定する証明書の様
　　式について」（令和4年8月24日民商第409号商事課長依命通知）別紙3に所
　　定の様式が示されています（令和5年第67号通達7⑵。**【書式8】**）。

【書式8】　所有者不明土地管理人選任及び印鑑証明書

令和○年㈠第○号 所有者不明土地管理命令申立事件

所有者不明土地管理人選任及び印鑑証明書

　　　所　在　○○県○○○市○○○町○丁目○番○号
　　　地　番　○○番○○
　　　地　目　○○
　　　地　積　○○平方メートル

　頭書の事件につき、下記の者が上記土地について選任された所有者不明土
地管理人であること及び下記の届出印欄の印鑑が所有者不明土地管理人の印
鑑として裁判所に提出されたものと相違ないことを証明する。

記

　　　選任日　令和○年○月○日
　　　氏　名　○　○　○　○
　　　住　所　○○県○○市○○町○丁目1-1

　　　届出印

令和○年○月○日

○○地方裁判所民事第○部

4　改正法の活用

裁判所書記官　○　○　○　○　印

4-3　所有者不明土地管理命令の要件

4-3-1　所有者不明

倉田　続いて264条の2の条文に戻り、各要件を検討していきます。

神谷　条文を再掲しておきましょう。

（所有者不明土地管理命令）

民第264条の2　裁判所は、所有者を知ることができず、又はその所在を知る
　ことができない土地（土地が数人の共有に属する場合にあっては、共有者
　を知ることができず、又はその所在を知ることができない土地の共有持分）
　について、必要があると認めるときは、利害関係人の請求により、その請
　求に係る土地又は共有持分を対象として、所有者不明土地管理人（第4項
　に規定する所有者不明土地管理人をいう。以下同じ。）による管理を命ずる
　処分（以下「所有者不明土地管理命令」という。）をすることができる。

2～4　（略）

倉田　条文では「所有者を知ることができず、又はその所在を知ることがで
　きない」ときに所有者不明土地管理命令の申立てをすることができると定
　められていますが、この点は第1章で検討した所在等不明共有者の持分取
　得の申立てをする際に所在等不明であることを疎明する場面[13]と、同程度の
　調査をすれば足りると考えればよいですか。

内納　はい、そのとおりです。土地の所有者が個人の場合は、土地所有者の
　住民票、戸籍、登記記録などの公文書の調査・取寄せをする必要がありま
　すし、土地の所有者が死亡している場合には、相続人の戸籍や住民票の調
　査・取寄せも必要です[14]。また、これに加えて現地調査や近隣住民への事情
　聴取をした結果を報告書にまとめて疎明資料とすればよいと考えます。

倉田　法人について所在等不明共有者の持分取得の申立てをする場合には、

13　第1章4-2-2参照。

14　部会資料33・3頁。

第2章 所有者不明土地管理命令のレシピ

本店または主たる事務所が判明せず、かつ代表者が存在しないまたはその所在を知ることができないときに、262条の2第1項の「共有者の所在を知ることができない」に該当するとのことでした[15]。

　所有者不明土地管理命令の場合はいかがでしょうか。

内納　法人の場合も同様で、本店または主たる事務所が判明せず、かつ代表者の所在を知ることができないまたは代表者が死亡等により存在しない場合に利用可能です[16]。

　本店または主たる事務所は判明するものの代表者が死亡等により存在しないケースにおける本制度の利用の可否も検討されましたが、法人の代表者が死亡するなどしていまだ新たな代表者が選任されていないケースでは当該法人に活動実態があると考えられることから、所有者不明土地管理人を選任して土地の管理・処分にあたらせることは、当該法人の自治の観点から相当でないと考えられるとの理由により採用されませんでした[17]。

4-3-2　必要性

倉田　次に「必要があると認めるときは」という要件ですが、単に所有者が不明なだけでは必要性があるとは認められないのでしょうか。

内納　この制度は、土地や建物の管理に支障を来す事情がある場合に、裁判所が管理人を選任して管理人に専属的に管理させることを目的とする制度ですので、管理人を選任して管理させる実益に乏しいようなケースでは、申立ては却下されます。

　また、すでに発せられている所有者不明土地管理命令についても、その必要性が消滅したり、あるいは当初から必要性のなかったことが判明したりした場合には、取り消されます[18]。

中里　先ほど、添付書類について検討した際に、申立人側で申立てに先立って具体的な管理方法についての計画を立案し、そのためのコストも算定しておかなければならないと指摘しましたが、必要性の要件を検討する観点

15　部会資料30・15頁。

16　中間試案補足説明48頁。

17　部会資料30・15頁参照。

18　中間試案補足説明52頁、部会資料33・7頁参照。

からも、申立て前の入念な計画立案が重要であることがわかります。

神谷　たとえば、所有者が行方不明となる前に適法に賃貸借契約を締結しており、賃借人が借地権に基づいて土地の管理・使用を継続しているというような事案では、土地の管理者が存在しており管理上の支障がありませんので、申立ての実益はないものと判断されるように考えます[19]。

中里　賃借人がいる場合でも、たとえば、借地の一部が崩落して修繕が必要になるようなケースでは、賃借人に土地の修繕をする権限はありませんので（606条参照）、このようなケースでは管理上の支障があるといえそうですね。

神谷　そうですね。土地の所有者には、賃借人に対し、賃借物である土地を借地契約の目的に適う状態として提供する賃貸借契約上の義務があると考えられますので、そのようなケースでは、所有者不明土地管理命令に基づいて選任された管理人が土地の修繕をすることになると思います。

倉田　選任された管理人は、賃料を原資として土地の修繕をすることになると思うのですが、ここで疑問があります。そもそも、所有者不明土地管理人の管理権限は、当然に賃料にも及ぶのでしょうか。

神谷　264条の3第1項で、管理すべき土地から生じた賃料についても管理権限が及ぶことが明記されています。

（所有者不明土地管理人の権限）

民第264条の3　前条第4項の規定により所有者不明土地管理人が選任された場合には、所有者不明土地管理命令の対象とされた土地又は共有持分及び所有者不明土地管理命令の効力が及ぶ動産並びにその管理、処分その他の事由により所有者不明土地管理人が得た財産（以下「所有者不明土地等」という。）の管理及び処分をする権利は、所有者不明土地管理人に専属する。

2　（略）

神谷　しかし、この場合の管理権限が及ぶ賃料というのは、所有者不明土地管理命令が発せられた後に生じた賃料に限ると考えられます。管理命令が

19　中間試案補足説明52頁。

発せられた時点ですでに賃借人から支払いを受けている賃料、たとえば行方不明になる前に賃料支払先口座として賃貸人が指定した口座に定期的に賃借人から賃料が振り込まれているようなケースではこの口座に相当程度の賃料が貯まっていることが想定されるわけですが、この管理命令が発令された時点ですでに貯まっている賃料、厳密には賃料を回収した結果としての「預金債権」になりますが、この「預金債権」には管理人の管理権限は及ばないことになります。

内納　そうですね。今のケースでは、土地の修繕を目的として所有者不明土地管理命令の手続を選択したとしても、修繕をするための原資を欠くこととなり目的を達成することができない可能性が高いことになります。したがって、このような場合には、預金債権に対しても管理権限が及ぶことになる不在者財産管理人の選任申立てを選択するのが妥当となりそうです。

4－3－3　利害関係

倉田　次に「利害関係人からの請求」という要件があります。具体的にはどのようなケースで利害関係が認められますか。

神谷　土地の管理不全により不利益を被るおそれがある隣接所有者、一部の共有者が不明な場合における他の共有者、土地を時効取得したと主張する者、土地を取得しようとする公共事業の実施者などがこれに該当すると説明されています。[20][21]

これまで、所有者や共有者の一部が不明のため道路や鉄道の工事に支障が生じたり、災害復興事業に影響が出たりするケースをしばしば耳にしましたが、この制度を利用することにより公共事業が円滑に進むようになることが期待されますね。

中里　ちなみに、今回の改正では所有者不明土地法の一部も同時に改正されているのですが、改正後の所有者不明土地法42条2項では、国の行政機関の長または地方公共団体の長は、裁判所に対して所有者不明土地管理命令の請求をすることができるとされましたので、この点からも公共事業や災害復興事業が後押しされるものと考えられます。

20　部会資料43・3頁。

21　会議録第6号〔小出邦夫法務省民事局長発言〕。

また、沖縄の復帰に伴う特別措置に関する法律62条では、沖縄が日本に復帰した際に所有者のわからない土地として琉球政府や沖縄の市町村が管理していた土地は、当面の間沖縄県や該当の市町村が引き続き管理するように規定されていますが、同条に基づき所有者不明土地を管理している市町村は、利害関係人として所有者不明土地管理命令を請求できるケースがありうると指摘されています。[22]

　さらに、住民の自治会については、所有者不明土地によって自治会の活動が具体的に阻害されているケース、あるいは自治会の活動のために所有者不明土地の利用等を計画しているケースなどでは、自治会長がいわゆる権利能力なき社団である自治会を代表して所有者不明土地管理命令の申立てをすることがありうるとも指摘されています。[23]

倉田　先ほど、不在者財産管理人選任申立てにあたって、単に土地の買受けを希望しているという事情だけでは利害関係が否定される傾向にあるとの指摘がありました。[24]

　この点、所有者不明土地管理命令の場合は、土地を取得しようとする公共事業の実施者について利害関係が認められるとのことですが、これはどのような事情によるのでしょうか。

内納　公共の利益となる事業の用に供するため土地を必要とする場合、その土地を当該事業の用に供することが土地の利用上適正かつ合理的であるときは、土地収用法の定めにしたがって収用することができます（収用2条）。

　そうすると、公共事業の実施対象地に所有者不明土地が含まれる場合、事業実施者としては土地収用法に基づく収用の手続を利用することも可能となるわけですが、土地収用法は公共の利益の増進と私有財産との調整を図る（収用1条）観点から、所有者不明土地管理命令と比較して土地所有者の保護規定が厳格に定められています。このため、手続も煩雑ですし収用が実現するまでには長期間を要し、公共事業全体の遂行に多大な障害が

22　会議録第7号〔小出邦夫法務省民事局長発言〕。

23　会議録第7号〔小出邦夫法務省民事局長発言〕。

24　3-1参照。

第 2 章　所有者不明土地管理命令のレシピ

生じてしまいます。

　　そこで、所有者不明土地の活用を促進するという観点から、公共事業の実施者に利害関係が認められています。

倉田　次に、このような公益性を有しない単なる民間の買受希望者の場合はどうでしょうか。

内納　民間の買受希望者であっても、所有者不明土地管理命令の申立てに関する利害関係者となり得ます。

　　民間の買受希望者を一律に利害関係人から排除してしまうと、不在者名義の土地の利用を希望する者としては、先に紹介した昭和49年の審判例で[25]指摘されているように不在者の同意を得ることなく勝手に土地を利用したり形状を変更したりした後に、不在者との間の不法行為に基づく損害賠償その他の法律関係を解決するために不在者財産管理人選任申立てをするという時系列をたどることになりがちとなり、ともすれば不法行為を助長するような結果を招きかねないとの指摘があります。そこで、不在者の土地を勝手に使用するという不法行為をせずとも、買受希望者を所有者不明土地管理命令申立ての利害関係人として認め、所有者不明土地管理制度の下で土地の所有者である不在者の利益をも適切に判断するのが妥当であると考えられています。[26]

　　もっとも、買受希望者であれば一律に利害関係が肯定されるわけではなく、具体的な土地の利用計画やその目的、買受希望の強弱、売買代金の支払能力等の諸事情を考慮したうえで、個々の事案ごとに裁判所が利害関係の有無を判断すべきであると指摘されています。[27]

　　したがって、民間の買受希望者が所有者不明土地管理命令の申立てをする場合は、買受希望会社の定款や決算書、該当の土地に関する事業計画書、売買代金の裏づけとなる金融機関の融資証明書などによって利害関係のあることを疎明する必要があると考えます。

神谷　おそらく不在者財産管理人のように法律上の利害関係の有無を厳格に

25　大分家審昭和49年12月26日家月27巻11号41頁（3-1参照）。

26　部会資料43・3頁参照。

27　部会第18回会議4頁〔今川嘉典委員発言〕参照。

判断するわけではなく、所有者不明土地管理命令の場合の利害関係はもう少し緩やかな、事実上の利害関係を一律に排除はしないけれども、単に「買いたい」というだけではやはりだめで、購入目的が土地の適切な管理に資することが必要になるのだと考えます。

中里　不在者財産管理人制度は、不在者の利益を保護することに主眼のおかれた手続であったのに対し、所有者不明土地管理命令は、土地の所有者の利益を考慮しつつも、所有者不明土地を解消し、活用しようとする改正法が掲げる目的を重視し、所有者の利益と公益的観点としての所有者不明土地の解消・活用の比較衡量が図られていくのだと考えられます。

倉田　利害関係については最後になりますが、土地の所有者の親族は利害関係人にあたるのでしょうか。

　不在者財産管理制度において親族は利害関係人に該当します。しかし、不在者財産管理人を選任して不在者の財産全部を管理させるまでの必要はなく、特定の土地だけを管理させたいというようなニーズも想定できると思うのですが、このような場合に、親族が利害関係人として肯定されるのでしょうか。

内納　親族も利害関係人から排除されるものではないとされています。むしろ、土地所有者の配偶者や子が所有者不明土地管理命令の申立てを望むのは、管理不全によって迷惑をこうむっている隣地所有者などからの申立てに比べて健全な形態であるとも考えられますから、利害関係人に含めるべきと考えられています。[28]

4-3-4　申立書の起案

倉田　以上で検討した各要件を前提とし、所有者不明土地管理命令の申立書を起案してみましょう。

中里　事案❷において所有者不明土地管理命令を申し立てる場合の申立書は、【書式9】のようになります。[29]また、「所有者・共有者の探索等に関する報告書」[30]の提出も求められます。

28　佐久間毅ほか「座談会　改正の意義と今後の展望」ジュリ1562号23頁。

29　東京地裁ウェブサイト「申立書書式」欄の「所有者不明土地（建物）管理命令申立書（汎用）」参照。

第2章　所有者不明土地管理命令のレシピ

　なお、この申立書では、A社の利害関係は土地を時効取得した者とし
て構成しています。[31]

【書式9】　所有者不明土地管理命令申立書

所有者不明土地管理命令申立書

　　　　　　　　　　　　　　　　　　　　令和6年8月1日 [*1]

静岡地方裁判所浜松支部　御中 [*2]

　　　　　　　　　　　　　　　　　申立人　A社
　　　　　　　　　　　　　　　　　代表者代表取締役　B　㊞ [*3]

貼用印紙　1000円
予納郵券　　　　円

第1　当事者の表示 [*4]
　　　別紙当事者目録記載のとおり

第2　申立ての趣旨 [*5]
　　　別紙物件目録記載の土地について所有者不明土地管理人による管理を
　　命ずる
　　　との裁判を求める。

第3　申立ての原因（申立てを理由づける事実の記載※理由ごとに資料番号
　　を付す） [*5]
　1　利害関係を基礎づける具体的事情
　　ア　申立人は、住所地において産業廃棄物処理業を営む株式会社である
　　　（添付書類2）。

30　東京地裁ウェブサイト「申立書書式」欄の「所有者・共有者の探索等に関する報告
　　書」（第1章【書式4】）参照。
31　所有者不明土地管理人が管理すべき土地について時効取得成立の主張を受けた場合の
　　対応については、5-1参照。

94

イ　申立人は、平成元年8月5日、浜松市中区森下一丁目50番1、同所50番2、同所51番及び同所53番の各土地を新工場用地として購入した際（添付書類12。以下、同各土地をまとめて「本件購入地」という）、別紙物件目録記載の土地[*6]（以下、「本件土地」という）（添付書類3）もあわせて購入を希望していたが、本件土地の所有者の所在を知ることができないため売買契約を締結することができなかった。

ウ　本件土地は、本件購入地とあわせて一団の土地を形成しており（添付書類6）、本件土地を除外して新工場を稼働させることには支障があったことから、申立人は、平成2年2月10日、本件土地を含めて新工場新築工事に着工した。

エ　新工場は同年12月20日にすべての工事が完了し（添付書類13）、以後、申立人は本日まで、同所において産業廃棄物処理業を営んでいる。また、本件土地は工場敷地内に設置された廃材置場の敷地の一部を構成している（添付書類14・15）。

オ　前各項のとおり、申立人は、本件土地を遅くとも平成2年2月10日に、新工場の敷地として占有を開始し、平成22年2月10日まで占有を継続していたから、平成2年2月10日に本件土地を時効取得している。

2　対象土地が所有者不明土地に当たることを基礎づける事情

別添「所有者・共有者の探索等に関する報告書」のとおり、本件土地について、所有者を知ることができず、又はその所在を知ることができない。

3　発令の必要性

(1)　対象土地の現状の管理状況

上記のとおり、現在の所有者は不明であり、何らの管理もされていない。現状は、以下のとおり。

第3－1－エのとおり、申立会社が所有者に断りを得ることなく、工場敷地内に設置された廃材置場の敷地の一部として不法に使用している。

(2)　対象土地に必要な管理行為の内容

申立人が本件土地を時効取得したうえで、廃材置場として適正に管理する。

4　よって、申立ての趣旨記載の裁判を求める。

第2章　所有者不明土地管理命令のレシピ

添付書類 *10・*11

- ■　1　申立書副本（管理人用）
- ■　2　資格証明書（法人が当事者であるとき）*15
- ■　3　土地登記事項証明書 *12
- ■　4　固定資産評価証明書
- □　5　建物の敷地利用権を証する書面（該当する場合）
- ■　6　不動産登記法14条1項の地図又は同条4項の地図に準ずる図面の写し *13
- ■　7　土地の所在地に至るまでの通常の経路及び方法を記載した図面 *14
- □　8　（申立人が保有する）土地の現況報告書又は評価書
- □　9　（登記されていない場合）土地についての不動産登記令2条2号に規定する土地所在図及び同条3号に規定する地積測量図
- □　10　（登記されていない場合）建物についての不動産登記令2条5号に規定する建物図面及び同条6号に規定する各階平面図
- ■　11　所有者・共有者の探索等に関する報告書
- ■　12　本件購入地の土地登記事項証明書　　3通
- ■　13　工事完了証
- ■　14　工場見取図
- ■　15　写真

（別紙）

当事者目録

〒111-1111　静岡県浜松市中区森下一丁目1番1号（送達場所）

　　　　　　申立人　　　　　　A社
　　　　　　代表者代表取締役　B *7
　　　　　　送達受取人の肩書と氏名　総務部長　田　代　　博 *8
　　　　　　　　　　　　　　　　電　話　　053-888-8888
　　　　　　　　　　　　　　　　ＦＡＸ　　053-888-8889

住居所不明

（最後の住所）静岡県浜松市小川町10番地の10
　　　　　　不明所有者　加　藤　一　平 *9

4　改正法の活用

（別紙）

物件目録

*6
1　土地　静岡県浜松市中区森下一丁目52番
　　　　原野　6.05平方メートル

＊1　年月日（最高裁規則9条2項6号）。

＊2　裁判所の表示（最高裁規則9条2項7号）。

＊3　申立人または代理人の記名押印（最高裁規則9条1項柱書）。なお、代理人が選任されている場合は代理人の氏名および住所も記載しなければならない（最高裁規則9条2項1号）。

＊4　当事者の氏名または名称および住所。なお、法定代理人がいる場合は法定代理人の氏名および住所も記載しなければならない（最高裁規則9条1項1号）。

＊5　申立ての趣旨、申立ての原因、申立てを理由づける事実（最高裁規則9条1項柱書）。

＊6　所有者不明土地管理命令の対象となるべき土地の表示（最高裁規則9条1項2号）。

＊7　申立人の郵便番号、電話番号、ファクシミリの番号。なお、代理人が選任されている場合は代理人について記載しなければならない（最高裁規則9条2項8号）。

＊8　送達場所および送達受取人の届出（民訴104条）。

＊9　最高裁規則9条1項2号の土地を有する者の氏名または名称および住所。なお、法定代理人がいる場合は法定代理人の氏名および住所も記載しなければならない（最高裁規則9条2項2号）。

＊10　申立てを理由づける具体的な事実ごとの証拠（最高裁規則9条2項3号）。

＊11　附属書類の表示（最高裁規則9条2項5号）。東京地裁ウェブサイトに掲げられている記載例では、申立てを理由づける具体的な事案ごとの証拠とまとめて記載されている。

＊12　土地、建物、共有持分に関する登記事項証明書を添付しなければならない（最高裁規則10条）。

＊13　土地の不動産登記法14条1項の地図または4項の地図に準ずる図面の写しを添付しなければならない（最高裁規則11条1項1号）。

＊14　土地の所在地に至るまでの通常の経路および方法を記載した図面を添付しなければならない（最高裁規則11条1項2号）。

＊15　法定代理権は書面で証明しなければならない（民訴規15条）。法定代理および法定代理人に関する規定は、法人の代表者について準用する（民訴規18条）。

＊16　最高裁規則には「事件の表示」を記載すると規定されているが（最高裁規則5条2項4号）、東京地裁ウェブサイトに掲げられている記載例には特段の記載がない。

第2章 所有者不明土地管理命令のレシピ

4-4 所有者不明土地管理命令の効果

4-4-1 管理権限の範囲

倉田 次に、所有者不明土地管理命令の効果についても検討してみましょう。

神谷 関係する条文として、まずは264条の2第2項～4項を確認しましょう。

（所有者不明土地管理命令）

民第264条の2 （略）

2 所有者不明土地管理命令の効力は、当該所有者不明土地管理命令の対象とされた土地（共有持分を対象として所有者不明土地管理命令が発せられた場合にあっては、共有物である土地）にある動産（当該所有者不明土地管理命令の対象とされた土地の所有者又は共有持分を有する者が所有するものに限る。）に及ぶ。

3 所有者不明土地管理命令は、所有者不明土地管理命令が発せられた後に当該所有者不明土地管理命令が取り消された場合において、当該所有者不明土地管理命令の対象とされた土地又は共有持分及び当該所有者不明土地管理命令の効力が及ぶ動産の管理、処分その他の事由により所有者不明土地管理人が得た財産について、必要があると認めるときも、することができる。

4 裁判所は、所有者不明土地管理命令をする場合には、当該所有者不明土地管理命令において、所有者不明土地管理人を選任しなければならない。

倉田 264条の2では、2項で、所有者不明土地管理人の権限は、所有者不明土地管理命令の対象となる土地だけでなく、土地に存在しかつ土地の所有者が所有する動産にも及ぶとする点に注意が必要ですね。

また、4項で、所有者不明土地管理命令では所有者不明土地管理人の選任が必要的であることは、先ほど紹介したとおりです。[32]

神谷 管理人の管理権限の範囲については、土地と建物で違いがありますので、ここであわせて確認しておきましょう。条文は264条の8第2項です。

---

32 4-2-1参照。

4　改正法の活用

（所有者不明建物管理命令）

民第264条の8　（略）

2　所有者不明建物管理命令の効力は、当該所有者不明建物管理命令の対象
とされた建物（共有持分を対象として所有者不明建物管理命令が発せられ
た場合にあっては、共有物である建物）にある動産（当該所有者不明建物
管理命令の対象とされた建物の所有者又は共有持分を有する者が所有する
ものに限る。）及び当該建物を所有し、又は当該建物の共有持分を有するた
めの建物の敷地に関する権利（賃借権その他の使用及び収益を目的とする
権利（所有権を除く。）であって、当該所有者不明建物管理命令の対象とさ
れた建物の所有者又は共有持分を有する者が有するものに限る。）に及ぶ。

3〜5　（略）

神谷　土地の管理人と違うのは、所有者不明建物管理命令が建物の敷地に関
する権利に及ぶという点です。ただし、ここでいう建物の敷地に関する権
利には所有権は含まれません。したがって、賃借権や地上権に基づく敷地
利用権と考えていただければよいと思います。

内納　借地上の建物が所有者不明建物管理命令の対象となるようなケースを
想定すればよいですね。

神谷　はい、そのとおりです。所有者不明建物管理人が建物を適正に管理す
るためには、所有者不明建物管理人に敷地利用権を認めることが不可欠で
あることが、その理由となります[33]。

　ただし、所有者不明建物管理命令の制度は区分所有建物の専有部分と共
用部分には適用されず、区分所有法の規律によって処理されることとなる
点にご注意ください（区分6条4項）[34]。

（区分所有者の権利義務等）

区分第6条（略）

2・3　（略）

33　部会資料52・12頁。

34　部会資料28・7頁参照。区分所有法の規定については、**第3章4−4−1**参照。

99

第2章　所有者不明土地管理命令のレシピ

4　民法（明治29年法律第89号）第264条の8及び第264条の14の規定は、専
　有部分及び共用部分には適用しない。

4-4-2　登　記

神谷　手続面の効果として、登記のことに言及しておくべきだと思いますの
　でご紹介します。

　　非訟事件手続法90条6項になりますが、所有者不明土地管理命令が
　あった場合、所有者不明土地管理命令の対象とされた土地や共有持分につ
　いて、裁判所書記官が所有者不明土地管理命令の登記を嘱託することに
　なっています。

（所有者不明土地管理命令及び所有者不明建物管理命令）

非訟第90条　（略）

2～5　（略）

6　所有者不明土地管理命令があった場合には、裁判所書記官は、職権で、
　遅滞なく、所有者不明土地管理命令の対象とされた土地又は共有持分につ
　いて、所有者不明土地管理命令の登記を嘱託しなければならない。

7～16（略）

中里　そうすると、登記記録によって所有者不明土地管理人が選任された土
　地であることが明らかになるわけですね。土地の購入希望者等は、その土
　地の登記記録を確認するのが通常ですから、所有者不明土地管理命令の登
　記がなされていれば取引の安全に資することになりそうです。

内納　この点も不在者財産管理人のような「人」を対象とする管理制度との
　違いになるわけですね。

倉田　所有者不明土地管理命令が発令された土地の登記上の所有者が死亡し
　ており、相続登記が経由されていないケースも想定できます。この場合、
　所有者不明土地管理命令の登記の前提として相続登記を経由する必要があ
　るものと考えられますが、この登記はどのように処理されるのでしょう。

内納　この場合の相続登記は、裁判所から選任された所有者不明土地管理人
　が、登記上の所有者の相続人の代理人となって行うこととされています。

神谷 代理権限を証する情報は、何が該当するのでしょうか。

内納 裁判所書記官の作成する「所有者不明土地管理人選任及び印鑑証明書」（最高裁規則14条。【書式8】[35]）か、あるいは所有者不明土地管理命令に係る裁判書の謄本がこれに該当します。

中里 相続を証する情報としての戸除籍が必要になりますが、選任された所有者不明土地管理人が収集しなければならないとなると、その分のコストは申立人に予納させることになるのでしょうか。

内納 この場合には、所有者不明土地管理命令の申立書に添付された戸除籍謄本の写しに裁判所書記官が認証をした書面をもって相続を証する情報とすることが認められています。

神谷 そうすると、相続登記未了の土地について所有者不明土地管理命令が発令された場合、裁判所書記官は申立書に添付された戸除籍の写しに認証文を付して所有者不明土地管理人にこれを交付し、所有者不明土地管理人に相続登記を促し、相続登記が完了するのを待って所有者不明土地管理命令の登記を嘱託するという流れになるのですね。

倉田 登記上の所有者の死亡は判明しているものの、相続人不存在または不分明のケースにおける相続財産法人への所有権登記名義人の氏名等の変更登記についても、所有者不明土地管理人が相続財産法人の代理人として申請することができるのでしょうか。

内納 はい、そのとおりす。通常は、所有者不明土地管理命令の決定書から相続財産法人への変更の事実、すなわち相続人不存在または不分明の事実が判明するため、所有者不明土地管理命令に係る裁判書謄本が登記原因証明情報となります。

中里 裁判書謄本から変更の事実が判明しない場合、どのように対応するのですか。

内納 この場合は、所有者不明土地管理人が相続財産法人に変更した事実を具体的に記載して作成した報告書に記名押印し、押印した印鑑について管理人の印鑑証明書（最高裁規則14条）を添付したものを登記原因証明情報

---

35 4−2−6参照。

第 2 章　所有者不明土地管理命令のレシピ

とすることが認められています（以上につき、令和 5 年第533号通達第 2 - 1
(1)ウ)。

倉田　先ほど、所有者不明土地管理命令は所有権の処分を制限する登記であ
り、表題登記や所有権保存登記がない土地の場合は職権でこれらの登記が
なされる（不登76条 2 項・3 項）との説明がありました[36]。

　しかし、所有者不明土地管理命令が発令されるような土地の場合、そも
そも所有者を知ることができない土地も少なくないと思うのですが、この
ような場合に登記官はどのような登記をするのですか。

内納　「住所不明・氏名不詳」と登記することが認められました。なお、こ
の場合の土地の所有者に対する通知（不登規184条 1 項）は行う必要があり
ません（令和 5 年第533号通達第 2 - 1 (1)エ)。

　（処分の制限の登記における通知）
不登規第184条　登記官は、表題登記がない不動産又は所有権の登記がない不
　動産について嘱託による所有権の処分の制限の登記をしたときは、当該不
　動産の所有者に対し、登記が完了した旨を通知しなければならない。
　2　（略）

中里　ところで、土地については、所有者不明土地管理命令が発せられた土
地であることが必ず公示されることになるのでしょうが、建物について、
所有者不明建物管理命令が発せられた建物が未登記建物だった場合の取扱
いは、どのようになるのですか。

　空家問題への対策として所有者不明建物管理命令の活用を検討できる場
面もあるかと思いますが、そのような建物の多くは未登記物件であるよう
にも思われます。

内納　先ほど検討した最高裁規則11条 2 項の規定[37]をみると、未登記建物につ
いて所有者不明建物管理命令が発せられることがありうることを前提と
し、登記官が職権により表題登記をするのに必要な書類を申立てに際して

36　4 - 2 - 4 参照。
37　4 - 2 - 2 参照。

準備しなければならない規定がおかれています。なお、この場合に所有者が特定できないときの所有者の住所・氏名は土地の場合と同様に「住所不明・氏名不詳」と登記されます。

神谷　老朽化した建物だと、そもそも建物として認定できない損壊が著しいものも想定できます。この場合、そもそも表題登記の対象にすらならないように思いますが、いかがでしょう。

倉田　不動産登記規則111条に規定がありますね。登記可能な建物として認定されるためには「屋根及び周壁又はこれに類するものを有し」ている「土地に定着した構造物であって、その目的とする用途に供し得る状態にあるもの」と規定されていますので、屋根や壁が崩れているような構造物は、そもそも建物として登記することができません。

内納　建物としての登記ができないような損壊状態の著しいものについては、所有者不明建物管理命令の登記もすることができませんので、所有者不明建物管理命令の対象にはならないと考えられています。この場合に土地の所有者が同一人の場合、土地について所有者不明土地管理命令が発せられれば、損壊した建物は土地上の動産として所有者不明土地管理人の管理下におかれることになります（264条の２第２項）[38]。

4-4-3　管理人の権限

倉田　続いて、裁判所から選任された所有者不明土地管理人の権限について検討します。

神谷　条文は264条の３です。

（所有者不明土地管理人の権限）

民第264条の３　前条第４項の規定により所有者不明土地管理人が選任された場合には、所有者不明土地管理命令の対象とされた土地又は共有持分及び所有者不明土地管理命令の効力が及ぶ動産並びにその管理、処分その他の事由により所有者不明土地管理人が得た財産（以下「所有者不明土地等」という。）の管理及び処分をする権利は、所有者不明土地管理人に専属する。

２　所有者不明土地管理人が次に掲げる行為の範囲を超える行為をするに

38　部会資料44・3頁。

> は、裁判所の許可を得なければならない。ただし、この許可がないことを
> もって善意の第三者に対抗することはできない。
> 　一　保存行為
> 　二　所有者不明土地等の性質を変えない範囲内において、その利用又は改
> 　　良を目的とする行為

倉田　264条の3第1項の「管理、処分その他の事由により所有者不明土地
　管理人が得た財産」は、先ほど言及のあった土地を売却した際の売却代金
　や賃貸した場合の賃料と考えればよいですね。[39]

神谷　はい、そのとおりです。

倉田　管理処分権が所有者不明土地管理人に専属するということは、仮に土
　地の所有者が現れたとしても、管理人が選任されている以上、土地所有者
　は土地の売却ができないという理解でよいですか。

内納　はい。管理処分権が所有者不明土地管理人に専属することより、所有
　者不明土地管理人による処分行為の効力が否定される事態が回避されます
　ので、管理人の職務の円滑な遂行に資することになりますし、法的安定性
　にも寄与することになります。[40]

　　土地所有者が自ら土地を売却したいと考えるのであれば、所有者不明土
　地管理命令の取消申立てをし、この申立てが認められたうえでなければ売
　却手続きが進められないことになるわけです。

倉田　続いて264条の3第2項では、権限外行為許可に関する規定がおかれ
　ています。土地の売却や借地借家法の適用がある賃貸については処分行為[41]
　に該当しますから、裁判所の許可が必要になるということで問題はないで
　しょうが、許可を要する行為か否かという点についてはいくつか論点があ
　りますので、このあたりは後ほど議論することとします。[42]

中里　管理処分権が所有者不明土地管理人に専属することとの関係で、土地
　の所有者について先行して不在者財産管理人や相続財産管理人・相続財産

39　4-3-2参照。

40　部会資料33・10頁。

41　東京地判平成14年11月25日判時1816号82頁。**第5章3-2-1参照。**

42　6-1参照。

清算人（以下、４－４－３において「不在者財産管理人等」といいます）が選任されている場合に、重ねて所有者不明土地管理命令が発せられることはありうるのでしょうか。

内納 不在者財産管理人等が選任されているということは管理不全の状態ではありませんので、先ほど検討した「必要性」の要件を欠くこととなり[43]、所有者不明土地管理命令を発せられないと考えられます[44]。

神谷 理論的にはそうだとしても、ある土地の所有者について不在者財産管理人等が選任されているという事実は、登記記録をみても判明しませんよね。そうすると、そのことに気づかずに所有者不明土地管理人が選任されるというケースも想定されると思うのですが、いかがでしょう。

内納 確かにそのような事態は想定できます。この場合、後発的に所有者不明土地管理命令が発せられたことを知った不在者財産管理人等が、所有者不明土地管理命令の取消しを求めることになるでしょう[45]。

倉田 逆に、所有者不明土地管理人が選任された後に、当該土地の所有者について不在者財産管理人等の選任申立てがあった場合は、どのように処理されるのですか。

中里 不在者財産管理人は不在者の財産全般を管理すべき者ですし、相続財産管理人・相続財産清算人も遺産のすべてを管理すべき者ですから、管理すべき財産の一部だけを切り取って所有者不明土地管理人による管理を継続することは相当ではないと考えられます。したがって、この場合も、後から選任された不在者財産管理人等から先行する所有者不明土地管理命令の取消しを求めることになるのではないですか。

内納 原則としてそのように処理されるのだと考えますが、たとえば、所有者不明土地管理人がすでに売却に向けて具体的に着手しているようなケースでは、この段階で所有者不明土地管理命令を取り消すことは必ずしも望ましくありません。したがって、常に所有者不明土地管理命令を取り消すことを前提とした規律までは設けられておらず、実際の管理の状況によっ

43　４－２－２参照。

44　中間試案補足説明52頁参照。

45　部会資料43・3頁。

第 2 章　所有者不明土地管理命令のレシピ

て個々に判断されるのだと考えます。[46]

神谷　今のケースで、仮に所有者不明土地管理人と不在者財産管理人等が同時に併存した場合は、その土地の管理処分権は所有者不明土地管理人に専属することになりますから、不在者財産管理人等はその土地についての管理処分権を失うことになるわけですね。

内納　はい、そうなります。

4-4-4　表題部所有者不明土地法との関係

倉田　所有者不明土地管理命令に類似する制度として表題部所有者不明土地法がすでに施行されていますが、この二つの関係についても整理しておきたいと思います。表題部所有者不明土地法について簡単に紹介してください。

神谷　登記記録の表題部所有者欄に、氏名や団体の名称だけが記載されていて住所の記載がない場合や、「A ほか何名」というように共有者の一部の者しか記載されていないような土地の場合、表題部所有者の記載から所有者が判明しません。このような土地を対象とするのが表題部所有者不明土地法です。

　　この法律に基づき、登記官等は所有者の探索・調査をし、その探索等を経てもなお所有者が特定できない場合、所有者等特定不能土地（表題部2条2項）または特定社団等帰属土地（表題部2条3項）として登記されます。これらの登記がされた土地については、利害関係人の申立てにより裁判所が特定不能土地管理者を選任することになります（表題部19条・20条）。

内納　今回の立法過程では、特定不能土地等管理命令（表題部19条1項）と所有者不明土地管理命令を一本化してはどうかとの議論がありました。

　　しかし、所有者等特定不能土地は、表題部所有者不明土地となる原因となった旧土地台帳と不動産登記簿との一元化作業が開始された昭和35年からすでに60年近くが経過し、登記官等による専門的知見に基づいた探索を経てもなお所有者を特定することができない土地であること、関係資料は将来に向かって散逸する一方であること等を考慮すると、将来にわたって

46　部会第7回会議41頁〔大谷太幹事発言〕。

所有者等を特定することができないままとなる蓋然性が類型的に高いものと指摘できます。

　一方、所有者不明土地管理制度では、現時点において所有者またはその所在が不明な土地ではあるものの、将来における所有者またはその所在の判明する可能性は事案によって異なりますし、所有者不明土地管理人からの売却が見込まれる土地も少なくありません。

　このため、特定不能土地等管理命令と所有者不明土地管理命令とでは、土地の売却の可否など管理のあり方が類型的に異なる制度であるため一本化は相当ではないとの結論に至りましたので、今後も両制度は併存することになります。[47]

神谷　ただし、両制度のいずれも適用できることとすると制度を併存させる意味が失われるため、今回の改正により、表題部所有者不明土地法32条で、所有者等特定不能土地については、特定不能土地等管理命令のみを適用することとされた点にはご注意ください。

　もっとも、所有者等特定不能土地として登記がなされる前であれば、表題部所有者不明土地であっても所有者不明土地管理命令の活用は可能です。表題部所有者不明土地法32条の規定は、所有者等特定不能土地として登記された土地に限って適用されることになります。[48]

5　事案❷へのあてはめ

5-1　所有者不明土地管理人に対する時効援用

倉田　以上を前提に、**事案❷**において所有者不明土地管理命令の利用が可能か否かを検討してみましょう。

　所有者の所在が不明で適法な管理者もいませんので、必要性の要件はクリアしていると考えられます。次に利害関係の要件ですが、この点はいかがでしょう。

47　部会資料33・5頁。
48　部会資料33・6頁。

第 2 章　所有者不明土地管理命令のレシピ

神谷　先ほど指摘したとおり、土地を時効取得したと主張する者は利害関係人に該当すると考えられています。[49] この土地については A 社の時効取得が成立する見込みがありますので、A 社からの所有者不明土地管理命令の申立ては可能と考えます。

倉田　所有者不明土地管理人が選任された後は、A 社から所有者不明土地管理人に対し取得時効を援用し、登記名義を A 社に変更すればよいわけですね。

神谷　そもそも、所有者不明土地管理人は登記申請人となり得るのでしょうか。

内納　登記申請人となることは、管理処分権の一環として可能であると考えられています。[50] ただし、疑問な点として、所有者不明土地管理人が時効取得を原因とする所有権移転登記申請をすることは土地所有者にとって何の利益もないため、一種の処分行為と考えて裁判所の許可が必要となるようにも思いますがいかがでしょうか。

中里　登記申請に許可が必要かというと、登記申請自体は債務の履行行為ですのでそのための許可は不要ですね。この点は、相続財産管理人に関する事案ですが、財産管理人が登記義務者としてする登記申請行為は、期限の到来した債務の弁済に準じた管理人の権限内の行為であるから、家庭裁判所の許可を証する書面の添付を要しないとする登記先例があります。[51]

　しかし、だからといって所有者不明土地管理人として取得時効の成立を漫然と認めてよいのかという点は疑問です。所有者不明土地管理人には、土地所有者のための善管注意義務が課せられていますので（264条の 5 第 1 項）、時効完成の成否や時効の更新事由の有無については、慎重に判断すべき立場にあります。

（所有者不明土地管理人の義務）
民第264条の 5　所有者不明土地管理人は、所有者不明土地等の所有者（その

49　部会資料43・3 頁。

50　部会資料43・4 頁。

51　昭和32年 8 月26日民甲第1610号民事局長回答。

共有持分を有する者を含む。）のために、善良な管理者の注意をもって、その権限を行使しなければならない。

2　（略）

中里　仮に時効完成の成否が必ずしも明らかでない場合、登記義務の存否が確定していない状態といえますので、このような場合には直ちに登記申請に応じるのではなく、Ａ社から訴訟提起してもらい、取得時効の成立について司法の判断を仰ぐべきです。[52]

　なお、この点は、相続財産管理人の事案において昭和59年2月3日の法曹会身分法調査委員会で決議された内容であり、実際に、相続財産管理人が相続財産についてすでに完成した取得時効を原因として第三者に所有権移転登記手続きをすることの許可を求めた事案で「右取得原因の有無は民事訴訟で確定することが相当である」として申立てを却下した審判例も存在しますので、安易に登記申請に応じないように十分に注意すべきであると考えます。[53][54]

倉田　Ａ社から時効取得による所有権移転登記手続を求める訴訟が提起された場合、所有者不明土地管理人に被告適格があるのでしょうか。

神谷　この点は、264条の4で次のように規定されています。

（所有者不明土地等に関する訴えの取扱い）

第264条の4　所有者不明土地管理命令が発せられた場合には、所有者不明土地等に関する訴えについては、所有者不明土地管理人を原告又は被告とする。

中里　所有者不明土地管理人に被告適格はありますが、管理人として訴訟上の和解や調停を成立させる行為はいずれも処分行為に該当すると考えるのが通説であり、請求の認諾もまた、訴訟において自発的に争いを終結させ[55]

52　部会資料43・3頁、山田6頁。

53　法曹時報36巻3号243頁。

54　千葉家佐倉支審昭和46年6月4日判時645号101頁。

55　遠田369頁ほか。

第2章　所有者不明土地管理命令のレシピ

ることをもって訴訟を終了させる訴訟行為であり、被告たる管理人の意思[56]
に基づいて訴訟物たる権利関係を実体上処分したのと同じ結果を生じさせ[57]
ることから、不在者財産管理人による請求の認諾には家庭裁判所の許可を[58]
要すると考えられています。

内納　そうすると**事案❷**では、Ａ社が取得時効の成立を主張してＡ社名義
の所有権移転登記を実現するために所有者不明土地管理命令を選択したと
しても、選任された所有者不明土地管理人を被告として時効取得による所
有権移転登記請求訴訟を提起しなければならなくなるわけですので、そう
であれば初めから訴訟を提起し、その際に特別代理人選任の申立てをする
方が時間的にもコスト的にも合理的ということになりそうですね。

5−2　所有者不明土地管理人からの買取り

神谷　それでは、Ａ社としては取得時効を主張せず、所有者不明土地管理
人からこの土地を適正価格で買い取る選択をする方法はいかがでしょう。
面積も狭い土地のようですから、結果的にコストを抑えることにつながる
ように思いますが。

中里　しかし、先ほど利害関係の要件のところで検討したように、単なる買
受希望者となると利害関係の要件をクリアすることが課題となりそうで[59]
す。Ａ社に利害関係があることを丁寧に裁判所に訴える必要があります
が、裁判所の判断によっては所有者不明土地管理命令が発せられない可能
性もあるのですよね。

内納　**事案❷**の事情の下では、買受希望者であるＡ社の利害関係が否定さ
れる可能性は少ないように思いますが、あえて所有者不明土地管理命令の
申立てを選択する必要があるのかは、少し疑問です。所有者不明土地管理
命令の申立てをしなくても、訴訟を選択するほうが手続的に簡略な気がし
ます。

56　小山257頁。

57　新堂246頁。

58　ただし、反対説あり（遠田369頁）。

59　4−3−3参照。

5　事案❷へのあてはめ

| 5-3　所有者不明土地管理人の報酬面からの検討 |

神谷　所有者不明土地管理命令の申立てを選択する場合は、所有者不明土地
　管理人の報酬についても検討する必要があります。

倉田　報酬については、264条の7で次のように規定されていますね。

（所有者不明土地管理人の報酬等）
第264条の7　所有者不明土地管理人は、所有者不明土地等から裁判所が定め
　る額の費用の前払及び報酬を受けることができる。
2　所有者不明土地管理人による所有者不明土地等の管理に必要な費用及び
　報酬は、所有者不明土地等の所有者（その共有持分を有する者を含む。）の
　負担とする。

神谷　ここでいう「所有者不明土地等」とは、土地や動産だけでなく、264
　条の3第1項の「管理、処分その他の事由により」得た財産を含みます。
　したがって、管理する土地から生ずる賃料、土地を売却した際の売却代金
　などが費用や報酬の支払原資になります。

　　しかし、事案❷においてA社が取得時効を主張する場合、所有者不明
　土地管理人は土地の所有権と引き換えに得ることができる売買代金等が何
　もありません。また、A社が買取りを希望する場合でも、わずか数平米
　の土地ということですから仮に売却したとしても売却金は些少となるで
　しょう。

　　したがって、いずれの場合においても所有者不明土地管理人の報酬額に
　は到底満たないことが想定できます。

内納　裁判所は、所有者不明土地管理人の費用や報酬相当額をA社に予納
　させることになるでしょうから、結局A社にとって所有者不明土地管理
　命令の申立てを選択することは、コスト面からも得策ではないように考え
　られます。

中里　いずれにしても事案❷においては、A社が所有者不明土地管理命令
　を選択するメリットは存在しないという結論になりそうですね。

倉田　新しい制度ができると、とかくそれに飛びついてしまいがちですが、

第 2 章　所有者不明土地管理命令のレシピ

　以上のようにさまざまな観点から手続選択の可否を検討することが重要で
あることを、あらためて理解することができました。

6　いくつかの論点整理

6-1　管理権限

倉田　事案❷は所有者不明土地管理命令の申立てに適さないとの結論が出ま
　　したが、以下では引き続き、所有者不明土地管理制度・所有者不明建物管
　　理制度をめぐるいくつかの論点整理を試みようと思います。

　　ひとつめの論点として、あらためて所有者不明土地管理人・所有者不明
　　建物管理人の管理権限について検討していきます。

神谷　管理権限については、先ほど確認した264条の3第2項をもう一度み
　　てみましょう。

　　保存行為、所有者不明土地等の性質を変えない範囲内における利用行
　　為、改良行為を除き、家庭裁判所の許可が必要になると規定されていま
　　す。

（所有者不明土地管理人の権限）

民第264条の3　（略）

2　所有者不明土地管理人が次に掲げる行為の範囲を超える行為をするに
　は、裁判所の許可を得なければならない。ただし、この許可がないことを
　もって善意の第三者に対抗することはできない。
　一　保存行為
　二　所有者不明土地等の性質を変えない範囲内において、その利用又は改
　　良を目的とする行為

神谷　今回の改正では、共有物の変更について規定した改正前251条1項の
　　規定が整理されています。改正前民法では一律に共有者全員の同意を必要
　　としていた共有物の変更行為のうち、形状または効用の著しい変更を伴わ
　　ないものについては、改正前民法における共有物の管理と同様、持分の過

半数の同意により決することができるとされました（251条1項かっこ書・252条1項かっこ書）。そこで、この規定と平仄を合わせる趣旨から、管理すべき土地等の性質を変えない範囲の利用、改良行為は、裁判所の許可を得ることなく管理人の判断によって行うことができるようにされています。

倉田　条文上は以上のように整理されたことは理解できましたが、先ほどの登記申請の場面[60]においてもそうですが、実際に管理業務を行うに際しては、裁判所の許可を要する行為であるか否かを一概に判断できるケースばかりではないように感じています。

　以下では、実務上、問題となりそうな例として、所有者不明土地管理人による債務の弁済、所有者不明建物管理人による敷地利用料の支払いと建物の取壊しの3点について考えてみたいと思います。

6-1-1　債務の弁済

倉田　所有者不明土地管理人は、管理すべき土地に賦課される固定資産税の納付や、土地に設定された担保権の被担保債権の弁済をすることは、土地の管理行為の一環として当然に可能であると考えられるのですが、この点はいかがでしょう。

神谷　所有者不明土地管理人の管理権限は、所在不明者である土地所有者個人に帰属する現金や預金債権には及びません（264条の2第2項）。

　したがって、債務を弁済しようにも、弁済すべき原資が管理財産に含まれていませんので、弁済はできないように考えます。

中里　管理人に就任した当初はそのとおりですが、土地を売却したり賃貸したりして得た売却金や賃料にも管理権限は及ぶわけですから（264条の2第3項）、これらを原資として債務を弁済する場合はどうでしょうか。

内納　「人」を対象とする不在者財産管理制度では、弁済期の到来した債務の弁済は保存行為と考えられ、裁判所の許可を要しないとされてきました。しかし、「土地」や「建物」を対象とする所有者不明土地管理人、所有者不明建物管理人は、土地や建物の所有者に関する財産全般や負債の状

60　5-1参照。

第 2 章　所有者不明土地管理命令のレシピ

況を調査する権限がありません。

　　したがって、土地、建物の所有者の負担する債務の弁済は当然に職務に含まれませんので、仮に管理人の管理権限が及んでいる売却金や賃料を原[61]資とする場合であっても、債務の弁済については裁判所の許可が必要になる点に注意が必要です。[62]

神谷　そうすると、土地を売却し、売却金で固定資産税や担保権の被担保債[63]務を弁済するというようなケースでは、売却の許可と弁済の許可の双方が必要になるということですね。

内納　はい。そのように考えます。

倉田　弁済のための原資があり、かつ土地の管理に資する行為であるしても、弁済をしようとするたびに裁判所の許可を得なければならないということですので、注意しましょう

6−1−2　建物の敷地利用料の支払い

倉田　続いて、債務の弁済との関係で一つ疑問があるのですが、たとえば借地上の建物について所有者不明建物管理命令が発せられた場合に、その敷地利用権にも管理命令が及ぶという指摘がありましたが（264条の 8 第 2 項）、そうすると、所有者不明建物管理人は敷地の賃料の支払義務を負うことになるのでしょうか。

神谷　所有者不明建物管理命令の制度を設ける主たる目的は、あくまで建物の適切な管理を実現する点にあると考えます。敷地利用権が管理命令の対象となるのも、所有者不明建物管理人に敷地利用権の管理権限がなければ建物の管理そのものに支障が生じるためです。つまり、所有者不明建物管[64]理命令は敷地利用権の管理そのものを目的とするものではないということになりますので、管理人は賃料の支払義務を負わないと考えるべきだと思いますが、いかがでしょう。

内納　この点は、賃料を支払うことによって、所有者不明建物管理人の本来

61　部会資料33・11頁。

62　中間試案補足説明57頁。

63　このような処理も事案によっては可能であることについて、部会資料43・ 6 頁。

64　部会資料52・12頁。

の職務である建物の管理に必要な修繕行為などの費用を賄うことができなくなるおそれがある場合には、むしろ賃料の支払いには応じるべきでないと考えられます。

神谷 そもそも、支払いをしたくても、多くのケースで所有者不明建物管理人には支払いのための原資がないことが想定されますね。

倉田 仮に支払いをしないとなると、所有者不明建物管理人の建物所有者に対する善管注意義務（264条の8第5項・264条の5第1項）上の問題は発生しないのでしょうか。

内納 この場合も、善管注意義務違反にはあたらないと考えられています[65]。

　もっとも、所有者不明建物管理人が、土地の所有者から賃貸借契約を債務不履行解除されて建物の撤去を求められることを防止する観点から、任意に賃料の支払いに応じること自体は、第三者弁済（474条1項・2項）として許されるものと考えますが、この場合も責任財産となるのは所有者不明建物管理命令の対象となる財産（264条の8第2項）に限られます[66]。

中里 所有者不明建物等に関する訴えは所有者不明建物管理人に専属します（264条の8第5項・264条の4）。また、建物敷地に関する権利には所有者不明建物管理命令が及びます（264条の8第2項）。そうすると、所有者不明建物管理人が賃料の支払いをしない場合に、土地の所有者から所有者不明建物管理人に対して賃料請求の訴えや建物収去土地明渡しの訴えを起こされることになるのでしょうか。

内納 神谷さんが指摘したように、所有者不明建物管理命令が建物敷地に関する権利に及ぶとしても、所有者不明建物管理人が敷地利用権の管理そのものをしなければならないわけではありません。

　賃料の支払義務や、解除後の建物収去義務、さらには解除から明渡しまでの賃料相当損害金の支払義務も含めていずれも建物所有者に帰属しますので[67]、賃料請求訴訟や建物収去土地明渡請求訴訟は所有者不明建物等に関する訴えには該当せず、建物の所有者が被告となります[68]。

65　部会資料28・5頁。

66　部会資料44・5頁。

67　部会資料44・5頁。

第2章　所有者不明土地管理命令のレシピ

6-1-3　建物の取壊し

倉田　所有者不明建物管理人による建物の取壊しについては、いかがでしょう。

内納　この点は、所有者不明建物管理人として選任された管理人自身が管理を命じられた建物を取り壊すことは、原則として許されないものと考えられています。

　　しかし、この原則を貫くと、老朽化した空家の購入希望者が現れることなく長期にわたって管理を強いられることになりますので、立法過程の議論では、①建物の存立を前提とした適切な管理を続けることが困難であり、②建物を取り壊したとしても建物の所有者に不利益を与えるおそれがない場合に、③裁判所の許可を得て、取壊しを例外的に認めるべきであるとされています[69]。

　　なお、建物所有者に不利益を与えるおそれがないことの判断要素としては、①所有者の帰来可能性、②建物の現在の価値、③存立を前提とした場合の管理費用、④周囲に与える損害やそのおそれの程度などが挙げられると指摘されています[70]。

中里　この場合に、取壊しの費用はどのように捻出されますか。

神谷　土地と建物が同じ所有者の場合、土地を売却して売却代金から取壊費用を捻出するのでしょうが、土地と建物の所有者が異なる場合にはこのような方法はとれませんから、所有者不明建物管理命令の申立人に取壊費用相当額の予納を命じ、予納がない場合には申立てが却下されたり、管理命令が取り消されたりすることもありうると考えます[71]。

中里　そうすると、借地上の建物のような土地の所有者と建物の所有者が異なるケースでは、所有者不明土地管理命令や所有者不明建物管理命令を利用して空家の解決を図ることは、相当な困難が伴うという結論になりそうですね。

68　部会資料28・5頁。

69　部会資料44・2頁、部会資料56・19頁。

70　部会資料44・3頁。

71　部会資料56・19頁。

内納　ちなみに、土地とその上の建物の所有者が異なり、そのいずれの所在等も判明しない場合、利益相反の観点から土地と建物でそれぞれ異なる管理人が選任されることになるとの指摘があります。[72]

6-2　遺産共有

倉田　次の論点に移ります。

　　所有者不明土地管理命令・所有者不明建物管理命令の制度は、遺産共有についても適用がありますか。

神谷　適用があります。第1章で検討した所在等不明共有者の持分取得や所在等不明共有者の持分譲渡権限付与のように、相続開始から10年が経過していることという要件（262条の2第3項・262条の3第2項）はありませんので、すべての遺産共有について適用されます。

　　しかし、所有者不明土地管理人は、相続人という「人」を対象とする管理人ではないため、管理を命じられた土地や建物以外の財産についての管理権限はありません。したがって、所有者不明土地管理人の立場で、管理を命じられた土地や建物以外の財産を含めた遺産分割協議の当事者となることはできません。[73]

倉田　遺産が、管理命令の対象となっている土地や建物だけの場合ではどうですか。

神谷　仮に、他に財産がない場合であっても、遺産分割協議はできないと考えられています。

倉田　そうすると、この制度を利用して遺産共有を解消することはできないのでしょうか。

内納　所有者不明土地管理人が、管理すべき遺産共有持分を、裁判所の許可を得て他の遺産共有者（他の相続人）に譲渡することは可能ですから、その後に他の相続人間で遺産分割協議をすることによって遺産共有を解消するという方法は可能と考えます。[74]

中里　ちなみに、遺産共有ではない通常の共有の場合に、所有者不明土地管理人が共有物分割を求めることは可能ですよね。

72　部会資料56・19頁参照。

73　部会資料33・12頁。

第 2 章　所有者不明土地管理命令のレシピ

内納　こちらも裁判所の許可が必要となりますが、土地の適切な管理のために必要であれば可能です。

　　　もっとも、この場合でも現物分割や換価分割、所有者不明土地管理人が代償金を受領する場合の代償分割は可能ですが、所有者不明土地管理人が代償金を支払う形での代償分割については、支払原資の観点から困難が伴うと考えます。[75]

神谷　換価分割や代償分割の場合は、価格の妥当性についても裁判所の許可を得る必要がありますね。

6-3　管理業務の終了

倉田　裁判所の許可を受けて管理すべき土地や建物を売却した場合、管理対象財産は売却代金だけとなります（264条の 2 第 3 項参照）。このような場合に、管理人としてはどのような対応をすればよいのですか。

神谷　この点は、非訟事件手続法90条 8 項・10項の規定によって処理することが可能です。

（所有者不明土地管理命令及び所有者不明建物管理命令）

非訟第90条（略）

2 〜 7 （略）

8　所有者不明土地管理人は、所有者不明土地管理命令の対象とされた土地又は共有持分及び所有者不明土地管理命令の効力が及ぶ動産の管理、処分その他の事由により金銭が生じたときは、その土地の所有者又はその共有持分を有する者のために、当該金銭を所有者不明土地管理命令の対象とされた土地（共有持分を対象として所有者不明土地管理命令が発せられた場合にあっては、共有物である土地）の所在地の供託所に供託することができる。この場合において、供託をしたときは、法務省令で定めるところにより、その旨その他法務省令で定める事項を公告しなければならない。

9　（略）

74　部会資料33・12頁。遺産分割前に共同相続人の一人から遺産を構成する特定不動産に係る同人の有する共有持分権を譲り受けた第三者は、適法にその権利を取得することができると解されている（最判昭和50年11月 7 日民集29巻10号1525頁）。

75　部会資料33・11頁。

6 いくつかの論点整理

> 10 裁判所は、管理すべき財産がなくなったとき（管理すべき財産の全部が供託されたときを含む。）その他財産の管理を継続することが相当でなくなったときは、所有者不明土地管理人若しくは利害関係人の申立てにより又は職権で、所有者不明土地管理命令を取り消さなければならない。
>
> 11〜16（略）

神谷 管理すべき財産の全部が供託されたときには、申立てによりまたは職権で所有者不明土地管理命令を取り消さなければならないと規定されていますので、いつまでも現金を管理する必要はなくなります。

　この場合の供託に関する記載例は、**【書式10】【書式11】** のとおりとなります（令和5年第67号通達別紙6・別紙7。なお、所有者不明建物管理人がする供託については同別紙8・別紙9）。

第2章 所有者不明土地管理命令のレシピ

【書式10】 所有者不明土地管理命令における所有者不明土地管理人がする供託①
　　　　——所有者を知ることができない場合

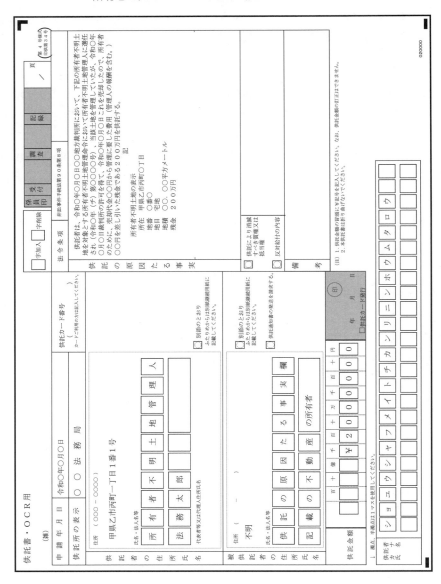

120

6 いくつかの論点整理

【書式11】 所有者不明土地管理命令における所有者不明土地管理人がする供託②
　　　　　——所有者の所在を知ることができない場合

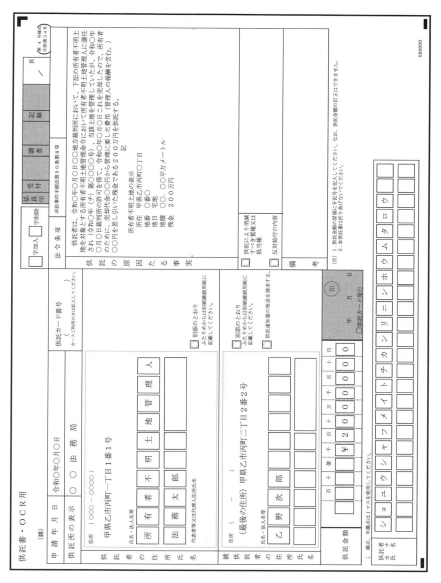

第2章　所有者不明土地管理命令のレシピ

中里　所有者が同じである土地とその土地上の建物について同一人が所有者
不明土地管理人と所有者不明建物管理人に選任されたようなケースで、土
地建物を一括売却したようなケースでは、供託についても一括して行うこ
とが可能です。しかしこの場合、不動産ごとに、それぞれの不動産から生
じた金銭、管理に要する費用（管理人の報酬を含む）の内訳の明記が求め
られる点にご注意ください（令和5年第67号通達3(2)）。[76]

　なお、記載例は**【書式12】**のとおりとなります（令和5年第67号通達別
紙10）。

76　事後に複数の不動産の所有者が異なることが判明した場合や、相続等により各不動産
の所有者が異なる者となる場合などでは、還付請求の際に払い渡す額を算出することに
困難が生じる可能性もあるため、供託の際に内訳の明示を求めることとされた。なお、
供託時よりも前に各不動産の所有者が異なることが判明した場合には、複数の不動産か
ら生じた金銭等を一括して供託することはできない（令和5年第67号通達3(2)）。

6 いくつかの論点整理

【書式12】 所有者不明土地・建物管理命令における所有者不明土地・建物管理人がする供託——所有者を知ることができない場合・不動産が複数ある場合

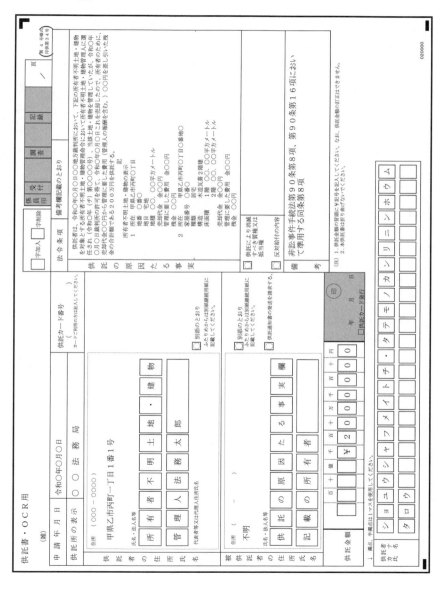

第 2 章 　所有者不明土地管理命令のレシピ

内納 　ちなみに、家事事件手続法において、146条の2・147条で不在者財産
　管理人にも同様の規定が設けられ、さらに190条の2第2項で相続財産管
　理人にも準用されています。

倉田 　改正法施行前には、不在者財産管理人の管理すべき財産が現金だけに
　なった場合であっても、管理すべき現金がなくなるか、不在者が帰来する
　か、不在者について失踪宣告がなされるかのいずれかの場合でなければ、
　不在者財産管理人の職務は原則として終了しません。また、相続財産管理
　人についても、相続人不存在の場合であれば国庫に帰属させることによっ
　て職務は終了しますが、そのほかの相続財産管理人の場合は管理すべき財
　産が現金だけになったからといって直ちに職務が終了することはありませ
　んでしたね。

内納 　はい。改正法の規定により、管理業務がいたずらに長期化することを
　避けることができるようになったということです。

中里 　条文をみると管理すべき財産が現金だけになったからといって供託を
　しなければならないわけではなさそうですが、裁判所としては、供託をし
　て事件を終了する方向へと指導していくことになりそうです。

倉田 　ところで、所有者不明を原因に所有者不明土地管理人が選任された後
　に土地が売却され、売却代金を供託したことで管理すべき財産がなくなっ
　たとして所有者不明土地管理命令が取り消された場合、その後に、債権者
　等が供託金還付請求権を差し押さえる前提として債務名義を得ようとする
　ような際には、あらためて所有者不明土地管理命令の申立てをする必要が
　あるのでしょうか。

神谷 　264条の2第3項は、このような場面を想定した条文であると考えら
　れます。

　　この場合、土地の価値代替物である供託金について所有者不明土地管理
　命令が発せられますので[77]、新たに選任された所有者不明土地管理人に対し
　訴訟提起をし、債務名義を獲得したうえで供託金還付請求権を差し押さえ
　るという手順で債権回収を図ることになるでしょう。

77　部会資料52・6頁。

6 いくつかの論点整理

中里　後日、帰来した所有者が供託金還付請求権を行使する場合も同様であり、新たに選任された所有者不明土地管理人を被告とした訴訟の判決書等や、所有者不明土地管理人との間で訴訟外の和解が成立した場合の「還付請求権が当該所有者に帰属することの確認条項」が明示された和解書などが、還付を受ける権利を有することを証する書面（供託規24条1項1号）に該当することになります（令和5年第67号通達3(3)ア）。[78]

倉田　非訟事件手続法90条10項では、所有者不明土地管理人が供託をした際には、公告をしなければならないとされていますが、なぜ公告が必要になるのですか。

内納　供託した事実を被供託者や関係者が認識できるようにすることにより、不意打ちを防止する趣旨であると説明されています。[79]

神谷　なお、公告事項については、令和4年11月30日付けで「非訟事件手続法第90条第8項及び第91条第5項並びに家事事件手続法第146条の2第2項の規定による公告の方法等を定める省令」が定められています。条文（供託公告令1条・2条）と記載例（【書式13】【書式14】）を掲げておきます。

（公告の方法）

供託公告令第1条　非訟事件手続法第90条第8項（同条第16項において準用する場合を含む。以下同じ。）及び第91条第5項（同条第10項において準用する場合を含む。以下同じ。）並びに家事事件手続法第146条の2第2項（同法第190条の2第2項において準用する場合を含む。以下同じ。）の規定による公告は、官報により行うものとする。

（公告事項）

供託公告令第2条　非訟事件手続法第90条第8項の法務省令で定める事項は、次のとおりとする。

一　所有者不明土地管理命令の対象とされた土地（共有持分を対象として所有者不明土地管理命令が発せられた場合にあっては、共有物である土地）又は所有者不明建物管理命令の対象とされた建物（共有持分を対象として所有者不明建物管理命令が発せられた場合にあっては、共有物で

78　還付請求に際して提供する印鑑証明書について、第1章4-3-6参照。

79　中間試案補足説明76頁、部会資料22・2頁。

ある建物）に係る所在事項

二　供託所の表示

三　供託番号

四　供託した金額

五　裁判所の名称、件名及び事件番号

2・3　（略）

【書式13】　所有者不明土地管理人による供託公告

所有者不明土地管理人による供託公告

非訟事件手続法第九十条第八項の規定により、次のとおり供託しました。

一　対象土地　○○県○○市○○町○番地

二　供託所　○○地方法務局

三　供託番号　令和○年度金第○○○号

四　供託金額　○○○円

五　裁判所　○○地方裁判所

六　事件名　所有者不明土地管理命令申立事件

七　事件番号　令和○年（チ）第○○○号

令和○年○月○日（公告掲載日）

○○県○○市○○○丁目○○番○○号

所有者不明土地管理人　○○　○○

【書式14】　所有者不明土地及び建物管理人による供託公告

> 所有者不明土地及び建物管理人による供託公告
>
> 非訟事件手続法第九十条第八項及び第十六項の規定により、次のとおり供託しました。
>
> 一　対象土地・建物　　○○県○○市○○町○番地
>
> 二　供託所　　○○地方法務局
>
> 三　供託番号
>
> 　(一)　対象土地　令和○年度金第○○○号
>
> 　(二)　対象建物　令和○年度金第○○○号
>
> 四　供託金額
>
> 　(一)　対象土地　○○○円
>
> 　(二)　対象建物　○○○円
>
> 五　裁判所　○○地方裁判所
>
> 六　事件名　所有者不明土地及び建物管理命令申立事件
>
> 七　事件番号　令和○年（チ）第○○○号
>
> 令和○年○月○日（公告掲載日）
>
> ○○県○○市○○○丁目○○番○○号
>
> 所有者不明土地及び建物管理人
>
> 　　　　○○
> 　　　　○○
> 　　　　○○

7　所有者不明土地管理命令の活用可能性

7-1　公共事業への活用

倉田　事案❷では所有者不明土地管理命令の選択は妥当ではないとの結論に至りましたが、どのようなケースが所有者不明土地管理命令を利用できる典型例となりそうですか。

内納　やはり、公共事業や震災復興時などの再開発事業等で、施工業者たる自治体などが利害関係人として所有者不明土地管理命令を利用するようなケースが典型例になると思います。

中里　司法書士業界には、公共事業に関係する登記業務の受託を目的とする

127

第2章　所有者不明土地管理命令のレシピ

公共嘱託登記司法書士協会という一般社団法人が全国の司法書士会ごとに組織されていますので、同協会が主体となり、地元の自治体に対する所有者不明土地管理命令の広報活動、普及活動に取り組むことによって所有者不明土地の解消・活用に寄与していくことも、司法書士の重要な職務の一つではないでしょうか。

神谷　先ほど指摘があった改正後の所有者不明土地法42条2項の国の行政機関の長または地方公共団体の長は、裁判所に対して所有者不明土地管理命令の請求をすることができるという規定[80]も、あわせて広報していきたいですね。

7-2　空家・空地への活用

内納　そのほかには、先ほど建物の取壊しの場面でも言及がありましたが[81]、公共的観点から空家の処分にこの制度をうまく利用できるようになれば、所有者不明土地・所有者不明建物の解消・活用という改正法の目的にも適う結果となりますので、引き続き研究していきたいテーマであると考えます[82]。

中里　道を歩いていると、ゴミや廃棄物、車両などが不法投棄されている土地、草木が伸び放題になっている土地などをよくみかけます。264条の2第2項では、土地上の動産についても所有者不明土地管理命令が及ぶとされていますので、選任された所有者不明土地管理人の権限で放置されたゴミや放置車両などを処分するという活用ができないでしょうか。

神谷　264条の2第2項では、動産についてかっこ書で「当該所有者不明土地管理命令の対象とされた土地の所有者又は共有持分を有する者が所有するものに限る」とあります。草木が伸び放題というケースであれば問題なさそうですが、不法投棄されたゴミや車の所有権は土地の所有者には帰属しませんので、所有者不明土地管理人に処分権限がないのではないでしょうか。

内納　原則としてはそのとおりですが、不法投棄した動産については、動産

80　4-3-3参照。

81　6-1-3参照。

82　部会資料44・2頁参照。

の所有者が所有権放棄したと認定できるケースも多いものと考えられますから、そのような場合には、所有者不明土地管理人が土地上に放置された動産を適法に処分することは可能と考えられています[83]。

倉田　明らかなゴミならその結論でよいのでしょうが、放置車両など一定の価値があるようなケースでは処分に躊躇してしまうこともありそうですね。

内納　そのような場合には、所有者不明土地管理人から、妨害排除請求権として土地の収去を求める訴訟を提起せざるを得ないのでしょうか。

中里　放置車両のように所有者が特定できるのであればそれも一案ですが、廃棄された動産のように所有者がわからない場合には、そもそも被告が誰なのかという問題に直面します。そこで一つの方法ですが、所有者不明土地管理人からの供託が利用できないでしょうか。

　土地上に放置された動産の所有者がわからないので、受領不能（494条1項2号）または債権者不確知（494条2項）により供託をすることは可能です。この際に、放置された動産は「供託に適しない物」（497条1号）に該当すると考えられますので、497条1号を利用して、裁判所の許可を得て供託物である動産を競売に付し（自助売却）、その代金を供託することによって動産の引渡債務を法的に消滅させることができそうです。

（供託）

民第494条　弁済者は、次に掲げる場合には、債権者のために弁済の目的物を供託することができる。この場合においては、弁済者が供託をした時に、その債権は、消滅する。

一　弁済の提供をした場合において、債権者がその受領を拒んだとき。

二　債権者が弁済を受領することができないとき。

2　弁済者が債権者を確知することができないときも、前項と同様とする。ただし、弁済者に過失があるときは、この限りでない。

（供託に適しない物等）

民第497条　弁済者は、次に掲げる場合には、裁判所の許可を得て、弁済の目

83　部会資料33・13頁。

第2章 所有者不明土地管理命令のレシピ

的物を競売に付し、その代金を供託することができる。
　一　その物が供託に適しないとき。
二～四（略）

倉田　なるほど。廃棄された動産であれば競売に付されたとしても代金はわ
　　ずかでしょうから、所有者不明土地管理人の負担も少なくて済みそうです
　　ね。

7-3　共有土地の解消

倉田　そのほかの活用例はいかがでしょう。

神谷　昔から地域住民が利用するために使用されてきたような土地の中に
　　は、地区内の全員なり、一部の代表者なりが共同名義人として登記されて
　　いるケースもよくありますよね。このような場合に、一つの共有土地に多
　　数の所在等不明共有者がいることになると、共有関係の解消にとても苦労
　　します。
　　　共有物分割訴訟を利用するとしても、それぞれの所在等不明共有者ごと
　　に不在者財産管理人を選任したり各人ごとに公示送達のための調査をした
　　りする必要があり、手続きも煩雑ですしコストも多額になります。
　　　このようなケースで、所有者不明土地管理命令が活用できないでしょう
　　か。

中里　複数の所在等不明共有者の共有持分を対象として、一人の所有者不明
　　土地管理人が選任されるのであれば、共有物分割訴訟における被告は選任
　　された所有者不明土地管理人の一人だけとなるため、手続はかなり簡略化
　　されますね。
　　　ただし、共有者間の利益相反の問題が生じるのではないでしょうか。

内納　このようなケースでは、選任された所有者不明土地管理人は、代償分
　　割による共有物分割手続においてもっぱら賠償金を受け取る立場になると
　　想定されます。他の共有者の共有持分を取得したり、他の共有者に対して
　　持分価格を賠償したりするということは想定しづらいことになります。
　　　そうすると、複数の共有者について一人の所有者不明土地管理人が選任
　　されたとしても、所有者不明土地管理人が管理すべき共有持分を有する共

有者間での利益相反は生じないものと考えられるため、複数の共有者の共有持分について、まとめて一人の管理人を選任するという取扱いは認められるものと考えます。[84]

倉田　そうすると、神谷さんが指摘するような多数当事者間の共有状態の解消にも、活用の余地がありそうです。

　　そのほかにもいろいろな可能性が考えられると思いますので、この種の相談を受けた際には利用可能性を積極的に検討してみたいと考えます。

84　部会第15回会議20頁〔蓑毛良和幹事発言〕。

第3章
管理不全建物管理命令のレシピ

第 3 章　管理不全建物管理命令のレシピ

1　はじめに

倉田　本章では、改正法施行前では解決することの困難な相談事案を題材と
し、改正法によって新設された規定である管理不全建物管理命令（264条
の14）による解決を図ることができないか、また同制度が利用できるとし
た場合の要件や効果、さらに改正法施行前における解決策との比較検討を
進めていきます。

内納　管理不全建物管理命令は、管理不全土地管理命令（264条の9）の条文
の多くを準用する構成になっています。もともと立法過程においては、管
理不全土地の管理を立法的にどのように解決できるかが議論されてきたの
ですが、その過程において同様のケースは建物にも起こりうるとし、管理
不全建物管理命令も同時に制度化されることとなりました。

中里　建物が管理不全の状態にあるということは、多くの場合で同時にその
底地も管理不全の状態にあると考えられますので、管理不全土地管理命令
の規定のなかで管理不全の状態にある建物への対応をするほうが簡易なよ
うに思うのですが、いかがでしょう。

内納　立法過程ではそのような議論もありましたが、建物の管理不全の態様[1]
はさまざまですし、必ずしも建物が管理不全の状態であるから土地も管理
不全の状態であるとは限りません。したがって、管理不全土地管理命令の
範囲内で土地上に存する管理不全状態の建物から生じるあらゆる問題に対
応することには限界があると指摘されています[2]。

倉田　それでは本章では、管理不全土地管理命令の規定を検討しながら必要
に応じて管理不全建物管理命令の規定についても言及したうえで、管理不
全の状態にある建物に関する実際の相談事案である**事案❸**について、管理
不全建物管理命令による解決を図ることの可能性や妥当性について検討す
ることとしましょう。

神谷　管理不全土地・管理不全建物という言葉が登場していますが、具体的

1　部会資料21・14頁。
2　部会資料50・7頁参照。

1　はじめに

にどのようなケースを想定することができますか。

内納　土地については、ひび割れ・破損が生じている擁壁を土地所有者が放置しており、これによって隣地に倒壊するおそれがある場合や、ゴミが不法投棄された土地を所有者が放置しており、これによって臭気や害虫発生による健康被害を生じている場合などの指摘があります[3]。

　　また、建物については、老朽化などによる壁面の崩落や建物自体の倒壊の危険が生ずる場合などが指摘されています[4]。

中里　そもそも管理不全土地管理命令・管理不全建物管理命令の制度は、どのような経緯で新設されたのですか。

内納　土地はその性質上、当然に他の土地と隣接して存在しています。したがって、ある土地が管理されずに放置されている場合、隣接する土地や周辺の環境に何らかの悪影響を及ぼすおそれがあり、場合によっては隣接または周辺の土地所有者から管理不全土地の所有者に対し、妨害予防請求や妨害排除請求等の物権的請求がなされたり、不法行為に基づく損害賠償の請求がなされたりすることも考えられます[5]。

　　ことに近年では、社会経済情勢の変化を背景に、自身が所有する土地への関心が薄れがちとなる者も少なくなく、このような事情により土地が管理されずに放置されて周囲に悪影響を及ぼす事態が増加していると考えられます。この結果、物権的請求や損害賠償請求だけでは十分な被害回復を図ることができない場合もあるとの指摘があります[6]。

　　そこで、新設された管理不全土地管理命令は、土地の管理が不全であることにより損害を受けまたはそのおそれがある場合、ことに継続的な管理が必要となるケース、被害者からの裁判手続による被害回復を図ることが困難なケース等に対応するため、管理不全土地の所有者の権利の保護にも配慮しつつ、管理不全土地管理人を選任して管理人による土地の適切な管理を可能とすることを目的として制度化されました[7]。

3　ガイドブック37頁。

4　部会資料21・14頁。

5　部会資料11・4頁。

6　部会資料21・11頁。

第 3 章　管理不全建物管理命令のレシピ

倉田　以上のような事情は、土地に限らず建物が管理不全の場合にも該当することから、管理不全建物管理命令も同時に制度化されたということですね。

神谷　所有者不明土地管理命令（264条の2）と似たような制度ですが、どのような点が異なっているのですか。

内納　制度の詳細は後ほど確認しますが、所有者不明土地管理命令が「所有者を知ることができず、又はその所在を知ることができない」（264条の2第1項）場合に利用可能であった一方、管理不全土地管理命令は、所有者の所在等が判明するか否かは問題とせず、「所有者による土地の管理が不適当である」（264条の9第1項）か否かという点を評価して発令される点が特徴的であるといえます。

中里　所有者が判明している場合であっても、管理不全土地管理命令が発令されるケースがありうるということですね。

内納　はい、そのようなケースも想定されます。もっとも、所有者の所在等が判明しない場合は、所有者不明土地管理命令を利用することがほとんどだと思いますので、所有者が判明している場合にこそ利用価値があると考えます。

倉田　それでは、新設された管理不全建物管理命令を検討する素材として、事案❸を紹介してください。

2　事案❸の概要

内納　事案❸をご紹介します（〔図表5〕）。

　　相談者は、バブル期に開発された約1800区画で構成される静岡県伊豆市内の「つかさ別荘地」という名称の大規模別荘地を管理するA社の代表者Bです。

　　A社は、この別荘地を開発したC社から委任を受け、別荘地内の道

7　部会資料11・4頁。

路、公園、共同施設などのいわゆる共用部分を管理しています。

　また、別荘地内に区画された住宅建築用地を購入する者（以下、「区画購入者」といいます）は、Ａ社との間で管理契約を締結しなければならない旨が、Ｃ社との間の売買契約の特約条項として規定されており、区画購入者はＡ社に対し、管理契約に基づく管理費の支払義務を負うこととなります。さらに同管理契約では、区画購入者が購入した区画に建物を建築した場合、区画購入者はＡ社に対し、通常の管理費に加えて汚水処理施設等の維持管理費用を追加で支払う義務を負う旨が定められています。

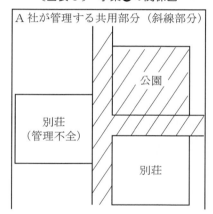

〔図表５〕　事案❸の関係図

中里　共用部分の所有者は誰ですか。
内納　共用部分は区画購入者全員による共有地となっているため、Ａ社は共用部分の所有権も共有持分も有しておりません。
　私はＡ社から、未払管理費回収の依頼を継続的に受けており、区画購入者との連絡がつかない場合には別荘地内の建物を競売に付することによって未払管理費を回収したこともありましたが、今回の相談は少し内容が異なっていました。
倉田　Ｂの相談内容はどのようなものだったのですか。
内納　1800区画もあると、何年にもわたって別荘地を訪れることがない区画

第3章　管理不全建物管理命令のレシピ

購入者も存在します。中には、建物を長期間にわたって放置し続けた結果、倒壊の危険が現実化している建物もあるそうです。

　Bの相談内容は、類似の建物がすでにいくつか存在しており、台風等の際には実際に屋根瓦や建材が周辺の区画や通路等の共用部分に飛散する被害も発生していること、今後も同様の被害の増加が予測されることなどを憂い「周囲に損害を及ぼし、または及ぼすおそれのあるような倒壊の危険のある建物を何とかしたい」というものでした。

　また、今のところ倒壊の危険性は顕在化していない建物であっても、A社にとっては、将来、管理費が未払いとなった場合には過去の相談事案のように建物を競売に付して回収することを想定しているため、区画購入者による管理が行き届いていない建物についても「仮に競売を申し立てた場合に買受人が現れる程度の状態で保持したい」とのことでした。

神谷　そうすると、A社の目的は、①未払管理費の回収、②別荘地内の危険の除去の二つということでしょうか。

内納　現在、直面している問題はその二つですが、建物の維持管理を促進することはA社が管理する別荘地全体の景観保持にも資することになります。倒壊の危険がある建物は排除し、そうでない建物は現状を保持することによって、③別荘地の活性化を図り過去の賑わいを取り戻すことも、A社の目的の一つでした。

3　改正法施行前の解決策

3-1　未払管理費の回収

倉田　Bからの相談に対し、改正法施行前ではどのような解決方法を提示できるのか検討していきます。

　まずは未払管理費の回収から進めていきましょう。過去にも継続的に管理費回収の依頼を受けてきたとのことですが、具体的にどのような対応をしていたのですか。

中里　この点は、通常の金銭債権の回収と何ら変わるところはありませんよ

ね。

内納　そうですね。基本的に裁判外和解の代理（司3条1項7号）として受任しますが、中には任意の支払いに応じないため訴訟提起をしたケースもいくつかあります。ただし、債務名義が取得できたとしても、区画購入者の勤務先や預貯金口座が把握できないため強制執行を断念するケースもありました。

中里　別荘地の土地建物を目的として強制競売の申立てをしたことがあるとのことでしたね。

内納　未払管理費が高額となっていた事案で、競売申立てをしたケースもあります。

　　しかし、不動産競売の申立てに際しては、現況調査（民執57条）や評価（民執58条）のために60万円前後の予納を求められることが通常であるため、未払額の多寡によっては費用倒れとなるケースも少なくありません。

（現況調査）

民執第57条　執行裁判所は、執行官に対し、不動産の形状、占有関係その他の現況について調査を命じなければならない。

2〜5（略）

（評価）

民執第58条　執行裁判所は、評価人を選任し、不動産の評価を命じなければならない。

2〜4（略）

内納　また、未払管理費が高額となっているということは、多くのケースで長期にわたって建物が放置されているため、仮に強制競売の申立てをしたとしても買受人が現れることは期待できません。

倉田　そうすると、強制競売による回収が見込まれる事案はあまり多くなく、そのためにもBの相談内容の一つであった「区画購入者による管理が行き届いていない建物についても、仮に競売を申し立てた場合に買受人が現れる程度の状態で保持したい」という要望は、A社にとって切実な

第 3 章　管理不全建物管理命令のレシピ

問題であるといえそうですね。

神谷　長年にわたって建物を放置しているということですので、区画購入者の中には行方不明の方やすでに死亡している方もいそうですね。

倉田　朽ち果てた建物を相続することを嫌って、相続放棄の申述がなされていることも想定できそうです。

中里　行方不明の場合には、不在者財産管理人の選任申立てをするまでもなく公示送達（民訴110条）による管理費回収訴訟を提起すればよさそうですし、相続人不存在であれば相続財産管理人の選任申立て（改正前952条）をしたり、相続人不分明であることを理由として民事訴訟法上の特別代理人選任申立て（民訴35条）[8]をしたうえで管理費回収訴訟を提起したりする方法が考えられますが、いずれの場合も最終的に不動産競売が奏功するか否かが回収の可否に影響しそうです。

3-2　危険の除去①──A 社による建物解体の模索

倉田　次に、B は別荘地内の危険の除去についても訴えていますので、この点を検討しましょう。

　　前提として確認しておきたいのですが、そもそも A 社は何らかの損害を現実に被っているのですか。

内納　はい。昨年の台風の際、写真（〔図表 6〕）の建物の建材が強風にあおられて飛散し、通路に設置されていた街路灯や公園内の遊具等を破損させています。街路灯や遊具は、C 社と A 社との間の委任契約の内容により A 社が修繕義務を負っていますし、飛散した建材の回収・撤去に要する費用も A 社が負担しています。

8　第 2 章 3-3 参照。

3 改正法施行前の解決策

〔図表６〕 事案❸の建物

神谷 そもそもこの写真、建物といえるのですか。

中里 不動産登記法において建物とは「屋根及び周壁又はこれらに類するものを有し、土地に定着した建造物であって、その目的とする用途に供し得る状態にあるもの」と定義されています（不登規111条）。よく「定着性」「外気分断性」「用途性」の三要件を備えている必要があると説明されますが、定着性はともかくとして、外気分断性・用途性の二つの要件は疑問ですね。

（建物）

不登規第111条　建物は、屋根及び周壁又はこれらに類するものを有し、土地に定着した建造物であって、その目的とする用途に供し得る状態にあるものでなければならない。

内納 実はこの写真を土地家屋調査士さんに見てもらったのですが「この状態であれば建物として認定できる」との判断でした。

神谷 この建物の所有者は健在なのですか。

内納 所有者は自然人ではなく、Ｄ社でした。
　　Ｄ社の登記事項証明書の交付は受けられましたが、職権による解散の登記がされていました。

第3章　管理不全建物管理命令のレシピ

倉田　いわゆる「休眠会社」とよばれる会社に該当するということですね。

中里　そうですね。最後に登記のあった日から12年を経過した株式会社で、2か月以内に事業を廃止していない旨の届出をすべき旨の法務大臣による公告や法務局からの通知があったにもかかわらずその届出をしない会社は、2か月の期間満了の日に解散したものとみなされます（会472条1項）。

　　　なお、この場合の解散登記は、登記官が職権で行うことになっています（商登72条）。

（休眠会社のみなし解散）

会第472条　休眠会社（株式会社であって、当該株式会社に関する登記が最後にあった日から12年を経過したものをいう。以下この条において同じ。）は、法務大臣が休眠会社に対し2箇月以内に法務省令で定めるところによりその本店の所在地を管轄する登記所に事業を廃止していない旨の届出をすべき旨を官報に公告した場合において、その届出をしないときは、その2箇月の期間の満了の時に、解散したものとみなす。ただし、当該期間内に当該休眠会社に関する登記がされたときは、この限りでない。

2　（略）

（職権による解散の登記）

商登第72条　会社法第472条第1項本文の規定による解散の登記は、登記官が、職権でしなければならない。

神谷　登記事項証明書に基づく調査結果はいかがでしたか。

内納　登記記録上の本店所在地を現地調査したところ、同所には別会社が店舗を設けていました。

　　　また、登記記録上の役員は代表取締役一人だけであり、同人の登記記録上の住所を本籍地として戸籍の調査をしたところ、すでに死亡している事実が判明しました。

神谷　建物の底地もD社が所有していたのですか。

内納　はい、土地も建物もD社が所有権者として登記されています。

中里　管理費の滞納状況はいかがですか。

内納　滞納期間が30年程度と非常に長期にわたっており、消滅時効を考慮し

142

なければ500万円を超える管理費が未払いとなっていました。

3-2-1　清算人からの建物購入

倉田　Bは管理費を回収したいのは当然として、倒壊しそうなこの写真の建物を解体するなどして将来の周囲に与える危険を除去したいと訴えているわけですが、**事案❸**では、どのような手段でBの相談に対応することができるでしょうか。

中里　土地建物の所有会社であるD社は解散会社で清算人の登記がなく、清算人となるべき解散時の唯一の取締役が死亡しているため、清算人となるべき者がいない状態であると考えられます。そうすると、会社法478条2項により裁判所にD社の清算人選任を申し立てる方法が考えられませんか。[9]

神谷　そうですね。D社に管理費請求債権を有するA社は、会社法478条2項の利害関係人として清算人選任の申立権者に該当しますね。

（清算人の就任）

会第478条　次に掲げる者は、清算株式会社の清算人となる。

　一　取締役（次号又は第3号に掲げる者がある場合を除く。）

　二　定款で定める者

　三　株主総会の決議によって選任された者

2　前項の規定により清算人となる者がないときは、裁判所は、利害関係人の申立てにより、清算人を選任する。

3～8　（略）

中里　裁判所から選任されたD社の清算人に対しA社から土地建物の買受けを申し出ることによって所有権を取得し、その後に建物を解体して土地を転売することにより、全額とはいえないものの未払いの管理費や解体費用の一部を回収することができるものと考えます。

神谷　売買代金は、少なくとも消滅時効が成立していない未払管理費との相殺ができますね。

9　第7章3-2-2参照。

第 3 章　管理不全建物管理命令のレシピ

内納　私もこの方法による解決を図りました。

　　　もっとも、A 社は土地の転売が難航することを予測して建物だけを買
　　い取りましたので、土地は裁判所が選任した D 社の清算人から第三者に
　　売却してもらうことになりました。

倉田　建物だけ買い取ったうえで、A 社自身で費用を負担して解体したの
　　ですか。

内納　はい、そのとおりです。なお、買取りのための代金は未払管理費と相
　　殺しましたので、現実には支払っていません。

中里　A 社としては、解体費を負担することになったとしても、処分の可
　　能性が低い固定資産を今後何年にもわたって所有し続けることは避けた
　　かったのかもしれませんね。

3-2-2　金銭債権に基づく強制競売

倉田　D 社は500万円以上の管理費を滞納していたとのことですから、金銭
　　請求に基づき A 社が土地建物の所有権を取得するという方法も考えられ
　　そうですね。

神谷　その方法も可能だと考えます。D 社に対し管理費の支払いを命じる
　　債務名義を取得し、その債務名義に基づいて写真の建物について土地と一
　　括して強制競売の申立てをすればよいですね。

中里　この場合、おそらく買受人は現れないことが予測できますので、B と
　　の協議の下、A 社が自ら買い受ける用意をしておくことも必要になりそ
　　うです。

内納　A 社が自ら土地建物を買い受けた後に建物を解体し、土地を転売し
　　て投下資金の回収をめざすということですね。

倉田　このような方法を選択する場合に、**事案❸**では、D 社の代表者が死
　　亡しているとのことですが、管理費請求訴訟に先立って D 社の清算人選
　　任申立てが必要になるのですか。

内納　民事訴訟法37条で準用する35条の特別代理人選任申立て[10]をすることが
　　可能と考えます。特別代理人が選任された場合、別途清算人の選任申立て

10　第 2 章 3-3 参照。

144

をする必要はありません。

> （特別代理人）
>
> 民訴第35条　法定代理人がない場合又は法定代理人が代理権を行うことができない場合において、未成年者又は成年被後見人に対し訴訟行為をしようとする者は、遅滞のため損害を受けるおそれがあることを疎明して、受訴裁判所の裁判長に特別代理人の選任を申し立てることができる。
>
> ２・３（略）
>
> （法人の代表者等への準用）
>
> 民訴第37条　この法律中法定代理及び法定代理人に関する規定は、法人の代表者及び法人でない社団又は財団でその名において訴え、又は訴えられることができるものの代表者又は管理人について準用する。

神谷　D社は強制競売申立ての際の債務者でもありますが、特別代理人選任の規定は民事執行の場面でも利用できますか。

内納　民事執行法には特別代理人に関する規定はおかれていませんが、20条で民事訴訟法の規定が準用されます。したがって、強制競売申立てと同時に特別代理人選任申立てをすることができます。

　なお、この場合、民事訴訟の手続において選任された特別代理人を民事執行における特別代理人の候補者として上申することで、手続が円滑に進行するものと考えます。

> （民事訴訟法の準用）
>
> 民執第20条　特別の定めがある場合を除き、民事執行の手続に関しては、民事訴訟法の規定を準用する。

中里　しかし、この場合、A社は裁判所に納付する買受金について未払管理費との相殺をすることができませんので、金銭的な負担面で検討すると、訴訟を提起するのではなく、清算人の選任を求め、清算人から建物を買い取る方法を模索するほうが妥当といえそうです。

第3章　管理不全建物管理命令のレシピ

3-3　危険の除去②──予防措置を求める方法

3-3-1　妨害予防請求権

倉田　建物倒壊の危険を除去する方法の一つとして、Ａ社が建物の所有権を取得する方法について検討してきましたが、Ａ社としてはその過程でどうしても売買代金や解体費用という決して安くない負担を強いられることになります。

　　そこで、所有権を取得しなくても危険の除去を実現することができる有効な手段はないでしょうか。

神谷　Ａ社は共用部分について所有権も共有持分も有していないということですから、所有権に基づく妨害予防請求権を行使することはできませんよね。

倉田　唐突に妨害予防請求権というものが登場しましたが、どのような権利なのでしょうか。

内納　所有権に基づく物権的請求権の一つですね。

神谷　はい。物の所有者は、所有権に基づく返還請求権、妨害排除請求権、妨害予防請求権の三つの権利を有していると解されています。

内納　物権的請求権は民法には明記されていませんが、自力救済を禁止する民法の下で排他的支配を全うするために認められる権利であると説明されています。[11]

　　事案❸のようなケースであれば、別荘地内に所有権を有する他の区画購入者からＤ社に対し「建物が倒壊しないように適切な処置をせよ」という請求をすることができますし、隣地の土砂が自身の所有地に流入する危険性が高い場合には「土留めを設置せよ」と請求することができます。

倉田　所有権に基づく請求権ということは、別荘地内に所有権を有していないＡ社からの妨害予防請求はできないということになるのですね。

3-3-2　占有保全の訴え

中里　Ａ社は別荘地について所有権や共有持分は有していませんが、Ｃ社との間の委任契約に基づく別荘地の管理業務を通じて、別荘地全体、ある

11　大判昭和12年11月19日民集16巻1881頁。

いは少なくとも共用部分を占有していると考えられます。そうすると、占有の訴え（197条）の一つである占有保全の訴え（199条）を主張できないでしょうか。

神谷　条文を確認しておきましょう。

（占有の訴え）

民第197条　占有者は、次条から第202条までの規定に従い、占有の訴えを提起することができる。他人のために占有をする者も、同様とする。

（占有保全の訴え）

民第199条　占有者がその占有を妨害されるおそれがあるときは、占有保全の訴えにより、その妨害の予防又は損害賠償の担保を請求することができる。

中里　委任契約の受任者たるA社の占有は、賃貸借契約に基づく賃借人と同様に間接占有に該当すると考えられますが、197条後段で「他人のために占有をする者」も占有の訴えを主張できるとされていますので、A社からの占有保全の訴えも可能であると考えます。

倉田　占有保全の訴えの場合も、所有権に基づく妨害予防請求権と同じような請求をすることができるのでしょうか。

中里　請求内容については、所有権の場合と同様に「建物が倒壊しないように適切な処置をせよ」あるいは「適切な設備を構築せよ」等となるでしょうが、占有保全の「訴え」とありますので、訴えによる必要があります。

神谷　201条2項では、訴えをすることができる期間についても定められていますので、こちらも条文を確認しておきます。準用規定があるので1項から紹介します。

（占有の訴えの提訴期間）

民第201条　占有保持の訴えは、妨害の存する間又はその消滅した後1年以内に提起しなければならない。ただし、工事により占有物に損害を生じた場合において、その工事に着手した時から1年を経過し、又はその工事が完成したときは、これを提起することができない。

2　占有保全の訴えは、妨害の危険の存する間は、提起することができる。

147

第3章　管理不全建物管理命令のレシピ

> この場合において、工事により占有物に損害を生ずるおそれがあるとき
> は、前項ただし書の規定を準用する。
>
> 3　（略）

内納　「工事により占有物に損害を生じた場合」とあるのは、他人の故意過
　失により自己の占有物に損害が生じた場合を指します。そうすると占有保
　全の訴えは、他人の故意過失がない場合、つまり**事案❸**のような自然災害
　を含む不可抗力による妨害の予防を請求したい場合にも、利用することが
　できることになります[12]。

倉田　199条に「損害賠償の担保を請求できる」とありますが、具体的には
　どのような請求をすることになりますか。

神谷　予測される損害額を特定し、同額を供託させるなどの請求が考えられ
　ますね[13]。

倉田　訴えによる必要があるとのことでしたので、手続面も確認しておきま
　しょう。訴訟要件はどうなりますか。

内納　①占有者であること、②占有を妨害されるおそれがあること、③因果
　関係があることとなります。このうち「占有を妨害されるおそれ」につい
　ては、一般人がみて、妨害を生ずる客観的可能性があると考えるだけの事
　由があることを立証する必要があります[14]。

倉田　訴額はどのように計算するのですか。

内納　占有を妨害されるおそれのある物の価格のうち、現実に利用を妨げら
　れるおそれのある範囲に相当する価格を算定します。**事案❸**では、Ａ社
　が占有する共用部分である土地のうち、具体的にどの程度の利用が妨げら
　れるおそれがあるのかを算定することになります。

　　土地の価格は固定資産評価額に2分の1を乗じた額とされていますの
　で[15]、この金額を基準に1平方メートルあたりの単価を求め、これに利用が

12　我妻ほか431頁。

13　我妻ほか432頁。

14　我妻ほか432頁。

15　平成6年3月28日民二第79号民事局長通知（「土地を目的とする訴訟の訴訟物の価額
　の算定基準について」）。

妨げられるおそれのある範囲に相当する面積を乗じ、占有保全の訴えの場合にはさらに3分の1を乗じて算出することになります。[16]

神谷 利用が妨げられるおそれのある範囲を特定するのには困難が伴いませんか。

内納 このような場合、明らかに不当な算出方法でない限り、原告の申出に従って差し支えないとされていますし[17]、予防のために工作物の設置を求める等の請求をする場合には、これに要する費用を訴額とした事案もあるようです。

中里 このように検討してみると、A社からD社に対し占有保全の訴えを提起することはできそうですが、実体のない法人の場合、仮に勝訴したとしても請求内容を実現することは現実には不可能ですよね。

神谷 仮に被告が実体のある法人や自然人であったとしても、被告が請求内容を任意に履行しない場合は強制執行せざるを得ません。この種の強制執行は代替執行（民執171条）、間接強制（民執172条）の方法によることとなり、とても迂遠な手続となってしまいます。

先に検討した所有権を取得する方法を模索するほうが現実的な気がします。

3-4　別荘地の活性化──景観の保持

倉田 最後に、Bが希望している別荘地の活性化という点ですが、倒壊リスクのある建物との関係で景観の保持という観点から検討してみたいと思います。

別荘地全体の景観が保持されることになれば、別荘地としての資産的価値も高まり有効活用が期待されることになると考えられるので、Bの希望にも沿うことになりそうですが、有効な対応策はありますか。

中里 占有保全の訴えは「妨害の危険の存する間」に訴えることができる制度ですし（201条2項）、占有保持の訴え（198条）も妨害の存在を前提とする制度ですから（201条1項）、倒壊のおそれはないものの景観上問題があ

16　昭和31年12月12日民甲第412号民事局長通知（「訴訟物の価額の算定基準について」）7(2)。なお、所有権に基づく妨害予防請求の場合は2分の1を乗じる（同7(1)）。

17　小川＝宗宮100頁。

149

第 3 章　管理不全建物管理命令のレシピ

るような建物についてはいずれも利用できそうにありません。そうする
と、景観を損なわない程度の状態を維持してもらいたいというＡ社の希
望を法的に実現するのはさらにハードルが高くなりそうですが、知恵を
絞ってみましょう。

神谷　Ａ社は各区画購入者との間で管理契約を締結しているとのことです
が、管理契約に基づき、景観保全の観点から、建物を所有している区画購
入者に対し建物の適正な維持管理等について協議をしていますか。

内納　Ｂの話では何度か協議を打診しているようですが、区画購入者が協議
に応じるケースは極めて少ないとのことです。また、区画購入者自身が亡
くなっている場合、「知らない」「関係ない」との一点張りの対応をする相
続人も少なくないため、対応に苦慮しているようです。

中里　そもそも、Ａ社と各区画購入者との間の管理契約に基づき、Ａ社が
各区画購入者に対して建物の適正な維持管理を求める権限を導き出すこと
ができるのでしょうか。

内納　管理契約の目的規定には、別荘地の環境維持、良好な相隣関係の増
進、快適なコミュニティライフの構築のために必要な事項を定めるとあり
ますが、これらはいずれも他の区画購入者との関係における義務を規定し
ている条項であると考えられ、別荘地を管理する立場のＡ社に対する管
理契約上の義務と評価できるのかは明確でありません。

　　また、管理契約の条項には、建物建築に際して環境維持に配慮すべき義
務等が規定されていますが、建築された後の建物の維持管理についての明
確な規定はありません。

神谷　別荘地内に所有権を有しないＡ社には、保護すべき景観利益や眺望
利益もなさそうですね。

倉田　景観利益や眺望利益とは、どのような利益を指すのですか。

内納　いずれも裁判例によって認められた利益を指します。

　　景観利益とは「良好な景観の恵沢を享受する利益」とされており、良好
な景観に近接する地域内に居住しその恵沢を日常的に享受している者に認
められる利益であると指摘されています。[18] また、眺望利益は「所有土地建
物に居住していることによって得られる生活利益の一種」とされていま

19
す。

　いずれも、良好な生活環境に居住したいという権利を実現するための利益と考えられますので、管理者であるA社はこれらの利益を享受する者には該当しませんね。

倉田　このように考えてみると、A社には、各区画購入者に対し別荘地全体の景観を損なわない程度に建物を維持管理せよと請求する法的権限は存在しないと結論づけられそうですが、そうすると、Bに何らかの提案はできないでしょうか。

中里　法的な請求権がないとのことですので、A社から民事調停の申立てをしてみるくらいしか思いつきません。

神谷　宅地建物調停となるのでしょうか。民事調停法24条に管轄の定めがありますが、管理契約書に合意管轄の条項はありますか。

（宅地建物調停事件・管轄）

民調第24条　宅地又は建物の貸借その他の利用関係の紛争に関する調停事件は、紛争の目的である宅地若しくは建物の所在地を管轄する簡易裁判所又は当事者が合意で定めるその所在地を管轄する地方裁判所の管轄とする。

内納　いいえ見当たりません。

神谷　そうすると合意管轄の規定は適用がありませんから、別荘地が所在する静岡県伊豆市を管轄する三島簡易裁判所に申立てをしなければなりませんが、相手方の多くはその周辺に居住していないのでしょうから、出頭が見込めないかもしれませんね。

中里　そのほかにBに提案できる法的選択肢は思いつきませんし、自庁処理の規定（民調4条ただし書）に基づき他の裁判所での事件処理を求めるなど、粘り強く対応せざるを得ないでしょう。

18　最判平成18年3月30日民集60巻3号948頁。

19　横浜地横須賀支判昭和54年2月26日判時917号23頁。

第3章 管理不全建物管理命令のレシピ

（移送等）

民調第4条 裁判所は、調停事件の全部又は一部がその管轄に属しないと認めるとき（次項本文に規定するときを除く。）は、申立てにより又は職権で、これを管轄権のある地方裁判所又は簡易裁判所に移送しなければならない。ただし、事件を処理するために特に必要があると認めるときは、職権で、土地管轄の規定にかかわらず、事件の全部又は一部を他の管轄裁判所に移送し、又は自ら処理することができる。

2・3（略）

---

4 改正法の活用

4-1 管理不全建物管理命令の概要

倉田 事案❸について、改正法で新設された管理不全建物管理命令（264条の14）の制度が利用できないかを検討していきましょう。

あらためてこの制度の概略を解説してください。

内納 本章の冒頭でも指摘したとおり、立法過程では、管理不全土地管理命令（264条の9）を新設する必要性が議論されてきた経緯の中で、管理不全状態にある土地と同様の問題が管理不全状態にある建物の多くにも内在していることから、管理不全土地管理命令の規定の多くを準用する形で新設されています。[20]

神谷 管理不全状態の土地から生ずる問題として、どのような点が指摘されていたのですか。

内納 土地の管理不全に起因して生じた損害を被った者のための被害回復手段としては、改正法施行前では不法行為に基づく損害賠償請求、所有権等に基づく妨害排除請求などが考えられますが、いずれも一過性の対処しかできず、根本的な解決を図ることが困難であるとの指摘がありました。[21]

---

20 部会資料21・14頁。

21 部会資料21・11頁。

152

神谷　裁判所が選任した管理不全土地管理人に管理不全状態にある土地を継続的に管理させることにより、将来にわたった適正な管理が期待できるということですね。

中里　管理不全土地管理命令は所有者不明土地管理命令（264条の２）とは異なり、所有者または所有者の所在が判明している場合であっても管理不全な土地であることに着目して発令されることになるとのことですので、管理人による管理権限と所有者の権利との利益調整が必要になりそうです。

内納　管理人の権限の詳細は追って検討しますが、管理人による一定の行為については裁判所の許可だけでなく所有者の同意を必要としているなど、所有者の権利保護にも配慮した規定がおかれているのも特徴的です。

4-2　管理不全建物管理命令の手続

倉田　それでは条文を確認しながら、管理不全建物管理命令の手続きを検討していきましょう。

神谷　管理不全建物管理命令を規定した264条の14第１項の条文は、次のとおりです。

（管理不全建物管理命令）

民第264条の14　裁判所は、所有者による建物の管理が不適当であることによって他人の権利又は法律上保護される利益が侵害され、又は侵害されるおそれがある場合において、必要があると認めるときは、利害関係人の請求により、当該建物を対象として、管理不全建物管理人（第３項に規定する管理不全建物管理人をいう。第４項において同じ。）による管理を命ずる処分（以下この条において「管理不全建物管理命令」という。）をすることができる。

２・３　（略）

４　第264条の10から前条までの規定は、管理不全建物管理命令及び管理不全建物管理人について準用する。

神谷　なお、管理不全建物管理命令の規定については264条の14第４項で管理不全土地管理命令の規定を準用していますので、以下では管理不全土地管理命令の条文について検討していくこととし、必要に応じて建物固有の

153

第 3 章　管理不全建物管理命令のレシピ

論点についても言及していきます。

4 - 2 - 1　管　轄

倉田　管理不全土地管理命令に関する管轄はどこですか。

神谷　非訟事件手続法91条１項で「裁判を求める事項に係る不動産の所在地を管轄する地方裁判所の管轄に属する」と規定されており、建物も同様です。

（管理不全土地管理命令及び管理不全建物管理命令）

非訟第91条　民法第２編第３章第５節の規定による非訟事件は、裁判を求める事項に係る不動産の所在地を管轄する地方裁判所の管轄に属する。

２ ～10（略）

内納　所有者不明土地管理命令と同様、管理不全土地管理命令も「人」を対象として発令されるのではなく、管理不全の状況にある「土地」や「建物」を対象とする管理制度であることから、家庭裁判所ではなく地方裁判所が管轄します[22]。

神谷　なお、管理不全土地管理命令の場合も、所有者不明土地管理命令の場合と同様に管理人の選任が必要的であるとされています（264条の14第３項）[23]。

（管理不全土地管理命令）

民第264条の９　（略）

２　（略）

３　裁判所は、管理不全土地管理命令をする場合には、当該管理不全土地管理命令において、管理不全土地管理人を選任しなければならない。

---

4 - 2 - 2　申立ての方法

倉田　申立書の記載事項や添付書類についてはどのように定められていますか。

22　第２章４－２－１参照。

23　第２章４－２－１参照。

4 改正法の活用

神谷　最高裁規則15条で９条～11条・14条を準用すると定められています。このため、準用されていない最高裁規則12条・13条の各規定を除き、所有者不明土地管理命令や所有者不明建物管理命令の申立ての場合と同様となります。

（民法第２編第３章第５節の規定による非訟事件の手続への準用）

裁規第15条　第９条から第11条まで及び前条の規定は、民法第２編第３章第５節の規定による非訟事件の手続について準用する。この場合において、第９条第１項第２号中「所有者不明土地管理命令の対象となるべき土地若しくは共有持分若しくは所有者不明土地管理命令の対象とされた土地若しくは共有持分又は所有者不明建物管理命令の対象となるべき建物若しくは共有持分若しくは所有者不明建物管理命令の対象とされた建物若しくは共有持分」とあるのは「管理不全土地管理命令の対象となるべき土地若しくは管理不全土地管理命令の対象とされた土地又は管理不全建物管理命令の対象となるべき建物若しくは管理不全建物管理命令の対象とされた建物」と、同条第２項第２号中「所有者又は共有持分を有する者」とあるのは「所有者」と、第10条第１項中「所有者不明土地管理命令の対象となるべき土地（共有持分を対象として所有者不明土地管理命令が申し立てられる場合にあっては、共有物である土地。次条第１項において同じ。）若しくは所有者不明土地管理命令の対象とされた土地（共有持分を対象として所有者不明土地管理命令が発せられた場合にあっては、共有物である土地）又は所有者不明建物管理命令の対象となるべき建物（共有持分を対象として所有者不明建物管理命令が申し立てられる場合にあっては、共有物である建物）若しくは所有者不明建物管理命令の対象とされた建物（共有持分を対象として所有者不明建物管理命令が発せられた場合にあっては、共有物である建物）」とあるのは「管理不全土地管理命令の対象となるべき土地若しくは管理不全土地管理命令の対象とされた土地又は管理不全建物管理命令の対象となるべき建物若しくは管理不全建物管理命令の対象とされた建物」と、第11条中「所有者不明土地管理命令」とあるのは「管理不全土地管理命令」と、同条第２項中「、所有者不明建物管理命令」とあるのは「、管理不全建物管理命令」と、「所有者不明建物管理命令の対象となるべき建物（共有持分を対象として所有者不明建物管理命令が申し立てられる場合に

155

あっては、共有物である建物)」とあるのは「管理不全建物管理命令の対象となるべき建物」と、第14条中「所有者不明土地管理人」とあるのは「管理不全土地管理人」と、「所有者不明建物管理人」とあるのは「管理不全建物管理人」と、同条第2項中「所有者不明土地管理命令の対象とされた土地若しくは共有持分」とあるのは「管理不全土地管理命令の対象とされた土地」と、「所有者不明建物管理命令の対象とされた建物若しくは共有持分」とあるのは「管理不全建物管理命令の対象とされた建物」と読み替えるものとする。

倉田　申立書の記載事項として注意することはありますか。

神谷　具体的な記載事項も最高裁規則に定められています。

　　　最高裁規則9条で、申立ての趣旨、申立ての原因、申立てを理由づける事実とその事実ごとの証拠、当事者の氏名・住所、管理命令の対象となる土地・建物、その所有者の氏名・住所の記載などが必要となります。

（申立書の記載事項）
裁規第9条　民法第2編第3章第4節の規定による非訟事件の手続に関する申立書には、申立ての趣旨及び原因並びに申立てを理由づける事実を記載するほか、次に掲げる事項を記載し、申立人又は代理人が記名押印しなければならない。
　一　当事者の氏名又は名称及び住所並びに法定代理人の氏名及び住所
　二　所有者不明土地管理命令の対象となるべき土地若しくは共有持分若しくは所有者不明土地管理命令の対象とされた土地若しくは共有持分又は所有者不明建物管理命令の対象となるべき建物若しくは共有持分若しくは所有者不明建物管理命令の対象とされた建物若しくは共有持分の表示
　2　前項の申立書には、同項に規定する事項のほか、次に掲げる事項を記載するものとする。
　一　代理人（前項第1号の法定代理人を除く。）の氏名及び住所
　二　前項第2号に規定する土地又は建物の所有者又は共有持分を有する者の氏名又は名称及び住所並びに法定代理人の氏名及び住所
　三　申立てを理由づける具体的な事実ごとの証拠
　四　事件の表示

五　附属書類の表示

六　年月日

七　裁判所の表示

八　申立人又は代理人の郵便番号及び電話番号（ファクシミリの番号を含む。）

九　その他裁判所が定める事項

3　前項の規定にかかわらず、第1項の手続に関し、申立人又は代理人から前項第8号に掲げる事項を記載した申立書が提出されているときは、以後裁判所に提出する当該手続を基本とする手続の申立書については、これを記載することを要しない。

4-2-3　申立ての手数料

倉田　申立ての手数料としての貼用印紙額はいくらになりますか。

内納　所有者不明土地管理命令の申立てと同様に申立ての対象となる土地1筆、建物1棟ごとに1000円となります。

4-2-4　添付書類

倉田　添付書類はどのように定められていますか。

神谷　最高裁規則10条・11条に規定されています。

　　管理命令の対象となる土地や建物の登記事項証明書、土地については不動産登記法14条1項の地図、土地に至るまでの経路と方法を記載した図面、土地の現況の調査の結果または評価を記載した文書がある場合にはその文書のほか、管理命令の対象が登記されていない土地である場合には土地所在図（不登令2条2号）と地積測量図（同条3号）、登記されていない建物である場合には建物図面（同条5号）と各階平面図（同条6号）も添付する必要があります。

（申立書の添付書類）

裁規第10条　前条第1項の申立書には、所有者不明土地管理命令の対象となるべき土地（共有持分を対象として所有者不明土地管理命令が申し立てられる場合にあっては、共有物である土地。次条第1項において同じ。）若しくは所有者不明土地管理命令の対象とされた土地（共有持分を対象として

第3章　管理不全建物管理命令のレシピ

　　所有者不明土地管理命令が発せられた場合にあっては、共有物である土地）
　　又は所有者不明建物管理命令の対象となるべき建物（共有持分を対象とし
　　て所有者不明建物管理命令が申し立てられる場合にあっては、共有物であ
　　る建物）若しくは所有者不明建物管理命令の対象とされた建物（共有持分
　　を対象として所有者不明建物管理命令が発せられた場合にあっては、共有
　　物である建物）の登記事項証明書を添付しなければならない。
2　　前項の規定にかかわらず、前条第1項の手続に関し、前項に規定する書
　　面が提出されているときは、以後裁判所に提出する当該手続を基本とする
　　手続の申立書には、これを添付することを要しない。
　　（手続の進行に資する書類の提出）
裁規第11条　所有者不明土地管理命令の申立人は、裁判所に対し、次に掲げ
る書類を提出するものとする。
　　一　所有者不明土地管理命令の対象となるべき土地に係る不動産登記法
　　　（平成16年法律第123号）第14条第1項の地図又は同条第4項の地図に準
　　　ずる図面の写し（当該地図又は地図に準ずる図面が電磁的記録に記録さ
　　　れているときは、当該記録された情報の内容を証明した書面）
　　二　所有者不明土地管理命令の対象となるべき土地の所在地に至るまでの
　　　通常の経路及び方法を記載した図面
　　三　申立人が所有者不明土地管理命令の対象となるべき土地の現況の調査
　　　の結果又は評価を記載した文書を保有するときは、その文書
　　四　所有者不明土地管理命令の対象となるべき土地について登記がされて
　　　いないときは、当該土地についての不動産登記令（平成16年政令第379
　　　号）第2条第2号に規定する土地所在図及び同条第3号に規定する地積
　　　測量図
2　　前項（第1号を除く。）の規定は、所有者不明建物管理命令の申立人に
　　ついて準用する。この場合において、同項第2号から第4号までの規定中
　　「所有者不明土地管理命令の対象となるべき土地」とあるのは、「所有者不
　　明建物管理命令の対象となるべき建物（共有持分を対象として所有者不明
　　建物管理命令が申し立てられる場合にあっては、共有物である建物）」と、
　　同号中「当該土地」とあるのは「当該建物」と、「第2条第2号に規定す
　　る土地所在図及び同条第3号に規定する地積測量図」とあるのは「第2条
　　第5号に規定する建物図面及び同条第6号に規定する各階平面図」と読み

替えるものとする。

神谷　このほか、最高裁規則2条に次のような条文がおかれていますので、今指摘した添付書類のほかにも、「手続の円滑な進行を図るために必要な資料」として提出を求められるものがあるでしょう。

（申立人に対する資料の提出の求め）

裁規第2条　裁判所は、前条の申立てをした者又はしようとする者に対し、当該申立てに関する申立書及び当該申立書に添付すべき書類のほか、申立てを理由づける事実に関する資料その他同条の手続の円滑な進行を図るために必要な資料の提出を求めることができる。

内納　最高裁規則2条に該当するものとしては、所有者の土地・建物について、適切な管理が必要な状況にあることを裏づける資料、管理不全土地・建物を適切に管理するために必要となる費用に関する資料として、業者による簡易な見積書などの提出が求められます。[24]

中里　これらの資料は、所有者不明土地建物管理命令や所有者不明建物管理命令の申立ての場合と同様の趣旨と考えてよいでしょう。

神谷　なお、管理不全建物管理命令申立ての場合は、建物の敷地利用権を証明する資料の提出が求められることが所有者不明建物管理命令の申立ての際とは異なりますので、注意してください。

内納　申立書の副本は、選任される管理人用だけでなく、所有者用も提出する必要がある点も異なります。[25]

中里　申立書副本が所有者に送付されるとなると、記載する内容や方法には十分に気をつけねばなりませんね。

倉田　それはなぜでしょうか。

神谷　申立書には、264条の14第1項に規定されている申立ての要件に係る

24　東京地裁ウェブサイト「説明文書」欄の「管理不全土地・建物管理命令について（汎用）」参照。

25　東京地裁ウェブサイト「説明文書」欄の「管理不全土地・建物管理命令について（汎用）」参照。

第3章　管理不全建物管理命令のレシピ

具体的事情を記載します。これらの文言や表現の仕方によっては、所有者の気分を害することになりかねません。また、必要な管理行為の内容も記載しますが、この内容が所有者の意に反する場合は、所有者から管理命令の発令に対する同意が得られないことも考えられますね。

内納　理論的には管理人を選任するのが妥当な場合であっても、所有者が感情面からこれに反対することも考えられるため、所有者を刺激するおそれのあるような表現は避けるべきでしょう。

中里　管理不全建物管理命令は、発令に際して所有者の陳述を聴くこととさ ています。また、管理不全建物の処分に際して所有者の同意を必要とするため、所有者の同意が得られなければ処分はできません。

　このように、管理不全建物管理命令は所有者の意向に大きく影響を受ける手続となっていますので、申立書の表現にも細心の注意が必要となりますし、東京地裁が示す申立書の記載例（後掲【書式15】）にも、その旨の注意喚起がなされています[26]。

4-2-5　公告・登記

倉田　所有者不明土地管理命令の発令の場合は公告[27]や登記[28]が必要でしたが、管理不全土地管理命令では公告や登記に関する規定はどのようになっていますか。

神谷　最高裁規則15条では、公告の規定を定めた12条、登記の規定を定めた13条をいずれもを準用していませんので、管理不全土地管理命令では公告も登記も行われません。

4-2-6　所有者の陳述

倉田　非訟事件手続法91条3項では、管理不全土地管理命令を発するに際して土地所有者の陳述が必要とされており、10項で管理不全建物管理命令に準用されていますが、なぜこのような規定がおかれることになったのですか。

26　4-3-5参照。
27　第2章4-2-3参照。
28　第2章4-4-2参照。

（管理不全土地管理命令及び管理不全建物管理命令）

非訟第91条　（略）

2　（略）

3　裁判所は、次の各号に掲げる裁判をする場合には、当該各号に定める者の陳述を聴かなければならない。ただし、第1号に掲げる裁判をする場合において、その陳述を聴く手続を経ることにより当該裁判の申立ての目的を達することができない事情があるときは、この限りでない。

一　管理不全土地管理命令（民法第264条の9第1項に規定する管理不全土地管理命令をいう。以下この条において同じ。）管理不全土地管理命令の対象となるべき土地の所有者

二〜五　（略）

4〜9　（略）

10　第2項から前項までの規定は、民法第264条の14第1項に規定する管理不全建物管理命令及び同条第3項に規定する管理不全建物管理人について準用する。

神谷　所有者不明土地管理命令との大きな違いとして、管理不全土地管理命令が発令された場合でも、選任された管理不全土地管理人に管理命令の対象となる土地の管理処分権が専属するわけではないという点もあげられます（264条の3第1項参照）。

　　　したがって、所有者が判明している場合で管理不全土地管理命令が発令されると、土地の所有者と管理人との間で管理方法について対立が生じるようなことも想定されるため、発令に際しては所有者の意思も一つの判断要素とされています。[29]

内納　管理人による管理に対し所有者が強硬に反対している場合など管理人による管理が事実上困難と認められるようなケースでは、管理不全土地管理命令が発令されないことも考えられます。[30]

神谷　また、管理不全土地管理命令の制度自体は非訟事件手続ですが、管理

29　部会資料52・13頁。

30　部会資料56・22頁。

第3章　管理不全建物管理命令のレシピ

不全土地管理命令の申立てを検討するケースでは、申立人となる者と土地所有者との関係は争訟性が高い状態に至っていることが想定されます。

そこで、発令によって権利が一定程度制限されることとなる所有者の攻撃防御権を保障する必要性が高いと考えられたことから、立法過程における議論では、借地条件の変更等の裁判手続（借地17条5項ほか）を参考として申立書の送付を必要とすること（借地50条1項）、審問期日を必要的とすること（借地51条1項）などの手続的規律を設けることが検討されました[31]。しかし、これらの制度化は見送られ、代わりに所有者の陳述を聴くこととなった経緯があります。

内納　なお、管理不全土地管理命令が発令されると管理人による管理に要する費用は所有者の負担となるため（264条の13第2項）、この点からも所有者の手続的保障を図る必要があると指摘されています[32]。

中里　「当該裁判の目的を達することができない事情」（非訟91条3項ただし書）とは、どのようなケースが想定されますか。

神谷　落石や土砂崩れなどが発生した場合に土地の所有者との連絡がつかないケースなど緊急の対応が求められる場合[33]では、簡易迅速な手続で管理人を選任する必要があります。

このような場合にまで土地の所有者の陳述を聴かなければならないとすると、土地を適切に管理するという目的を達成することができなくなるおそれがありますので、土地所有者の陳述は不要とされます。

倉田　所有者や所有者の所在が判明しない場合はどうなりますか。

神谷　そもそも、所有者不明の場合であっても、管理不全土地管理命令が発令されることは、立法過程の議論でも確認されています[34]。そうすると、所有者や所有者の所在が判明しないことをもって「その陳述を聴く手続きを経ることにより当該裁判の目的を達することができない事情」に該当すると考えることができます。

31　部会資料21・13頁。

32　部会資料39・17頁。

33　部会資料39・23頁。

34　部会第17回会議19頁〔垣内秀介幹事発言〕。

4　改正法の活用

┃4-3　管理不全土地管理命令の要件

4-3-1　管理が不適当であること

倉田　次に管理不全土地管理命令の各要件を検討していきます。

神谷　条文を再確認しておきましょう。土地については264条の9第1項に、建物については264条の14第1項にそれぞれ規定されています。

（管理不全土地管理命令）

民第264条の9　裁判所は、所有者による土地の管理が不適当であることによって他人の権利又は法律上保護される利益が侵害され、又は侵害されるおそれがある場合において、必要があると認めるときは、利害関係人の請求により、当該土地を対象として、管理不全土地管理人（第3項に規定する管理不全土地管理人をいう。以下同じ。）による管理を命ずる処分（以下「管理不全土地管理命令」という。）をすることができる。

2・3　（略）

（管理不全建物管理命令）

民第264条の14　裁判所は、所有者による建物の管理が不適当であることによって他人の権利又は法律上保護される利益が侵害され、又は侵害されるおそれがある場合において、必要があると認めるときは、利害関係人の請求により、当該建物を対象として、管理不全建物管理人（第3項に規定する管理不全建物管理人をいう。第4項において同じ。）による管理を命ずる処分（以下この条において「管理不全建物管理命令」という。）をすることができる。

2～4　（略）

4-3-1-1　管理放置・不適切管理

倉田　「管理が不適当である」とはどのような状態を指しますか。

内納　所有者が全く管理をしていない管理放置の場合と、所有者が管理をしているもののそれが適切でない不適切管理の場合の双方を指しています。[35]

倉田　管理放置はイメージがつきやすいですが、不適切管理とはどのように考えればよいのでしょう。

35　部会資料50・2頁。

163

第 3 章　管理不全建物管理命令のレシピ

神谷　不適切管理は、所有者の使用形態と所有者の意思を基に判断するとされています。[36]

　　所有者の意思が判断材料の一つとされるため、発令に際して所有者の陳述を聴く必要があります（非訟91条 3 項 1 号）。

倉田　所有者の財産管理に対する意思を聴いたうえで、周囲に与える影響との比較衡量をして判断されるのですね。

中里　周囲に与える影響については、「権利または法律上保護される利益の侵害行為またはそのおそれ」に該当する程度に至っているか否かが判断されるということですね。

4－3－1－2　物が放置された土地

倉田　物が放置されている土地やゴミ屋敷などは、不適切管理と評価されるのでしょうか。

内納　まず、物が放置されている土地について考えてみましょう。

　　そもそも、所有者が遠方に住んでいて土地を使用しておらず土地の管理にも無関心である場合には、不適切管理に該当するか否かを検討するまでもなく、管理放置に該当すると考えられます。

　　一方、所有者が、土地上の建物に居住している場合や土地を使用している場合、その利用形態が「不適切管理」と評価されるべき状態であるか否かを評価しなければなりません。

神谷　不適切管理にあたるか否かの判断として、所有者の使用形態が重要な要素のひとつとなるのでしたね。

内納　はい。一つの判断要素として、土地上の建物への居住の有無によって結論が異なります。

　　土地上の建物に居住している場合、土地上に物が散乱したまま放置されていたとしても所有者による土地の使用が認められ、管理人に管理させることは適切でないと評価し、管理不全土地管理命令が発令されないと考えられています。[37]

倉田　居住の事実を重視し、不適切管理に該当しないと判断されるというこ

36　部会資料52・13頁、荒井146頁。

37　部会資料52・13頁。

とですね。

内納　そのとおりです。

　　　一方、居住の用に供している土地ではなく、所有者による使用が一応は認められるとしても放置しているのと大差のないケースでは、管理不全土地管理命令が発令されることもあるでしょう。

中里　所有者が現に使用しているものの適切に管理しているとはいえないケースでは、所有者と利害関係人との争訟性が高いため、端的に物権的請求権としての妨害排除請求権や妨害予防請求権などの訴訟手続によって処理するのが妥当であるとの考え方もあるようですね。[38]

内納　そのとおりです。

　　　しかし、所有者が現に使用しているといっても、一律にこの制度の利用は否定されるものではありません。所有者が管理人による管理に同意している場合には管理不全土地管理命令の利用に適した事案となる一方、所有者の理解が得られない場合には、管理人による管理の遂行が困難となるため申立てが認められない場面も想定されます。[39]

神谷　居住している土地ということであれば、客観的には管理が不適切であると評価できる場合であっても、ある程度は所有者の自治に委ねた管理が容認されるべきで、この点で、不適切管理の判断要素として所有者の使用形態だけでなく、所有者の意思も考慮されることになるということでしょう。

内納　所有者の意思確認をする手続的保障が、発令に際して所有者の陳述を聴くという手続（非訟91条3項1号）となりますが、陳述を聴くことを通じて、所有者自ら保存行為を行う機会を与えるという側面もあると指摘されています。[40]

4-3-1-3　ゴミ屋敷

倉田　いわゆるゴミ屋敷の場合は、どのように考えればよいですか。

内納　ゴミ屋敷についても、所有者の使用形態、すなわち所有者が実際にそ

38　部会資料25・32頁。

39　部会資料56・22頁。

40　部会資料25・30頁。

第3章　管理不全建物管理命令のレシピ

の建物に居住しているか否かが重視されます。ここでは、所有者が実際に居住している場合を考えてみましょう。

倉田　所有者が居住しているということは、所有者の使用形態の観点からは消極に解されそうですので、もう一つの所有者の意思を検討しなければなりませんね。

神谷　先ほどの物が放置されている土地の考察からすると、所有者にとってゴミもまた財産であるとの意思に基づきあえて処分しないのであれば、それを不適切管理と評価することは難しいのではないでしょうか。

内納　管理不全土地管理命令・管理不全建物管理命令の制度は、管理を適切に行っていないために「他人の権利または法律上保護される利益の侵害行為またはそのおそれ」がある場合には、そのような侵害を防止するために必要な限度で所有者が制約を受けることもやむを得ないとの考えが基本にありますので[41]、周囲に与える影響にも左右されるでしょう。

中里　では、所有者が現に居住しているゴミ屋敷であっても、隣人に健康被害が生じている場合などでは管理不全建物管理命令が発令される可能性もあるのですね。

内納　はい、そのように考えます。

神谷　もっとも、この場合に所有者の同意（非訟91条3項1号）が得られるのかという点を考えると、ハードルがとても高いように感じます。

内納　ところで、ゴミ屋敷を対象とするのであれば、管理不全建物管理命令だけでなく管理不全土地管理命令を同時に求めることも検討しなければならないと考えます。

倉田　なぜ、土地についても管理人の選任を求める必要があるのでしょうか。

内納　管理人の権限の範囲を考えなければなりません。
　　管理不全建物管理人の権限は建物にある動産に及ぶとされており（264条の14第2項）、建物外部の動産には及びません。
　　一方、土地の敷地内かつ建物の外部にある動産には管理不全土地管理人

41　部会資料39・14頁。

の管理権限が及びますので（264条の9第2項）、敷地内に山積みされたゴミを処分するという目的達成のためには、管理不全建物管理命令だけでは解決に至らない可能性があるからです。

4-3-1-4　そのほかに想定される例

倉田　そのほかには、どのようなケースで管理不全土地管理命令や管理不全建物管理命令の利用が検討できるのでしょう。

内納　立法過程の議論では、土地については草木の生茂、崖崩れ、土砂の流出、工作物の倒壊、汚液の漏出または悪臭の発生その他の事由により他人に損害を及ぼすケースが想定事案として指摘されています[42]。

　また、建物については、倒壊、崩落その他の事由により他人に損害を及ぼすケースが想定されています[43]。

神谷　土地が賃貸されているような場合に、賃借人による土地の管理が不適切であるようなケースでも管理不全土地管理命令は利用できますか。

内納　利用可能であると考えます。そもそもこの制度の目的は、土地の管理不全状態を解消することにあります。

　したがって、占有者が何者であるかに左右されませんし、占有権限の有無すらも問題とされません。客観的に適切に管理されているか否かが判断されることになります[44]。

　なお、賃借人が建物を占有している場合であっても、陳述を聴かなければならないのは所有者であり（非訟91条3項1号）、賃借人のような所有者以外の占有者の陳述を聴く必要はありません。

4-3-2　因果関係

倉田　条文上は、管理が不適当であること「によって」侵害または侵害されるおそれがある場合とあるので、管理不適当と侵害との間に因果関係が必要と考えられます。

　そうすると、**事案❸**のように台風などの不可抗力が原因の場合には、申立てが認められないのでしょうか。

42　部会資料21・10頁。

43　部会資料21・14頁。

44　部会資料39・15頁、荒井146頁。

第3章　管理不全建物管理命令のレシピ

内納　この点は、管理の不適当と「過去の侵害状態の発生」との間に因果関係が必要となるわけではなく、管理の不適当と「現在の侵害状態の継続」との間の因果関係があれば足りると考えられています[45]。

　このため、不可抗力によって侵害状態が生じた後に適切に対応しないまま放置しているケースでも、本条が適用されると解されます。

中里　台風などの不可抗力によって建物の屋根や壁の一部がはがれてしまったような場合に、速やかに修繕したり、二次被害が起きないような補修措置を講じたりしないまま放置している場合は、周辺の住民からの申立てが可能となるということですね。

4-3-3　必要性

倉田　次に「必要があると認めるときは」という要件ですが、これは所有者不明土地管理命令と同様と考えればよいでしょうか[46]。

内納　はい、そのとおりです。

　本条の「侵害」は、他人の権利または法律上の利益が受忍限度を超えて侵害される場合を意味すると解されています[47]。このため、侵害の程度が低い場合には必要性が認められません[48]。

神谷　管理不全土地管理命令の対象となる所有者を対象として不在者財産管理人や相続財産管理人が選任されている場合や、同じ土地を対象として所有者不明土地管理人が選任されている場合も、必要性が認められませんね。

倉田　不在者財産管理人や相続財産管理人は、物を対象とする管理不全土地管理人よりも権限が広範であるので今の結論は理解できますが、所有者不明土地管理人が選任されている場合はなぜ「必要性なし」と判断されることになるのですか。

中里　対象となる土地についての管理処分権限が所有者不明土地管理人に専属するため（264条の8第5項・264条の3第1項）[49]、管理不全土地管理人を

45　部会資料52・14頁。
46　**第2章4-3-2**参照。
47　中間試案補足説明69頁。
48　部会資料39・14頁。

168

重ねて選任する実益がないことになります。

倉田　所有者の陳述（非訟91条3項1号）を聴いた結果も、必要性の判断に影響するのでしょうね。

神谷　はい、そのとおりです。[50]

4-3-4　利害関係

倉田　次に「利害関係人からの請求」という要件を検討します。どのようなケースで利害関係が認められるのでしょうか。

神谷　利害関係人とは、所有者が管理をしていないことによって権利または法律上保護される利益が侵害され、または侵害されるおそれがある者を指します。[51]

　たとえば、隣地の擁壁が劣化により倒壊したため土砂崩れのおそれがある場合の隣地所有者は、所有権が侵害されるおそれがあるため利害関係人に該当すると考えられます。[52]

倉田　台風によって建物の屋根瓦が周囲に飛散することで広範囲に損害を与えることがあります。このような場合、瓦が飛散したことで損害を受けた者は多数に上ることも想定されますが、その全員が利害関係人に該当しますか。

内納　因果関係の要件[53]で検討したように、所有者の管理が不適当であることにより瓦が飛散したのであれば、飛散した原因が台風のような不可抗力による場合であったとしても、損害を受けたことを疎明することができれば、利害関係人として認められます。

倉田　被害が発生した後ではなく、今後発生するおそれがある場合は、どのように考えればよいでしょう。

中里　屋根瓦が飛散するおそれのある状態を所有者が放置していることにより損害を受けるおそれがあるというようなケースでも利害関係は認められ

49　4-4-3参照。

50　部会資料56・22頁参照。

51　部会資料39・17頁。

52　会議録第6号〔小出邦夫法務省民事局長発言〕。

53　4-3-2参照。

第 3 章　管理不全建物管理命令のレシピ

ますが、その疎明には工夫が必要になりそうですね。

内納　実際にどの程度の範囲まで飛散するのかを特定することは困難です
が、瓦の状態、当該建物との位置関係、過去の被害事例等のほか、申立人
の報告書などを疎明資料として提出することが考えられます。

4-3-5　申立書の起案

倉田　以上で検討した各要件を前提とし、管理不全建物管理命令の申立書を
起案してみましょう。

内納　**事案❸**において管理不全建物管理命令を申し立てる場合の申立書は、
【書式15】のようになります[54]。

　　なお、この申立書では、A 社の利害関係は台風によって飛散した建材
が管理棟へ損傷を及ぼしたものとして構成し、D 社は解散していないも
のとしています。

【書式15】　管理不全建物管理命令申立書

管理不全建物管理命令申立書

令和 6 年 8 月 1 日[*1]

静岡地方裁判所沼津支部　御中[*2]

申立人　株式会社 A

代表者代表取締役　B　㊞[*3]

貼用印紙　1000円

予納郵券　　　円

第 1　当事者の表示[*4]

　　　別紙当事者目録記載のとおり

第 2　申立ての趣旨[*5]

54　東京地裁ウェブサイト「申立書書式」欄の「管理不全土地（建物）管理命令申立書
（汎用）」参照。

4 改正法の活用

別紙物件目録記載の建物（以下、「本件建物」という）について管理不
全建物管理人による管理を命ずる
との裁判を求める。

第3 申立ての原因（申立てを理由づける事実の記載※理由ごとに資料番号
を付す）

※ 申立ての原因においては、以下の事項について記載してください。
なお、申立書副本は、所有者に送付いたしますので、ご留意ください。

1 利害関係を基礎づける具体的事情

ア 申立人は、静岡県伊豆市内のつかさ別荘地（以下、「本件別荘地」と
いう）を開発した申立外株式会社C（以下、「C社」という）から委任
を受け、本件別荘地内の道路、公園、共同施設等（以下、「本件共用部
分」という）を管理する株式会社である（添付書類3）。

イ 本件別荘地内に区画された住宅建築用地は約1800区画あるところ、
C社から住宅建築用地を購入した者は、C社との間の売買契約に基づ
く特約条項として、申立人との間で、主に次の内容の管理契約（以
下、「本件管理契約」という）を締結しなければならないこととされて
いる。

① ……

② ……

③ ……

ウ 株式会社D社（以下、「D社」という）は、平成20年5月15日、C
社から本件建物の底地を購入し（添付書類4）、同日、申立人との間で
本件管理契約を締結した（添付書類11）。

エ D社は、本件建物に平成30年頃を最後に立ち寄らなくなり、以後本
日まで、本件建物を一切管理することなく放置したため、本件建物は
外壁や屋根が風化によって剥がれ落ちる等の損傷が生じている。

オ また、令和3年に発生した台風10号の際には、屋根瓦や外壁の建材
が強風により飛散し、申立人が管理する本件別荘地の管理棟に衝突
し、同管理棟の窓ガラスを割るなどの損傷（以下、「本件損傷」とい
う）を及ぼした（添付書類11）。

カ 申立人は自ら費用を負担して前項の窓ガラスを修繕したほか（添付

第3章　管理不全建物管理命令のレシピ

書類12)、本件共用部分に飛散した瓦や建材の撤去・回収を行った。

2　所有者による建物の管理が不適当であることによって他人の権利又は法律上保護される利益が侵害され、又は侵害されるおそれがある場合に該当することを基礎づける事情

　　D社は、少なくとも平成30年から現在まで本件建物を管理しておらず、本件建物の保全措置も講じないことから、今後もD社による本件建物の適切な管理はおよそ期待できない状態であるところ、今後も台風等の気象条件によっては、申立人が管理する本件共用部分に本件損傷と同様の損傷を生じさせるおそれがある。

3　発令の必要性

⑴　権利侵害等の解消のために必要な管理行為の内容

　　本件建物の構造物が台風等によって飛散しないように修繕し、定期的に損傷を生じさせないように管理する。

⑵　その他発令の必要性を基礎づける事情

　　申立人は、D社に対し、本件損傷と同様の損傷を発生させないような保全措置をとることを要請したが、D社は応じない。

4　よって、申立ての趣旨記載の裁判を求める。

添付書類 ^{*10・*11}

- ■　1　申立書副本（管理人及び所有者用）
- □　2　委任状（弁護士が代理人となるとき）
- ■　3　資格証明書（法人が当事者であるとき）^{*14}
- ■　4　所有者の土地又は建物に係る登記事項証明書^{*12}
- ■　5　建物の敷地利用権を証明する資料（該当する場合）
- ■　6　不動産登記法第14条1項の地図又は同条4項の地図に準ずる図面の写し
- ■　7　建物の所在地に至るまでの通常の経路及び方法（建物の住居表示を記載する。）を記載した図面^{*13}
- □　8　（申立人が保有する場合）建物の現況調査報告書又は評価書
- □　9　（登記されていない場合）土地についての不動産登記令第2条第2号に規定する土地所在図及び同条第3号に規定する地積測量図
- □　10　（登記されていない場合）建物についての不動産登記令2条5号に

4　改正法の活用

　　　　　規定する建物図面及び同条6号に規定する各階平面図
■　11　所有者の建物について、適切な管理が必要な状況にあることを裏
　　　　づける資料
■　12　ごみの除去や雑草の伐採等、管理不全建物を適切に管理するため
　　　　に必要となる費用に関する資料（業者による簡易な見積りをした結
　　　　果等）

（別紙）

当事者目録

〒111-1111　静岡県浜松市中区神間一丁目1番1号（送達場所）
　　　　　　申立人　　　　　　株式会社A
　　　　　　代表者代表取締役　B^{*7}
　　　　　　送達受取人の肩書と氏名　総務部長　E^{*8}
　　　　　　　　　　　　　　　電　話　　053-777-7777
　　　　　　　　　　　　　　　ＦＡＸ　　053-777-7778
〒110-1100　東京都八王子市一番町10番地の10
　　　　　　建物所有者　株式会社D
　　　　　　代表者代表取締役　F^{*5}

（別紙）

物件目録

1　建物　静岡県伊豆市伊豆1番地1　家屋番号1番^{*6}
　　　　　居宅　鉄骨・木造石綿セメント板葺平家建　66.66㎡

＊1　年月日（最高裁規則15条で準用する（以下【書式15】の注書き（＊）において同
　　じ）9条2項6号）。
＊2　裁判所の表示（最高裁規則9条2項7号）。
＊3　申立人または代理人の記名押印（最高裁規則9条1項柱書）。なお、代理人が選任
　　されている場合は代理人の氏名および住所も記載しなければならない（最高裁規則9
　　条2項1号）。
＊4　当事者の氏名または名称および住所。なお、法定代理人がいる場合は法定代理人の

173

第 3 章　管理不全建物管理命令のレシピ

氏名および住所も記載しなければならない（最高裁規則 9 条 1 項 1 号）。

＊5　申立ての趣旨、申立ての原因、申立てを理由づける事実（最高裁規則 9 条 1 項柱書）。

＊6　管理不全建物管理命令の対象となるべき建物の表示（最高裁規則 9 条 1 項 2 号）。

＊7　申立人の郵便番号、電話番号、ファクシミリの番号。なお、代理人が選任されている場合は代理人について記載しなければならない（最高裁規則 9 条 2 項 8 号）。

＊8　送達場所および送達受取人の届出（民訴104条）。

＊9　最高裁規則 9 条 1 項 2 号の建物を有する者の氏名または名称および住所。なお、法定代理人がいる場合は法定代理人の氏名および住所も記載しなければならない（最高裁規則 9 条 2 項 2 号）。

＊10　申立てを理由づける具体的な事実ごとの証拠（最高裁規則 9 条 2 項 3 号）。

＊11　附属書類の表示（最高裁規則 9 条 2 項 5 号）。東京地裁ウェブサイトに掲げられている記載例では、申立てを理由づける具合的な事案ごとの証拠とまとめて記載されている。

＊12　土地、建物、共有持分に関する登記事項証明書を添付しなければならない（最高裁規則10条）。

＊13　建物の所在地に至るまでの通常の経路および方法を記載した図面を添付しなければならない（最高裁規則11条 1 項 2 号）。

＊14　法定代理権は書面で証明しなければならない（民訴規15条）。法定代理および法定代理人に関する規定は、法人の代表者について準用する（民訴規18条）。

＊15　最高裁規則には「事件の表示」を記載すると規定されているが（最高裁規則 5 条 2 項 4 号）、東京地裁ウェブサイトに掲げられている記載例には特段の記載がない。

4−4　管理不全土地管理命令の効果

4−4−1　管理権限の範囲

倉田　次に、管理不全土地管理命令の効果についても検討してみましょう。

神谷　関係する条文として、土地に関する264条の 9 第 2 項・3 項、建物に関する264条の14第 2 項〜 4 項を確認します。

（管理不全土地管理命令）

民第264条の 9 　（略）

2　管理不全土地管理命令の効力は、当該管理不全土地管理命令の対象とされた土地にある動産（当該管理不全土地管理命令の対象とされた土地の所有者又はその共有持分を有する者が所有するものに限る。）に及ぶ。

4　改正法の活用

> 3　裁判所は、管理不全土地管理命令をする場合には、当該管理不全土地命令において、管理不全土地管理人を選任しなければならない。
>
> （管理不全建物管理命令）
>
> 民第264条の14（略）
>
> 2　管理不全建物管理命令は、当該管理不全建物管理命令の対象とされた建物にある動産（当該管理不全建物管理命令の対象とされた建物の所有者又はその共有持分を有する者が所有するものに限る。）及び当該建物を所有するための建物の敷地に関する権利（賃借権その他の使用及び収益を目的とする権利（所有権を除く。）であって、当該管理不全建物管理命令の対象とされた建物の所有者又はその共有持分を有する者が有するものに限る。）に及ぶ。
>
> 3　裁判所は、管理不全建物管理命令をする場合には、当該管理不全建物管理命令において、管理不全建物管理人を選任しなければならない。
>
> 4　第264条の10から前条までの規定は、管理不全建物管理命令及び管理不全建物管理人について準用する。

倉田　この中では建物固有の問題として、264条の14第2項で、管理不全建物管理人の権限は、管理不全建物管理命令の対象となる建物だけでなく、建物に存在しかつ建物の所有者が所有する動産および所有権を除く敷地利用権にも及ぶとする点に注意が必要です。

内納　管理不全建物管理人に借地権に関する権限を認めないと、建物の適切な管理に支障を来すためであると説明されています。[55]

倉田　なお、264条の9第3項で管理不全土地管理命令について管理不全土地管理人の選任が、264条の14第3項で管理不全建物管理命令については管理不全建物管理人の選任がそれぞれ必要的であることは、所有者不明土地管理命令と同様の規定です。[56]

神谷　管理人の管理権限の範囲についても、所有者不明土地管理命令・所有者不明建物管理命令の場合とそれぞれ同じです。[57]

55　部会資料50・8頁。

56　**第2章4-2-1**参照。

57　**第2章4-4-1**参照。

175

第 3 章　管理不全建物管理命令のレシピ

　区分建物が管理不全建物管理命令の対象とならない点も所有者不明建物管理命令と同様です（区分 6 条 4 項）。これは、区分建物に管理不全がある場合には、区分所有法57条〜59条で対応できるためです。[58]

　（区分所有者の権利義務等）

区分第 6 条　（略）

　2 ・ 3 　（略）

　4 　民法（明治29年法律第89号）第264条の 8 及び第264条の14の規定は、専有部分及び共用部分には適用しない。

　（共同の利益に反する行為の停止等の請求）

区分第57条　区分所有者が第 6 条第 1 項に規定する行為をした場合又はその行為をするおそれがある場合には、他の区分所有者の全員又は管理組合法人は、区分所有者の共同の利益のため、その行為を停止し、その行為の結果を除去し、又はその行為を予防するため必要な措置を執ることを請求することができる。

　2 〜 4 　（略）

　（使用禁止の請求）

区分第58条　前条第 1 項に規定する場合において、第 6 条第 1 項に規定する行為による区分所有者の共同生活上の障害が著しく、前条第 1 項に規定する請求によってはその障害を除去して共用部分の利用の確保その他の区分所有者の共同生活の維持を図ることが困難であるときは、他の区分所有者の全員又は管理組合法人は、集会の決議に基づき、訴えをもって、相当の期間の当該行為に係る区分所有者による専有部分の使用の禁止を請求することができる。

　2 〜 4 　（略）

　（区分所有権の競売の請求）

区分第59条　第57条第 1 項に規定する場合において、第 6 条第 1 項に規定する行為による区分所有者の共同生活上の障害が著しく、他の方法によって

58　法制審議会区分所有法制部会において所在等不明区分所有者への対応を含めた区分所有法制の見直しに関する議論がなされ、令和 6 年 2 月15日に法制審議会総会において「区分所有法制の見直しに関する要綱案」が全会一致で採択され、法務大臣に答申された。

はその障害を除去して共用部分の利用の確保その他の区分所有者の共同生活の維持を図ることが困難であるときは、他の区分所有者の全員又は管理組合法人は、集会の決議に基づき、訴えをもって、当該行為に係る区分所有者の区分所有権及び敷地利用権の競売を請求することができる。

2〜4　（略）

4-4-2　管理人の権限

倉田　続いて、裁判所から選任された管理不全土地管理人の権限について検討します。

神谷　条文は264条の14第4項で準用する264条の10です。

（管理不全土地管理人の権限）

民第264条の10　管理不全土地管理人は、管理不全土地管理命令の対象とされた土地及び管理不全土地管理命令の効力が及ぶ動産並びにその管理、処分その他の事由により管理不全土地管理人が得た財産（以下「管理不全土地等」という。）の管理及び処分をする権限を有する。

2　管理不全土地管理人が次に掲げる行為の範囲を超える行為をするには、裁判所の許可を得なければならない。ただし、この許可がないことをもって善意でかつ過失がない第三者に対抗することはできない。

一　保存行為

二　管理不全土地等の性質を変えない範囲内において、その利用又は改良を目的とする行為

3　管理不全土地管理命令の対象とされた土地の処分についての前項の許可をするには、その所有者の同意がなければならない。

倉田　管理不全土地管理人は対象となる土地の管理処分権限を有するにすぎず、所有者不明土地管理人のように専属的な権限を有していないのはなぜですか。

神谷　管理不全土地管理人は、原則として対象となる土地の処分行為を予定していないため、権限を専属させる必要性に乏しいことがその理由とされています。[59]

第3章　管理不全建物管理命令のレシピ

中里　管理人に管理権が専属しないということは、所有者による土地の管理
も継続されることになります。そうすると、所有者が管理人に対し対象と
なる土地への立入りを不当に拒否するなど、管理人による管理権が侵害さ
れるおそれが生じるのではないですか。

神谷　そのようなケースも想定の範囲内であり、この場合、管理人から所有
者に対する妨害排除請求などの対応が必要になると考えられています。[60]

倉田　管理不全土地管理命令の発令後であっても、所有者は土地を売却する
こともできますね。

神谷　はい、そのとおりです。

倉田　管理不全土地管理人がする権限外行為について、管理権限の範囲、裁
判所の許可の要否等の論点については、所有者不明土地管理人の場合と比
較していかがですか。

神谷　所有者不明土地管理人の場合と違い、裁判所が管理不全土地管理人に
対して権限外許可の裁判をするには、所有者の同意が必要となる点に注意
してください（264条の10第3項、非訟91条3項2号）。

内納　この場合の所有者の同意は、異議を述べない消極的同意では足りず、
積極的な同意の意思表示が必要とされている点にも注意が必要です。[61]

中里　所有者による管理処分権が排除されない以上、管理人による処分行為
は所有者の意思が尊重されなければならないことが、その理由と考えられ
ます。

倉田　そうすると、所有者または所有者の所在が判明しない場合は、管理不
全土地管理人による処分行為はできないことになりませんか。

神谷　そのとおりです。管理不全土地管理命令を発令するに際して一定の場
合には所有者の陳述を聴かなくてもよいとする規定（非訟91条3項ただし
書・1号）は、2号の権限外許可の裁判をする場合には適用されていない
からです。

内納　管理不全土地管理人に土地を売却せざるを得ない事情が生じたとして

59　部会資料39・18頁。
60　部会資料52・16頁。
61　部会資料56・22頁。

も、権限外許可の裁判の時に所有者または所有者の所在が判明しない場合は、あらためて所有者不明土地管理人の選任を申し立てる必要があるということです。

倉田　管理不全土地管理人が選任された土地について、重ねて所有者不明土地管理命令を発令して所有者不明土地管理人を選任することはできるのですか。

内納　管理不全土地管理命令が発せられた土地に所有者不明土地管理命令を重ねて発令することは、可能であると考えます。

　　この場合、当該土地の管理処分権は、所有者不明土地管理人に専属しますので（264条の3第1項）、「財産の管理を継続することが相当でなくなったとき」（非訟91条7項）に該当することとなり、管理不全土地管理命令は取り消されることになるでしょう。

（管理不全土地管理命令及び管理不全建物管理命令）

非訟第91条　（略）

2〜6　（略）

7　裁判所は、管理すべき財産がなくなったとき（管理すべき財産の全部が供託されたときを含む。）その他財産の管理を継続することが相当でなくなったときは、管理不全土地管理人若しくは利害関係人の申立てにより又は職権で、管理不全土地管理命令を取り消さなければならない。

8〜10　（略）

神谷　今のようなケースであれば、管理不全土地管理人には辞任について正当な事由があると考えられますので、裁判所の許可を得て自ら辞任する方法も選択できそうです（264条の12第2項）。

（管理不全土地管理人の解任及び辞任）

民第264条の12　（略）

2　管理不全土地管理人は、正当な事由があるときは、裁判所の許可を得て、辞任することができる。

179

第3章 管理不全建物管理命令のレシピ

中里 所有者不明土地管理命令との違いという点では、もう1点、裁判所の許可を得ないでした管理人による権限外行為の効果についても注意が必要です。

倉田 どのような違いがあるのですか。

中里 所有者不明土地管理人が裁判所の許可を得ずにした権限外行為は、許可がないことをもって善意の第三者に対抗できないとされる一方（264条の3第2項ただし書）、管理不全土地管理人については、許可がないことをもって善意無過失の第三者に対抗できないとされている点です（264条の10第2項ただし書）。

倉田 このように異なる規定とされたのはなぜですか。

内納 管理不全土地管理人は、所有者不明土地管理人とは違い所有者の所在が判明している場合でも選任されることから、所有者の静的安全をより一層考慮する必要があると考えられているためです。[62]

4−4−3　管理人による供託

倉田 所有者不明土地管理命令では、管理人が財産の全部が供託したときには、申立てによりまたは職権で所有者不明土地管理命令を取り消さなければならないと規定されていますが（非訟90条8項・10項）、管理不全土地管理命令の場合はいかがですか。

神谷 非訟事件手続法91条5項・7項に同様の規定があります。

（管理不全土地管理命令及び管理不全建物管理命令）

非訟第91条　（略）

２〜４　（略）

５　管理不全土地管理人は、管理不全土地管理命令の対象とされた土地及び管理不全土地管理命令の効力が及ぶ動産の管理、処分その他の事由により金銭が生じたときは、その土地の所有者（その共有持分を有する者を含む。）のために、当該金銭を管理不全土地管理命令の対象とされた土地の所在地の供託所に供託することができる。この場合において、供託をしたときは、法務省令で定めるところにより、その旨その他法務省令で定める事

62　部会資料52・15頁。

項を公告しなければならない。

　6　（略）

　7　裁判所は、管理すべき財産がなくなったとき（管理すべき財産の全部が
　　　供託されたときを含む。）その他財産の管理を継続することが相当でなく
　　　なったときは、管理不全土地管理人若しくは利害関係人の申立てにより又
　　　は職権で、管理不全土地管理命令を取り消さなければならない。

　8〜10（略）

内納　供託書の記載事項、公告の記載事項、複数不動産から生じた金銭の一
括供託等も所有者不明土地管理命令と同様です。[63]

倉田　所有者不明土地管理命令と管理不全土地管理命令とで、供託に関して
違いはないのでしょうか。

神谷　供託金の還付請求の際の添付書類に違いがあります。所有者不明土地
管理命令の場合は、還付を受ける権利を有することを証する書面として、
所有者不明土地管理人との間で所有者に還付請求権が帰属することの確認
書や、所有者不明土地管理人を被告とする還付請求権確認訴訟を提起した
場合の請求認容判決正本および確定証明書等が必要となります。

　　一方、管理不全土地管理命令の場合は、還付を受ける権利を有すること
を証する書面として、還付請求者が所有者と同一人であることを証する書
面で足ります（令和5年第67号通達4(3)ア）。

倉田　なぜそのような違いが生じるのですか。

神谷　所有者不明土地管理命令の場合は、所有者不明土地管理人が供託をす
る時点において、被供託者の住所氏名は特定されていない場合があるから
です（令和5年第67号通達別紙6）。所有者不明土地管理命令に係る土地の
所有者と名乗る者からの供託金還付請求があった場合、供託書の記載だけ
では供託金還付請求者と被供託者とが同一人であることは必ずしも判然と
しません。そこで、供託金還付請求者が正当な権利者であることを確認す
る必要があります。

　　一方、管理不全土地管理命令の場合は、管理不全土地管理人による供託

63　第2章6-3参照。

第3章　管理不全建物管理命令のレシピ

の時点において被供託者の住所・氏名は特定されています（令和5年第67号通達別紙11）。このため、管理不全土地管理命令に係る土地の所有者が供託金還付請求をする場合は、還付請求書の住所氏名と供託書記載の被供託者の住所氏名が一致すればよいとなります。仮に住所や氏名に変更がある場合は、変更があったことを証する住民票等を添付すれば足ります。

内納　管理不全土地管理命令の場合、対象となっている不動産を処分するには所有者の同意が必要になります。所有者の同意の下で換価したのですから、金銭を所有者に渡せばよいこととなり、供託が必要となるケースは稀でしょう。

中里　条文上、所有者が受領を拒否しなくても供託は可能です。しかし、売却等に同意しているのですから、いきなり供託するのではなく、金銭の引渡しについて所有者に連絡をするのが通常でしょう。回答がないなどの事情があるときに、供託の検討をすべきです。

神谷　確かにそのとおりです。それでは、供託しなければならない場合とは、どのようなケースが想定されるのでしょうか。

内納　所有者が処分に同意したのちに、亡くなったり行方不明になった場合が考えられます。

倉田　その場合でも、死亡した場合であれば相続人に引き渡し、相続人がいない場合には相続財産清算人に引き渡すのではないでしょうか。また、行方不明となった場合は、不在者財産管理人や所有者不明土地管理人が選任されたのちに、金銭を引き渡すのではないですか。

内納　たとえば、管理不全建物管理人がすべての管理不全建物を売却して換価した後、所有者に引き渡す前に所有者が死亡したとしましょう。この場合、金銭は相続人や相続財産清算人に引き渡すこともできますが、相続人を調査することなく、金銭を供託することで管理業務を終了させることもできます。

5 事案❸へのあてはめ

5-1 未払管理費の回収

倉田 以上を前提に、**事案❸**における B からの相談に対し、管理不全建物管理命令を利用することによって解決を図ることができないかを検討してみましょう。

中里 B の相談内容は、①未払管理費の回収、②別荘地内の危険の除去、③別荘地の活性化に向けた景観の保持の三つでした。一つずつ検討していきましょう。

倉田 未払管理費の回収についてはどうでしょう。

神谷 管理費の滞納は、管理会社である A 社の財産権を侵害していると構成することはできるかもしれませんが、所有者の管理が不適当であることと所有者が管理費を支払わないこととの間には因果関係があるとは考えられません。

　したがって、管理不全建物管理命令申立ての要件を欠いていると考えます。

内納 そうですね。別の理由で管理不全建物管理命令が発せられた後に、管理人から支払いを受ける余地はありそうですが、所有者不明土地管理人について検討したのと同様に、管理不全土地管理人は原則として債務の弁済をする権限を有していませんので[64]、よほど特別な事情がない限り、裁判所から未払管理費支払いに関する権限外許可を受けられる可能性は低いものと考えられます。

中里 金銭回収を目的としてあえて管理不全建物管理命令を利用する必要性も実益もなさそうですので、これまでと同様の債権回収方法を模索せざるを得ないでしょう。

64　第 2 章 6-1-1 参照。

第3章　管理不全建物管理命令のレシピ

> ### 5-2　危険の除去

5-2-1　各要件へのあてはめ

倉田　では次に、別荘地内の危険の除去について検討してみましょう。

神谷　所有者が長年にわたって別荘地を訪れず建物を放置し続けているということですので、管理放置にあたると思います。[65]

内納　別荘という性質上、年に何度も定期的に訪れることは期待できないにしても、倒壊の危険性が生じる程度に放置されているということですので、管理放置に該当し申立ての要件を具備していると考えてよいでしょう。

倉田　因果関係の要件はいかがですか。

内納　**事案❸**のケースでは、昨年の台風によって実際に共用部分に損害が生じており、今後も同様の被害が発生するおそれがあると評価することは可能です。したがって、所有者による管理放置と侵害のおそれとの間に因果関係が認められるでしょう。

　　　台風という不可抗力に起因しているとしても、実際に台風被害が生じた昨年以降、再び同様の気象条件に至った際には建材等が飛散しないような所有者による修繕や保全措置が施されておりませんので、現在も侵害状態が継続していると考えることができるでしょう。[66]

倉田　必要性の要件はどうでしょう。

中里　他人の権利または法律上の利益が受忍限度を超えて侵害されているか否かを検討しなければならなかったですね。[67]

神谷　建材が飛散したことにより、実際にＡ社の管理下にある街路灯や公園内の遊具が破損しており、その危険は現在も継続しているのですから、Ａ社の受忍限度を超えていると評価できるものと考えます。

5-2-2　建物の解体を目的とする場合

中里　Ａ社による申立てが認められるためには、Ａ社が管理不全建物管理人に対し、何を求めるのかによっても結論が異なるのではないですか。

65　4-3-1参照。

66　部会資料52・14頁、4-3-2参照。

67　部会資料39・14頁、4-3-3参照。

倉田　改正法施行前における解決策を模索した際に、別荘地内の危険を除去するため、Ａ社が建物の所有権者となってＡ社自ら建物を解体することを模索する方法[68]と、所有者に対し予防措置を求める方法[69]とを検討しました。

中里　管理不全建物管理人に建物の解体を求めるとすると、**事案❸**の建物の所有者であるＤ社の代表者はすでに死亡しているため、管理不全建物管理人が権限外行為として建物を解体しようとしても所有者の同意が得られません。したがって、裁判所の許可を得ることもできません（非訟91条3項2号）。

神谷　建物の所有権をＡ社が取得したうえでＡ社自ら解体しようとした場合であっても、建物の所有権をＡ社に譲渡する行為自体が処分行為に該当しますので、やはり裁判所の許可は受けられませんね。

内納　そもそも、管理不全土地管理人は処分行為をすることが基本的に予定されておりませんので[70]、建物の譲渡や解体を目的とする管理不全建物管理命令の申立ては認められないでしょう[71]。

5-2-3　管理不全建物管理人に対し予防措置を求める場合

倉田　では、Ａ社が管理不全建物管理人に対し、建材等の飛散を予防する措置を講じるように求めることを目的とするのであれば申立ては認められるでしょうか。

神谷　この場合であれば、申立てが認められる可能性はあると思います。

内納　しかし、この場合、選任された管理不全建物管理人としては、予防措置を講じようにもそのために要する費用の捻出が困難です。所有者の同意

68　3-2参照。

69　3-3参照。

70　部会資料39・18頁。

71　ほかにも、部会資料52・13頁では、管理不全土地上の建物に居住しているなど、所有者が当該土地を実際に利用しているケースにおいて、仮に管理命令が発せられたとしても管理人による管理を継続することが相当ではないというケースでは、結局は管理命令が取り消されることとなることも多いと思われ、そのようにして管理命令が取り消されることが当初から予想される場合であれば、管理命令を発すること自体が必要性のないものとして、申立てが却下されることと思われる、との指摘がある。

第3章　管理不全建物管理命令のレシピ

を得ることができる見込みがなく、裁判所から建物の処分に関する許可も
受けられないという状況の下では、仮に管理不全建物管理命令が発令され
たとしても管理人に適切な管理行為をさせることが期待できません。

中里　そうなると「財産の管理を継続することが相当でなくなったとき」に
該当し、管理不全建物管理命令が取り消される可能性も考えられますね
（非訟91条7項）。

倉田　A社に必要な費用を予納させることは考えられないでしょうか。

神谷　管理に要する費用や管理人の報酬は所有者の負担とされますが（264
条の13）、所有者からの支払いが期待できる状況ではありませんので、手
続を維持するとなればA社が予納せざるを得ないでしょう。

（管理不全土地管理人の報酬等）
民第264条の13　管理不全土地管理人は、管理不全土地等から裁判所が定める
　額の費用の前払及び報酬を受けることができる。
　2　管理不全土地管理人による管理不全土地等の管理に必要な費用及び報酬
　は、管理不全土地等の所有者の負担とする。

内納　このようなコストの負担を考えると、初めから所有者不明建物管理命
令の申立てをするか、あるいは改正法施行前における解決策において検討
した清算人選任の申立てを選択するほうが妥当といえるでしょう。[72]

倉田　**事案❸**と同様に倒壊の危険がある建物の場合で、所有者の所在が判明
する場合はどうでしょう。

神谷　所有者が判明するのであれば、利用可能性が高まると考えます。
　　ポイントとなるのは、所有者がA社の問題意識を共有し、管理不全建
物管理人による管理に理解や協力が得られるかどうかという点になるで
しょう。

5-3　別荘地の活性化

倉田　では最後に、別荘地内の活性化に向けた景観保持の観点から検討して

72　3-2-1参照。

みましょう。

　　所有者による管理が不適当であること、これにより景観の悪化という侵害の発生するおそれがあること（因果関係）の各要件は具備しているようですが、そのほかの要件についてはいかがでしょう。

神谷　先に検討したように[73]、Ｃ社との間の委任契約の受任者にすぎないＡ社は、別荘地全体の景観利益[74]や眺望利益[75]を享受する者にはあたりません。したがって、このケースでは管理不全建物管理命令の申立てについて利害関係人には該当しないと考えられます。

　　管理不全建物管理命令を利用するのであれば、これらの利益を享受する立場にある建物周辺の区画購入者からの協力を仰ぎ、これらの者に申立人となってもらう等の対応が必要になるでしょう。

内納　また、Ａ社が不安視する景観の悪化が、他人の権利または法律上保護される利益が受忍限度を超えて侵害される程度の侵害に該当するのか（必要性[76]）も検討しなければなりません。

中里　Ａ社には、別荘地全体の維持管理義務があるとのことですから、防犯・防火といった安全性の維持という観点から検討できないでしょうか。たとえば、小動物が建物内に侵入することによって漏電が生じるおそれがあることを理由として申立てをしてみることは考えられないでしょうか。

神谷　実務家としてはいろいろな可能性を模索することが大切ですが、一方で、裁判所がこの制度をどのように運用していくのかも注視していかなければなりません。

6　所有者の権利との調整

倉田　管理不全土地管理命令・管理不全建物管理命令は、所有者不明土地管

73　3 - 4 参照。

74　最判平成18年 3 月30日民集60巻 3 号948頁。

75　横浜地横須賀支判昭和54年 2 月26日判時917号23頁。

76　4 - 3 - 3 参照。

第 3 章　管理不全建物管理命令のレシピ

理命令・所有者不明建物管理命令と異なり、所有者または所有者の所在が
判明している場合でも利用できる制度です。

　そうすると、さまざまな場面で管理人による管理行為と所有者の権利と
の調整を図る必要がありそうですので、ここで論点ごとに整理してみま
しょう。

6 - 1　所有者の手続保障

倉田　所有者の手続保障の観点では、発令に際して所有者の陳述を聴く必要
　があること（非訟91条 3 項 1 号）、裁判所が管理人に対し権限外許可をする
　場合には所有者の同意が必要なこと（264条の10第 3 項、非訟91条 3 項 2 号）
　についてすでに言及がありましたが、そのほかの規定はありますか。

神谷　管理人の報酬は所有者が負担することとされているため（264条の13第
　 2 項）、裁判所が管理人の報酬の額を定める裁判をする際にも、所有者の
　陳述を聴かなければならないとされています（非訟91条 3 項 5 号）。

倉田　裁判所がした判断に不服のある所有者には、異議を述べる機会が保障
　されていますか。

内納　管理不全土地管理命令・管理不全建物管理命令の裁判、権限外許可の
　裁判、報酬の額を定める裁判に対し、即時抗告をすることができます（非
　訟91条 8 項 1 号・ 2 号・ 5 号、民訴332条）。

（管理不全土地管理命令及び管理不全建物管理命令）

非訟第91条（略）

　 2　（略）

　 3　裁判所は、次の各号に掲げる裁判をする場合には、当該各号に定める者
　　の陳述を聴かなければならない。ただし、第 1 号に掲げる裁判をする場合
　　において、その陳述を聴く手続を経ることにより当該裁判の申立ての目的
　　を達することができない事情があるときは、この限りでない。

　　一～四（略）

　　五　民法第264条の13第 1 項の規定による報酬の額を定める裁判　管理不全
　　　土地管理人及び管理不全土地管理命令の対象とされた土地の所有者

　 4 ～ 7 （略）

　 8　次の各号に掲げる裁判に対しては、当該各号に定める者に限り、即時抗

> 告をすることができる。
>
> 一　管理不全土地管理命令　利害関係人
>
> 二　民法第264条の10第2項の許可の裁判　管理不全土地管理命令の対象とされた土地の所有者
>
> 三・四　（略）
>
> 五　民法第264条の13第1項の規定による報酬の額を定める裁判　管理不全土地管理人及び管理不全土地管理命令の対象とされた土地の所有者
>
> 六　（略）
>
> 9・10　（略）

中里　非訟事件手続法91条8項1号の利害関係人には、土地の所有者も含まれるということですね。

内納　はい、そのように考えられます。[77]

6-2　訴訟の当事者適格

倉田　訴訟の当事者適格についてはいかがでしょう。

神谷　所有者不明土地管理命令が発令された場合の土地に関する訴訟は、所有者不明土地管理人を原告または被告とする旨が規定されていますが（264条の4）、管理不全土地管理命令には類似する規定がありませんので、訴訟の原告や被告となることはできません。

中里　管理不全土地管理人は保存行為をすることが認められているものの（264条の10第1項）、管理の対象となる土地に関する訴訟に被告として応訴することや執行手続の債務者となることは、同項の保存行為に含まれないと解されているようです。[78]

倉田　所有者不明土地管理命令と比較してこのような違いが生じるのはなぜですか。

内納　管理不全土地管理人は、所有者の同意と裁判所の許可を得なければ処分権を行使することができないため（264条の10第3項、非訟91条3項2号）、処分権を前提とする訴訟の当事者適格を認めることはできないから

77　東司107頁。

78　部会資料25・30頁。

第3章　管理不全建物管理命令のレシピ

です。[79]

中里　管理不全土地管理人が選任されたとしても所有者の管理処分権は制限
されませんので、所有者本人が訴訟の当事者となればよいということです
ね。

倉田　裁判所から権限外許可を受けることにより、管理人が訴訟の当事者と
なることはできますか。

神谷　理論上は可能ですが、裁判所は通常、このような許可をしないものと
考えられています。[80]

内納　土地に関する訴訟に当事者適格はありませんが、管理行為の一環とし
て管理人固有の権利実現を図る目的で訴訟提起することは可能ですので、
ご注意ください。

倉田　どのようなケースが想定できますか。

中里　所有者から管理対象土地への立入りを妨害された管理人が、管理権侵
害を理由に妨害排除請求をするようなケースが考えられますね。[81]

内納　もっともこのような場合の管理人による訴訟行為は、管理不全土地管
理命令の発令段階で予定されていたものではありません。したがって、申
立人に対する予納金の追納が求められるなど、新たな負担が生じるケース
も考えられます。

　このような場合には、申立人の意向や諸般の事情を踏まえ、管理不全土
地管理命令の取消しも含めた管理人による管理行為継続の適否をあらため
て検討すべきであるとの指摘があります。[82]

6-3　善管注意義務

倉田　管理不全土地管理人は、所有者に対して善管注意義務を負います
（264条の11第1項）。

79　部会資料52・16頁。
80　部会資料52・16頁。
81　部会資料52・16頁、部会資料56・22頁。
82　部会資料56・22頁。

190

> （管理不全土地管理人の義務）
>
> 第264条の11　管理不全土地管理人は、管理不全土地等の所有者のために、善良な管理者の注意をもって、その権限を行使しなければならない。
>
> 2　管理不全土地等が数人の共有に属する場合には、管理不全土地管理人は、その共有持分を有する者全員のために、誠実かつ公平にその権限を行使しなければならない。

　　所有者不明土地管理人にも同様の義務が課されていますが（264条の5第1項）、所有者が判明している場合でも選任されることとなる管理不全土地管理人と、所有者不明の場合に選任される所有者不明土地管理人とでは、注意義務の程度や内容に違いがありますか。

神谷　立法過程における議論でも、管理不全土地管理人は所有者不明土地管理人とは異なり、現に判明している所有者による管理が不適当である場合に選任されることが想定されています。

　　このため、所有者不明土地管理制度ほかの財産管理制度と比較して、管理人と所有者との意見の対立や意見の相違が生じる可能性が高いことから、管理人が難しい局面に立つ可能性を想定しておかなければならないとの問題提起がなされていました[83]。

内納　この点については、管理人による管理方法が所有者の意向と対立する場面も想定されることから、逆に所有者の利益を図るべく善管注意義務を負うべきであるとの意見があります。

　　もっとも、所有者に対する善管注意義務であるといっても、所有者の意向どおりに管理すべきというわけではなく、所有者の利益を害しないあるいは適切に守るために、やるべき管理をしなければならないという趣旨での注意義務であるとも指摘されています[84]。

83　部会第20回会議15頁〔中村晶子委員発言〕。

84　部会第20回会議17頁〔佐久間毅幹事発言〕。

第 3 章　管理不全建物管理命令のレシピ

7　管理不全土地管理命令・管理不全建物管理命令の活用可能性

倉田　管理不全土地管理命令や管理不全建物管理命令は、従前の法制度には類似する制度が存在しない新たな財産管理制度といえます。所有者が明らかではあるが管理が不適当という問題に対し、新制度をどのように活用していくのかは、実務家に問われる課題であるともいえます。

　　管理不全建物管理命令は、**事案❸**を解決するためには適当ではないと結論づけられましたが、それではどのような場面での活用が期待できるのかを、管理不全土地管理命令の制度とあわせて本章の最後で検討してみましょう。

7-1　空家問題への活用

神谷　**事案❸**と類似しますが、管理不全建物管理命令を利用することにより、社会問題化している空家問題の解決を図ることはできないでしょうか。

　　事案❸は別荘地内の建物が対象でしたが、住宅密集地等に点在する空家の問題解決につなげることができれば、非常に効果的であると考えます。

内納　空家の多くは、所有者やその相続人は判明しているが遠方に居住している、所有者が高齢により施設入所している、所有者が不在者である、所有者がすでに死亡しており相続人が不存在または不分明であるなどの事情が端緒となっていると考えられますが、いずれの場合も管理不全建物管理命令の適用場面であると考えられますので、解決のための糸口になるのではないでしょうか。

中里　空家の放置は、環境、防犯、景観などさまざまな観点から近隣住民に悪影響を与える要因となりますので、このような者にとっては、空家の撤去について一定の利害関係が認められるものと考えます。

　　しかし、空家特措法では、特定空家等に認定された空家について市町村長が行政代執行をすることができると規定されているにすぎず（空家22条9項）、近隣住民自ら権利行使をすることはできませんでした。

この点、近隣住民自身が利害関係人として管理不全建物管理命令の申立てをすることが可能となったことで空家問題解決に向けた選択肢が増えたことになり、今後の活用に期待が感じられます。

（特定空家等に対する措置）

空家第22条（略）

2～8（略）

9　市町村長は、第3項の規定により必要な措置を命じた場合において、その措置を命ぜられた者がその措置を履行しないとき、履行しても十分でないとき又は履行しても同項の期限までに完了する見込みがないときは、行政代執行法（昭和23年法律第43号）の定めるところに従い、自ら義務者のなすべき行為をし、又は第三者をしてこれをさせることができる。

10～17（略）

倉田　特定空家等とありますが、法律上の定義を教えてください。

神谷　空家特措法2条2項に次のとおり規定されています。条文の定義によれば、特定空家等と認定される建物は、所有者による管理が不適当な建物に該当すると考えられますので、おしなべて管理不全建物管理命令の対象になるものと理解できます。

（定義）

空家第2条（略）

2　この法律において「特定空家等」とは、そのまま放置すれば倒壊等著しく保安上危険となるおそれのある状態又は著しく衛生上有害となるおそれのある状態、適切な管理が行われていないことにより著しく景観を損なっている状態その他周辺の生活環境の保全を図るために放置することが不適切である状態にあると認められる空家等をいう。

倉田　実際に管理不全建物管理命令を利用するとなると、所有者との利益調整が課題となりそうですね。

内納　所有者が「自分では管理できないが、管理人による管理には反対しな

第 3 章　管理不全建物管理命令のレシピ

い」との意向をもっているならば所有者の協力が得られそうですので、管理不全建物管理命令による解決に適した事案となりそうです。

神谷　所有者の協力という観点では、費用と管理人の報酬の負担について、どこまで所有者の理解が得られるのかが大きなポイントになりそうですね。

倉田　管理人による空家の継続管理は多くのケースで現実的ではないと考えられますので、解体したうえで管理業務を終了することになると思います。したがって、解体費用という高額の負担が手続の障害となるケースは少なくないでしょうね。

中里　そもそも、解体することに所有者の同意が得られるのかという問題もありますが、このあたりは自治体関係者も交えた管理人の所有者に対する粘り強い対応が求められることになるでしょう。

内納　確かに課題もたくさんあるでしょうが、これまでは行政代執行が認められるにとどまり、利害関係人による問題解決を図ることが困難であった空家対策における強力な選択肢の一つとなることには違いないと思います。

　選択可能な手段が０から１になるのですから、大きな意義があるでしょう。

倉田　今後の動向を期待しながら注視するとともに、私たち自身も空家問題解決の一端を担うことができるよう、準備に努めていかなければなりません。

7-2　隣地からの草木の越境

倉田　次に、空地を対象とした管理不全土地管理制度の利用について検討してみましょう。

神谷　典型例として考えられるのは、空地から草木が茂って隣地に越境しているような場合に、隣地所有者が利害関係人として管理不全土地管理命令を利用する場面でしょうか。

内納　管理不全土地管理人が選任された場合、その後の草刈り等に要する費用は所有者の負担となります。この点について所有者の理解が得られ、所有者が必要な費用の支払いに応じるのであれば手続は円滑に進行するで

しょう。

中里　所有者の理解が得られない場合、申立人である隣地者から予納をした
うえで、所有者に対し不当利得返還請求訴訟を提起する方法により費用の
回収を図る必要が生じますので、この場合の訴訟費用まで考慮すると申立
人の金銭的負担が大きくなりそうですね。

内納　所有者の協力が得られないのであれば、管理不全土地管理命令の申立
てをするのではなく、妨害排除請求権や妨害予防請求権を行使して越境し
ないよう擁壁等を設置させる方法も考えられます。[85]債務名義を取得して強
制執行する方法であれば、管理不全土地管理命令の発令に必要な所有者の
協力も不問となりますので、確実な方法ではないでしょうか。

神谷　この場合、擁壁の設置費用は最終的に所有者に請求することが可能で
すが、いったんは隣地者が立て替えざるを得ません。所有者に対する不当
利得返還請求の強制執行が不奏功となれば、設置費用は隣地者の持出しと
なる危険性もありますので、このあたりの危険性にも配慮したうえで手続
選択をしなければならないでしょうね。

中里　妨害排除請求による一回的解決を図ることが可能であれば、多少の金
銭的負担があったとしても、管理不全土地管理人を選任して長期にわたっ
て継続的に管理させるコストと比較してメリットがあるケースも考えられ
ます。総合的なプランニング能力が求められることになりそうです。

7-3　不法投棄

倉田　立法過程では、継続的に廃棄物が不法投棄されることにより周辺住民
に被害が及んでいる土地への対処についても議論されていますので、[86]この
点も検討してみましょう。

中里　何らかの方法で一時的に廃棄物を撤去することができたとしても、そ
の後に再び不法投棄が繰り返されるおそれは否めませんので、やっかいな
問題ですね。

神谷　妨害排除請求権を行使して所有者に是正を求めるとしても、不法投棄

85　改正法では隣地から越境してきた竹林の枝を土地の所有者が自ら切除することができ
る規定が新設されている（233条3項）。

86　部会資料39・13頁。

第3章　管理不全建物管理命令のレシピ

されているまたは将来されるおそれがある廃棄物の種類や内容を特定することができなければ、訴訟を通じて所有者にどのような作為を求めるのかが特定できません。そうすると強制執行も不能と帰してしまうおそれがありますので、訴訟手続で被害回復を図ることが困難なケースに該当すると考えられます。[87]

倉田　管理不全土地管理命令の利用による解決を図ることはできないでしょうか。

内納　このようなケースは、現存する廃棄物を処分することよりもむしろ、将来にわたって不法投棄をさせない対策が必要になります。具体的には、土地への侵入を防ぐための柵の設置、防犯カメラによる監視など、さまざまな有効策を試行錯誤せざるを得ませんし、自治会や周辺住民からの協力を得る必要もあると思います。

　　長期にわたる対策が必要になるという点では、管理不全土地管理命令による解決は有効な手段となるものと考えます。

倉田　なるほど、管理不全土地管理命令や管理不全建物管理命令は、妨害排除請求権の行使等による一回的な解決を図ることになじまず、将来にわたって継続的な管理が必要となるケースでの活用が有効となりそうですね。[88]

87　部会資料25・29頁、中間試案補足説明68頁。

88　部会資料50・1頁。

第4章
共有物変更決定のレシピ

第 4 章　共有物変更決定のレシピ

1　はじめに

倉田　本章では、改正法施行前において解決に至った一つの相談事案を題材
　　とし、改正法によって新設された規定である251条 2 項の裁判手続（共有
　　物変更決定）による解決を図ることができないか、また、同制度が利用で
　　きるとした場合の要件や効果、さらに改正法施行前における解決策との比
　　較検討を進めていきます。

　　　なお、共有物変更決定と、第 5 章で取り上げる252条 2 項の裁判手続
　　（共有物管理決定）は、いずれも共有物の利用促進を図るという点で共通の
　　目的があるところ、今回の改正法では、共有の規律についてもいくつかの
　　改正が施されており、これらの改正論点は共有物変更決定・共有物管理決
　　定のいずれを理解するうえでも不可欠な共通の前提情報となりますので、
　　本章においてあわせて検討していきます。

1-1　共有の解消

神谷　はじめに確認しておきたいのですが、今回の法改正は所有者不明土
　　地・所有者不明建物を解消することを主たる目的とする法改正ですよね。
　　そのような目的の下で、第 1 章で取り上げた所在等不明共有者の持分取得
　　（262条の 2 ）や所在等不明共有者の持分譲渡権限付与（262条の 3 ）、本章
　　で取り上げる共有物変更決定、第 5 章で取り上げる共有物管理決定のよう
　　に、共有に関する複数の新たな裁判手続が新設されていることに加え、
　　249条以下では共有に関する規律が多岐にわたって見直されているわけで
　　すが、これはどのような理由によるのでしょうか。

内納　共有不動産というのは、これを売却したり賃貸したりするために、共
　　有者全員の同意や共有持分の過半数の同意が必要になります。しかし、共
　　有者の一部に所在不明の者がいるようなケースでは、全員または過半数の
　　同意を得るために不在者財産管理人選任申立て等の手続を要することにな
　　り、これが足かせとなって、事実上、共有不動産を市場に流通させられな
　　い事態がしばしば散見されます。

　　　そこで、共有不動産の一部に所在不明の者がいる場合に、不在者財産管

198

理人の選任を待たずに簡易な手続で共有不動産の流通を促進させること
は、所有者不明土地・所有者不明建物の解消と共通の目的をもっているこ
とになるわけです。

倉田 そうすると、本章の共有物変更決定や第5章の共有物管理決定は、今
まで共有者の一部が行方不明等の理由により事実上塩漬けとなってしまっ
ている共有物について、新設された裁判手続を利用して市場に流通させて
いこうという目的があるわけですね。

内納 はい、そのとおりです。

中里 所在がわからない共有者というのは、一般的にその共有物を利用して
いないのですから、共有物そのものやその利用方法には利害も関心もない
のが通常だと考えられます。したがって、共有物の変更に係る判断を他の
共有者の判断に委ねたとしても、所在不明の共有者の合理的意思に直ちに
反することはないものと考えられます。しかし一方で、所在不明であるか
否かの認定は慎重に行う必要があるというのが、立法過程における議論の
経過だと説明されていますね。[1]

神谷 そうすると、現時点では共有者の中に所在不明の者がいない場合で
あっても、共有状態を継続させることが将来の所有者不明土地・所有者不
明建物の原因となる可能性が高くなりそうですので、共有状態、特に不動
産の共有状態というのは、できるだけ早期に解消されることが望まれると
考えられそうですね。

内納 はい。分譲地における共有進入路のように性質上共有状態を解消すべ
きではない不動産というのは一定程度存在しますが、このような一部の例
外を除き、できるだけ共有状態の解消を図ることが、将来、所有者不明の
状態に陥る要因を排除することにもつながると考えられています。

1-2 遺産共有における特則

倉田 特に遺産共有については、所有者不明土地・所有者不明建物を発生さ
せないという観点からも、早期に解消されるべきだと考えますが、いかが
でしょう。

---

1 中間試案補足説明12頁参照。

第 4 章　共有物変更決定のレシピ

内納　そうですね。遺産共有については、改正法施行前には共有物分割請求の方法によることはできず、必ず遺産分割によらなければならないとされていましたので[2]、数十年にわたって遺産分割がまとまらず、長期間にわたって遺産共有状態が解消されないまま、やがては数次相続が発生してさらに共有者が枝分かれしていくという現象が生じていることは周知の事実です。

神谷　そこで、今回の改正では、遺産共有の早期解消を図る趣旨で、通常の共有と遺産共有が併存する共有物については、相続開始から10年を経過した遺産共有について共有物分割請求の対象とすることができるようになったり（258条の2第2項本文）、特別受益や寄与分の主張が排除されることにより遺産分割調停の長期化を避けられたりするようになりました（904条の3）。

倉田　258条の2第2項の規定については第1章で説明しましたので[3]、ここでは特別受益や寄与分の主張が制限される904条の3の条文を確認しておきましょう。

神谷　条文は次のとおりとなります。

（期間経過後の遺産の分割における相続分）

民第904条の3　前三条の規定は、相続開始の時から10年を経過した後にする遺産の分割については、適用しない。ただし、次の各号のいずれかに該当するときは、この限りでない。

一　相続開始の時から10年を経過する前に、相続人が家庭裁判所に遺産の分割の請求をしたとき。

二　相続開始の時から始まる10年の期間の満了前6箇月以内の間に、遺産の分割を請求することができないやむを得ない事由が相続人にあった場合において、その事由が消滅した時から6箇月を経過する前に、当該相続人が家庭裁判所に遺産の分割の請求をしたとき。

神谷　「前三条の規定」とは、903条・904条の特別受益に関する規定と、904

2　最判昭和62年11月29日集民151号645頁。

3　第1章4-1-2参照。

条の２の寄与分に関する規定を指しますので、相続開始から10年を経過した後は、各相続人は原則として遺産分割においてこれらを主張できなくなることとし、遺産分割の長期化・複雑化を解消しようとしているわけです。

内納　なお、904条の３の規定は、改正法の施行日である令和５年４月１日より前に相続が開始した場合にも遡及適用されます。この場合に特別受益や寄与分の主張ができなくなるのは、相続開始から10年が経過した日または改正法施行の日から５年を経過した日のいずれか遅い日とされていますので（附則３条）、この点にもご注意ください。

1-3　不動産以外の共有物

倉田　先ほど、共有不動産の流通促進という目的について指摘がありましたが、共有物というのは不動産だけではありませんよね。

中里　今回の改正は、所有者不明土地・所有者不明建物の解消が主たる目的ですので、共有に関する規律の改正も不動産に限って適用される条文が多いのですが、すべての改正条文が共有不動産だけを適用対象としているわけではなく、あらゆる共有物におしなべて適用される条文もあります。これらの規定は、株式や持分会社の持分、債権や信託受益権などの準共有についても適用対象となります（264条）。

（準共有）

民第264条　この節（第262条の２及び第262条の３を除く。）の規定は、数人で所有権以外の財産権を有する場合について準用する。ただし、法令に特別の定めがあるときは、この限りでない。

中里　このように、実は今回の改正は、共有や準共有の権利関係についての相当に広い範囲に影響を及ぼすことになるのだということを、ぜひ認識しておいてください。[4]

なお、本章の共有物変更決定も、第５章で取り上げる共有物管理決定も、いずれもその適用範囲は不動産に限定されませんので、多くの場面で

4　荒井44頁。

第4章　共有物変更決定のレシピ

これらの手続を利用して問題解決を図ることが可能になると考えられます。

2　事案❹の概要

倉田　本章で取り上げる事案を紹介してください。
中里　事案❹をご紹介します（〔図表7〕）。事案❹における相談者はA・Bの2名です。父親が死亡し、その相続人はA・Bのほかに、A・Bの弟にあたるCがいます。

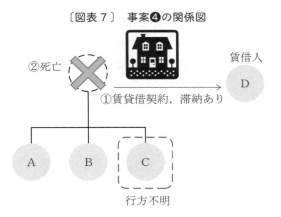

〔図表7〕　事案❹の関係図

亡父は戸建ての賃貸住宅を所有しており、生前に賃借人Dとの間で賃貸借契約を締結していましたが、亡くなる前から家賃の滞納が生じていました。そこで、A・Bは、相続による代替わりを契機にDとの間の賃貸借契約を解除して明渡しを求め、別の入居希望者を募集したいと考えていました。

ところが、A・Bの弟であるCは数年前に家を出たまま行方不明となり、現在も音信不通の状態が続いています。かつてCは個人で商売をしていたのですが、資金繰りに困っている様子で借金も抱えていたようですので、借金の取立てから逃げながらどこかでひっそりと暮らしているので

はないかとのことでした。

　　Ａ・Ｂとしては、家賃を支払わないＤには早々に退去いただき、別の入居者との間で新たな賃貸借契約を締結したいと考えていますが、Ａ・Ｂの２名だけでＤとの契約を解除したり、別の入居者との間で新たな契約を締結したりすることができるのでしょうか、という相談でした。

内納　相続の開始により遺産共有となった土地建物の管理や処分に関する問題ですね。

神谷　本章のテーマとは関係ないかもしれませんが、**事案❹**では、相続開始前に生じていた滞納賃料の請求権、相続開始から相続登記までの間に生じた滞納賃料の請求権がそれぞれ誰に帰属するのかという問題も、実務上は重要になってくると考えます。

中里　そうですね。この点もあわせて検討してみましょう。

3　共有をめぐる規律の整理

3−1　保存・管理・変更・処分

倉田　**事案❹**の解決策を検討する前に、改正法では共有に関する規律について多岐にわたる改正が施されていますので、これらの整理をしておきたいと思います。

　　はじめに、本章のメインテーマである共有物変更決定（251条２項）、第５章で取り上げる共有物管理決定（252条２項）の二つの制度についての概要を説明してください。

内納　いずれの制度も今回の改正で新設された裁判手続です。

　　共有物について一定の法律上または事実上の行為をしたいけれども、一部の共有者が行方不明で意思決定に参画できない等の事情があり、このために共有物の変更行為や管理行為をすることができないとなると、この共有物は現状のまま放置せざるを得ない事態も避けられません。

　　このような共有物が不動産である場合には、所有者不明土地・所有者不明建物の温床となりうることから、今回の改正では、一定の事情により意

203

第 4 章　共有物変更決定のレシピ

思決定に参画できないあるいは参画しない共有者に代わって、裁判所が他の共有者に対し、共有物の変更行為や管理行為を行うことを許可する制度が新設されたのです。

神谷　裁判所の決定により、塩漬けとなってしまっている共有物を利用したり流通させたりしようという目的があるのですね。

内納　はい、そのとおりです。

倉田　今、説明いただいた共有物についての一定の法律上または事実上の行為は、いわゆる「保存行為」「管理行為」「変更行為」のいずれかに分類されるということは基本的情報としてご理解いただいていると思いますが、新設された共有物変更決定・共有物管理決定を利用するにあたっては、共有物に係るどのような行為が変更行為に該当し、あるいは管理行為に該当するのか、さらには保存行為に該当するからそもそも許可を求める必要すらないのかという点をしっかり理解しておかないと、変更決定の申立てをすべき事案であるのか、あるいは管理決定の申立てをすべき事案であるのかという手続選択の段階で誤った対応をしてしまうおそれもあります。

　　そこで、本章のメインテーマである共有物変更決定の制度を検討する前提として、共有をめぐる規律について、裁判例を紹介しながらあらためて整理してみたいと思います。

内納　共有物の変更行為に該当するのか、あるいは管理行為に該当するのかについては多数の裁判例がありますので、理解を深めるために共有不動産に関する裁判例を中心に検討していきましょう。

倉田　それではまず、改正前民法の条文を確認します。改正前251条・252条に規定があります。

　　共有物の保存行為については、他の共有者の同意を要することなく各共有者が行うことができます（改正前252条ただし書）。また、管理行為は各共有者の持分の過半数の同意によって決することができます（改正前252条本文）。

　　一方、共有物の変更行為については、「他の共有者の同意を得なければ、共有物に変更を加えることができない」と規定され（改正前251条）、共有者全員の同意を要するとされていますね。

3　共有をめぐる規律の整理

神谷　今、保存・管理・変更と区分してくれましたが、実は改正前民法の条文では、変更行為も管理行為の一態様であることを前提とする規定となっていました。改正前252条では「共有物の管理に関する事項は、前条の場合を除き」とあるところ、「前条」にあたる改正前251条には変更行為に関する規定がおかれているため、変更行為と管理行為をあわせて「広義の管理行為」ととらえ、そのうちの「狭義の管理行為」に関する規律について改正前252条に定められている、という条文構成となっている点にご注意ください。[5]

倉田　「管理行為」には広義と狭義があるとのことですので、以下、本書で「管理行為」という場合は、「変更行為」を含まない「狭義の管理行為」を指すこととします。

中里　今、保存行為・広義の管理のうちの狭義の管理行為・広義の管理のうちの変更行為の三つに整理してくれましたが、売却や取壊しのようないわゆる処分行為は、変更行為の一態様ととらえればよいのでしょうか。

内納　売却のようないわゆる処分行為は、広義の管理行為としての変更行為に含まれるとする見解[6]と、変更行為とは別の概念であるとする見解[7]とに分かれているようです。実は、条文上、処分行為に関する規律は改正法にもおかれておらず、改正法施行後もこの点は引き続き解釈に委ねられることになっています。[8]

　ただし、判例では、処分行為についても変更行為と同様に共有者全員の同意が必要であると指摘されていますので[9]、実務上は変更行為と同視して考える必要があります。

3-2　裁判例の整理──賃貸借契約を中心に

倉田　ここで、改正法の条文を確認する前に、何が処分または変更行為に該当し、何が狭義の管理行為に該当するのかについて整理してみます。主な

5　荒井47頁参照。

6　内田397頁。

7　我妻323頁。

8　部会資料40・1頁。

9　最判昭和42年2月23日集民86号361頁。

205

第 4 章　共有物変更決定のレシピ

ものを〔**図表 8**〕にまとめてあります。

〔**図表 8**〕　共有物の変更・管理（改正法施行前）

処分または変更行為 【全員の同意】	管理行為 【持分の過半数の同意】
譲渡（有償・無償不問）とその解除[*1]	
担保権の設定[*1]	
物理的な変形・改造・破壊（例：建物の取壊し、農地の宅地化[*2]、山林の切り崩し）	改良行為（例：宅地の地ならし、建物の修繕（大規模なものは変更、軽微なものは保存）、車検）
借地借家法の適用がある賃貸借契約 民法602条の期間を超える賃貸借契約[*3]	左記以外の賃貸借契約[*5]
共同賃貸人がする賃料減額の合意[*4]	賃貸借契約全般の解除[*6]（解除後の明渡請求は保存[*7]） 共同賃貸人がする賃料増額の合意[*8]

＊ 1　最判昭和42年 2 月23日集民86号361頁。
＊ 2　最判平成10年 3 月24日判時1641号80頁。
＊ 3　東京地判平成14年11月25日判時1816号82頁。
＊ 4　東京地判平成14年 7 月16日金法1673号54頁。
＊ 5　最判昭和39年 1 月23日集民71号275頁。
＊ 6　最判昭和47年 2 月18日金法647号30頁。
＊ 7　最判昭和42年 8 月25日民集21巻 7 号1740頁。
＊ 8　東京高判平成28年10月19日判時2340号72頁。

3-2-1　賃貸借契約の締結

神谷　〔**図表 8**〕の上二段のとおり、売却や贈与、担保権設定はいずれも処分行為と考えられていますので[10]、共有者全員の同意が必要になります。問

10　処分には、物を物質的に変形・改造・破壊することと、法律的に譲渡・担保設定その他の処分行為をすることを含む（我妻173頁・215頁）。

206

題になるのは、**事案❹**とも深く関係する賃貸借関係かと思われますので、この点を整理していきましょう。

　賃貸借契約の締結は、昭和39年の最高裁判決[11]では管理行為と判示されていますので、持分の過半数の同意で足りるのが原則です。しかし、この最高裁判決では、単に「賃貸借契約の締結」について判断されただけで、それが602条の期間を超える賃貸借であったり、借地借家法の適用がある賃貸借であったりする場合に判断が異なるのか否かについての言及はありませんでした。この点、平成14年11月の東京地裁判決[12]では、602条の期間を超える賃貸借も、借地借家法の適用がある賃貸借も、いずれも賃貸人を長期間にわたって拘束する結果となることから個々の共有者にとっての利害が著しいことを理由に、変更行為に該当すると判断しています。

　また、〔**図表8**〕以外にも、602条の期間内の賃貸借契約の締結は持分の過半数の同意によって決することができる旨を判示した昭和50年の東京高裁判決[13]、一時使用の建物賃貸借契約の締結は持分の過半数の同意によって決することができる旨を判示した昭和38年の大阪地裁判決[14]、期間の定めのない建物所有目的の土地賃貸借契約の締結は処分行為にあたり共有者全員の同意が必要と判示した昭和39年9月の東京地裁判決[15]など、多数の裁判例があります。

内納　今の点ですが、平成14年11月の東京地裁判決は、長期賃貸借や借地借家法の適用がある賃貸借がすべて変更行為に該当すると指摘しているわけではなく、共有の商業ビルの賃貸借契約において賃貸による収益が各共有者に還元されるケースなど「持分権の過半数によって決することが不相当とはいえない事情がある場合には、長期間の賃貸借契約の締結も管理行為に当たる」と判示している点にご注意ください。

　なお、「持分権の過半数によって決することが不相当とはいえない事情

11　最判昭和39年1月23日集民71号275頁。

12　東京地判平成14年11月25日判時1816号82頁。

13　東京高判昭和50年9月29日判時805号67頁。

14　大阪地判昭和38年9月7日判タ152号66頁。

15　東京地判昭和39年9月26日判タ169号194頁。

第4章　共有物変更決定のレシピ

がある場合」としては、もともと賃貸用物件として建築された共有建物について賃借人が入れ替わるだけのケースなども想定できるでしょう。[16]

　また、共有私道にガス管や電柱を設置するため、インフラ事業者との間で数十年にわたる長期の借地契約を締結するようなケースでも、管理行為として持分の過半数の同意により設定することが可能という考え方があります。[17]

倉田　このあたりの判断基準はどのあたりにあるのでしょう。

内納　個々の事案ごとに、共有物の機能に変更を生じさせないか、共有者による使用収益に支障を来さないか、共有者間で共有物の使用方法について事前に明示または黙示の合意があったものと認められる事情があるか、などを考慮して判断されるべきであると考えられます。

中里　そうすると、実務上は平成14年11月の東京地裁判決を基本としながら、個別の案件ごとに持分の過半数の同意で足りるような、今、内納さんが指摘してくれたような個別事情が存在するかどうかを判断していく必要があるということですね。

3-2-2　賃貸借契約の解除

倉田　一方、賃貸借契約の解除についてはいかがでしょう。

神谷　昭和47年の最高裁判決[18]により、契約期間の長期短期、借地借家法の適用の有無にかかわらず、管理行為として持分の過半数の同意により有効に解除できるとしています。なお、解除後の明渡し請求については保存行為と考えられていますので、各共有者は貸主全員のために賃借物の全部の明渡しを求めることができます。[19]

内納　544条1項では、解除の不可分性が規定されていますが、この規定は賃貸借契約の解除には適用が排除されていると考えてよいのでしょうか。

16　部会資料51・7頁参照。

17　共有私道ガイドライン140頁。

18　最判昭和47年2月18日金法647号30頁。

19　最判昭和42年8月25日民集21巻7号1740頁。

> （解除の不可分性）
>
> 民第544条　当事者の一方が数人ある場合には、契約の解除は、その全員から又はその全員に対してのみ、することができる。
>
> 2　（略）

神谷　そうですね。昭和39年の最高裁判決[20]により、賃貸借契約の解除については544条１項の適用がないことが明確に示されています。

3－2－3　賃料の増減額ほか

倉田　賃貸借契約では、賃料を増額したり減額したりすることもありますが、これらの行為についてはいかがでしょう。

神谷　平成14年７月の東京地裁判決[21]ですが、賃貸人が複数人で共有しているサブリース物件に関する事案で、一部の共有者を除く持分の過半数にあたる共有者とサブリース業者との間で成立した賃料減額の合意は無効と判断した事案があります。

中里　この事案は、賃料減額変更の合意を原則として共有物の管理行為であるとしながらも、第１に「大規模ビルを目的とするサブリース契約においては、賃貸人である建物共有者の権利内容は賃料収受権のみであるといっても過言ではないところ、賃料の変更は共有者の権利に対して重大な影響を与えるものと考えられること」、第２に「本件賃貸借契約においては、賃貸借の中途解約権が契約上否定され、その反面、賃貸人は賃貸借存続期間中一定額の賃料を得ることを期待しうる地位にあること」、第３に「本件賃貸借契約においては、賃料の変更について『賃料は、租税公課の大幅な改定、その他経済情勢に著しい変動があった場合、この契約締結後３年経過するごとに改定できる』と定められており、これは、賃料変更の合意については、賃貸人である共有者全員の同意を要するとの内容を示したものと解すべきこと」等の個別事情を考慮した結果ですので減額合意はおしなべて変更行為に該当するすると単純に判断することはできませんが、他

20　最判昭和39年２月25日民集18巻２号329頁。

21　東京地判平成14年７月16日金法1673号54頁。

第4章　共有物変更決定のレシピ

の共有者の利害関係にどの程度の影響があるのかを、個々の事案ごとに判断しなければならないという点には注意しなければなりません[22]。

倉田　では、その一方で賃料増額変更ですが、こちらは共有者にとって不利益は生じないので、保存行為として各共有者が単独で行うことも可能と考えてよいでしょうか。

内納　確かに賃料を増額することは共有者全員にとって利益となるわけですが、しかし、賃料というのは賃貸借契約の重要な要素で、いわば契約の根幹ともいえます。そこで、平成28年の東京高裁判決では契約の要素である[23]賃料が変更されるということに照らし、増額変更であっても共有物の管理行為として持分の過半数の同意を要すると指摘していますので、ご注意ください。

神谷　なお、〔図表8〕には掲載していませんが、同じく賃貸人が複数人で共有する不動産賃借権について、賃借人がこの賃借権を第三者に譲渡する場合の賃貸人がする承諾は、管理行為として共有者である賃貸人の持分の過半数で足りるとした平成8年の東京地裁判決もあります[24]。

3-3　改正法による変更点

倉田　ここで、先ほどお示しした〔図表8〕に、改正法による変更点（下線部）を加えたものを〔図表9〕として掲げておきたいと思います。

〔図表9〕　共有物の変更・管理（改正法）

処分または変更行為 【全員の同意】	管理行為 【持分の過半数の同意】
譲渡（有償・無償不問）とその解除[*1]	軽微な変更行為（251条1項かっこ書・252条1項）
担保権の設定[*1]	

22　馬橋71頁参照。

23　東京高判平成28年10月19日判時2340号72頁。

24　東京地判平成8年9月18日判時1609号120頁。

物理的な変形・変造・破壊（例：建物の取壊し、農地の宅地化[*2]、山林の切り崩し）	改良行為（例：宅地の地ならし、建物の修繕（大規模なものは変更、軽微なものは保存）、車検）
借地借家法の適用がある賃貸借契約民法602条の期間を超える賃貸借契約[*3]	左記以外の賃貸借契約[*5]（短期賃貸借等について252条4項で明文化）
共同賃貸人がする賃料減額の合意[*4]	賃貸借契約全般の解除[*6]（解除後の明渡請求は保存[*7]）共同賃貸人がする賃料増額の合意[*8]

* 1 　最判昭和42年2月23日集民86号361頁。
* 2 　最判平成10年3月24日判時1641号80頁。
* 3 　東京地判平成14年11月25日判時1816号82頁。
* 4 　東京地判平成14年7月16日金法1673号54頁。
* 5 　最判昭和39年1月23日集民71号275頁。
* 6 　最判昭和47年2月18日金法647号30頁。
* 7 　最判昭和42年8月25日民集21巻7号1740頁。
* 8 　東京高判平成28年10月19日判時2340号72頁。

3－3－1　短期賃貸借等

倉田　具体的に、改正法により変更された条文を確認していきましょう。

神谷　はい。一つは現状の考え方を明文化しただけですが、252条4項で、602条の期間を超えない短期賃貸借については管理行為に該当することが明記されました。条文は次のとおりです。

（共有物の管理）
民第252条（略）
2・3（略）
4　共有者は、前三項の規定により、共有物に、次の各号に掲げる賃借権その他の使用及び収益を目的とする権利（以下この項において「賃借権等」という。）であって、当該各号に定める期間を超えないものを設定することができる。
一　樹木の栽植又は伐採を目的とする山林の賃借権等　10年

第 4 章　共有物変更決定のレシピ

> 二　前号に掲げる賃借権等以外の土地の賃借権等　5 年
>
> 三　建物の賃借権等　3 年
>
> 四　動産の賃借権等　6 箇月
>
> 5　（略）

神谷　なお、条文上は「賃貸借等」とありますが、この「等」には、602条の期間内の地上権と地役権も含まれます。しかし、永小作権については存続期間が20年を下回ることはできませんので（278条 1 項）、本条の対象には含まれません[25]。

中里　252条 4 項により、短期の賃貸借や地上権の設定は持分の過半数の同意があれば共有土地全体に設定できることが確認されましたが、登記申請の場面では、共有土地全体にこれらの権利を設定するには共有者全員の実印と印鑑証明が必要になりますから、登記を経由するためには、登記申請について同意が得られていない所在不明の共有者に対して登記手続請求訴訟を提起し、債務名義を得る必要があります。

　このあたりは、改正法施行前の取扱いが踏襲されれば実体法と手続法の乖離が生じてしまいますが、改正に伴う手続上の手当てはなされていますか[26]。

内納　通達により、持分の過半数を有する共有者が登記申請人となれば足りることが明らかにされました。なお、登記原因証明情報に共有物の持分の過半数により、共有物全体について短期賃貸借等を設定した旨を明らかにしなければなりません（令和 5 年第533号通達第 1 - 3(2)）。

倉田　そうすると、契約に関与していない共有者は、共有物に短期賃貸借等が設定されたことを知る機会がない、という事態も考えられそうですね。

神谷　この点については不動産登記規則183条 1 項 2 号の場合に準じ、登記申請人にならなかった共有者に対して「登記が完了した」旨が通知される取扱いとなりました。

25　部会資料27・7 頁。

26　部会第13回会議20頁〔山野目章夫部会長発言〕参照。なお、共有持分を目的とする賃借権設定登記は受理されない（昭和48年10月13日民三第7694号民事局長回答）。

中里 登記申請人とならない共有者が複数名の場合、同条 2 項が適用されることになるので、そのうちの一部の共有者に対してしか通知されないのでしょうか。

神谷 2 項の適用は排除され、登記申請人とならなかった共有者全員に対し通知されることとされました（令和 5 年第533号通達第 1 - 3 (3)）[27]。

（申請人以外の者に対する通知）

不登規第183条　登記官は、次の各号に掲げる場合には、当該各号（第 1 号に掲げる場合にあっては、申請人以外の者に限る。）に定める者に対し、登記が完了した旨を通知しなければならない。

一　表示に関する登記を完了した場合　表題部所有者（表題部所有者の更正の登記又は表題部所有者である共有者の持分の更正の登記にあっては、更正前の表題部所有者）又は所有権の登記名義人

二　民法第423条その他の法令の規定により他人に代わってする申請に基づく登記を完了した場合　当該他人

三　法第69条の 2 の規定による申請に基づく買戻しの特約に関する登記の抹消を完了した場合　当該登記の登記名義人であった者

2　前項の規定による通知は、同項の規定により通知を受けるべき者が二人以上あるときは、その一人に対し通知すれば足りる。

3・4　（略）

倉田 ところで、先ほど、602条の期間を超える賃貸借契約の締結であっても必ずしも共有者全員の同意を要するものではないという平成14年11月の東京地裁判決を紹介いただいたのですが、252条 4 項との関係では、602条の期間内の賃貸借契約であればいずれも持分の過半数の同意で有効に成立し、602条の期間を超える場合には、平成14年11月の東京地裁判決の枠組みの中で契約の有効性を判断していくという理解でよいのでしょうか。

内納 はい。持分の過半数の同意により共有物に関する602条の期間を超える賃貸借契約を締結した場合、その契約は原則としては無効と解されますが、持分の過半数の同意によって決することが不相当とはいえない特別の

27　共有物の管理者が選任されている場合の登記申請手続については、**第 5 章 5 - 3** 参照。

第 4 章　共有物変更決定のレシピ

　　　事情がある場合には変更行為にあたらないとする考え方もあることから、
　　　改正法では252条 4 項の規定にとどめ（〔**図表 9** 〕の下線部）、602条の期間
　　　を超える賃貸借の締結については、明文化せずに判例法理に委ねることと
　　　したわけです。[28]

神谷　契約に関与しなかった共有者を登記申請人としない場合でも登記が受
　　　理されるという通達による取扱いは、252条 4 項の規定を受けたものです
　　　ので、短期賃貸借等に限定されます。

　　　　602条の期間を超える賃貸借契約が共有者の過半数の合意により有効に
　　　成立するような事情があるケースであっても、短期賃貸借等に該当しない
　　　場合、共有者全員が登記申請人とならなければ登記が受理されない点に
　　　は、十分にご注意ください。

3 - 3 - 2　軽微な変更

神谷　次に、251条 1 項かっこ書と252条 1 項かっこ書で、変更行為に該当す
　　　る行為であっても、軽微な変更まですべて共有者全員の同意を必要とする
　　　のは非効率であるとの考え方から、一定の軽微な変更については持分の過
　　　半数の同意で足りるとする規定が新設されました（〔**図表 9** 〕の下線部）。
　　　　条文はこちらです。

　（共有物の変更）
民第251条　各共有者は、他の共有者の同意を得なければ、共有物に変更（そ
　の形状又は効用の著しい変更を伴わないものを除く。次項において同じ。）
　を加えることができない。
 2 （略）
　（共有物の管理）
民第252条　共有物の管理に関する事項（次条第 1 項に規定する共有物の管理
　者の選任及び解任を含み、共有物に前条第 1 項に規定する変更を加えるも
　のを除く。次項において同じ。）は、各共有者の持分の価格に従い、その過
　半数で決する。共有物を使用する共有者があるときも、同様とする。
 2 ～ 5 （略）

28　部会資料51・7頁。

内納 軽微な変更に該当するか否かの判断基準ですが、〔**図表10**〕[29]のように「形状の変更」と「効用の変更」の二つの観点から検討されることとなり、形状も効用もいずれも著しい変更とはいえない程度の変更行為に限って、管理行為と同視して持分の過半数の同意で決することができるようになります。

神谷 登記手続との関係では、共有土地の分合筆は改正前251条の変更行為に該当するため、共有者全員が申請人となるか、登記申請人とならない共有者の印鑑証明書付き同意書を添付しなければならないと解されていましたが[30]、251条・252条の改正を受け、共有土地の分合筆は軽微変更に該当するものとされたため、持分の過半数を有する共有者からの申請が可能となりました（令和5年第533号通達第1-1(2)）。

倉田 共有の土地や建物の表題登記、地目や種類の変更登記などはいかがですか。

神谷 これらはもともと保存行為と解されていますので共有者の一人からの申請が認められており、改正による変更点はありません。

倉田 登記申請人とならなかった共有者全員に対し登記完了の旨の通知がなされる点は、短期賃貸借等の設定登記の場合と同様でしょうか。

神谷 はい、不動産登記規則183条1項1号に準じて通知されます。この場合に同条2項の適用はないものとされましたので、登記申請人とならない共有者が複数名の場合でも全員に登記完了の旨が通知されます（令和5年第533号通達第1-1(5)）。

中里 合筆登記が完了すると、合併による所有権登記についての登記識別情報が通知されますが、合筆登記の申請人とならなかった共有者には通知されないのでしょうか。

神谷 はい。この点も通達により、登記申請人とならない共有者については登記識別情報が通知されないことが明記されています（令和5年第533号通達第1-1(4)）。

内納 法定相続分による相続登記や所有権保存登記などを保存行為として共

29　荒井49頁。

30　香川保一編著『新訂不動産登記書式精義(上)』（テイハン）272頁。

有者の一人から申請する場合も、登記申請人とならない共有者について登記識別情報は通知されませんので、これらと同様に考えるのが妥当でしょう。

中里 そうすると、以後の権利の登記を申請する際には、登記識別情報を失念したわけではなく、そもそも登記識別情報が通知されていないことを前提としなければならない点に注意しなければなりませんね。[31]

倉田 ところで、251条1項かっこ書の部分、つまり、軽微な変更にまで共有者全員の同意を必要としないとする改正条文については、従前の取扱いを変更したのか、あるいは従前の解釈を追認して明文化したのかという考え方の違いがあるようですね。[32]

内納 はい。この点は、たとえば共有物に物理的変更がある場合を例に考えてみると、改正前民法の条文をそのままあてはめれば、共有者全員の同意が必要ということになります。

　しかし、法務省と国土交通省が中心となって取りまとめた共有私道ガイドラインでは、「共有物に変更を加えることが軽微変更に当たるかどうかは、個別の事案ごとに、変更を加える箇所及び範囲、変更行為の態様及び程度等を総合して判断される」と指摘し、[33] 共有私道の補修工事等に関する支障事案における具体的な適用関係が示されています。

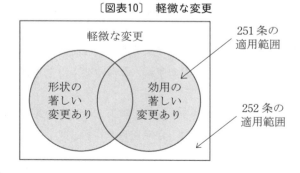

〔図表10〕　軽微な変更

31　共有物の管理者が選任されている場合の登記申請手続については、**第5章5-3参照**。
32　荒井50頁参照。
33　共有私道ガイドライン18頁。

3-3-3　共有私道ガイドライン

倉田　共有私道ガイドラインでは、共有物の軽微変更として、どのような具体例が紹介されていますか。

内納　公共下水管を私道の地下に設置する工事について、私道の地下の状態を物理的に変更するものではあるが、一般的に私道の機能についての変更は生じないことや、私道共有者自身も公共下水管を使用することからすると、利用権を設定する契約を締結して私道の地下に公共下水管を設置する行為は共有物の管理に関する事項にあたり、共有者の持分の過半数の同意で足りるとする例が紹介されています。[34]

神谷　共有の私道は、長年使い続けているうちにアスファルトが剥がれることもあると思いますが、もともと舗装工事が施されていた共有私道の一部が陥没したようなケースでは、穴をふさいで再舗装する程度の工事は保存行為として考えられ、各共有者が単独で行うことができるとされています。[35]

　　また、修繕のための全面的な再舗装についても、共有物の管理行為に該当するとして共有者全員の同意を要しないことを明確にしていますので、[36]共有私道の一部共有者の所在が不明である場合でも、他の共有者の同意により持分の過半数の賛同を得ることができれば再舗装を行うことが可能となります。

中里　再舗装は管理行為に該当するとしても、たとえば、砂利道の共有私道を舗装化することは「形状の著しい変更」に該当するから共有物の変更行為となり、共有者全員の同意が必要という理解でよいですか。

神谷　一般的に砂利道のアスファルト舗装は、砂利を除去して下層路盤・上層路盤を整備してアスファルト面を施工するなど、ある程度の形状の変更を伴うものではありますが、著しい変更を伴うものではないと考えられます。また、効用の面でも、通路としての機能を向上させるにとどまるものであることを勘案すると軽微変更にあたると考えられますので、変更行為

34　共有私道ガイドライン134頁。

35　共有私道ガイドライン62頁。

36　共有私道ガイドライン66頁。

第4章　共有物変更決定のレシピ

ではあるけれども251条1項かっこ書・252条1項の各規定により、やはり持分の過半数の同意で足りると指摘されています。[37]

倉田　そうすると、再舗装にしても新規の舗装工事にしても、共有私道を舗装することに関してはおおむね共有者の過半数の同意で決することができるか、あるいは保存行為として各共有者が単独で行うことができそうですので、老朽化した私道の修繕を円滑に進められることになりますね。[38]

3-3-4　区分所有法の規定

内納　軽微変更という点では、区分所有法17条1項との比較という観点から検討するとわかりやすいです。

倉田　どういうことでしょう。

神谷　先に、条文を確認しましょうか。区分所有法18条では、共用部分の管理については集会の議決によるとされ、区分所有法39条で集会の議事は区分所有者の頭数の過半数、かつ、議決権の過半数の同意で決することが原則とされています。

　一方、区分所有法17条1項で、共用部分の変更行為については、区分所有者の頭数の4分の3以上、かつ、議決権の4分の3以上の多数による集会の決議を要するとされ決議要件が加重されているのですが、区分所有法17条1項にはかっこ書があり「その形状又は効用の著しい変更を伴わないものを除く」と、今回の改正法である251条1項かっこ書と同じ文言の規定がおかれ、共用部分の軽微変更については管理行為に該当することが明記されています。

内納　区分所有法17条は、平成14年法律第140号によって改正された条文です。改正作業の担当者によれば、このかっこ書の文言は、形状または効用の著しい変更を伴わない修繕工事については、規模の大小や費用の多寡を問わず、一律に過半数の決議で決することができることとすることにより、老朽化が進んだ区分建物の大規模修繕を円滑に行うことができるようにする趣旨であると解説されています。[39]

37　共有私道ガイドライン71頁。

38　客観的に共有者に与える影響が軽微である場合には、物理的変更であっても持分の過半数により決定することが望ましいとの指摘がある（部会資料51・6頁参照）。

218

中里 工事の規模の大小や費用の多寡は不問とのことですから、「軽微変更」に該当する修繕工事はかなり広範囲なものを想定していると考えられますね。

内納 普通決議で足りるとされている具体例としては、マンションのIT化のための光ファイバーケーブルの敷設工事[40]、手すりやスロープの設置等のバリアフリー工事[41]、建物の基本的構造部分に対する著しい加工を伴わない耐震工事[42]などがあげられています。

一方、階段室をエレベーター室にする改修工事は形状の著しい変更に、集会室を廃止して賃貸店舗に転用する場合は効用の著しい変更にそれぞれ該当するため[43]、4分の3以上の同意を要すると指摘されています。

倉田 これらの例と、先ほどの砂利道の共有私道に新規で舗装工事を施工する場面とを比較衡量してみると、確かに砂利道を舗装化するのは共有物の変更行為に該当するけれども、区分所有法における大規模修繕の場合の「軽微変更」の範囲と比較すれば、舗装化する程度であれば持分の過半数の同意で足りると考えてもよいように感じられます。

内納 おそらく、改正区分所有法における議論の経過が、共有私道ガイドラインの結論にも少なからず影響を与えているのだろうと考えられますね[44]。

神谷 ただし、個々の行為が変更行為に該当するのか管理行為に該当するのかによっては、共有者全員の同意の要否に影響が生じることになります。仮に、変更行為に該当するものについて、管理行為であると考えて共有者の過半数の同意で足りるものとして処理した際に、後に同意していない共有者から損害賠償請求を求められることにもなりかねないわけですので、実務家の立場としては慎重な判断が必要になりそうですね[45]。

---

39 吉田21頁。

40 吉田25頁。

41 吉田26頁。

42 吉田27頁。

43 吉田24頁。

44 荒井48頁。

45 中間試案補足説明3頁。

第4章　共有物変更決定のレシピ

4　改正法施行前の解決策

4-1　賃貸借契約の解除

倉田　以上の検討事項を前提として、**事案❹**の解決策を模索していくことに
しましょう。改正法施行前には、どのような対応をされたのでしょうか。

中里　賃貸借契約の解除は共有物の管理行為に該当しますから、持分の過半
数の同意で有効に解除できます。

　相談者であるA・Bの持分を合計すると3分の2となり過半数に達しま
すので、行方不明者であるCの関与がない場合でも契約の解除は可能で
す。[46]

　事案❹でも、A・Bの2名から委任を受け、Dに対する建物明渡しと未
払賃料の支払いを求める訴訟を提起しました。

4-2　未払賃料の請求

神谷　未払賃料のことをここでうかがってもよいですか。

倉田　はい、どうぞ。

神谷　**事案❹**は、相続開始前から賃料の滞納があったとのことですよね。そ
うすると、賃料請求訴訟の訴状を起案するにあたって、相続開始前に生
じた未払賃料と、相続開始後に生じた未払賃料とに分けてそれぞれの性質
を検討しなければなりませんよね。

内納　さらに加えて、**事案❹**では遺産分割協議が成立していないとのことで
すが、遺産分割が成立して相続登記を経由する前後でも賃料債権の性質は
異なりますので、この点にも注意しなければなりません。

倉田　本章のテーマとは直接関係しませんが、実務上重要な論点となります
ので、ここで整理していきましょうか。

中里　まず、相続開始時にすでに発生していた未払賃料債権ですが、これは
遺産としての可分債権となりますので法定相続分に応じて当然に分割され
ます。つまり、遺産分割協議の対象にはなりません。このため、相続開始[47]

46　最判昭和47年2月18日金法647号30頁（**3-2-2**参照）。

47　最判昭和29年4月8日民集8巻4号819頁。

220

時にすでに発生していた未払賃料のうち、**事案❹**で請求可能な金額は A に分割して帰属した3分の1の部分と、同じく B に帰属した3分の1の部分だけで、依頼者ではない C の法定相続分相当額は請求できません。

次に、相続開始から相続登記までの賃料については、平成17年の最高裁判決[48]が次のような見解を示しています。すなわち、相続開始から遺産分割成立までの間に遺産である賃貸不動産を使用管理した結果生じる賃料債権は、遺産である賃貸不動産とは別個の財産であって、各共同相続人がその相続分に応じて分割単独債権として確定的に取得するとされています。また、各共同相続人が相続分に応じて賃料債権を確定的に取得することは、後になされた遺産分割の遡及効による影響を受けないとも指摘しています。

つまり、相続開始後の賃料債権は、賃貸不動産の所有権を相続する者がすべて取得できるものではなく、法定相続人が法定相続分に従って取得することになりますので、結論として A と B が取得した各3分の1の部分だけを請求できるという点では、相続開始前に生じた賃料債権と同じということです。結論は同じですが、遺産たる金銭債権が分割されるのと、そもそも自己の固有の権利として取得することとで、両者の性質が異なることになるわけですね。

最後に、遺産分割成立後の賃料債権ですが、これは賃貸不動産の所有権を取得した者に帰属します。しかし、賃借人に対し全額を請求するためには対抗要件を備えておく必要があるため（899条の2第1項）、遺産分割が成立しただけでは足りず、相続登記を経由しなければならないわけですね。

神谷　ありがとうございます。今のケースとは逆で、賃借人側から「大家さんが亡くなったようだけど賃料は誰に支払えばよいのか」と相談を受けるケースもよくあると思います。相続開始後の賃料債権が個々の相続人固有の権利ということですので、代表者1名に全額を支払ってしまうと、他の相続人から重ねて請求を受けた場合に支払いを拒むことができなくなり、

48　最判平成17年9月8日民集59巻7号1931頁。

第4章　共有物変更決定のレシピ

二重払いを強いられることになりますので、十分な注意が必要になりますね。

4-3　新たな賃貸借契約の締結

倉田　では、**事案❹**に戻りましょう。

　　賃貸借契約の解除は可能とのことですが、A・Bは新たな賃貸借契約の締結を希望しています。この点はいかがですか。

中里　A・Bが新たに締結しようとする契約は建物を目的とする賃貸借になりますので、借地借家法の適用があります。

　　先ほど紹介した平成14年11月の東京地裁判決[49]は、すべての普通借家権について共有物の変更行為に該当すると判示したわけではなく、居住目的の借家用建物として建築された建物の賃借人の入替えにすぎない場合は管理行為と評価できる余地もあることをご説明しましたが、平成14年11月の東京地裁判決では、契約に関与しない共有者に新たに長期間の法的拘束を強いる結果となることも評価したうえで変更行為とすべき旨を指摘していますので、実務上は、変更行為として対応するのが望ましいと考えます。

　　このように考えると、**事案❹**ではA・Bの2名だけで新たな入居者との間の賃貸借契約を有効に締結することはできません。

倉田　それでは、**事案❹**で新規の借家契約を有効に締結するには、どのような方法が考えられますか。

中里　一つは、Cのために不在者財産管理人の選任申立てをすることが考えられます。

　　また、もう一つの方法として、新たに締結する契約を借地借家法38条の定期借家契約とし、契約期間も252条4項3号で規定される3年を超えない期間と設定する方法が考えられます。定期借家契約には契約更新の規定が適用されませんので、契約期間が満了すれば自動的に契約は終了します。したがって、通常の借家契約のように賃貸人が長期にわたって契約に拘束されることがなくなるため、持分の過半数の同意で契約締結が決せられたとしても、反対あるいは決定に参加しない共有者に与える影響は一定

49　東京地判平成14年11月25日判時1816号82頁（**3-2-1**参照）。

の範囲に制限されることとなるからです。

　実際に、**事案❹**では、仲介業者にも事情を説明して定期借家契約による入居者の募集をすることになりました。

　なお、定期借家契約は契約更新をすることはできませんが、契約終了時に双方の合意で再契約を締結することは可能ですので、引き続き居住を希望する入居者にも対応できます。

神谷　ただし、定期借家契約を締結する際には公正証書等の書面を作成しなければなりませんし（借地38条1項）、契約締結に先立って、契約の更新がなく期間の満了により賃貸借が終了することについて、その旨を記載した書面を交付して説明する必要があったり（借地38条3項）、契約期間が1年以上の場合には契約終了の1年前から6か月前までの期間に、賃借人に対し、期間の満了により賃貸借契約が終了する旨を通知しなければならなかったり（借地38条6項）と、賃貸人にとっては煩雑な契約になります。

（定期建物賃貸借）

借地第38条　期間の定めがある建物の賃貸借をする場合においては、公正証書による等書面によって契約をするときに限り、第30条の規定にかかわらず、契約の更新がないこととする旨を定めることができる。この場合には、第29条第1項の規定を適用しない。

2　（略）

3　第1項の規定による建物の賃貸借をしようとするときは、建物の賃貸人は、あらかじめ、建物の賃借人に対し、同項の規定による建物の賃貸借は契約の更新がなく、期間の満了により当該建物の賃貸借は終了することについて、その旨を記載した書面を交付して説明しなければならない。

4・5　（略）

6　第1項の規定による建物の賃貸借において、期間が1年以上である場合には、建物の賃貸人は、期間の満了の1年前から6月前までの間（以下この項において「通知期間」という。）に建物の賃借人に対し期間の満了により建物の賃貸借が終了する旨の通知をしなければ、その終了を建物の賃借人に対抗することができない。ただし、建物の賃貸人が通知期間の経過後建物の賃借人に対しその旨の通知をした場合においては、その通知の日か

第4章　共有物変更決定のレシピ

> ら6月を経過した後は、この限りでない。
> 7～9　（略）

倉田　賃借人としても、必ず再契約できるという保障はないので契約締結に躊躇するケースも想定できます。そうすると、長期にわたって入居を希望する者からは敬遠されることとなり、入居者の選定に一定程度の障害が生じることは受け入れざるを得ないでしょうね。

中里　その点は、そのとおりだと思います。

内納　ちなみに、定期借家契約のほかにも、借地借家法39条1項の取壊し予定の建物の賃貸借、借地借家法40条の一時使用目的の賃貸借についても、その存続期間を252条4項3号で定める3年以内とする場合には、持分の過半数の同意で足りると考えられますね。[50]

5　改正法の活用

5-1　共有物変更決定の概要

倉田　改正法施行前における解決策を検討しましたので、次に、改正法による解決を図ることができないかを検討していきましょう。

　　事案❹では、251条2項の共有物変更決定の制度が利用できそうですね。共有物変更決定をざっくりと説明すると、共有者の中に所在不明の者がいる場合に、所在不明の共有者以外の他の共有者の同意を得て共有物に変更を加えることができる裁判を請求できる制度です。

　　これを事案❹にあてはめれば、A（またはB）がB（またはA）の同意を得たうえで、裁判所に対し、建物を目的とする普通借家契約を締結することの許可を求めることができそうです。

神谷　条文を確認しておきましょう。251条2項です。

50　部会資料40・4頁参照。

5　改正法の活用

（共有物の変更）

民第251条（略）

2　共有者が他の共有者を知ることができず、又はその所在を知ることができないときは、裁判所は、共有者の請求により、当該他の共有者以外の他の共有者の同意を得て共有物に変更を加えることができる旨の裁判をすることができる。

神谷　また、共有物の管理者が選任されている場合、共有物の管理者も共有物変更決定の申立てをすることができます（252条の2第2項）。

（共有物の管理者）

民第252条の2　共有物の管理者は、共有物の管理に関する行為をすることができる。ただし、共有者の全員の同意を得なければ、共有物に変更（その形状又は効用の著しい変更を伴わないものを除く。次項において同じ。）を加えることができない。

2　共有物の管理者が共有者を知ることができず、又はその所在を知ることができないときは、裁判所は、共有物の管理者の請求により、当該共有者以外の共有者の同意を得て共有物に変更を加えることができる旨の裁判をすることができる。

3・4　（略）

倉田　共有物の管理者については、共有物管理決定に関連しますので、次章で検討することにしましょう。[51]

5-2　共有物変更決定の要件と手続

5-2-1　所在等不明

倉田　続いて、要件を一つずつ検討していきましょう。

　「他の共有者を知ることができず、又はその所在を知ることができない」という点については、どの程度の調査が必要になりますか。

51　第5章5参照。

第 4 章　共有物変更決定のレシピ

内納　所在等不明共有者が個人の場合、住民票や戸籍、登記記録などの公文
　書の調査・取寄せはもちろん、これに加えて現地調査や近隣住民への事情
　聴取をした結果やＣが行方不明になった経緯等を報告書にまとめて裁判
　所に提出する必要があるのは、前章までに取り上げた所在等不明共有者の
　持分取得や所有者不明土地管理命令における所在不明の調査と同様です。
　また、調査の結果Ｃがすでに死亡していることが判明した場合には、Ｃ
　の相続人調査が必要になるのも同じです[52]。
　　以上の調査に加えて共有物変更決定の申立てにあたっては、他の知れた
　る共有者からも所在等不明共有者についての所在確認をし、それでもなお
　不明であることの疎明が求められます[53]。

倉田　法人の場合、個人の場合との違いがありますか。

内納　所在等不明共有者が法人の場合は、本店や主たる事務所が判明せず、
　かつ代表者の所在を知ることができないまたは代表者が死亡等により存在
　しないケースが想定できます[54]。
　　なお、立法過程では、本店や主たる事務所が判明しているが代表者が死
　亡等により存在しない法人も「所在等不明」と扱うことができるのではな
　いかとの議論もなされましたが[55]、このような法人には活動の実態があるた
　めその意思決定は法人の自治に委ねられるべきとの考え方から、採用され
　ませんでした[56]。

5-2-2　管　轄

倉田　管轄裁判所はどこになりますか。

神谷　非訟事件手続法85条１項１号に規定されており、共有物または準共有
　たる財産権の所在地を管轄する地方裁判所に専属します。

52　部会資料30・７頁、部会資料41・６頁。

53　部会資料59・８頁。

54　部会資料41・６頁。

55　部会資料30・７頁。

56　部会資料30・15頁参照。

5 改正法の活用

（共有物の管理に係る決定）

非訟第85条　次に掲げる裁判に係る事件は、当該裁判に係る共有物又は民法
（明治29年法律第89号）第264条に規定する数人で所有権以外の財産権を有
する場合における当該財産権（以下この条において単に「共有物」とい
う。）の所在地を管轄する地方裁判所の管轄に属する。

一　民法第251条第2項、第252条第2項第1号及び第252条の2第2項
（これらの規定を同法第264条において準用する場合を含む。）の規定によ
る裁判

二　民法第252条第2項第2号（同法第264条において準用する場合を含
む。第3項において同じ。）の規定による裁判

2～6　（略）

5-2-3　申立ての方法

倉田　具体的な申立ての方法も教えてください。

神谷　こちらは最高裁規則5条・6条に規定がありますので、条文を確認し
ましょう。

（申立書の記載事項）

裁規第5条　民法第251条第2項、第252条第2項及び第252条の2第2項
（これらの規定を同法第264条において準用する場合を含む。）の規定による
裁判に係る非訟事件の手続に関する申立書には、申立ての趣旨及び原因並
びに申立てを理由づける事実を記載するほか、次に掲げる事項を記載し、
申立人又は代理人が記名押印しなければならない。

一　当事者の氏名又は名称及び住所並びに法定代理人の氏名及び住所

二　申立てに係る共有物又は民法第264条に規定する数人で所有権以外の財
産権を有する場合における当該財産権（以下この条から第7条までにお
いて単に「共有物」という。）の表示

2　前項の申立書には、同項に規定する事項のほか、次に掲げる事項を記載
するものとする。

一　代理人（前項第1号の法定代理人を除く。）の氏名及び住所

二　申立てに係る共有物の共有者（申立人を除く。）の氏名又は名称及び住

227

第 4 章　共有物変更決定のレシピ

　　　所並びに法定代理人の氏名及び住所

　三　申立てを理由づける具体的な事実ごとの証拠

　四　事件の表示

　五　附属書類の表示

　六　年月日

　七　裁判所の表示

　八　申立人又は代理人の郵便番号及び電話番号（ファクシミリの番号を含む。）

　九　その他裁判所が定める事項

神谷　共有物変更決定の申立書には、申立ての趣旨、申立ての原因、申立てを理由づける事実とその証拠、当事者・代理人の氏名・住所、申立てに係る共有物の表示とその共有者の氏名・住所など、最高裁規則 5 条に掲げる各事項を記載することが求められています。

5-2-4　申立ての手数料

倉田　申立ての手数料としての貼用印紙額はいくらになりますか。

内納　申立ての対象となる共有物の数に1000円を乗じて算出します。

5-2-5　添付書類

倉田　次に添付書類を検討しましょう。

神谷　最高裁規則 6 条で、申立てに係る共有物が不動産の場合、登記事項証明書を添付しなければならないとされています。

（申立書の添付書類）

裁規第 6 条　申立てに係る共有物が不動産又は不動産に関する所有権以外の財産権である場合には、前条第 1 項の申立書には、当該不動産の登記事項証明書を添付しなければならない。

神谷　また、これに加えて資料の提出に関する一般規定が最高裁規則 2 条に定められていますので、こちらもあわせて確認しておいてください。

> （申立人に対する資料の提出の求め）
>
> 裁規第2条　裁判所は、前条の申立てをした者又はしようとする者に対し、当該申立てに関する申立書及び当該申立書に添付すべき書類のほか、申立てを理由づける事実に関する資料その他同条の手続の円滑な進行を図るために必要な資料の提出を求めることができる。

倉田　最高裁規則2条が、所在等不明共有者の所在が不明であることを証する書面等を提出しなければならない根拠条文となるのですね。

内納　ほかにも、所在等不明共有者の所在が不明であることを裏づける関係資料として、調査の過程で取り寄せた住民票や戸籍籍本等、返却された郵便物、他の共有者からの聴取事項をまとめた書面等の提出が求められていますね[57]。

中里　事案❹において共有物変更決定の申立てをする場合の申立書は、【書式16】のようになります[58]。なお、共有物が不動産の場合は「所有者・共有者の探索等に関する報告書」[59]の提出も求められますが、共有物が不動産以外の場合は任意の方法で探索状況等を申立書に記載すれば足ります。

　Bが借家契約を締結することについて同意していることは共有物変更決定の裁判が発せられる条件ですので、申立書にはBの実印を押印した同意書と印鑑証明書を添付しておくことで、円滑に手続が進行するのではないかと考えます。

57　東京地裁ウェブサイト「説明文書」欄の「所在等不明共有者がいる場合の共有物管理・変更の申立てについて」参照。

58　東京地裁ウェブサイト「申立書書式」欄の「所在等不明共有者共有物管理（変更）決定申立書」参照。

59　東京地裁ウェブサイト「申立書書式」欄の「所有者・共有者の探索等に関する報告書」（第1章【書式4】）参照。

第4章　共有物変更決定のレシピ

【書式16】　所在等不明共有者共有物変更決定申立書

所在等不明共有者共有物変更決定申立書

令和6年8月1日 *¹

静岡地方裁判所浜松支部　御中 *²

申立人　A　㊞ *³

貼用印紙　1000円

予納郵券　　　円

第1　当事者の表示 *⁴
　　　別紙当事者目録記載のとおり

第2　申立ての趣旨 *⁵
　　　申立人は、別紙共有物目録記載の共有物について、所在等不明共有者以外の共有者の同意を得て、別紙変更行為目録記載の行為をすることができる
　　　との裁判を求める。

第3　共有物の表示 *⁶
　　　別紙共有物目録記載のとおり

第4　共有物の共有者（申立人を除く。） *⁷
　　　別紙共有者目録記載のとおり

第5　申立ての原因（申立てを理由づける事実の記載※理由ごとに資料番号を付す） *⁵
　1　所在等不明共有者の所在等が不明となった経緯及びその探索状況等
　(1)　所在等不明共有者の所在等が不明となった経緯
　　　　所在等不明共有者は、令和3年8月頃から所在が知れなくなり、本日まで音信不通の状態が続いている。

5　改正法の活用

(2)　所在等不明共有者の探索状況等

■　　共有物が不動産の場合

別添「所有者・共有者の探索等に関する報告書」のとおり

□　　共有物が不動産以外の場合

所在等不明共有者の探索状況等は、以下のとおり

2　予定している変更行為の内容

別紙変更行為目録記載のとおり

3　本申立てに至った経緯・動機

ア　別紙共有物目録記載の建物（以下、「本件建物」という）は、登記記録上の前所有者である申立外亡Ｘの遺産である（添付書類2）。

イ　申立外亡Ｘは、令和5年10月3日に死亡し、申立人、共有者及び所在等不明共有者の3名が法定相続分各3分の1の割合によりその権利義務を承継した（添付書類4）。

ウ　申立人は、申立人、共有者及び所在等不明共有者のために、令和6年3月1日、本件建物について法定相続分に基づく相続登記を経由した（添付書類2）。

なお、前記相続登記は、相続人間による遺産分割協議の成立を前提とした登記ではなく、単に遺産共有の状態を登記記録上に公示したものにすぎない。

エ　申立人及び共有者は、本件建物について、別紙変更行為目録記載の行為をすることを希望している（添付書類5及び6）。

4　よって、申立ての趣旨記載の裁判を求める。

添付書類 *10・*11

□　1　資格証明書（法人の場合）*13

■　2　登記事項証明書（土地又は建物）*12

■　3　所有者・共有者の探索等に関する報告書（共有物が不動産の場合）

■　4　法定相続情報一覧図

■　5　共有者の同意書

■　6　印鑑証明書

■　7　所在等不明共有者の住民票

■　8　所在等不明共有者の戸籍謄本

第 4 章　共有物変更決定のレシピ

■　9　共有者 B の報告書[*14]

（別紙）

当事者目録

〒111-1112　静岡県浜松市東区小野一丁目 1 番12号（送達場所）
申立人　　　　　A　[*8・*9]

電　話　053-999-9990

Ｆ Ａ Ｘ　なし

（別紙）

共有物目録

1　建物　静岡県浜松市東区小野一丁目100番地 1 [*6]

家屋番号100番 1

居宅　木造瓦葺平家建　85.00平方メートル

申立人持分　 3 分の 1

所在等不明共有者持分　 3 分の 1

（別紙）

変更行為目録[*15]

1　別紙共有物目録記載の共有物について、下記(1)記載の者との間で下記(2)
記載の賃貸借契約を締結すること

(1)　住所　静岡県浜松市西区気賀一丁目 1 番 2 号
氏名　Ｙ

(2)　次の条項を契約の内容とする賃貸借契約

ア　契約期間　令和 5 年 7 月 1 日から 2 年間

イ　賃料　　　月額金 7 万5000円

ウ　支払時期　毎月末日までに翌月分を支払う

エ　敷金　　　金22万5000円

オ　特約　　　○○○○○○○○○○○○○○

（別紙）

共有者目録

住居所不明

（最後の住所）静岡県磐田市豊田5番地5

　　　　　所在等不明共有者　　C ^{*7}

〒222-2222　　静岡県浜松市西区中川二丁目2番2号

　　　　　共有者　　　　　　B ^{*7}

＊1　年月日（最高裁規則5条2項6号）。

＊2　裁判所の表示（最高裁規則5条2項7号）。

＊3　申立人または代理人の記名押印（最高裁規則5条1項柱書）。なお、代理人が選任
　　されている場合は代理人の氏名および住所も記載しなければならない（最高裁規則5
　　条2項1号）。

＊4　当事者の氏名または名称および住所。なお、法定代理人がいる場合は法定代理人の
　　氏名および住所も記載しなければならない（最高裁規則5条1項1号）。

＊5　申立ての趣旨、申立ての原因、申立てを理由づける事実（最高裁規則5条1項柱
　　書）。

＊6　申立てに係る共有物の表示（最高裁規則5条1項2号）。

＊7　申立てに係る共有物の共有者（申立人を除く）の氏名または名称および住所。な
　　お、法定代理人がいる場合は法定代理人の氏名および住所も記載しなければならない
　　（最高裁規則5条2項2号）。

＊8　申立人の郵便番号、電話番号、ファクシミリの番号。なお、代理人が選任されてい
　　る場合は代理人について記載しなければならない（最高裁規則5条2項8号）。

＊9　送達場所の届出（民訴104条）。

＊10　申立てを理由づける具体的な事実ごとの証拠（最高裁規則5条2項3号）。

＊11　附属書類の表示（最高裁規則5条2項5号）。東京地裁ウェブサイトに掲げられて
　　いる記載例では、申立てを理由づける具合的な事案ごとの証拠とまとめて記載されて
　　いる。

＊12　申立てに係る共有物が不動産である場合は、不動産の登記事項証明書を添付しなけ
　　ればならない（最高裁規則6条）。

＊13　法定代理権は書面で証明しなければならない（民訴規15条）。法定代理および法定
　　代理人に関する規定は、法人の代表者について準用する（民訴規18条）。

＊14　所在等不明共有者の所在が不明であることについて、他の共有者からの聴取報告書

第 4 章　共有物変更決定のレシピ

等を提供する必要がある。ここでは、他の共有者である B 自身が作成した報告書を添付している。

＊15　契約書案を別添する方法も考えられる。裁判所が締結しようとする賃貸借契約の全条項を検討したうえで共有物変更決定の判断をするのであれば、契約書案別添方式の方が妥当とも考えられる。

＊16　最高裁規則には「事件の表示」を記載すると規定されているが（最高裁規則 5 条 2 項 4 号）、東京地裁ウェブサイトに掲げられている記載例には特段の記載がない。

5-2-6　公　告

倉田　裁判所に申立書が提出された場合、その後の手続はどうなりますか。

神谷　非訟事件手続法85条 2 項に規定されています。

（共有物の管理に係る決定）

非訟第85条（略）

2　前項第 1 号の裁判については、裁判所が次に掲げる事項を公告し、かつ、第 2 号の期間が経過した後でなければ、することができない。この場合において、同号の期間は、 1 箇月を下ってはならない。

一　当該共有物について前項第 1 号の裁判の申立てがあったこと。

二　裁判所が前項第 1 号の裁判をすることについて異議があるときは、当該他の共有者等（民法第251条第 2 項（同法第264条において準用する場合を含む。）に規定する当該他の共有者、同法第252条第 2 項第 1 号（同法第264条において準用する場合を含む。）に規定する他の共有者又は同法第252条の 2 第 2 項（同法第264条において準用する場合を含む。）に規定する当該共有者をいう。第 6 項において同じ。）は一定の期間内にその旨の届出をすべきこと。

三　前号の届出がないときは、前項第 1 号の裁判がされること。

3 ～ 6 （略）

神谷　所在等不明共有者からの異議の届出の機会を確保するため、 1 か月を下らない期間を定めて公告をし、異議の届出期間内に適法な異議の届出がない場合、共有物変更決定の裁判がなされます。

中里　公告の方法は、所在等不明共有者の持分取得の裁判や所有者不明土地

5　改正法の活用

管理命令の場合と同じですか。

神谷　はい、最高裁規則4条で裁判所の掲示場に掲示し、かつ官報に公告することとされていますので、共有物変更決定の申立てをする際にも、官報公告料の予納が必要になります。

　　　東京地裁ウェブサイトによると官報公告料は基本額が7134円[60]で、共有物の数など申立ての内容によって変動するようですので、事案ごとに裁判所に確認してください。

（公告の方法等）

裁規第4条　公告は、特別の定めがある場合を除き、裁判所の掲示場その他裁判所内の公衆の見やすい場所に掲示し、かつ、官報に掲載してする。

2　（略）

神谷　公告事項は、非訟事件手続法85条2項に規定されている各項目のほか、最高裁規則7条で、申立人の氏名・住所、申立てに係る共有物の表示、所在等不明共有者の氏名・住所とされています。

（公告すべき事項）

裁規第7条　非訟事件手続法（平成23年法律第51号）第85条第2項の規定による公告には、同項各号に掲げる事項のほか、次に掲げる事項を掲げなければならない。

一　申立人の氏名又は名称及び住所

二　申立てに係る共有物の表示

三　当該他の共有者等の氏名又は名称及び住所

5-2-7　登　記

中里　共有物変更決定を求める共有物が不動産で、変更行為の内容が事案❹の賃貸借契約締結のように登記をすることができる権利の設定である場合、登記申請手続の取扱いはどうなりますか。

60　東京地裁ウェブサイト「説明文書」欄の「所在等不明共有者がいる場合の共有物管理・変更の申立てについて」参照。

第4章　共有物変更決定のレシピ

内納　この場合、所在等不明共有者以外の共有者全員が登記義務者となり、
登記権利者と共同して登記の申請をする必要があります。なお、所在等不
明共有者は登記申請人にはなりませんが、申請情報には登記義務者として
住所氏名を記載しなければなりません。

倉田　この場合の登記原因証明情報はどうなりますか。

内納　共有物変更決定に係る裁判書の謄本と確定証明書のほか、所在等不明
共有者を除く他の共有者が登記すべき権利の設定をしたことを証する情報
を提供しなければなりません。

神谷　251条2項の条文によれば、共有物変更決定の申立人である共有者
が、所在等不明共有者を以外の共有者全員からの同意を得たうえで、登記
権利者との間で権利の設定をしたことを証する情報でも足りるのでしょう
ね。

内納　はい、そのとおりです（以上につき、令和5年第533号通達第1-2(2)）。

中里　この場合、所在等不明共有者の印鑑証明書と登記識別情報の提供は不
要な一方、所在等不明共有者以外の共有者全員については印鑑証明書と登
記識別情報を提供しなければなりませんね。

5-3　共有物変更決定の効果

倉田　次に、共有物変更決定の裁判の効果について検討していきましょう。

内納　はじめに、共有物変更決定の裁判は、申立てを受けた裁判所が「申立
てに係る共有物について申立てに係る変更行為をすることを許可する」と
いう性質のものではなく、所在等不明共有者について「共有物の変更行為
に関する意思決定の手続から除外することを許可する」という性質の裁判
であることを確認しておきます。

中里　所在等不明共有者がいることが、共有者全員の同意が必要な共有物の
変更行為をすることの障害となり、この結果、共有物を市場で流通させる
ことができずに塩漬けとなってしまったり、共有物が不動産の場合には所
有者不明土地・所有者不明建物の温床となったりすることを防止しようと
する規定であると理解すればよいですね。

5-3-1　自己の持分を超える使用の対価

倉田　共有物変更決定の裁判は、手続としては簡単そうです。

236

5　改正法の活用

　　この裁判を受けることで、**事案❹**のＡ・Ｂは借地借家法の適用がある賃貸借契約を有効に締結することができますので、**事案❹**に適した選択肢ではないかと思います。

内納　手続選択については私も妥当と考えますが、実際に新たな入居者との間で賃貸借契約を締結した後に受け取ることとなる賃料の取扱いについては、249条２項に注意が必要です。

神谷　249条２項は、次のとおり規定されています。

（共有物の使用）

民第249条　（略）

２　共有物を使用する共有者は、別段の合意がある場合を除き、他の共有者に対し、自己の持分を超える使用の対価を償還する義務を負う。

３　（略）

内納　249条２項の規定によれば、**事案❹**で共有物変更決定の裁判があった場合、新たな入居者から受領する賃料のうち、Ｃの持分である３分の１に相当する額については、ＡまたはＢがいったんは受け取るものの、帰来したＣから請求があった場合にはＣへの支払いを拒むことができないことになります。

神谷　先ほど、相続開始から遺産分割協議が成立するまでの賃料債権は遺産とは別個の財産であって、各共同相続人がその相続分に応じて分割単独債権として確定的に取得するという判例の紹介がありました[61]。したがって、ＡがＣのために受領して預かっているＣの持分に相当する賃料は、Ｃ固有の財産ということになります。

　　Ａは、事務管理者（697条）として、Ｃのために、Ｃの持分に相当する賃料相当額を管理すべき立場にありますので、帰来したＣは、Ａに対してその引渡しを求める権利があり、ＡはＣからの引渡請求を拒むことはできません。

中里　Ａとしては、いつまでもＣのために管理し続けなければならないと

61　最判平成17年９月８日民集59巻７号1931頁（**4－2**参照）。

237

第 4 章　共有物変更決定のレシピ

いうのは負担となりますので、CのAに対する引渡請求権の時効消滅を
検討しておく必要がありそうですね。

神谷　債権の消滅時効については、166条 1 項で次のとおり規定されていま
す。

（債権等の消滅時効）

民第166条　債権は、次に掲げる場合には、時効によって消滅する。

一　債権者が権利を行使することができることを知った時から 5 年間行使
　しないとき。

二　権利を行使することができる時から10年間行使しないとき。

2 ・ 3 （略）

倉田　所在等不明共有者である C は、A に対し引渡請求権を行使できるこ
とを知り得ないですから、166条 1 項 1 号ではなく 2 号の適用場面という
ことになりますね。

中里　おそらくその結論でよいと思うのですが、C が異議の届出期間内に適
法な異議の届出をしない場合には申立てに係る共有物の変更があったもの
とされることが公告される（非訟85条 2 項）点に注目すれば、公告によっ
て C が「権利を行使できることを知った」と評価でき、166条 1 項 1 号が
適用されるという考え方はできませんか。

神谷　しかし、仮にそのような考え方によるとしても、C の A に対する引
渡請求権は、A が C に代わって C が受け取るべき賃料相当額を受領した
ことを知ったか否かが問題となるのであって、共有物変更決定の裁判が
あったことをもって直ちに A が C のために賃料を受け取ったことにはな
りません。

　したがって、公告があったとしても、A が C に代わって C の受け取る
べき賃料相当額を受領した事実を C は知り得ないため、166条 1 項 2 号が
適用されて C の A に対する引渡請求権は10年で時効消滅するとする結論
が妥当と考えられます。

倉田　次に、起算日はいつと考えればよいのでしょう。

内納　賃料の支払いは「翌月分を毎月末日までに前払いする」という特約が付されている場合が多いので、賃借人に債務不履行がないことを前提とすれば、たとえば令和4年7月分の賃料は令和4年6月30日までにCの分を含めてAが受領することになります。

　そうすると、Cが遅くとも令和4年7月1日（支払期限の末日である6月30日に賃料を受領した場合のその翌日（140条））からAに対する引渡請求権を行使することができることとなります。したがって、CのAに対する令和4年7月分の賃料相当額引渡請求権は令和14年6月30日の経過によって消滅時効が成立し、以後、1か月ごとに順次消滅時効が成立していくということになるでしょう。

倉田　ところで、賃料収入に関する確定申告についても疑問があります。

　AがCの賃料相当額をCに代わって受領した場合、Cに帰属する賃料相当額についての税務処理はどのように考えればよいのでしょう。

中里　以下は私見にすぎませんが、Aは自己の持分3分の1に相当する部分だけを収入として申告し、Cの持分相当額については預り金として負債の部に計上すればよいと考えます。

　本来であれば、Cについても確定申告が必要になるのですが、確定申告のために不在者財産管理人選任の申立てをする実益は少ないですし、仮に不在者財産管理人の選任申立てをするのであれば、共有物変更決定の裁判を利用せずに初めから不在者財産管理の選任申立てをすればよいことになります。したがって、Cが帰来した際にC自身に検討してもらえばよいでしょう。

　なお、Cが帰来せず、Cへの引渡義務が時効消滅した際には、AはCのための預り金相当額について利益を得たことになりますので、時効消滅した分についてその時点で収入に計上することになるでしょう。

内納　いずれにしても、実際にこのようなケースを取り扱う際には、税理士とも協議しながら慎重に対応する必要ありますね。

5-3-2　持分の喪失をもたらす行為

倉田　このほかに、共有物変更決定の制度を利用するに際して注意すべき事項はありますか。

第４章　共有物変更決定のレシピ

神谷　条文上は明記されていませんが、立法過程における議論として、持分の譲渡や担保権設定のように持分の喪失をもたらす行為は許可の対象に含まれないと解されている点には、注意が必要です。[62]

内納　先ほど、共有物の処分行為と変更行為はいずれも共有者全員の同意が必要であるとしても、両者の性質は区別して考える必要があることが指摘[63]されていましたが、ここでも、変更行為と処分行為は明確に区別しなければ[64]ならないわけですね。

中里　そうすると、**事案❹**でＡ・Ｂが新たな賃貸借契約の締結ではなく第三者への売却を希望するような場合であれば、共有物変更決定の制度は利用できず、別の方法を検討する必要があるのですね。

神谷　はい。そのような場合には、第１章で検討した所在等不明共有者の持分取得（262条の２）や所在等不明共有者の持分譲渡権限付与（262条の３）を検討しなければなりません。

　　　もっとも、この二つの制度は、いずれも共有物が不動産の場合しか利用できませんので、不動産以外の共有物の売却を希望するような場合には、改正法の各手続を利用しても解決を図ることができず、不在者財産管理人選任申立てをはじめとする改正前民法の規定による解決策を模索せざるを得ません。

6　他の制度との比較

6−1　改正法施行前の解決策との比較

倉田　最後に、**事案❹**において、改正法施行前における不在者財産管理人の選任を求める方法と、共有物変更決定の裁判を求める方法との比較検討をしてみましょう。

神谷　共有者であるＡやＢにとっては、不在者財産管理人の選任を求める

62　部会資料51・9頁。

63　最判昭和42年2月23日集民86号361頁（3−2参照）。

64　3−1参照。

6　他の制度との比較

よりも共有物変更決定の裁判を選択するほうが、はるかに利便性は高いと考えます。

　仮に、**事案❹**でＣのために不在者財産管理人の選任を求めた場合、不在者財産管理人の職務は共有物である建物について賃貸借契約を締結することに限定されず、負債を含めたＣの財産すべての管理に及ぶことになります。このため不在者財産管理人は、負債の存否やその額を調査しなければならないほか、金融機関に照会する等の方法によりＣの財産の全容を把握するように努めなければなりません。

　また、Ｃの債務超過が明らかとなった場合でも不在者財産管理人としての職務が終了するわけではありません。行方不明となった時点から７年が経過した後に失踪宣告（30条１項）の申立てをし、失踪の宣告がなされることによって管理業務が終了するのが原則となります。

　当然、この間、不在者財産管理人の報酬も発生しますが、Ｃの財産では報酬を賄うことができないことも予測でき、その場合には不在者財産管理人選任の申立人であるＡやＢが負担せざるを得ません。ＡやＢとしては、そこまでの金銭的負担を負う可能性があるにもかかわらず、あえて不在者財産管理人選任申立てを選択することは考えにくいのではないでしょうか。

6-2　所在等不明共有者の持分取得との比較

倉田　次に、**事案❹**において、第１章で検討した所在等不明共有者の持分取得（262条の２）を利用した場合と比較するとどうでしょう。

神谷　**事案❹**では、Ａ・Ｂ・Ｃが相続によりこの建物を取得した時期がいつであるのかがわかりませんが、遺産共有の事案で所在等不明共有者の持分取得の制度を利用するためには相続開始から10年が経過していなければなりませんね（262条の２第３項）[65]。

中里　すでに相続開始から10年を経過している場合でも、Ｃの共有持分の取得を希望するＡまたはＢは裁判所が定める額を供託する必要がありますので（非訟87条５項）[66]、共有物変更決定を利用する場合とのコストを比較検

65　第１章４-２-４参照。
66　第１章４-３-４参照。

241

第 4 章　共有物変更決定のレシピ

討すると、共有物変更決定を利用するほうがＡやＢの金銭的負担が少な
いものと考えます。

6-3　所有者不明建物管理命令との比較

倉田　第 2 章で検討した所有者不明建物管理命令（262条の 8 ）と比較した
場合はどうでしょう。

内納　Ｃの共有持分を対象として所有者不明建物管理命令が発せられるため
の要件は具備していると思いますが、所有者不明建物管理人の報酬の予納
が求められるなど、やはり共有物変更決定と比較するとコストの負担が大
きいように感じますね。

神谷　Ａ・Ｂの目的は新たな賃貸借契約の締結にあるのですから、わざわざ
報酬を予納して所有者不明建物管理人を選任してもらい、そのうえで選任
された管理人と共同して新たな賃貸借契約を締結するまでもなく、共有物
変更決定を得て直ちに新たな契約を締結する方が、コスト面でも時間の面
でも効率的です。

中里　このように多角的に検討してみると、事案❹のようなケースでは、共
有物変更決定の制度を利用するのが妥当と結論づけられます。

倉田　事案❹以外にも、共有物変更決定の制度を利用できそうなケースがあ
ると思いますが、この点は、第 5 章で取り上げる共有物管理決定（252条
2 項）の利用可能性とあわせて第 5 章の末尾で検討していますので、該当
箇所を参照してください。

第 5 章
共有物管理決定のレシピ

第 5 章　共有物管理決定のレシピ

1　はじめに

倉田　本章では、改正法施行前において解決に至った一つの相談事案を題材とし、改正法によって新設された規定である共有物管理決定（252条2項）による解決を図ることができないか、また、同制度が利用できるとした場合の要件や効果、さらに改正法施行前における解決策との比較検討を進めていきます。

　なお、第4章で取り上げた共有物変更決定（251条2項）と、本章で取り上げる共有物管理決定は、いずれも共有物の利用促進を図るという点で共通の目的があるところ、今回の改正法では、共有の規律についてもいくつかの改正が施されており、これらの改正論点は共有物変更決定・共有物管理決定のいずれを理解するうえでも不可欠な共通の前提情報となります。これら共有に関する規律のうちのいくつかについては第4章においてすでに検討済みですので、本章を読み進めるにあたっては、必要に応じて第4章の該当部分を参照していただくことで、より深く理解いただけるものと思います。

　また、本章の末尾では、共有物の管理に関連し、改正法によって新設された共有物の管理者（252条の2）の規定についても検討しています。また、共有物変更決定・共有物管理決定をあわせて、実務上の活用可能性についての検討も試みています。

2　事案❺の概要

倉田　本章も実際の事案に基づき検討を進めていきます。**事案❺**を紹介してください。

中里　**事案❺**をご紹介します（〔図表11〕）。

　A社は亡父（B）が創業したいわゆる町工場です。発行済株式の全部を創業者であるBが所有しており、取締役はBのほか、長年従業員として

勤務し現在は工場長を務めているGの2名だけです。GはBが町工場を立ち上げた当時からの従業員で、Bとは公私にわたる深い付き合いのある者であり、Bから請われて取締役に就任した経緯があります。

今般、Bが死亡し、その相続人は、妻（C）、事業の後継者である長男（D）、事業を手伝っている二男（E）、会社勤めの三男（F）の4名ですが、D・EとFとはBの生前から折り合いが悪く、Bが保有する株式の遺産分割も難航が予測されていました。Bはこのような事態を憂い遺言の作成を準備していたのですが、急激な体調の悪化により遺言を遺すことができないまま他界してしまったそうです。

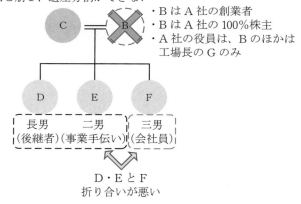

〔図表11〕 事案❺の関係図

Gは取締役ではありますが、その実体は名目上のものにすぎず、長年一緒にがんばってきたBが死亡したことを機に、後継者であるDに代表に就任してもらい、自身は取締役を辞任する意向をもっています。

Dは円滑な事業経営を第一とするためできることを迅速に進めたいと考えていますが、突然夫を失ったCは体調を崩しており、日常生活には支障がないものの、遺産の分配を考えることができるような精神状態にはないようですので、落ち着きを取り戻すまでは遺産分割協議が進められません。

第 5 章　共有物管理決定のレシピ

　　Dの意向に適う有効な法的手続はないでしょうか、との相談でした。

神谷　Cは体調を崩しているとのことですが、判断能力には問題はないのですか。

中里　夫の急死に直面し、一時的に精神不安を招いているにすぎませんので、直ちに成年後見制度を利用しなければならない状況ではありません。しかし、Dが遺産の話を持ち掛けると体調を崩すことが続き、「今は考えたくない」と繰り返しているそうです。

内納　自社株ということですので換金することもできませんし、一人株主が死亡したということはDを取締役に選任するための株主総会（会329条1項）を開催することすらできませんので、なかなか厄介な状況になりますね。

3　改正法施行前の解決策

3-1　共有株式の権利行使者の指定

倉田　事案❺では、どのような解決策を提案したのですか。

中里　今、指摘があったように一人株主が死亡しているため、相続人間で株式について権利行使者を決定し、早急にDを取締役に選任する方法を模索しなければならない状況です。

内納　株式の権利行使者を決める方法としては、株式について遺産分割協議をまとめる以外に何か方法がありますか。

中里　株式も相続によって法定相続分の割合に応じた遺産共有、この場合は準共有となり、株主としての権利は準共有者全員に帰属します（898条1項・899条）。相続開始と同時に当然に相続分に応じて分割されるわけではない点に、ご注意ください[1]。

　　一方、会社の運営上は、株主の頭数が増えるのは株式管理の面からもコストの面からも望ましくありません。そこで、会社法は、株式の準共有者

1　最判平成26年2月25日民集68巻2号173頁。

が権利行使する者１名を定めて会社に通知しなければ、以後の権利行使ができないという定めをおいています（会106条）。

（共有者による権利の行使）

会第106条　株式が二以上の者の共有に属するときは、共有者は、当該株式についての権利を行使する者一人を定め、株式会社に対し、その者の氏名又は名称を通知しなければ、当該株式についての権利を行使することができない。ただし、株式会社が当該権利を行使することに同意した場合は、この限りでない。

中里　この「権利行使者」を決定することは、判例[2]により共有物の管理行為に該当するとされていますので、持分の過半数の同意により決することができます。したがって、必ずしも相続人全員による遺産分割協議が調わなくても、６分の１の持分を有するＤは、６分の３の持分を有するＣの同意を得ることにより、持分の過半数である６分の４の同意を得ることができ、共有物の管理行為としてＤ自身を権利行使者と定めることが可能となります。Ｄが権利行使者となれば、株主総会における議決権もＤが単独で行使できることとなるため、Ｄ自身を取締役に選任してその旨の登記申請をすれば、事業執行面での問題は解決できます。

神谷　この点について、２点質問があります。

　　まず、仮に相続人の一部に未成年者がいる場合や、他の相続人を成年後見人とする成年被後見人が存在する場合に、権利行使者１名を定めて会社に通知することは利益相反行為に該当しないのでしょうか。

中里　判例[3]は利益相反に該当しないとしています。未成年者の親権者や成年後見人自身を権利行使者として指定する場合であっても結論は同じですので、特別代理人の選任（826条）や成年後見監督人による関与（860条）は不要です。

神谷　もう１点は、具体的に説明したほうがわかりやすいので、**事案❺**の

2　最判平成９年１月28日判時1599号139頁。

3　最判昭和52年11月８日民集31巻６号847頁。

第5章 共有物管理決定のレシピ

ケースで考えます。

　　C・Dの同意（6分の4）によってDを権利行使者に指定し、Dが株主総会でD自身を取締役に選任することについてこれを是とする議決権を行使することを想定します。この場合に、Dを権利行使者とすることに同意せず、Dを取締役に選任することにも反対であるFは、自身の意に反してDが株主総会において議決権を行使することについて異議を述べることはできないのでしょうか。

中里　この点について、判例は、仮に権利行使者を指定するための共有者間の協議において、株主総会における決議事項については逐一合意しなければならないとする共有者間内部の取決めがあった場合であっても、権利行使者として会社に通知された被選定者は、自己の判断に基づいて議決権を行使することができるとされています。

　　したがって、このケースで仮にFが株主総会決議の不存在または無効の確認の訴え（会830条）や株主総会決議の取消しの訴え（会831条）を求めたとしても、そのほかに特別の事情がない限りDの取締役選任決議は有効となります。

内納　会社法106条では、ただし書で「株式会社が当該権利を行使することに同意した場合は、この限りでない」と規定しているので、もう一人の取締役であるGがDを権利行使者とすることに同意しさえすれば、あえて権利行使者の通知をする必要はありませんよね。

　　多くの同族会社では、明示的であれ黙示的であれ、会社側から権利行使を同意するのが通常ではないでしょうか。

中里　会社法106条ただし書の同意自体は有効となりますが、判例では、会社による同意が有効であることと、株主による権利行使が適法であることとは別問題と解されている点に注意を要します。

　　共有に属する株式について会社法106条本文の規定に基づく指定や通知を欠いたまま当該株式についての権利が行使されたケースで、同判例は、当該権利の行使が民法の共有に関する規定に従ったものでないときは、株

4　最判昭和53年4月14日民集32巻3号601頁。

5　最判平成27年2月19日民集69巻1号25頁。

式会社が会社法106条ただし書の同意をしても、当該権利の行使は適法となるものではないとし、持分の過半数の同意により権利行使者を指定しなければ適法な権利の行使とは評価できないと指摘しています。

神谷　そうすると、**事案❺**では仮に取締役GがBからの権利行使に同意したとしても、株式の共有者であるC・D・E・F間で適法に権利行使者を定めていない場合、Fから、Dの取締役選任決議の効力を争われる可能性は否めないということになるのですね。

倉田　権利行使者の指定を模索したとのことですが、**事案❺**ではCの同意が得られなかったのですよね。Eの協力が得られるとしても、D・Eだけでは6分の2にしかならず、持分の過半数に達しませんね。

中里　はい。D・EからCに対し「遺産分割をするわけではない」と何度か説得をしてもらいましたが、Cの理解は得られませんでした。結果としてCがBの死を受け入れ、遺産の問題と向き合うことができるようになるには半年以上の時間がかかり、この間は、遺産である株式に手を付けることはできませんでした。

3-2　仮取締役の選任申立て

倉田　**事案❺**では、死亡したBのほかに取締役としてGが就任していましたが、実際には一人株主一人役員の会社も多く、このような会社では、株式の相続を急がないと役員がいない状態が継続してしまうことになりますね。

内納　取締役がいないということは、共有者間で有効に株式の権利行使者を定めて会社に通知したとしても、会社には意思表示の受領権限を有する者がいないため、会社への通知が効力を生じないことになってしまいます。[6]

倉田　このような場合には、どのような対応が考えられますか。

神谷　仮取締役の選任を求める方法が利用できませんか。

　　会社法では、役員が欠けた場合または役員の員数が欠けた場合（会346条1項）に、「裁判所は、必要があると認めるときは、利害関係人の申立てにより、一時役員の職務を行うべき者を選任することができる」（会346

6　最判平成9年6月17日民集51巻5号2154頁。

第 5 章　共有物管理決定のレシピ

条 2 項）とあり、選任された役員の報酬も裁判所が定めることとなっています（会346条 3 項）。

（役員等に欠員を生じた場合の措置）

会第346条　役員（監査等委員会設置会社にあっては、監査等委員である取締役若しくはそれ以外の取締役又は会計参与。以下この条において同じ。）が欠けた場合又はこの法律若しくは定款で定めた役員の員数が欠けた場合には、任期の満了又は辞任により退任した役員は、新たに選任された役員（次項の一時役員の職務を行うべき者を含む。）が就任するまで、なお役員としての権利義務を有する。

2　前項に規定する場合において、裁判所は、必要があると認めるときは、利害関係人の申立てにより、一時役員の職務を行うべき者を選任することができる。

3　裁判所は、前項の一時役員の職務を行うべき者を選任した場合には、株式会社がその者に対して支払う報酬の額を定めることができる。

4 ～ 8 （略）

神谷　事案❺で仮に G が取締役に就任していなかったとすると、唯一取締役である B の死亡によって「役員が欠けた」状態となり、後継者として会社の経営に従事する D は利害関係人に該当すると考えられますので、D から仮取締役の選任申立てをすることが可能ではないでしょうか。

中里　そのような対応が可能とはなりますが、それでも数か月は空白期間が生じてしまうことになるでしょうから、一人役員の会社には、私たちから将来のリスクを喚起することも重要となります。

倉田　ちょっと横にそれますが、会社法346条 2 項に基づき選任された仮取締役（条文上は「一時役員の職務を行うべき者」）の登記申請はどうなりますか。

内納　会社法の規定により、裁判所書記官が嘱託することとなっています（会937条 1 項 2 号イ）。

　　ちなみに、後日、株主総会において後任の取締役が選任された場合は、新たに選任された取締役から裁判所に対し、仮取締役選任決定の取消しを

求める申立てをします。取消決定があった場合の仮取締役の退任登記もまた、裁判所書記官の嘱託によると規定されています（会937条1項2号ハ）。

（裁判による登記の嘱託）

会第937条　次に掲げる場合には、裁判所書記官は、職権で、遅滞なく、会社の本店の所在地を管轄する登記所にその登記を嘱託しなければならない。

　一　（略）

　二　次に掲げる裁判があったとき。

　　イ　第346条第2項……の規定による一時取締役……の選任の裁判

　　ロ　（略）

　　ハ　イ又はロに掲げる裁判を取り消す裁判（次条第2項第2号に規定する裁判を除く。）

　　ニ・ホ　（略）

　三　（略）

2・3　（略）

4　改正法の活用

4-1　共有物管理決定の概要

倉田　次に、**事案❺**において、252条2項に新設された共有物管理決定の裁判を利用して解決を図ることができないかを、検討していきましょう。

神谷　条文を確認しましょう。

（共有物の管理）

民第252条　（略）

2　裁判所は、次の各号に掲げるときは、当該各号に規定する他の共有者以外の共有者の請求により、当該他の共有者以外の共有者の持分の価格に従い、その過半数で共有物の管理に関する事項を決することができる旨の裁判をすることができる。

第 5 章　共有物管理決定のレシピ

> 　一　共有者が他の共有者を知ることができず、又はその所在を知ることが
> 　　できないとき。
> 　二　共有者が他の共有者に対し相当の期間を定めて共有物の管理に関する
> 　　事項を決することについて賛否を明らかにすべき旨を催告した場合にお
> 　　いて、当該他の共有者がその期間内に賛否を明らかにしないとき。
> 3 ～ 5　（略）

倉田　252条 2 項 1 号の「他の共有者を知ることができず、又はその所在を
　知ることができない」という要件については、共有物変更決定と同じと考
　えればよいですね。

内納　はい。住民票や戸籍、登記記録などの公文書の調査・取寄せはもちろ
　ん、これに加えて現地調査や近隣住民への事情聴取をした結果や C が行
　方不明になった経緯等を報告書にまとめて裁判所に提出する必要があるの
　は、共有物変更決定を申し立てる場合と同じです。また、調査の結果 C
　がすでに死亡していることが判明した場合には、C の相続人調査が必要に
　なります[7]。

　　以上の調査に加えて、他の知れたる共有者からも所在等不明共有者につ
　いての所在確認をし、それでもなお不明であることの疎明が求められる点
　も同様です[8]。

　　さらに、所在等不明共有者が法人の場合は、本店や主たる事務所が判明
　せず、かつ代表者の所在を知ることができないケースまたは代表者が死亡
　等により存在しないケースの主に二つのケースが想定できる点も、共有物
　変更決定の場合と同じと考えてください[9]。

倉田　共有物変更決定と違うのは、252条 2 項 2 号ですね。

　　2 号の条文を読むと、共有物変更決定のように必ずしも共有者に所在等
　不明共有者がいるようなケースだけでなく、共有者全員の所在が判明して
　いる場合にも利用できるように読めますが、その理解で正しいですか。

7　部会資料30・7 頁、部会資料41・6 頁。

8　部会資料59・8 頁。

9　部会資料30・7 頁（15頁参照）、部会資料41・6 頁。

内納 そのとおりです。共有物管理決定は、一部の共有者の所在等が不明な場合の１号のケースと、他の共有者全員の所在が判明しているが一部の共有者の賛否が判明しない場合の２号のケースのいずれの場合にも利用できます。

一部の共有者の所在等が不明で、かつ一部の共有者の賛否が判明しないというようなケースでは、１号と２号の双方が適用されることになります。

中里 共有物変更決定は、所在等不明共有者がある場合に限って利用できる制度で[10]、共有物管理決定のように一部の共有者の賛否が不明であるだけで共有者全員の所在は判明している場合には、利用できませんでした。この点、共有物管理決定では、２号のように賛否不明共有者がある場合にも利用できるようになっていますが、この点はなぜですか。

内納 共有物の変更行為は、共有者に与える影響が重大であるからこそ、共有者全員の同意が要求されていると考えられます。共有者の一部が同意していなくても可能な管理行為とは、共有者に与える影響の程度が異なることが、共有者全員の所在が判明している場合に共有物変更決定を利用できない一つの理由となります[11]。

また、同意可能な状況にあるのにあえて意思表示をしなかった共有者を同意した者と同様に扱うのは、共有物の変更行為をするためには共有者全員の同意を要するとした251条１項の規定と矛盾する結果となることも、その理由の一つであると指摘されています[12]。

神谷 反対の意思表示をしないという消極的同意は、同意とみなすことができないということですね。

内納 一方、共有物管理決定の場合は、所在が明らかであるのに賛否の意思表示をしない共有者は、そもそも共有物の管理に対し無関心で利害関係も希薄であるし、共有物に関する判断を他の共有者に委ねているとも考えられることから、このような者を共有物の管理に関する事項の意思決定手続

10　**第４章５−２−１**参照。

11　部会資料41・２頁。

12　部会資料41・２頁。

第5章　共有物管理決定のレシピ

から除外したとしても、その共有者の合理的意思に直ちに反する結果にはならないであろうという指摘があります[13]。

中里　先ほど他の知れている共有者からも所在等不明共有者についての所在確認が必要との指摘がありましたが、所在等不明共有者と賛否不明共有者とが混在するようなケースでは、事前の申立人からの催告に対し、反対または回答のない共有者から手続への協力を得ることは困難な場合も少なくないものと思われますが、このような場合にも他の共有者全員に対する所在等不明共有者についての所在確認が必要になるのですか。

内納　このような場合には、所在確認ができない旨の上申書を提出すればよいものと考えられています。

倉田　ちなみに、共有物変更決定と同様に、共有物管理決定も遺産共有の場合でも利用可能ですよね。

神谷　はい、大丈夫です。相続開始から10年経過という要件もありません。

4-2　共有物管理決定の要件と手続

4-2-1　他の共有者への催告

倉田　続いて要件の確認をしていきましょう。252条2項の1号による申立ての場合と2号による申立ての場合で異なる点もあるでしょうから、そのあたりも整理していきます。

神谷　2号による共有物管理決定の裁判を求める場合、申立人となる者は、申立てに先立って、他の共有者全員に対し、共有物の管理に関する事項を決することについての賛否を明らかにすべき旨の催告をしなければなりません。

倉田　1号による申立ての場合は、このような催告は不要ですね。

神谷　はい。一部の共有者の所在等が不明の場合に適用されるのが1号ですので、所在等不明共有者に対し申立てに先立って申立人に催告させる実益はありません。

中里　事案❺にあてはめれば、申立人となるDが、他の共有者であるC・E・Fに対し、遺産共有となっているA社の株式について権利行使者をD

13　中間試案補足説明12頁。

254

と定めることについての賛否を求める催告をするわけですね。

神谷　はい、そのとおりです。

　　252条2項本文は「当該他の共有者以外の共有者の持分の価格に従い、その過半数で共有物の管理に関する事項を決することができる」と規定しています。

　　ここでいう「当該他の共有者」とは、1号の所在等不明共有者と2号の賛否不明共有者を指します。たとえば**事案❺**の場合で、Dからの催告に対し、Eは賛成の回答、いがみ合っているFからは反対の回答が届き、遺産について考えることのできないCからは催告期間内に回答が得られなかったというケースを想定してみると、無回答であったCが「当該他の共有者」に該当します。

　　「当該他の共有者以外の共有者の持分の価格に従い、その過半数」を算出することになりますので、「当該他の共有者」であるCの共有持分は、持分の過半数を算出する際の分母から除外されることになり、[14]あらためて残りのD・E・Fの持分の過半数の同意により、共有物の管理に関する事項を決することができることになります。

中里　そうすると、Fが反対したとしても、Eの同意が得られることによってD・Eで持分の過半数の同意（3分の2）があったことになるため、裁判所の決定により、Dを株式の権利行使者とすることが可能となるという結論になるわけですね。

倉田　少し条文が読みにくいですが、今、神谷さんが指摘したとおり、所在等不明共有者や賛否不明共有者は、過半数の算定をする際に分母から除外されると理解すればよいわけですね。

神谷　はい。そのように条文を読む必要があります。

倉田　1号と2号が混在するようなケースでは、どのように整理すればよいですか。

内納　〔図表12〕のケースで考えてみましょう。

　　共有者が甲・乙・丙・丁・戊の5名で、戊は所在不明です。甲から、所

14　荒井78頁。

第5章　共有物管理決定のレシピ

在の判明する乙・丙・丁の3名に対し催告をしたところ、催告期間内に乙からは賛成、丙からは反対の回答があり、丁は無回答であったとします。

　この場合、252条2項本文の「当該他の共有者」に該当するのは、1号による戊と、2号による丁の2名となります。

　したがって、裁判所は、戊と丁の2名を除外した残りの甲・乙・丙の3名のうち、甲・乙2名の同意によって共有物の管理方法を決することを許可することになります。

〔図表12〕　所在不明者と無回答者がある場合

甲〔催告者〕	乙（賛成）	丙（反対）	丁（無回答）	戊（所在不明）

中里　催告期間については条文では特に定めがないようですが、どのように考えればよいですか。

内納　立法過程の議論では、2週間程度の期間を想定しているようです。[15]

4-2-2　管　轄

倉田　次に、手続面も確認していきましょう。管轄は共有物変更決定の場合と同じですか。

神谷　はい、252条2項1号の所在等不明共有者がいる場合の手続については非訟事件手続法85条1項1号、252条2項2号の賛否不明共有者がある場合の手続については非訟事件手続法85条1項2号により、いずれの場合も共有物または準共有たる財産権の所在地を管轄する地方裁判所に専属します。

（共有物の管理に係る決定）

非訟第85条　次に掲げる裁判に係る事件は、当該裁判に係る共有物又は民法（明治29年法律第89号）第264条に規定する数人で所有権以外の財産権を有する場合における当該財産権（以下この条において単に「共有物」という。）の所在地を管轄する地方裁判所の管轄に属する。

15　部会資料56・8頁。

> 一　民法第251条第 2 項、第252条第 2 項第 1 号及び第252条の 2 第 2 項
> 　（これらの規定を同法第264条において準用する場合を含む。）の規定によ
> 　る裁判
> 二　民法第252条第 2 項第 2 号（同法第264条において準用する場合を含
> 　む。第 3 項において同じ。）の規定による裁判
> 2 ～ 6 （略）

4－2－3　申立ての方法

倉田　申立書の記載事項や添付書類についてはいかがですか。

神谷　申立書の記載事項は最高裁規則 5 条に規定されていますが、共有物変
　更決定と変わりはありません。

> （申立書の記載事項）
> 裁規第 5 条　民法第251条第 2 項、第252条第 2 項及び第252条の 2 第 2 項
> 　（これらの規定を同法第264条において準用する場合を含む。）の規定による
> 　裁判に係る非訟事件の手続に関する申立書には、申立ての趣旨及び原因並
> 　びに申立てを理由づける事実を記載するほか、次に掲げる事項を記載し、
> 　申立人又は代理人が記名押印しなければならない。
> 一　当事者の氏名又は名称及び住所並びに法定代理人の氏名及び住所
> 二　申立てに係る共有物又は民法第264条に規定する数人で所有権以外の財
> 　産権を有する場合における当該財産権（以下この条から第 7 条までにお
> 　いて単に「共有物」という。）の表示
> 2 　前項の申立書には、同項に規定する事項のほか、次に掲げる事項を記載
> 　するものとする。
> 一　代理人（前項第 1 号の法定代理人を除く。）の氏名及び住所
> 二　申立てに係る共有物の共有者（申立人を除く。）の氏名又は名称及び住
> 　所並びに法定代理人の氏名及び住所
> 三　申立てを理由づける具体的な事実ごとの証拠
> 四　事件の表示
> 五　附属書類の表示
> 六　年月日
> 七　裁判所の表示

第 5 章　共有物管理決定のレシピ

> 八　申立人又は代理人の郵便番号及び電話番号（ファクシミリの番号を含む。）
> 九　その他裁判所が定める事項

神谷　共有物管理決定の申立書には、申立ての趣旨、申立ての原因、申立てを理由づける事実とその証拠、当事者・代理人の氏名・住所、申立てに係る共有物の表示とその共有者の氏名・住所など、最高裁規則 5 条に掲げる各事項を記載することが求められています。

4-2-4　申立ての手数料

倉田　申立ての手数料としての貼用印紙額はいくらになりますか。

内納　申立ての対象となる共有物の数に1000円を乗じて算出します。

4-2-5　添付書類

倉田　次に添付書類を検討しましょう。

神谷　最高裁規則 6 条では、申立てに係る共有物が不動産の場合、登記事項証明書を添付しなければならないとされています。

> （申立書の添付書類）
> 裁規第 6 条　申立てに係る共有物が不動産又は不動産に関する所有権以外の財産権である場合には、前条第 1 項の申立書には、当該不動産の登記事項証明書を添付しなければならない。

神谷　これに加えて資料の提出に関する一般規定が最高裁規則 2 条に定められていますので、こちらもあわせて確認しておいてください。

> （申立人に対する資料の提出の求め）
> 裁規第 2 条　裁判所は、前条の申立てをした者又はしようとする者に対し、当該申立てに関する申立書及び当該申立書に添付すべき書類のほか、申立てを理由づける事実に関する資料その他同条の手続の円滑な進行を図るために必要な資料の提出を求めることができる。

中里　事案❺において共有物管理決定の申立てをする場合の申立書は、【書式17】のようになります。

倉田　申立書には共有物の管理に関する事項につき賛否を明らかにすべき旨を催告した書面等の資料の写しを提出しなければならないとされていますので、申立人が申立て前に他の共有者に催告したことを証するため配達証明書付きの内容証明郵便で催告を行い、これを添付書類として提出するのが円滑な進行に資するものと考えられますね。

神谷　事案❺において、Ｃの賛否が不明であるだけでなく、たとえばＦが所在等不明共有者である場合は、第４章で紹介した共有物変更決定の申立書【書式16】と添付書類を組み合わせて起案する必要があるのですね。

中里　はい、そのとおりです。したがってこの場合は、所在等不明共有者Ｆの所在が不明であることを裏づける関係資料として、調査の過程で取り寄せた住民票や戸籍籍本等、返却された郵便物、他の共有者からの聴取事項をまとめた書面等の提出が求められるほか、共有物が不動産の場合は「所有者・共有者の探索等に関する報告書」の提出も求められます。

【書式17】　賛否不明共有者の共有物管理決定申立書

賛否不明共有者の共有物管理決定申立書

令和６年８月１日 *1

静岡地方裁判所浜松支部　御中 *2

申立人　Ｄ　㊞ *3

16　東京地裁ウェブサイト「申立書書式」欄の「賛否不明共有者の共有物管理決定申立書」参照。

17　東京地裁ウェブサイト「説明文書」欄の「賛否不明共有者がいる場合の共有物管理の申立てについて」参照。

18　東京地裁ウェブサイト「説明文書」欄の「所在等不明共有者がいる場合の共有物管理・変更の申立てについて」参照。

19　東京地裁ウェブサイト「申立書書式」欄の「所有者・共有者の探索等に関する報告書」（第１章【書式２】）参照。

第 5 章　共有物管理決定のレシピ

貼用切手　1000円
予納郵券　　　円

第 1　当事者の表示[*4]
　　　別紙当事者目録記載のとおり

第 2　申立ての趣旨[*5]
　　　賛否不明共有者以外の共有者は、別紙共有物目録記載の共有物について、賛否不明共有者以外の共有者の持分の価格に従い、その過半数で別紙管理行為目録記載の行為をすることを決することができる
　　　との裁判を求める。

第 3　共有物の表示[*6]
　　　別紙共有物目録記載のとおり

第 4　共有物の共有者（申立人を除く）[*7]
　　　別紙共有者目録記載のとおり

第 5　申立ての原因（申立てを理由づける事実の記載※理由ごとに資料番号を付す）[*5]
　1　予定している管理行為の内容
　　　別紙管理行為目録記載のとおり
　2　本申立てに至った経緯・動機等
　　ア　別紙共有物目録記載の株式（以下、「本件株式」という）は、申立外亡 B の遺産である。
　　イ　申立外亡 B は令和 5 年10月 3 日に死亡し、共有者 C が 6 分の 3 、申立人、共有者 E 及び共有者 F の 3 名が各 6 分の 1 の割合によりその権利義務を承継した（添付資料 4 ）。
　　ウ　申立外亡 B は本件株式を発行する株式会社 A （以下、「A 社」という）の代表取締役でもあったところ（添付資料 5 ）、A 社では、申立外亡 B の後任取締役の選任手続をするため株主総会を開催したいと考えている。

260

エ　ところが、申立外亡ＢはＡ社の発行済株式の全部を所有していたところ（添付資料６）、申立人、共有者Ｃ、共有者Ｅ及び共有者Ｆの間で、本件株式についての遺産分割協議が調わず、会社法106条の権利行使者を定めることもできない。

3　賛否不明共有者に対する催告

ア　申立人は、令和５年11月１日、共有者Ｃ、共有者Ｅ及び共有者Ｆに対し、本件株式の権利行使者として申立人を指定することについて、催告書到達から２週間以内にその賛否を回答すべき旨を催告し（添付書類７の１乃至３）、同催告書は、同月３日、共有者Ｃ、共有者Ｅ及び共有者Ｆに到達した（添付書類８の１乃至３）。

イ　前項の催告に対し、共有者Ｅは同月５日に賛成の旨を、共有者Ｆは同月８日に反対の旨をそれぞれ回答したが（添付書類９の１及び２）、共有者Ｃは同月17日までに賛否を明らかにしなかった。

4　よって、申立ての趣旨記載の裁判を求める。

添付書類[10]・[11]

☐　1　資格証明書（法人の場合）[13]
☐　2　登記事項証明書（土地又は建物）[12]
☐　3　所有者・共有者の探索等に関する報告書（共有物が不動産の場合）
■　4　法定相続情報一覧図
■　5　Ａ社の会社全部事項証明書
■　6　Ａ社の株主名簿記載事項証明書
■　7の１乃至３　催告書[14]
■　8の１乃至３　配達証明書[14]
■　9の１及び２　回答書[14]

（別紙）

当事者目録

〒111-1111　静岡県浜松市東区広岡一丁目１番１号（送達場所）
　　　　　　申立人　　　Ｄ[8]・[9]

　　　　　　電　話　053-990-9990

261

第 5 章　共有物管理決定のレシピ

```
                    ＦＡＸ　なし
```

（別紙）

```
                    共有物目録
                              ＊6
  1　株式　株式会社Ａ発行の普通株式300株

                          申立人持分　　6分の1
                          賛否不明共有者持分　　6分の3
```

（別紙）

```
                    管理行為目録
  1　別紙共有物目録記載の共有物について、申立人を会社法第106条所定の当
    該株式について権利を行使する者と定めること
```

（別紙）

```
                    共有者目録
      〒222-2222　静岡県浜松市西区小松二丁目2番2号
                              ＊7
            賛否不明共有者　　　Ｃ
      〒333-3333　静岡県浜松市南区小林三丁目3番3号
                              ＊7
            共有者　　　　　　　Ｅ
      〒444-4444　静岡県浜松市北区小田四丁目4番4号
                              ＊7
            共有者　　　　　　　Ｆ
```

＊1　年月日（最高裁規則5条2項6号）。

＊2　裁判所の表示（最高裁規則5条2項7号）。

＊3　申立人または代理人の記名押印（最高裁規則5条1項柱書）。なお、代理人が選任
　　されている場合は代理人の氏名および住所も記載しなければならない（最高裁規則5
　　条2項1号）。

＊4　当事者の氏名または名称および住所。なお、法定代理人がいる場合は法定代理人の
　　氏名および住所も記載しなければならない（最高裁規則5条1項1号）。

＊5　申立ての趣旨、申立ての原因、申立てを理由づける事実（最高裁規則5条1項柱
　　書）。

＊6　申立てに係る共有物の表示（最高裁規則5条1項2号）。

＊7　申立てに係る共有物の共有者（申立人を除く）の氏名または名称および住所。なお、法定代理人がいる場合は法定代理人の氏名および住所も記載しなければならない（最高裁規則5条2項2号）。

＊8　申立人の郵便番号、電話番号、ファクシミリの番号。なお、代理人が選任されている場合は代理人について記載しなければならない（最高裁規則5条2項8号）。

＊9　送達場所の届出（民訴104条）。

＊10　申立てを理由づける具体的な事実ごとの証拠（最高裁規則5条2項3号）。

＊11　附属書類の表示（最高裁規則5条2項5号）。東京地裁ウェブサイトに掲げられている記載例では、申立てを理由づける具体的な事案ごとの証拠とまとめて記載されている。

＊12　申立てに係る共有物が不動産である場合は、不動産の登記事項証明書を添付しなければならない（最高裁規則6条）。

＊13　法定代理権は書面で証明しなければならない（民訴規15条）。法定代理および法定代理人に関する規定は、法人の代表者について準用する（民訴規18条）。

＊14　共有物の管理に関する事項につき賛否を明らかにすべき旨を催告した書面等の資料の写しを提出しなければならない。

＊15　最高裁規則には「事件の表示」を記載すると規定されているが（最高裁規則5条2項4号）、東京地裁ウェブサイトに掲げられている記載例には特段の記載がない。

4-2-6　公　告

倉田　公告についてはいかがですか。

神谷　共有物変更決定の場合とは異なり、公告が実施されるのは、所在等不明共有者がいる場合の252条2項1号による場合に限られます。他の共有者全員の所在が判明している2号による申立てがあった場合には公告が実施されず、他の共有者への通知がなされることになります。

（共有物の管理に係る決定）

非訟第85条（略）

　一　……第252条第2項第1号……の規定による裁判

　二（略）

2　前項第1号の裁判については、裁判所が次に掲げる事項を公告し、かつ、第2号の期間が経過した後でなければ、することができない。この場合において、同号の期間は、1箇月を下ってはならない。

　一　当該共有物について前項第1号の裁判の申立てがあったこと。

第 5 章　共有物管理決定のレシピ

　　二　裁判所が前項第 1 号の裁判をすることについて異議があるときは、当
　　　該他の共有者等（民法第251条第 2 項（同法第264条において準用する場
　　　合を含む。）に規定する当該他の共有者、同法第252条第 2 項第 1 号（同
　　　法第264条において準用する場合を含む。）に規定する他の共有者又は同
　　　法第252条の 2 第 2 項（同法第264条において準用する場合を含む。）に
　　　規定する当該共有者をいう。第 6 項において同じ。）は一定の期間内にそ
　　　の旨の届出をすべきこと。
　　三　前号の届出がないときは、前項第 1 号の裁判がされること。
　3 ～ 6 　（略）

倉田　公告が実施される場合における公告の方法や公告事項はいかがです
　　か。
神谷　最高裁規則 4 条で裁判所の掲示場に掲示し、かつ官報に公告すること
　　とされています。官報公告料の予納を求められることになるのも、共有物
　　変更決定の場合と同じです。また、公告の期間は 1 か月を下ることができ
　　ません。

　（公告の方法等）
　裁規第 4 条　公告は、特別の定めがある場合を除き、裁判所の掲示場その他
　　裁判所内の公衆の見やすい場所に掲示し、かつ、官報に掲載してする。
　2 　（略）

神谷　公告事項は、非訟事件手続法85条 2 項に規定されている各項目のほ
　　か、最高裁規則 7 条で、申立人の氏名・住所、申立てに係る共有物の表
　　示、所在等不明共有者の氏名・住所とされています。

　（公告すべき事項）
　裁規第 7 条　非訟事件手続法（平成23年法律第51号）第85条第 2 項の規定に
　　よる公告には、同項各号に掲げる事項のほか、次に掲げる事項を掲げなけ
　　ればならない。
　　一　申立人の氏名又は名称及び住所

二　申立てに係る共有物の表示
　　三　当該他の共有者等の氏名又は名称及び住所

4-2-7　他の共有者への通知

倉田　他の共有者全員の所在が判明している場合の252条2項2号による申
　　立ての場合に行われる「通知」について、もう少し詳しく教えてくださ
　　い。

神谷　所在等不明共有者はおらず、賛否不明共有者があるケースで共有物管
　　理決定が申し立てられた場合は、非訟事件手続法85条3項により、裁判所
　　から賛否不明共有者に対して、非訟事件手続法85条3項各号に掲げる事項
　　が通知されます。

（共有物の管理に係る決定）

非訟第85条　（略）

2　（略）

3　第1項第2号の裁判については、裁判所が次に掲げる事項を当該他の共
　　有者（民法第252条第2項第2号に規定する当該他の共有者をいう。以下
　　この項及び次項において同じ。）に通知し、かつ、第2号の期間が経過した
　　後でなければ、することができない。この場合において、同号の期間は、
　　1箇月を下ってはならない。
　　一　当該共有物について第1項第2号の裁判の申立てがあったこと。
　　二　当該他の共有者は裁判所に対し一定の期間内に共有物の管理に関する
　　　事項を決することについて賛否を明らかにすべきこと。
　　三　前号の期間内に当該他の共有者が裁判所に対し共有物の管理に関する
　　　事項を決することについて賛否を明らかにしないときは、第1項第2号
　　　の裁判がされること。

4～6　（略）

倉田　申立人による申立て前の催告と、裁判所による申立て後の通知が、重
　　ねて行われるということですね。

神谷　そのとおりです。

第 5 章　共有物管理決定のレシピ

中里　申立人による申立て前の催告に対して賛成または反対の意思表示をした共有者に対しては、裁判所からの通知は行われないのですね。

神谷　はい。非訟事件手続法85条 3 項で「当該他の共有者に通知し」と規定されていますので、賛否を問わず回答をした共有者への通知は行われません。

内納　非訟事件手続法85条の適用関係を整理すると、所在等不明共有者はいるが賛否不明共有者がいない場合は 2 項の公告のみ、所在等不明共有者はおらず賛否不明共有者がいる場合は 3 項の通知のみ、所在等不明共有者も賛否不明共有者もいずれもいる場合は、 2 項の公告と 3 項の通知の双方が必要となる、というように理解すればよいですね。

4 - 2 - 8 　登　記

中里　事案❺は株式に関する共有物管理決定ですので登記は関係しませんが、共有物管理決定を求める共有物が不動産で、管理行為の内容が短期賃貸借契約の締結[20]のように登記をすることができる権利の設定である場合、登記申請手続の取扱いはどうなりますか。

内納　この場合、所在等不明共有者・賛否不明共有者以外の共有者のうち、各共有者の持分の過半数を有する共有者らが登記義務者となり、登記権利者と共同して登記の申請をすることになります。なお、所在等不明共有者や賛否不明共有者は登記申請人にはなりませんが、申請情報には登記義務者として住所・氏名を記載しなければなりません。

倉田　この場合の登記原因証明情報はどうなりますか。

内納　共有物管理決定に係る裁判書の謄本と確定証明書のほか、所在等不明共有者と賛否不明共有者を除く他の共有者の持分の過半数により短期賃借権等が設定されたことを証する情報を提供しなければなりません（以上につき、令和 5 年第533号通達第 1 - 4 (2)）。

中里　この場合、所在等不明共有者・賛否不明共有者の印鑑証明書と登記識別情報の提供は不要な一方、所在等不明共有者・賛否不明共有者以外の共有者全員については印鑑証明書と登記識別情報を提供しなければなりませ

20　第 4 章 3 - 3 - 1 参照。

んね。

倉田　賛否不明共有者のように登記申請に関与していない共有者については、不動産登記規則183条1項2号に準じ登記官から「登記が完了した」旨の通知がなされる点は、第4章で検討した短期賃貸借等の設定登記の場面と同様に考えてよいのでしょうか。

神谷　はい、この点も通達で明らかにされています。登記申請人とならなかった共有者が複数の場合は、不動産登記規則183条2項が適用されずその全員に通知される点も同様です。

　　なお、所在等不明共有者には通知が不要とされました（以上につき、令和5年第533号通達第1-4(3)）。

4-3　共有物管理決定の効果

倉田　次に、共有物管理決定の裁判の効果について検討していきましょう。

内納　はじめに、共有物管理決定の裁判は、申立てを受けた裁判所が「申立てに係る共有物について申立てに係る管理行為をすることを許可する」という性質のものではなく、所在等不明の共有者や賛否不明共有者について「共有物の管理行為に関する意思決定の手続から除外することを許可する」という性質の裁判であることを確認しておきます。

中里　所在等不明共有者や賛否不明共有者がいることが、持分の過半数の同意が必要な共有物の管理行為をすることの障害となり、この結果、共有物を市場で流通させることができずに塩漬けとなってしまったり、共有物が不動産の場合には所有者不明土地・所有者不明建物の温床となったりすることを防止しようとする規定であると理解すればよいですね。

4-3-1　裁判の時期

倉田　共有物管理決定の裁判がなされる時期について、252条2項1号の申立ての場合と、2号の申立ての場合とに分けて検討してみます。

　　1号の場合、共有物管理決定の裁判はどのタイミングで発せられますか。

神谷　1号の手続は、所在等不明共有者がいる場合でした。この場合は、非訟事件手続法85条2項により、1か月を下らない期間を定めて公告が実施されます。この公告は、所在等不明共有者からの異議の届出の機会を確保

するために実施されるものですので、異議の届出期間内に適法な異議の届出がない場合、裁判所は、共有物管理決定の裁判をすることができます。

倉田　2号の場合はいかがでしょう。

神谷　2号の手続は、共有者全員の所在が判明しているが、一部の共有者の賛否が不明な場合でした。この場合は、非訟事件手続法85条3項により、賛否不明共有者に対し1か月を下らない期間を定め、期間内に回答を求める裁判所からの通知が発せられます。

　裁判所が定めた期間内に通知を受けた他の共有者から回答がなかった場合、裁判所は共有物管理決定の裁判をすることができます。

中里　1号と2号が混在するケースも考えられますが、その場合は、公告期間内に異議の届出がなく、かつ裁判所からの通知に対する回答期間内に回答がないことの双方を満たすことにより、共有物管理決定の裁判が発せられることになると理解すればよいですね。

4-3-2　異議の届出または賛否の回答があった場合

倉田　公告に対して所定の期間内に異議の届出があるか、あるいは、裁判所からの通知に対して所定の期間内に回答があった場合には、手続はどのように進行するのですか。

神谷　非訟事件手続法85条2項により、公告に対して適法な異議の届出があった場合には共有物管理決定の裁判をすることはできませんので、申立てがなかった状態に戻ります。

　一方、非訟事件手続法85条4項では、裁判所からの通知を受けた他の共有者が回答期間内に裁判所に対し賛否を明らかにした場合、回答をした他の共有者に係る共有物管理決定の裁判をすることができないと規定されています。

　（共有物の管理に係る決定）

非訟第85条　（略）

　2・3　（略）

　4　前項第2号の期間内に裁判所に対し共有物の管理に関する事項を決することについて賛否を明らかにした当該他の共有者があるときは、裁判所

は、その者に係る第1項第2号の裁判をすることができない。

5・6（略）

神谷　ここも、具体例に基づいて説明したほうがわかりやすいと思いますので、〔**図表13**〕のケースで考えてみましょう。

申立人甲からの申立て前の催告に対し、乙が賛成、丙が反対の回答をし、丁と戊が無回答であったとします。

甲からの共有物管理決定の申立てを受け、裁判所は、丁と戊に対し1か月を下らない期間を定めて期間内に賛否を明らかにすべき旨の通知をしました。この通知に対する丁と戊の対応方法ごとに結論を整理したのが〔図

〔**図表13**〕　複数の無回答者がある場合

甲〔催告者〕	乙（賛成）	丙（反対）	丁（無回答）	戊（無回答）

〔**図表14**〕　対応方法ごとの結論

丁の対応	戊の対応	裁判の可否	結　論
無回答	無回答	丁・戊につき可	3分の2の同意で可決
無回答	賛　成	丁につき可	4分の3の同意で可決
無回答	反　対		4分の2の同意で否決
賛　成	無回答	戊につき可	4分の3の同意で可決
反　対	無回答		4分の2の同意で否決
賛　成	賛　成	不　可	5分の4の同意で可決
賛　成	反　対		5分の3の同意で可決
反　対	賛　成		5分の3の同意で可決
反　対	反　対		5分の2の同意で否決

第5章　共有物管理決定のレシピ

表14〕です。

倉田　〔図表14〕の上から順にみていきましょう。まず、丁も戊も無回答の場合について説明してください。

神谷　この場合、裁判所は、丁・戊の2名を分母から除外する決定をすることができます。

　この結果、甲・乙・丙の3名のうち甲・乙2名の賛成が得られたこととなり、持分の過半数である3分の2の同意によって共有物の管理行為に関する事項を有効に決することができることとなります。

倉田　次に、丁または戊のいずれか一方から回答があった場合についても説明をお願いします。

神谷　いずれか一方から回答があった場合、非訟事件手続法85条4項の規定により、裁判所は回答のあった丁または戊については分母から除外する決定をすることができません。この結果、分母は4となりますので、賛成者が3名以上となれば持分の過半数に達します。

　甲・乙は賛成、丙は反対ですので、回答をした丁または戊が賛成であれば4分の3で過半数に達しますが、回答をした丁または戊が反対であれば賛成者は4分の2と過半数に達せず、賛成者の甲・乙だけでは共有物の管理に関する決定をすることはできません。

倉田　最後に、丁・戊のいずれも回答した場合についてもお願いします。

神谷　丁・戊がいずれも回答した場合、裁判所は丁についても戊についても分母から除外する決定をすることができません。したがって、この場合は、252条の2項の適用場面ではなく、1項によって処理されます。

　分母は5となり、やはり賛成者が3名以上となれば持分の過半数に達するところ、丁も戊も反対の場合は賛成者が5分の2と過半数に達しません。一方、丁または戊のいずれか1名が賛成すれば過半数に達することとなり、共有物の管理に関する決定をすることができます。

4-3-3　共有物を使用する共有者への影響

4-3-3-1　事実上の使用者の場合

中里　事案❺では、共有物管理決定を利用することにより解決を図ることができそうですが、たとえば事案❺でDが権利行使者となった後、これに

270

反対するFがEを取り込み、あらためてFを権利行使者とする共有物管理決定の申立てをしたようなケースを考えてみたいと思います。

　Fからの申立て前の催告に対しCは同様に無回答とすると、今度はE・Fの同意により、権利行使者をDからFに変更することについて共有物管理決定の裁判がなされることとなりますが、この場合、すでに権利行使者となっているDの利益を考慮する必要はないのでしょうか。

神谷　この点は、252条3項で処理されることになりますが、この点を理解するには1項から順に整理する必要がありますので、1項の条文から確認しましょう。

（共有物の管理）

民第252条　共有物の管理に関する事項（次条第1項に規定する共有物の管理者の選任及び解任を含み、共有物に前条第1項に規定する変更を加えるものを除く。次項において同じ。）は、各共有者の持分の価格に従い、その過半数で決する。共有物を使用する共有者があるときも、同様とする。

2〜5　（略）

神谷　ここもわかりにくい条文ですので、〔**図表15**〕に従ってご説明します。共有者をX・Y・Zとし、持分を各3分の1とします。

　まず、252条1項では共有者間の持分の過半数により管理行為を決定できるわけですが、その際「共有物を使用する共有者があるときも、同様とする」とあるのは、共有者間の持分の過半数の同意による決定によらず、事実上、つまり勝手に共有物を使用している共有者（〔**図表15**〕のX）がいる場合でも、その事実上共有物を使用しているXの承諾を得ることなく、持分の過半数、つまりY・Zの同意で管理方法を決めることができるとする規定です。[21]

21　中間試案補足説明4頁、部会資料51・7頁参照。

第 5 章　共有物管理決定のレシピ

〔図表15〕　共有者の承諾の要否

| X 事実上の使用者 | Y | Z |

⬇ X の承諾不要

| X | Y 決定による使用者 | Z |

⬇ 特別な影響あれば Y の承諾要

| X | Y | Z 決定による使用者 |

内納　ちなみに、252条 1 項の「共有物を使用する共有者があるときも、同様とする」という文言は、今回の改正によって加えられた部分ですね。

神谷　そうですね。また252条 1 項の「共有物の管理に関する事項」には、252条の 2 第 1 項で規定する共有物の管理者を決定することも含まれます（252条 1 項かっこ書）。

　　つまり、共有物を事実上使用している X がいる場合でも、X の意向にかかわらず、他の共有者である Y・Z の 2 名が同意することにより持分の過半数の同意が得られるため、共有物の管理に関する事項として当該共有物の管理者を X から Y に変更することを決することができるわけです。

倉田　この場合に Y は、共有物を事実上使用している X に対し、共有物の引渡請求ができるのですか。

神谷　持分の過半数の同意によって共有物の管理に関する事項が決せられた場合、仮に X が反対していたとしても X はこの決定に抗うことができませんので、Y からの引渡請求に応じざるを得ません。[22]

中里　X が Y からの引渡請求を拒むことができないとしても、仮にこの場

合に X が第三者に対し共有物を賃貸しているなど第三者の使用権を設定していた場合、Y は当該使用権を引き継がなければならないですよね。

神谷　共有物の借主が対抗要件を備えていることが条件ですが、共有物が不動産であり、登記なり借地借家法の規定に基づく対抗要件を備えてさえいれば、Y は X が設定した第三者の使用権を引き継ぐ義務があります[23]。

　　Y がこの使用権を解除したいのであれば、使用権設定契約の解除について、あらためて X・Y・Z の三者間で共有物の管理行為として契約解除の決定をしなければなりません[24]。

内納　ちなみにこの場合に、引渡請求を受けた共有物が不動産の場合で、X が固定資産税全額を負担していたようなケースでは、253条1項の規定により、X は、Y が負担すべき固定資産税相当額の求償債権を有しています。したがって、X は、同求償債権を被担保債権とする留置権を主張し、Y が X に対し相当額の支払いをするまでの間は引渡しを留置することができると考えられます[25]。

（共有物に関する負担）

民第253条　各共有者は、その持分に応じ、管理の費用を支払い、その他共有物に関する負担を負う。

2　（略）

中里　引渡請求を受けた X の対抗手段としては、権利濫用法理を主張したり、引渡しを拒むために共有物分割の訴えを提起したりすることが考えられますね[26]。

22　中間試案補足説明4頁、部会資料27・5頁。なお、共有物の持分の過半数を超える者であっても、共有物を単独で占有する他の共有者に対し、当然にはその占有する共有物の明渡しを求めることができないとするのが判例（最判昭和41年5月19日民集20巻5号94頁）の立場であるが、252条1項に従って共有物を独占的に使用する者を定めた場合には、同判例の指摘する「明渡しを求める理由」があることとなる。

23　部会資料51・7頁。

24　賃貸借契約の解除が共有物の管理行為に該当することについて、最判昭和47年2月18日金法647号30頁（第4章3-2-2参照）。

25　荒井57頁。

第 5 章　共有物管理決定のレシピ

4－3－3－2　協議・裁判に基づく使用者の場合

倉田　今までの説明が、〔**図表15**〕の一つめの矢印の部分「X の承諾不要」のところですね。続いて、252条 3 項の説明をお願いします。

神谷　以上のように、共有者間の決定に基づかずに、事実上、つまり勝手に共有物を使用していた共有者 X の承諾は不要なのですが、いったん共有者間の協議（252条 1 項）や共有物管理決定の裁判（252条 2 項）に基づいて Y を共有物の管理者とした場合に、その後にさらに管理者を、共有者間の協議（252条 1 項）や共有物管理決定の裁判（252条 2 項）に基づいて X や Z に再変更することを内容とする共有物の管理行為に関する決定をする際には、共有者間の決定に基づいて共有物を使用している Y について、252条 3 項を検討しなければなりません。

　つまり、X や Z への再変更が、共有者間の決定に基づいて共有物を使用している Y に「特別の影響」を及ぼすことには、Y の承諾が必要になるわけですね。252条 3 項の条文も確認しておきましょう。

（共有物の管理）

民第252条　（略）

2 　（略）

3 　前二項の規定による決定が、共有者間の決定に基づいて共有物を使用する共有者に特別の影響を及ぼすべきときは、その承諾を得なければならない。

4 ・ 5 　（略）

神谷　252条 3 項に「前二項の規定による決定」とあるので、 2 項の共有物管理決定の裁判があった場合だけでなく、 1 項で共有者間の持分の過半数による同意をもって管理行為の決定をした場合も対象となります。

倉田　今の説明が、〔**図表15**〕の二つめの矢印の部分「特別な影響あれば Y の承諾要」のところですね。

　勝手に使用していた X と、手続を踏んで管理者となった Y とでは、保

26　荒井57頁。

護の度合いが違うということだと理解しました。

中里　そうすると、**事案❺**で共有物管理決定の裁判に基づき共有株式の権利行使者となったDは、252条の2が規定する共有物の管理者に該当するため、その後にFがEと画策して権利行使者をFに再変更することを目的として共有物管理決定の申立てをした場合、Dにとっての「特別の影響」の有無を判断し、特別の影響がある場合には、Dの承諾がない限り、Cを分母から除外することを内容とする共有物管理決定の裁判が発せられないことになるわけですね。

4-3-3-3　特別の影響

倉田　次に検討しなければならないのは、どのような場合に特別の影響があると判断する必要があるのかという点になりますが、この点はいかがでしょう。

内納　特別の影響の有無を判断するための一つの要素は、共有物の利用方法を変更する「必要性」と「合理性」の有無です。またもう一つは、共有物[27]を使用する共有者の不利益と比較して、受忍限度を超えているか否かを考慮すべきであると説明されています[28]。

中里　単に共有物である建物に居住しているというだけでは特別の影響があるとはいえないというような議論もありましたよね[29]。

　　しかし、いずれの判断要素も抽象的な概念ですので、実際には個々のケースごとに検討するしかありません。

神谷　確か、不動産の場合で具体例が示されていましたよね。

内納　そうですね。

　　第1に「使用者の変更」があります。共有物が不動産の場合で、X・Y・Zが共有者、Yが共有者の過半数の同意によって当該共有地上にY名義の住宅を建築して共有地を使用している場合に、X・Zの意向によってこの土地を使用する共有者をZに変更するようなケースでは、Yの承諾が必要とされています[30]。

27　部会資料40・3頁。

28　中間試案補足説明5頁。

29　部会第9回会議5頁〔大谷太幹事発言〕。

第5章　共有物管理決定のレシピ

　第2に「使用条件の変更」があります。同じケースで、Yの使用期間を30年程度と長期間で定めていた場合に、X・Zの意向によって5年程度と大幅に短縮するようなケースでは、やはりYの承諾が必要とされています。[31]

　第3に「使用目的の変更」があります。X・Y・Zが共有する建物について、X・Y・Zの持分の過半数の同意によりYが店舗として使用する決定をし、現にYがこの建物を使用して事業を営んでいる場合に、X・Zの決定により居住目的とする変更をするようなケースでも、Yの承諾が必要とされています。[32]

倉田　今のケースで、Yが承諾する意思がない場合、XやZに対して何らかの対抗策を講じることは可能ですか。

内納　Yとしては、特別の影響が生じることとなるY自身が承諾していないことをもって共有物に係る管理行為は効力を生じないことを主張し、XやZに対し差止請求をするなどの対応が考えられますね。[33]

神谷　それにしても特別な影響の有無については明確な基準はないようですので、実際の判断の場面では苦労しそうです。

中里　そうですね。共有物の態様や特性というのは共有物ごとにすべて異なる事情があるため、一括りにルール化することには困難が伴います。そこで252条3項の趣旨としては、共有者間の定めに従って共有物を使用している共有者（〔**図表15**〕におけるYのような立場の者）がある場合に当該共有物に何らかの管理行為をしようとする際には、共有物を使用している者の同意を要するか否かを、「特別の影響」の枠組み中で柔軟に対処することができるようにしようとすることにあるわけですので、事案ごとに、先[34]ほど内納さんが説明してくれた必要性の要件、合理性の要件、共有物の使用者の不利益と受忍限度との比較衡量の3点を、具体的に検証せざるを得

30　部会資料40・3頁。

31　部会資料40・3頁。

32　部会資料40・4頁。

33　部会資料40・4頁。

34　部会資料40・3頁。

ないことになります。

倉田　この点は、実務の集積が待たれます。引き続き注視していきましょう。

神谷　252条3項の規定が新設されたことにより、共有者間の定めにより共有物を使用している共有者であっても、特別な影響がなければ、自らの同意なしに使用の中止を強いられることになるわけですよね。その意味からも、改正法は、共有物をより柔軟に活用できるようにすることで、共有状態を放置することによって所有者の不明化を招く要因となることを排除しようという意図がみられます。

5　共有物の管理者

5-1　概　要

倉田　今回の改正では、共有物の管理（252条）に関連して、共有物の管理者（252条の2）に関する規定が新設されました。**事案❺**で検討した共有株式の権利行使者も、共有物の管理者の一形態であると考えられます。

　　共有物の管理者の選任や解任は、共有物の管理に関する事項とされており（252条1項かっこ書）、共有物管理決定の対象ともなる事項ですので、ここで改正論点について整理しておきます。

　　まず、制度の概要を説明してください。

（共有物の管理）
民第252条　共有物の管理に関する事項（次条第1項に規定する共有物の管理者の選任及び解任を含み、共有物に前条第1項に規定する変更を加えるものを除く。次項において同じ。）は、各共有者の持分の価格に従い、その過半数で決する。共有物を使用する共有者があるときも、同様とする。
2～5　（略）

内納　共有物の管理者に選任された共有者以外の共有者は、共有物の管理者

第 5 章　共有物管理決定のレシピ

を選任する意思決定に加わることを通じて、以後の共有物の管理行為を選任された管理者に一任しようとする趣旨ですね。

　　共有者が多数の場合には、共有者間で必要があるたびに共有物の管理に関する意思決定をすることが煩雑ですし、意思決定をすること自体が障害となって共有物の塩漬けを招く事態も想定できますので、特定の管理者を選任して管理者に共有物の管理を委ねることは、共有者全員にとっての利益にも資するものと考えられます。

倉田　改正前民法では、共有物の管理者を選任することはできなかったのですか。

内納　共有者間の合意によって選任すること自体は可能と考えられていましたが、選任には共有者全員の同意を要するとする考え方もあったうえに、[35]管理者の権限や義務も明確ではありませんでした。[36]

　　改正法によって、以上の点が明確化されたことになります。

5-2　管理者の権限ほか

倉田　具体的な選任方法や管理者の権限について確認しましょう。

神谷　共有者の管理者に関する252条の 2 の条文は、次のとおりです。

（共有物の管理者）

民第252条の 2 　共有物の管理者は、共有物の管理に関する行為をすることができる。ただし、共有者の全員の同意を得なければ、共有物に変更（その形状又は効用の著しい変更を伴わないものを除く。次項において同じ。）を加えることができない。

 2 　共有物の管理者が共有者を知ることができず、又はその所在を知ることができないときは、裁判所は、共有物の管理者の請求により、当該共有者以外の共有者の同意を得て共有物に変更を加えることができる旨の裁判をすることができる。

 3 　共有物の管理者は、共有者が共有物の管理に関する事項を決した場合には、これに従ってその職務を行わなければならない。

35　遺産共有の場合、相続財産管理人選任には遺産共有者たる相続人全員の同意を要すると考えられている（東京地判昭和47年12月22日判時708号59頁、東弁333頁ほか）。

36　中間試案補足説明17頁。

4 前項の規定に違反して行った共有物の管理者の行為は、共有者に対して その効力を生じない。ただし、共有者は、これをもって善意の第三者に対 抗することができない。

神谷 共有者は、共有物の管理者を持分の過半数の同意によって選任、また は解任することができるとされました（252条1項かっこ書）。選任された 共有物の管理者は、共有物の管理に関する行為をすることができます （252条の2第1項本文）。また、選任された共有物の管理者は、共有物の形 状または効用に著しい変更を伴わない変更行為をすることもできます （252条の2第1項かっこ書）。ただし、形状・効用のいずれかまたは双方に 著しい変更を伴う共有物の変更行為は、他の共有者の同意を得なければ行 うことができません（252条の2第1項ただし書）。

中里 共有物の管理者が選任されていない場合には、共有物の管理に関する 事項は共有者間の持分の過半数の同意で決せられるところ、いったん共有 者間の持分の過半数の同意によって共有物の管理者を選任した場合は、以 後、共有物の管理に関する事項は選任された共有物の管理者が単独で行う ことができるということですね。

神谷 そのとおりです。ただし、単独で行うことができるのは管理行為の範 囲内に限られ、変更行為については共有者全員の同意を必要とすることに より、251条の規定との整合性を図っていることになります。

倉田 管理行為の範囲内であれば、たとえば短期賃貸借契約の締結（252条 4項により管理行為）のような法律行為についても、共有物の管理者が単 独で行うことができるのでしょうか。

神谷 はい。共有物の管理者の権限は事実行為にとどまりませんので、管理 行為の範囲内であれば法律行為も含まれます。この場合、他の共有者は共 有物の管理者がした法律行為に拘束されることになりますので、賃貸借契 約の締結の事案であれば賃借人が共有物を使用することを妨害することは できませんし、仮に妨害するようなことがあれば賃借人からの損害賠償請 求を拒むこともできません。

---

37 部会資料41・13頁。

第 5 章　共有物管理決定のレシピ

中里　252条の 2 第 3 項の規定は、管理行為の範囲内であれば原則として共有物の管理者が単独で行うことができるけれども、あらかじめ共有者間で共有物の管理に関する事項を決めていた場合には、共有物の管理者はこの決定に拘束されるというもので、この規定によって共有物の管理者とその他の共有者との利益調整が図られていると考えられます。

5－3　共有物の管理者による登記申請

倉田　短期賃貸借等の設定のほか、分筆や合筆についても共有物の管理行為として持分の過半数の共有者だけで登記申請をすることができることは第 4 章で検討済みですが[38]、共有物の管理者が選任されている場合、登記申請にはどのような影響が生じますか。

内納　共有物の管理者が選任されている場合、共有物の管理者を選任した共有者らが登記申請人になれば足り、その他の共有者は登記申請人となる必要がありません。また、共有物の管理者は、共有物の管理者を選任した共有者らの代理人として登記申請をすることができると解されています。

中里　共有物の管理者が共有物の管理者を選任した共有者らの代理人と解されるということは、結果として共有物の管理者だけで登記申請手続きを行うことができるということですね。

神谷　この場合、共有物の管理者についての代理権限証明情報はどのように考えればよいのでしょうか。共有物の管理者を選任したことを証する書面等がある場合でも、通常は登記申請権限まで明記されていないと思いますので、別途、登記申請権限を授与したことを証する情報を作成する必要があるのでしょうか。

内納　共有物の管理者は、共有物の管理者を選任した共有者らの法定代理人と解することができますので、選任した事実さえ証明できれば、選任行為の中に登記申請権限も当然に包含されているものと考えられます。したがって、登記申請権限の授権の事実を別途証明する必要はありません。

中里　共有物の管理者を選任したことを証する書面等について、共有物の管理者を選任した共有者らの印鑑証明書や電子証明書の提供は必要になるの

38　短期賃貸借等の設定につき**第 4 章 3 － 3 － 1**（令和 5 年第533号通達第 1 － 3 (2)）、分合筆につき**第 4 章 3 － 3 － 2**（令和 5 年第533号通達第 1 － 1 (2)）参照。

でしょうか。

内納　短期賃貸借等の設定や合筆の登記を申請する場合は必要になります。したがってこの場合、共有物の管理者を選任したことを証する情報が書面の場合には、共有物の管理者を選任した共有者らの実印を押印して印鑑証明書を添付することに加え、申請情報または司法書士や土地家屋調査士に対する代理権限証明情報に共有物の管理者の実印を押印し、共有物の管理者の印鑑証明書をも提供しなければなりません。

神谷　分筆の登記申請にはもともと印鑑証明書の提供は不要ですので、共有物の管理者についても、共有物の管理者を選任した共有者らについても、いずれも印鑑証明書の提供は不要になります（以上につき、令和5年第533号通達第1-3⑵⑷）。

倉田　登記識別情報の提供についてはどのように考えればよいでしょう。

内納　この点は通達に言及がありませんが、共有物管理決定のように裁判書を登記原因証明情報として提供するわけではないので、共有物の管理者についての登記識別情報を提供しなければならないことに加え、共有物の管理者を選任した共有者らに関する登記識別情報も提供しなければならないものと考えます。

5-4　管理者の職務違反と第三者保護

倉田　共有物の管理者が252条の2第3項の決定事項に反する管理をした場合は、どのように考えられていますか。

内納　252条の2第4項により、共有者に対してその効力は生じません。「効力を生じない」とは、共有物の管理者以外の共有者は、共有物の管理者が共有者間の決定事項に反してした利用方法を否定することができるという意味です。[39]

　一方、共有者は善意の第三者に対抗することはできない旨を規定し、外観法理に基づく第三者保護規定を設けていますが、この意味するところは、共有物の管理者以外の共有者は、共有物の管理者がした利用方法がたとえ共有者間の決定事項に反していた場合であっても、善意の第三者に対

39　部会資料41・14頁。

第 5 章　共有物管理決定のレシピ

してはその利用方法を否定することができないという意味です。[40]

倉田　少しイメージしづらいので、共有土地の管理者が共有者間の決定に反して第三者との間で短期賃貸借契約を締結したという想定で、あらためて解説してくれませんか。

内納　この場合、他の共有者との関係では賃貸借契約は無効となり、賃借人である第三者は当該共有土地を他の共有者に無断で使用する不法占拠者となるわけですが、当該第三者が当該共有土地について賃貸借契約を締結してはならない旨の共有者間の決定があったことを知らない場合、当該第三者は善意の第三者となりますので、当該第三者は適法に当該共有土地を使用していることとなり、他の共有者は当該第三者の使用を甘受せざるを得ないことになります。

6　共有物変更決定・共有物管理決定の活用可能性

6-1　共有不動産への活用

倉田　最後に、第 4 章の共有物変更決定とあわせ、新設された二つの裁判手続の活用案を検討してみたいと思います。

　　何か、アイディアはありますか。

神谷　所有者不明土地を流通させるという観点では、所在等不明共有者や賛否不明共有者がいるために持分の過半数の同意が得られない等の理由で土地が利用されないまま放置されているようなケースは、しばしば耳にします。

　　このようなケースでは、共有物管理決定を利用して、期間を 5 年以下とする駐車場、資材置場、公園や広場、市民農園などの目的で借地契約を締結することができるのではないでしょうか。

倉田　252条 4 項 2 号所定の期間内の土地賃貸借ですし、借地借家法の適用

40　部会資料41・14頁。

がある建物所有を目的とする借地契約の締結でもないので、共有物の変更行為には該当しません。したがって、共有物管理決定が利用できるケースになりそうですね。

神谷　はい。何の利用もされずに放置されているくらいなら、遊休地を活用することによって多少なりとも収益を得ることができますし、利用の仕方によっては地域住民のために活用できる方法もあると思います。

内納　いいアイディアだと思いますが、5年以下の土地の賃貸借であっても、これに伴い土地の形状や効用に著しい変更が生じる場合には、251条により共有者全員の同意が必要になることもある点に注意が必要ですね。[41]

　ケースによっては、共有物変更決定（251条2項）の申立てを検討しなければならない場面も想定できますが、この場合、共有物管理決定とは異なり、共有者全員の所在が判明しているが賛否の意思確認ができないという状況では申立ての要件を欠くことになりますので、少しハードルが上がることになります。

倉田　更地として放置されている土地を駐車場や資材置場等の目的で利用するという行為は、効用の著しい変更に該当するのでしょうか。

内納　従前の利用形態にもよると思いますが、単に更地として放置されていたということであれば効用の著しい変更には該当しないと考えます。[42] もしも、これが変更行為に該当するならば、どのような利用形態であってもおしなべて効用の著しい変更に該当してしまいます。

中里　先ほど市民農園として貸すというアイディアがありましたが、農地として賃貸する場合には、共有物管理決定とは別に農地法の許可が必要になるケースもあると思います。ことに市街化調整区域（都市7条）内の共有農地を、共有物変更決定や共有物管理決定の制度を利用して活用したいと考えても、ハードルは相当に高くなることが予測できます。

　一方、土地だけでなく、共有の空家を地域のためのコミュニティセン

41　第4章3-3-2参照。

42　共有私道ガイドライン70頁。なお、客観的に共有者に与える影響が軽微である場合には、物理的変更であっても持分の過半数により決定することが望ましいとの指摘がある（部会資料51・6頁参照）。

第5章　共有物管理決定のレシピ

ターや働く親をもつ子どものための民間学童保育のように、公益性のある
使用目的で地元の自治会やNPO法人等に利用してもらうことも検討でき
そうですね。

6-2　不動産以外の共有物への活用

神谷　この二つの制度は、**事案❺**のように不動産だけでなくあらゆる共有物
に適用される点を考えると、今すぐに思いつかないとしても、割と広い場
面での活用が模索できそうです。

内納　本章では共有株式を事案として取り上げましたが、中小企業の経営者
にとっては株式管理が悩みの種となっているケースもしばしば耳にしま
す。相続により遺産共有となった株式の処理については、**事案❺**で検討し
た権利行使者の届出以外の場面でも共有物管理決定の活用を期待できる場
面がありそうですので、引き続き検討していきたいと思います。

中里　不動産以外の共有物という点では、昨今話題の民事信託で、委託者を
高齢の父、受託者を同居の長男、受益者を委託者である父とその配偶者の
二人とし、委託者の預貯金を夫婦二人の老後の生活費や医療費、介護費な
どとして利用してもらうことを目的として信託財産とするようなケース
は、割とよく利用されていると思います。

　このように受益者が複数人となる契約では、信託受益権を複数の受益者
が準共有することになります。民事信託の場合には、信託受益権を譲渡し
たり質入れしたりするケースはあまり想定できませんが、商事信託の場合
は商取引の一環としてこれらの行為は日常行われています。このような
ケースで準共有者間の合意が形成できない事態が生じた場合も、本制度の
適用が検討できそうです。

内納　司法書士実務にはあまりなじみがありませんが、相続に伴う遺産共有
を含め、著作権や商標権のような知的財産権が準共有となっている場面へ
の適用も考えられますね。

6-3　所有者不明土地法との関係

中里　第2章で所有者不明土地法について言及しましたが、同法10条では、[43]

43　**第2章4-3-3**参照。

特定所有者不明土地を地域住民等の福祉や利便の増進のために利用したいと考える事業者は、都道府県知事に対し、特定所有者不明土地の使用についての裁定を申請することができることとされており、この特定所有者不明土地には、共有者の一部を確知できない共有地も含まれます。

　ところが、所有者不明土地法の裁定手続は、いかなる利用形態であったとしても所在が判明している共有者全員の同意が必要（不明12条2項・11条4項3号）である点など、事業者にとって手続上の負担が大きい制度であって活用は進んでいませんでした。

　これが、今回の改正により共有物変更決定や共有物管理決定が新設されたことで、土地の形状や効用の著しい変更を伴わない場合であれば、判明している共有者の持分の過半数の同意で手続が進められること、利用目的が地域住民等の福祉や利便の増進のための利用に限定されないことなど、裁定手続を利用するよりも事業者にとっての負担が大きく軽減されます。

　また、裁定手続に基づく土地使用権は登記の対象外である一方、共有物管理決定に基づき設定した賃借権は登記が可能ですので、公示の面からも利益が大きいと考えられます。

神谷　事業者が共有物管理決定の申立人となるためには、あらかじめ共有持分を取得しておかなければなりませんから、申立てに先立って一部の共有者の持分を買収しておく必要があるわけですね。

中里　自ら申立人となろうとすればそのとおりですが、協力を得られる共有者を補佐して決定手続の申立人となってもらうことも可能でしょうね。

内納　確かに、両者を比較すると共有者管理許可決定のほうが使い勝手ははるかによさそうですので、今後は所有者不明土地法10条の裁定手続の適用場面は、たとえば、共有者全員の所在等が不明であるなど、極めて限定的なケースに限られそうですね。

倉田　実務家として新たな制度の活用可能性を、さまざまな事案において模索していく姿勢が求められるものと考えます。

第6章
相続財産管理制度のレシピ

第6章　相続財産管理制度のレシピ

1　改正法施行前の相続財産管理制度

1-1　相続財産の管理

倉田　本章では、相続財産管理制度を検討していきます。

　本章の構成は他の章とは異なり、はじめに改正前民法と改正法の各条文を整理します。その後、事案に基づき改正前民法と改正法で対応方法がどのように変わるのかを検討してみたいと思います。

　まずは、改正前民法の下での相続財産管理制度について整理してみましょう。

神谷　相続が開始すると、相続人は、被相続人の一身に専属したものを除き被相続人の財産に属した一切の権利義務を承継します（896条）。

（相続の一般的効力）
民第896条　相続人は、相続開始の時から、被相続人の財産に属した一切の権利義務を承継する。ただし、被相続人の一身に専属したものは、この限りでない。

神谷　また、相続人は相続の承認または放棄をしたときを除き、その固有財産におけるのと同一の注意をもって、相続財産を管理しなければなりません（改正前918条1項）。

　なお、後ほど説明いたしますが、改正前918条2項・3項は改正法によって削除されました。[1]

（相続財産の管理）
改正前民第918条　相続人は、その固有財産におけるのと同一の注意をもって、相続財産を管理しなければならない。ただし、相続の承認又は放棄をしたときは、この限りでない。
2・3　（略）

1　2-1-2参照。

1 改正法施行前の相続財産管理制度

倉田　相続人が相続財産の管理をすることを期待できないようなケースも、実際にはよくありますよね。

神谷　はい。相続人の調査が完了していないため誰が相続人であるのか確定していない場合、相続人間の遺産分割協議が成立しないため相続財産の帰属先が決定していない場合、相続人全員が相続放棄をしたため相続人が不存在となった場合などのようなケースでは、相続財産の適切な管理が期待できません。

　そこでこれらの場合に、相続財産の散逸防止、財産的価値の保持等を目的として相続財産管理制度が設けられています。

中里　改正前民法では、場面ごとに相続財産の管理に関する規定がいくつか存在していましたよね。

神谷　はい。改正前民法では、相続財産管理に関する規定が七つ用意されています。

内納　改正前民法だけでなく、家事事件手続法にも規定があります。

中里　相続財産管理といっても、実務上は裁判所が相続財産管理人の選任をし、相続財産管理人によって相続財産を適正に管理させるケースがほとんどですね。

内納　そうですね。改正法によって新設された所有者不明土地管理制度や管理不全土地管理制度では、所有者不明土地管理人や管理不全土地管理人の選任が必要的であるとされています（264条の2第4項・264条の9第3項）[2]。

　一方、不在者財産管理制度や相続財産管理制度では必ずしも管理人を選任しなければならないわけではなく、裁判所は必要に応じて財産の供託、封印、競売、弁済等の行為を命じることも可能とはされていますが[3]、実際にはほとんどのケースで管理人が選任されているのが実情です。

1－2　相続人廃除の審判前（895条1項）

倉田　では、以下でも相続財産管理人の選任を前提として、条文ごとに各制度を比較検討してみましょう。

内納　条文の並び順でみていくと、最初に規定されているのは895条1項に

2　第2章4－2－1・第3章4－4－1参照。

3　中間試案補足説明55頁。

289

第 6 章　相続財産管理制度のレシピ

なりますね。

神谷　はい。相続人の廃除に伴い相続財産管理人が選任される場面です。条文を確認しましょう。なお、本条は改正の前後で変更はありません。

（推定相続人の廃除に関する審判確定前の遺産の管理）

民第895条　推定相続人の廃除又はその取消しの請求があった後その審判が確定する前に相続が開始したときは、家庭裁判所は、親族、利害関係人又は検察官の請求によって、遺産の管理について必要な処分を命ずることができる。推定相続人の廃除の遺言があったときも、同様とする。

2　第27条から第29条までの規定は、前項の規定により家庭裁判所が遺産の管理人を選任した場合について準用する。

神谷　推定相続人の廃除またはその取消しの審判が確定すると、相続開始の時にさかのぼって廃除または取消しの効力が生じることになります（893条・894条 2 項）。そうすると、廃除によって相続権を喪失するかもしれない者が相続財産を管理したり、逆に廃除が取り消されたことによって相続権を有することになるかもしれない者が相続財産の管理から除外されたりする可能性が生じます。

中里　廃除やその取消しの審判が確定するまでの間に、当該審判の対象となっている者やその関係人にとって希望しないあるいは予期しない相続財産の管理や処分がなされてしまうことにより、不測の損害を被る可能性も否めないのですね。

神谷　はい。そこでこのような場合には、親族や利害関係人、場合によっては公益的見地から検察官が、家庭裁判所に対し相続財産管理人[4]の選任申立てをすることができます。

内納　そうすると、本条により選任された相続財産管理人の職務は、廃除またはその取消しの審判が確定するまでの間に限り、相続財産を管理することとなりますね。

4　条文上は「遺産の管理」と表記されているが（895条 1 項、家事189条）、本書では相続財産管理人とする。

1　改正法施行前の相続財産管理制度

倉田　本条により選任された相続財産管理人は、相続財産を処分することは
　　できないのでしょうか。

神谷　本条2項が不在者財産管理人に関する27条～29条を準用していますの
　　で、家庭裁判所の許可を受けて相続財産を処分することも認められていま
　　す（28条）。

1-3　承認・放棄までの間（改正前918条2項）

倉田　続いて、改正前918条2項を紹介してください。

神谷　相続人は本来、自身が相続の承認または放棄をするまでの間、その固
　　有財産におけるのと同一の注意をもって相続財産を管理しなければならな
　　いところ（改正前918条1項）、適切な管理が期待できないために相続財産
　　の散逸、毀損等のおそれが生じうるようなケースでは、相続財産の保存を
　　目的として相続財産管理人の選任を求めることが認められています。

　　　条文はこちらです。

（相続財産の管理）

改正前民第918条　（略）

2　家庭裁判所は、利害関係人又は検察官の請求によって、いつでも、相続
　財産の保存に必要な処分を命ずることができる。

3　（略）

中里　本条による相続財産管理人は、成年被後見人が死亡したため成年後見
　　人として管理していた財産を成年被後見人の相続人に相続財産として引き
　　渡さなければならない場面で、相続人間で遺産分割協議が調わなかった
　　り、相続人が遺産の引受けを拒んだりしたケースにおいて何度か利用した
　　ことがあります。

内納　私が所属する事務所でも、相続人は存在するものの生前は一切付き合
　　いがない者が死亡し、勤務先の代表者が葬儀等を執り行ったケースで、葬
　　儀費用等の清算を目的として本条の相続財産管理人選任を求めた事案を経
　　験したことがあります。[5]

5　あかし124頁。

第6章　相続財産管理制度のレシピ

神谷　いろいろな場面で利用が検討できる規定ですね。

1-4　限定承認（改正前926条2項・936条1項）

倉田　次に、改正前926条2項と改正前936条1項に移ります。

　　いずれも限定承認に関する規定ですが、改正前936条1項から検討した
ほうが理解しやすいと思います。

神谷　では、改正前936条を確認しましょう。

（相続人が数人ある場合の相続財産の管理人）

改正前民第936条　相続人が数人ある場合には、家庭裁判所は、相続人の中か
　ら、相続財産の管理人を選任しなければならない。

2　前項の相続財産の管理人は、相続人のために、これに代わって、相続財
　産の管理及び債務の弁済に必要な一切の行為をする。

3　（略）

神谷　そもそも限定承認の申述は、相続放棄者を除く相続人全員が共同して
行わなければならないとされています（改正前923条）。

内納　限定承認とは、相続財産の限度で債務の弁済をするという特殊な手続
きとなりますので、相続人が複数人である場合にそのうちの一部の者が単
純承認した場合、他の相続人に限定承認の申述を認めてしまうと相続財産
に関する権利関係の複雑化を招き、単純承認と限定承認の両立が困難と
なってしまうためだと説明されていますね。[6]

神谷　そうですね。また、相続財産を処分して債務の弁済にあてることを前
提とする手続ですので、複数の相続人から共同して限定承認の申述があっ
た場合、申述人である相続人全員に相続財産を管理させると相続財産の処
分に支障が生じる可能性も否めません。

　　そこで、家庭裁判所は職権で、相続人のうちの一人を相続財産管理人に
選任しなければならないこととされています。

中里　そのほかの条文で規定されている相続財産管理人には法律の専門家が
選任されるケースがほとんどですが、本条の相続財産管理人は、相続人の

6　五右衛門23頁。

中から選任される点に注意が必要ですね。

内納　なお、本条の相続財産管理人は、最終的に相続財産を処分・換価して相続債権者や受遺者に弁済することを職務としているのであり、改正前918条2項のような相続財産の保存を目的として選任される相続財産管理人とはその性質が異なる点にも注意してください。

倉田　続いて、改正前926条2項をお願いします。

神谷　はい、条文はこちらです。

（限定承認者による管理）

改正前民第926条　限定承認者は、その固有財産におけるのと同一の注意をもって、相続財産の管理を継続しなければならない。

2　第645条、第646条、第650条第1項及び第2項並びに第918条第2項及び第3項の規定は、前項の場合について準用する。

神谷　改正前936条2項の相続財産管理人は、相続財産の処分・換価・弁済を職務として相続人の中の一人が選任される規定でした。一方、本条の規定は、限定承認をした相続人全員に対し改正前936条2項で選任された相続財産管理人による職務が完了するまでの間、相続財産を固有財産におけるのと同一の注意をもって管理する義務を課したうえで、そのような管理が期待できない場合には本条2項で準用する改正前918条2項により、相続財産の保存のために相続財産管理人の選任を求めることができるとした規定です。

内納　いずれも限定承認に関する規定ではありますが、選任の根拠規定によって換価・処分・弁済を職務とする相続財産管理人と、相続財産の保存を目的とする相続財産管理人との違いがあり、場合によっては両者が併存して選任されることもありうることになります。

中里　ちなみに、改正前936条2項の相続財産管理人とは異なり、本条を根拠に選任される相続財産管理人は相続人の中の一人である必要はなく、法律の専門家を選任することも可能ですね。

神谷　はい、そのとおりです。

第 6 章　相続財産管理制度のレシピ

1-5　相続放棄（改正前940条 2 項）

倉田　次は、改正前940条 2 項です。相続放棄に関する規定となりますね。

神谷　はい。先に条文を確認します。

（相続の放棄をした者による管理）

改正前民第940条　相続の放棄をした者は、その放棄によって相続人となった者が相続財産の管理を始めることができるまで、自己の財産におけるのと同一の注意をもって、その財産の管理を継続しなければならない。

2　第645条、第646条、第650条第 1 項及び第 2 項並びに第918条第 2 項及び第 3 項の規定は、前項の場合について準用する。

神谷　相続放棄をした者は、初めから相続人とならなかったものとみなされますが（939条）、本条 1 項により、その放棄によって相続人となった者が相続財産の管理を始めることができるまで、自己の財産におけるのと同一の注意をもって、その財産の管理を継続しなければなりません。

　　しかし、相続放棄をした相続人が相続財産の管理をしなかったり管理が不適切であったりする場合には、他の相続人等に不測の損害を与える可能性も否めませんので、このようなケースで相続財産管理人の選任を求めることができます。

内納　この場合の相続財産管理人も、先ほどの改正前918条 2 項の規定が準用されています。

1-6　相続財産分離（943条）

倉田　続いて943条です。相続財産の分離に関する規定ですね。

神谷　はい。相続財産から弁済を受けようとする相続債権者や、相続財産の引渡請求権を有する受遺者は、相続開始の時から 3 か月以内に、相続人の財産の中から相続財産を分離することを家庭裁判所に請求することができます（941条 1 項）。

内納　相続財産の分離は実務ではあまりなじみがないのですが、どのような場合に利用されるのですか。

中里　たとえば、相続債権を弁済金の引当てとしたい相続債権者や、相続財

産の引渡しを求める受遺者にとっては、相続財産と相続人の固有財産とが分別管理されていないことによって債権の全部または一部の弁済を受けることが困難となるおそれが生じることも想定できますので、このような場合に確実な弁済を保全する目的で相続財産の分離を求めることが可能です。[7]

神谷　家庭裁判所が相続財産の分離を認めたとしても、相続人が相続財産を適切に管理しない場合には相続財産の分離が無意味と化してしまうおそれもありますので、そのような場合を想定し、家庭裁判所は職権で相続財産管理人の選任をすることができます。

　　条文は次のとおりです。なお、本条は改正の前後で変更はありません。

（財産分離の請求後の相続財産の管理）

民第943条　財産分離の請求があったときは、家庭裁判所は、相続財産の管理について必要な処分を命ずることができる。

2　（略）

1−7　相続人不存在（改正前952条）

倉田　改正前民法の規定としては最後となる改正前952条です。

内納　相続人不存在に関する規定ですね。本条は、実務でもしばしば活用されていますので、経験されている方も多いと思います。

神谷　そうですね。相続人のあることが明らかでないときは、相続財産は法人となります（951条）。この場合、家庭裁判所は、利害関係人または検察官の請求により相続財産管理人を選任しなければならないこととなります。

（相続財産の管理人の選任）

改正前民第952条　前条の場合には、家庭裁判所は、利害関係人又は検察官の請求によって、相続財産の管理人を選任しなければならない。

7　最決平成29年11月28日判時2359号10頁。

第6章　相続財産管理制度のレシピ

> 2　（略）

中里　本条では、相続財産管理人の選任が必要的とされているのですね。

神谷　はい。家庭裁判所から選任された相続財産管理人は、相続財産法人の代表者となります。

1-8　遺産分割の審判前（家事200条）

倉田　最後に、家事事件手続法にも相続財産管理人に関する規定がありますので、こちらも確認しておきましょう。

神谷　家事事件手続法200条です。

> （遺産の分割の審判事件を本案とする保全処分）
> 家事第200条　家庭裁判所（第105条第2項の場合にあっては、高等裁判所。次項及び第3項において同じ。）は、遺産の分割の審判又は調停の申立てがあった場合において、財産の管理のため必要があるときは、申立てにより又は職権で、担保を立てさせないで、遺産の分割の申立てについての審判が効力を生ずるまでの間、財産の管理者を選任し、又は事件の関係人に対し、財産の管理に関する事項を指示することができる。
> 2～4　（略）

神谷　遺産分割審判の申立てがあった場合、または遺産分割調停の申立てがあったものの調停が成立せず審判に移行した場合の規定です。

　　審判が確定するまでの間、相続人による相続財産の管理がされず、または不適切である場合には、調停や審判による遺産分割が成立したとしても相続人の権利実現が困難になってしまうおそれも考えられるため、相続財産管理人が選任されます。

内納　関係者からの申立てによるほか、家庭裁判所が職権で相続財産管理人を選任することも可能である点を確認しておきましょう。

2 改正法における相続財産管理制度

倉田　次に、以上のとおり確認した改正前民法の規定が、改正法によってどのように整理されることになったのかをみていきましょう。

神谷　新旧対照表（〔図表16〕）を用いながら整理していきましょう。

〔図表16〕　相続財産管理制度新旧対照表

改正前民法	改正法
（推定相続人の廃除に関する審判確定前の遺産の管理） 第895条　推定相続人の廃除又はその取消しの請求があった後その審判が確定する前に相続が開始したときは、家庭裁判所は、親族、利害関係人又は検察官の請求によって、遺産の管理について必要な処分を命ずることができる。推定相続人の廃除の遺言があったときも、同様とする。 2　第27条から第29条までの規定は、前項の規定により家庭裁判所が遺産の管理人を選任した場合について準用する。	【改正による変更なし】
【新設】	（相続財産の保存） 第897条の2　家庭裁判所は、利害関係人又は検察官の請求によって、いつでも、相続財産の管理人の選任その他の相続財産の保存に必要な処分を命ずることができる。た

297

	だし、相続人が一人である場合においてその相続人が相続の単純承認をしたとき、相続人が数人ある場合において遺産の全部の分割がされたとき、又は第952条第1項の規定により相続財産の清算人が選任されているときは、この限りでない。 2　第27条から第29条までの規定は、前項の規定により家庭裁判所が相続財産の管理人を選任した場合について準用する。
（相続財産の管理） 第918条　相続人は、その固有財産におけるのと同一の注意をもって、相続財産を管理しなければならない。ただし、相続の承認又は放棄をしたときは、この限りでない。 2　家庭裁判所は、利害関係人又は検察官の請求によって、いつでも、相続財産の保存に必要な処分を命ずることができる。 3　第27条から第29条までの規定は、前項の規定により家庭裁判所が相続財産の管理人を選任した場合について準用する。	（相続人による管理） 第918条　相続人は、その固有財産におけるのと同一の注意をもって、相続財産を管理しなければならない。ただし、相続の承認又は放棄をしたときは、この限りでない。 2　【削除】 3　【削除】
（限定承認者による管理） 第926条　限定承認者は、その固有財産におけるのと同一の注意をもって、相続財産の管理を継続しなけ	（限定承認者による管理） 第926条　限定承認者は、その固有財産におけるのと同一の注意をもって、相続財産の管理を継続しなけ

2　改正法における相続財産管理制度

ればならない。 2　第645条、第646条、第650条第1項及び第2項並びに第918条第2項及び第3項の規定は、前項の場合について準用する。	ればならない。 2　第645条、第646条並びに第650条第1項及び第2項の規定は、前項の場合について準用する。
（相続人が数人ある場合の相続財産の<u>管理人</u>） 第936条　相続人が数人ある場合には、家庭裁判所は、相続人の中から、相続財産の<u>管理人</u>を選任しなければならない。 2　前項の相続財産の<u>管理人</u>は、相続人のために、これに代わって、相続財産の管理及び債務の弁済に必要な一切の行為をする。 3　第926条から前条までの規定は、第1項の相続財産の<u>管理人</u>について準用する。この場合において、第927条第1項中「限定承認をした後5日以内」とあるのは、「その相続財産の<u>管理人</u>の選任があった後10日以内」と読み替えるものとする。	（相続人が数人ある場合の相続財産の<u>清算人</u>） 第936条　相続人が数人ある場合には、家庭裁判所は、相続人の中から、相続財産の<u>清算人</u>を選任しなければならない。 2　前項の相続財産の<u>清算人</u>は、相続人のために、これに代わって、相続財産の管理及び債務の弁済に必要な一切の行為をする。 3　第926条から前条までの規定は、第1項の相続財産の<u>清算人</u>について準用する。この場合において、第927条第1項中「限定承認をした後5日以内」とあるのは、「その相続財産の<u>清算人</u>の選任があった後10日以内」と読み替えるものとする。
（相続の放棄をした者による管理） 第940条　相続の放棄をした者は、その放棄<u>によって相続人となった者が相続財産の管理を始めることができるまで</u>、自己の財産におけるのと同一の注意をもって、その財産の<u>管理を継続</u>しなければならない。	（相続の放棄をした者による管理） 第940条　相続の放棄をした者は、その放棄<u>の時に相続財産に属する財産を現に占有しているときは、相続人又は第952条第1項の相続財産の清算人に対して当該財産を引き渡すまでの間</u>、自己の財産におけるのと同一の注意をもって、その

第6章　相続財産管理制度のレシピ

	財産を保存しなければならない。
2　第645条、第646条、第650条第1項及び第2項並びに<u>第918条第2項及び第3項</u>の規定は、前項の場合について準用する。	2　第645条、第646条並びに第650条第1項及び第2項の規定は、前項の場合について準用する。
（財産分離の請求後の相続財産の管理） 第943条　財産分離の請求があったときは、家庭裁判所は、相続財産の管理について必要な処分を命ずることができる。 2　第27条から第29条までの規定は、前項の規定により家庭裁判所が相続財産の管理人を選任した場合について準用する。	【改正による変更なし】
（相続財産の<u>管理人</u>の選任） 第952条　前条の場合には、家庭裁判所は、利害関係人又は検察官の請求によって、相続財産の<u>管理人</u>を選任しなければならない。 2　前項の規定により相続財産の<u>管理人</u>を選任したときは、家庭裁判所は、遅滞なく<u>これ</u>を公告しなければならない。	（相続財産の<u>清算人</u>の選任） 第952条　前条の場合には、家庭裁判所は、利害関係人又は検察官の請求によって、相続財産の<u>清算人</u>を選任しなければならない。 2　前項の規定により相続財産の<u>清算人</u>を選任したときは、家庭裁判所は、遅滞なく、<u>その旨及び相続人があるならば一定の期間内にその権利を主張すべき旨</u>を公告しなければならない。<u>この場合において、その期間は、6箇月を下ることができない。</u>

（不在者の財産の管理人に関する規定の準用） 第953条　第27条から第29条までの規定は、前条第１項の相続財産の管理人（以下この章において単に「相続財産の管理人」という。）について準用する。	（不在者の財産の管理人に関する規定の準用） 第953条　第27条から第29条までの規定は、前条第１項の相続財産の清算人（以下この章において単に「相続財産の清算人」という。）について準用する。

神谷　改正法では、相続財産管理制度を相続財産の保存に関する規定と、相続財産の清算に関する規定とに区別しました。そのうえで、改正前民法下ではいくつかの条文に分かれて規定されていた相続財産の保存について、統一的な規定として897条の２を新設したことに加え、相続財産の清算に関する職務を行う者の呼称を相続財産清算人と改めています（936条・952条ほか）。

中里　従来、ひとまとめに相続財産管理人と呼称していたものを、その職務の内容に応じて保存行為を職務とする相続財産管理人と、清算行為を職務とする相続財産清算人とに区別したということですね。

内納　ちなみに、相続財産管理人も相続財産清算人も、相続財産の中から費用を支弁して管理すべき財産目録を作成しなければなりません（相続財産管理人については897条の２第２項、相続財産清算人については953条でそれぞれ準用する27条）。

　　また、相続財産管理人は、保存行為、物または権利の性質を変えない範囲内の利用または改良行為を行う権限を有します。物または権利の性質が変わる利用または改良行為、あるいは処分行為を行う必要がある場合には、家庭裁判所の許可を受けなければなりません（897条の２第２項・28条・103条）。

　　この点は相続財産清算人も同様です（953条・28条・103条）。相続財産清算人は相続財産の清算行為を職務としているとはいえ、家庭裁判所の許可を得ずに自由に相続財産を処分することができるわけではありません。

第6章　相続財産管理制度のレシピ

2-1　相続財産の保存に関する規定

2-1-1　相続財産の保存（897条の2）

倉田　それではあらためて、相続財産の保存に関する897条の2を確認しましょう。

神谷　家庭裁判所は、利害関係人または検察官の請求によって、いつでも、相続財産の管理人の選任その他の相続財産の保存に必要な処分を命ずることができるとされています。ただし、相続人が一人の場合でその相続人が単純承認をしたとき、相続人が数人ある場合で遺産の全部の分割がされたとき、または相続人のあることが明らかでないことを理由に相続財産の清算人が選任されているとき（951条・952条1項）は、本条による相続財産の保存のための相続財産管理人を選任することができません。

中里　897条の2ただし書がおかれたのはなぜですか。

神谷　唯一相続人が単純承認をした場合、相続財産の所有権は当然にその相続人に確定的に帰属します。また、遺産の全部が分割された場合も、分割の内容に従ってすべての相続財産の所有権が確定的に各相続人に帰属します。したがって、このような場合には、もはや相続財産管理人に対し相続財産の保存に必要な処分を命ずる必要性がないからです。

　　また、相続人のあることが明らかでない場合は、相続財産清算人が選任されて相続財産の清算が進められることになりますので、相続財産の保存を命ずる実益がありません。

中里　相続財産管理人に対し相続財産の保存に必要な処分を命ずる必要性のあることが、相続財産管理人選任のための要件となるということですね[8]。

倉田　具体的にはどのようなケースでの利用が考えられそうですか。

内納　相続人の一部が所在不明の場合や、相続人の所在は判明しているが相続財産の管理に意欲を失っている場合など、相続財産の物理的状態や経済的価値を維持することが困難であると認められ、相続人に代わって第三者に保存行為をさせる必要がある場合と説明されています[9]。

神谷　成年被後見人の死亡後に成年後見人が相続人に対し相続財産を引き渡

8　部会資料34・11頁。

9　部会資料34・11頁。

すことができない事情があるようなケースでも、本条による相続財産の保存の必要性があると考えられます[10]。

内納　一方で、相続財産の処分を目的として相続財産管理人の選任申立てをした場合は、相続財産の保存の必要性が認められないため申立てが却下されると解されていますので、注意が必要です[11]。

神谷　ちなみに、以上のような必要性の判断をするため、申立てにあたっては相続人の範囲や所在を調査した結果を疎明資料として提出することが求められることになると考えられます[12]。これは、裁判官が相続財産管理人を選任する必要性の有無を判断するために、必要に応じて相続人の意見を聴取することも想定されているからです。

2-1-2　改正前民法との関係

倉田　新設された897条の2は、相続財産の保存についての統一的な規定であるとの説明がありましたが、本条が新設されたことにより、改正前民法にどのような影響があるのですか。

神谷　改正前民法において認められる相続財産管理制度は、相続の開始から相続の承認または放棄までの間（改正前918条2項）[13]、限定承認の申述が受理された後（改正前935条・926条2項）、相続の放棄が受理され、次順位の相続人が相続財産の管理を始めるまでの間（改正前940条2項）の段階ごとに規定されています。

　一方、相続の承認から遺産分割までの間における相続財産の管理や、相続人不分明の場合における清算を目的としない相続財産管理の規定は定められていませんでした。

　そこで改正法では、改正前民法の規定による時的限界を排除し、相続開始から遺産分割までのあらゆる場面において相続財産の保存を目的として相続財産管理人の選任を求めることができる包括的で切れ目のない相続財

10　荒井182頁。

11　部会資料34・11頁。

12　部会資料34・13頁。

13　一部では、相続の承認があった後も改正前918条2項の相続財産管理人が選任される運用がなされていた点について、3-2-2参照。

第6章　相続財産管理制度のレシピ

産管理制度として、897条の2が定められたと説明されています[14]。

中里　相続財産管理制度としては、改正前918条2項と同趣旨ではあるけれど、改正前918条1項ただし書のような時的制限を受けずに相続の承認または放棄をした後も利用できるようにするため、897条の2として独立した条文を設けたということですね。

神谷　はい。これに伴い、改正前918条2項・3項は削除されました。

内納　限定承認をした相続人は、相続財産の処分・換価・弁済を目的として選任される相続財産管理人（改正前936条）の職務を妨害しないよう、限定承認の手続が完了するまで相続財産をその固有財産におけるのと同一の注意をもって管理しなければなりませんし（改正前926条1項）、相続放棄をした相続人も、他の相続人に相続財産を引き渡すまで同様の注意をもって管理しなければなりませんでした（改正前940条1項）。

　これらの場合に適切な相続財産の管理が期待できない場合は、それぞれ改正前926条2項・改正前940条2項によって改正前918条2項・3項が準用されていましたが、この点も897条の2で包括的に規定されることとなったことから、今回の改正ではいずれも削除されています。

2-1-3　相続放棄者の注意義務

2-1-3-1　改正点の整理

倉田　〔**図表16**〕の新旧対照表では、940条の規定が改正前民法の規定から変更されていますので、この点について説明してください。

中里　新旧条文を比較すると、いずれも相続放棄をした者に自己の財産におけるのと同一の注意をもって相続財産に対する義務を課していますが、改正前940条は、相続の放棄をした者が「その放棄によって相続人となった者が相続財産の管理を始めることができるまで」と規定されているのに対し、改正法の940条は「その放棄の時に相続財産に属する財産を現に占有しているときは、相続人又は第952条第1項の相続財産の清算人に対して当該財産を引き渡すまでの間」と変更されています。

　また、改正前940条は注意義務の対象について、相続財産の「管理を継

14　部会資料34・9頁、荒井181頁。

続」しなければならないと規定しているのに対し、改正法の940条は、相続財産を「保存」しなければならないと変更されていますが、なぜこのように変更されたのですか。

神谷　改正前940条の規定は、法定相続人の全員が相続の放棄をしたため相続人不存在となる場合や相続放棄をした者が相続財産を占有していない場合に、相続放棄をした者がその後も継続して相続財産の管理義務を負うか否か、管理義務を負うとした場合にはその内容が必ずしも明らかではありませんでした。[15]

　そこで改正法では、相続放棄をした者が負うべき注意義務を相続財産の管理義務から相続財産の保存義務へと改めたうえで、①保存義務の発生要件、②保存義務の内容、③保存義務の終了時期のそれぞれについて整理しています。

2-1-3-2　発生要件

倉田　それぞれについて確認しましょう。

　保存義務の発生要件についてはどのように規定されたのですか。

神谷　相続放棄をした者が、その放棄の時に相続財産に属する財産を現に占有していることが、保存義務の発生要件として規定されました。

中里　「現に占有している」とは、どのように考えればよいのでしょう。

神谷　相続財産を直接占有（180条）している相続人だけでなく、間接占有（181条）している相続人も「現に占有」している者に含まれると解されています。一方、単に相続財産を観念的に占有しているにすぎない相続人は、「現に占有している」者には含まれません。[16]

倉田　具体例で考えてみましょう。

内納　相続人の中には、遠方に居住していて遺産の管理に関心がないケースや、亡くなった方との関係が疎遠であったためそもそも遺産の存在を知らない者も少なくありません。このような相続人は相続財産を観念的に占有しているにすぎず、現に占有している者には含まれないと解されますので、相続放棄をした後は相続財産に対する何らの注意義務も負わないこと

15　部会資料29・2頁。

16　部会資料45・5頁。

第 6 章　相続財産管理制度のレシピ

になります。

倉田　相続財産を現に占有している相続人とは、どのような者が想定されますか。

中里　亡くなった親名義の土地建物に同居していた子、亡くなった親名義の畑や山の存在を知っており、親の生前も農作業や草刈り、固定資産税の納付などを代行したり手伝ったりしていた子などの場合、相続財産を現に占有している者と評価されることになるでしょう。

内納　たとえば、山林の所在は県外であり、固定資産税も免税額未満であったため納付書も届いていないことからその存在すら知らなかったというような場合に、その相続人が親名義の土地建物に同居していたとすれば、相続財産の一部に限って「現に占有している」と評価されることもあるという理解でよいですか。

神谷　相続財産に対する占有の有無は「相続放棄の時」を基準に判断することになりますので、占有が相続財産の一部だけに及ぶことも当然に想定されます。今のケースであれば、県外の山林は現に占有している相続財産には該当しません。

倉田　注意義務を負う相続人が、相続財産を現に占有している相続人に限定された趣旨を教えてください。

神谷　相続による不利益を回避するという相続放棄制度の趣旨からすれば、相続放棄をした者に重い義務を課すことは相当ではありません。一方、相続放棄をした時点で相続財産に属する財産を現に占有している者には、他の相続人（先順位の相続人が相続放棄をしたことによって相続人となった者を含む）のために、一定の保存義務が課されたとしても、不当に重い義務を課すことにはならないと考えられたためです。[17]

内納　そうすると、本条の保存義務は、第三者に対する義務ではなく他の相続人または相続放棄によって相続人となった次順位の相続人に対する義務ということになるのですね。[18]

神谷　本条の結論としてはそのとおりですが、第三者に対する責任という観

17　部会資料29・3頁。
18　部会資料29・3頁。

点では少し注意が必要です。

　たとえば、相続財産である土地建物に亡くなった親と同居していた子のケースを想定してください。このケースで、亡くなった親と同居していた子が相続の放棄をした場合、相続財産である土地建物について本条に基づき負担することとなる保存義務は、第三者に対する義務ではありません。しかし、当該土地上の工作物によって第三者に何らかの損害が生じた場合、亡くなった親と同居していた子は相続放棄をした後であっても土地の占有者であることに変わりはありませんので、占有者としての不法行為責任（717条）を問われる可能性は否定できません。

　したがって、改正法施行後も、第三者から損害賠償責任を問われないような最低限の管理が必要になるとの指摘がありますので[19]、留意しなければなりません。

中里　相続放棄の時に相続財産を現に占有していた相続人には、相続放棄をした後も第三者に対する不法行為責任を問われる可能性が否めないとのことですが、たとえば相続人全員が相続放棄をし、いまだ相続財産清算人（952条）の選任申立てがされていないケースを考えてみます。この場合に相続財産として、相続放棄の時に相続人のいずれも現に占有していなかった山間地の山林に土砂崩れが発生し、これによって第三者に損害を与えたようなときには、損害を受けた第三者は誰に損害賠償請求をすることができますか。

神谷　相続放棄が相続による不利益を回避することを目的とした制度であることに鑑みれば、相続財産について何らの関与もない相続放棄者に対して、相続放棄をしたとの理由で保存義務を負わせることは妥当でないとの考えの下、940条に「現に占有している」との要件が加えられています[20]。

　このような改正の経緯から考えれば、相続放棄をする時に相続財産を現に占有していない相続放棄者に第三者に対する損害賠償責任を負わせることは、相当でないと考えられます。

内納　損害の回復を図ろうとする第三者は、利害関係人として家庭裁判所に

19　部会第13回会議45頁〔蓑毛良和幹事、大谷太幹事発言〕。

20　部会資料29・2頁。

第 6 章　相続財産管理制度のレシピ

相続財産清算人の選任を申し立て、選任された相続財産清算人に対し責任
追及していかざるを得ないでしょうね。

2－1－3－3　注意義務の内容

倉田　相続放棄の時に相続財産を現に占有している相続人が、改正法によっ
て負うこととなる相続財産の保存義務とは、どのような内容になるのです
か。

神谷　注意義務の程度は改正前940条1項と変更がなく「自己の財産におけ
るのと同一の注意をもって」と規定されていますが、先ほどから指摘して
いるように、相続財産を管理することまで求められるのではなく、保存行
為の範囲に限定されることになります。

倉田　条文上の文言が、改正前民法の「その財産の管理を継続しなければな
らない」から改正法の「その財産を保存しなければならない」と変更され
ていますが、実質的にな変更点を教えてください。

内納　相続財産を維持するための積極的な行為を求めるという趣旨での「管
理」ではなく、相続財産を滅失させまたは損傷させないという趣旨での必
要最低限の「保存」を求めることであり、実質的な軽減が図られたと理解
できます[21]。

神谷　他の相続人または相続放棄によって相続人となった次順位の相続人に
とっては、他の者が相続放棄をした時点では一定の資産価値を有していた
はずの相続財産が、相続放棄をした者の注意義務違反によってその後に滅
失したり損傷したりした場合には、著しい不利益を被る事態も想定されま
す。そこで、このような事態を生じさせない程度の必要最小限の義務を負
わせる趣旨だと説明されています[22]。

2－1－3－4　終了の時期

倉田　相続財産を保存する義務を負うべき相続人は、いつまでその注意義務
を負わなければならないのでしょう。

神谷　次順位の相続人がいる場合はその者に対し、相続人不存在となる場合
には相続財産清算人（952条1項）に対し、相続財産を「引き渡すまでの

21　部会資料45・5頁、部会第13回会議45頁〔蓑毛良和幹事発言〕。

22　部会資料45・5頁。

間」と規定されています。

内納 直系尊属はすでに全員他界しているものとし、被相続人の子が全員相続放棄をし、次に相続人となる被相続人の兄も相続放棄を検討しているというケースを想定してください。この場合に、被相続人名義の畑について、被相続人、相続放棄をした子、次順位の相続人である兄がいずれも共同して耕作していたとします。

　この場合、相続放棄をした子も、次順位の相続人である兄も、いずれも相続放棄の時に相続財産を現に占有していると考えられます。

　このケースで、相続放棄をした子が940条1項の注意義務を免れるためには、どうすればよいですか。

神谷 次順位の相続人である兄も相続財産である畑を占有していますので、特段の行為は必要ないのではないでしょうか。

中里 条文では相続財産、この場合は共同で耕作していた畑を、次順位の相続人である兄に引き渡すことが必要とされています。ということは、相続放棄をした子は、次順位の相続人である兄に対し、現実の引渡し（182条1項）、簡易の引渡し（182条2項）、占有改定（183条）、指図による占有移転（184条）のいずれかの要件を満たす引渡しをすることが求められるものと考えます。

内納 このケースであれば、子の占有権を兄に譲渡することを内容とする子・兄間の意思表示が必要になるということでしょうか（182条2項）。

中里 はい。次順位の相続人である兄が相続放棄の時に畑を現に占有しているという事実は、兄について940条1項の義務が生じることの原因となりますが、先順位の相続人として相続放棄をした子についての同項の義務が免除される原因とはなり得ないと考えます。

　したがって、子が940条1項の義務から免れるためには、自ら182条～184条に規定する要件に従った方法によって相続財産を引き渡すことが必要になるということです。

倉田 以上のような方法による引渡しをすることができない事情があるようなケースでは、どのような対応が考えられますか。

神谷 先ほどの例で、相続人である兄が受領を拒絶している、あるいは受領

309

第 6 章　相続財産管理制度のレシピ

不能に相当するような事実があるとき、相続放棄をした子は、494条1項に基づき、目的物を供託することによって引渡義務を消滅させることにより、本条の保存義務を終了させることが可能です。[23]

倉田　引き渡すべき相続財産が金銭や預貯金だけであれば供託が可能ですが、不動産など金銭以外の財産が含まれるケースではどのように対応すればよいのでしょう。

神谷　相続財産が不動産など金銭以外の供託に適さない財産である場合、裁判所の許可を得て相続財産を競売に付し、その代金を供託する（497条1号）ことによって本条の保存義務を免れることができるでしょう。[24]

2－2　相続財産の清算に関する規定

倉田　次に、改正法では、相続財産の保存に関する規定と相続財産の清算に関する規定が区別され、相続財産の清算行為を目的として選任される者の呼称を相続財産清算人と改め（936条・952条）、相続財産の保存行為を目的として選任される相続財産管理人（897条の2）との区別を明確にしていますので、この点を説明してください。

神谷　936条は数人の相続人が共同して限定承認の申述をした場合の規定で、この場合に相続人の中の一人に相続財産を管理させることになるのは、改正前の規定と同様です。しかし、限定承認は最終的には相続財産を処分・換価し、相続債権者や受遺者に相続財産の範囲内で弁済することを目的とする手続ですから、この場合の相続財産の管理は最終的には清算行為を目的としていると考えられます。

中里　897条の2を根拠に選任される相続財産管理人とは、求められる職務の内容が異なっているということですね。

倉田　952条の方はどうですか。

神谷　951条で相続人のあることが明らかでないときは、相続財産は法人となります。

　　この場合、相続財産法人の代表者として選任される相続財産管理人（改正前952条）に求められる職務は、限定承認の場合と同様に相続財産の処

23　部会資料29・4頁。

24　部会資料29・4頁。

310

分・換価・弁済のほか、残余財産の国庫への帰属（959条）となりますので、やはり897条の2を根拠に選任される相続財産管理人とは性質が異なります。

倉田　つまり、改正前民法の下でも、相続財産の保存を目的とする相続財産管理人と、相続財産の清算を目的とする相続財産管理人があったところ、これを明確に区分するために後者を相続財産清算人と改めたということになるわけですね。

内納　そのとおりです。異なる目的を有する者を同一の名称とすることは相当ではないと考えられたことから、呼称が改められることになったと説明されています。[25]

2-3　相続財産管理人の権限

倉田　ところで、相続財産の保存を目的として選任された相続財産管理人と、相続財産の清算を目的として選任された相続財産清算人とではその権限も異なるものと考えられますが、一方で相続財産管理人は、家庭裁判所の許可を得ることによって相続財産の処分をすることも条文上は可能となっています（897条の2第2項・28条）。

そこで、相続財産管理人による債務の弁済と相続財産の売却について検討してみたいと思います。

2-3-1　債務の弁済

神谷　相続財産管理人は、弁済期が到来しているか否かにかかわらず、原則として相続債務の弁済はできません。

倉田　どのような理由で、弁済ができないと考えられているのですか。

神谷　相続財産管理人は、相続人が一人でその者が相続を単純承認した場合や、相続人が数人ある場合で遺産の全部が分割された場合には選任されません（897条の2第1項ただし書）。そうすると、相続財産管理人が管理すべき相続財産は、遺産共有の状態にあることとなります（898条1項）。

内納　不動産はもちろんですが、判例により、現金[26]や預貯金[27]も相続開始に

25　部会資料51・19頁。
26　最判平成4年4月10日家月44巻8号16頁。
27　最大決平成28年12月19日民集70巻8号2121頁。

311

第6章　相続財産管理制度のレシピ

よって当然に分割される財産には該当しないとされていますね。

神谷　そのとおりです。一方、相続債務は遺産分割の対象とはならず、共同相続人に法定相続分の割合に応じて当然に承継されます。[28]

　　そうすると、相続財産管理人からの相続債務の弁済を許した場合、各相続人の固有財産に帰属する相続債務の弁済原資として、遺産共有である現金を費消したり、預金の解約や不動産の売却などによって相続財産を換価して弁済のための原資としたりすることとなり、これによって相続人間で分割されるべき相続財産の減少を招くこととなってしまいます。[29]

中里　そもそも、相続財産管理人は相続財産を保存するために選任されるのであり（897条の2第1項本文）、相続財産を減少させる行為が相続財産の保存に資する行為に該当しないことは明らかですね。[30]

内納　しかし、個々の事案によっては、相続財産全般を保全するために相続債務を弁済するのが適当と考えられるケースがありませんか。

倉田　どのようなケースが想定されるのでしょう。

内納　たとえば、相続財産に借地上の建物が含まれているような場合では、被相続人の生前にすでに発生していた賃料を弁済しなければ、賃貸人から債務不履行を理由に借地契約を解除されるおそれもあり、これによって建物の存立基盤を失う可能性も生じます。

神谷　このようなケースは、相続財産である建物と借地権を保存するために賃料の弁済をすることが、相続財産の保存を目的として選任された相続財産管理人の職務の範囲内に属することと考えられますので、相続財産管理人による相続債務の弁済が例外的に許されるケースに該当します。[31]

中里　被相続人の死亡後に発生した賃料は相続債務には該当しませんが[32]、これについても弁済しなければ借地契約が解除されるおそれがあるという点で同様と考えられるでしょう。

28　最判令和元年8月27日民集73巻3号374頁。

29　部会資料34・16頁。

30　部会資料34・16頁。

31　部会資料34・16頁、荒井188頁。

32　最判平成17年9月8日民集59巻7号1931頁（**第4章4-2**参照）。

2　改正法における相続財産管理制度

倉田　弁済が許されるとしても、あらかじめ家庭裁判所の許可を得る必要が
　　　ありませんか。

神谷　許可を得ることが必要です。

　　　相続債務を弁済することにより、遺産共有の状態にある相続財産を減少
　　　させることには違いがないからです。たとえば、現金で弁済する場合で
　　　あっても、遺産分割の対象となる現金が減少するのですから処分行為に該
　　　当することになります[33]。

2-3-2　相続財産の売却

倉田　手許の現金や預貯金がない場合に、弁済原資を捻出するため相続財産
　　　を売却せざるを得ないケースも考えられませんか。

内納　抵当権で担保された債権の債務者と抵当権が設定されている不動産の
　　　名義人が共に被相続人の場合、債務の弁済をしなければ抵当権が実行され
　　　るおそれが生じます。相続財産管理人としては、相続財産である不動産を
　　　保存するために抵当権の実行を回避したいところですが、被担保債務を弁
　　　済するためには当該不動産を売却するよりほかに弁済原資が確保できな
　　　い、というようなケースが典型例となるでしょう。

中里　競売による場合よりも、任意売却を模索するほうが売却代金は高額と
　　　なるのが通常でしょうから、相続人にとっても利益となり、相続財産の保
　　　存のために必要な行為であると考えられそうです。

神谷　今のようなケースであれば家庭裁判所の許可が得られると考えます
　　　が、897条の2に基づき選任された相続財産管理人は相続財産の保存のた
　　　めに必要な行為を行うことがその職務ですので、このような事情がなく単
　　　に売却を希望したとしても、家庭裁判所の許可は得られない点に注意して
　　　ください[34]。

2-4　供託による選任処分の取消し

2-4-1　相続財産管理人による供託

倉田　民法の規定ではありませんが、相続財産管理人の選任処分取消しにつ
　　　いて家事事件手続法の改正がありますので、ここで整理しておきましょ

33　部会資料34・17頁。

34　部会資料34・15頁。

313

第 6 章　相続財産管理制度のレシピ

　う。

神谷　まず、条文を確認しましょう。不在者財産管理人に関する改正条項で
　ある家事事件手続法146条の２・147条の各規定が、190条の２により相続
　財産管理人に準用されます。

　（供託等）

家事第146条の２　家庭裁判所が選任した管理人は、不在者の財産の管理、処
　分その他の事由により金銭が生じたときは、不在者のために、当該金銭を
　不在者の財産の管理に関する処分を命じた裁判所の所在地を管轄する家庭
　裁判所の管轄区域内の供託所に供託することができる。

２　家庭裁判所が選任した管理人は、前項の規定による供託をしたときは、
　法務省令で定めるところにより、その旨その他法務省令で定める事項を公
　告しなければならない。

　（処分の取消し）

家事第147条　家庭裁判所は、不在者が財産を管理することができるように
　なったとき、管理すべき財産がなくなったとき（家庭裁判所が選任した管
　理人が管理すべき財産の全部が供託されたときを含む。）その他財産の管理
　を継続することが相当でなくなったときは、不在者、管理人若しくは利害
　関係人の申立てにより又は職権で、民法第25条第１項の規定による管理人
　の選任その他の不在者の財産の管理に関する処分の取消しの審判をしなけ
　ればならない。

家事第190条の２　（略）

２　第125条第１項から第６項まで、第146条の２及び第147条の規定は、相
　続財産の保存に関する処分の審判事件について準用する。この場合におい
　て、第125条第３項中「成年被後見人の財産」とあるのは、「相続財産」と
　読み替えるものとする。

倉田　不在者財産管理人や相続財産管理人からの金銭の供託に関する規定の
　ようですね。

神谷　はい。改正前民法下における不在者財産管理制度や相続財産管理制度
　では、管理すべき財産が現金または預貯金だけとなった場合でも、これを
　供託することによって財産管理人としての職務を終了することは原則とし

2　改正法における相続財産管理制度

て認められておらず、現金または預貯金がなくなるまで財産管理人による管理が継続していました。[35]

中里　改正法では同様のケースで、不在者財産管理人や相続財産管理人が預貯金をすべて現金化したうえで手許現金と合わせて供託することを認め（家事146条の2第1項）、供託によって管理すべき財産がなくなった場合には選任処分取消事由に該当することを定めることにより（家事147条）、財産管理人としての職務を終了させることができることとされたのですね。

倉田　供託が認められるようになったのは、どのような事情によりますか。

神谷　たとえば、相続人が判明しているが複数いる相続人の全員が相続財産の引継ぎを拒絶しているようなケースでは、相続財産管理人側に何らの過失がないにもかかわらずいたずらに管理期間が長期化する事態が想定されます。相続財産管理人による管理期間が長期化すれば、相続財産管理人の報酬その他の費用が膨らむ一方、相続人に引き渡すべき相続財産は減少してしまいます。このような事態は、管理の合理化という観点から決して妥当とはいえません。

　　一方、管理すべき財産が現金や預貯金だけの場合、この全額について供託を認めたとしても相続財産の保存という観点から相続人に不利益な状況は生じません。

　　そこで、管理事務の適正化を図ることが望ましいとの考え方の下、財産管理人からの供託を認め、供託によって管理すべき財産がなくなったときには当該財産管理事件を終了することができるように改正されたのです。[36]

倉田　改正法施行前に選任された不在者財産管理人や相続財産管理人も、供託をすることが認められますか。

神谷　はい。改正法施行前に選任された不在者財産管理人や相続財産管理人についても、改正法施行日以後は改正後の家事事件手続法が適用されます（附則2条・4条）。[37]したがって、財産の管理、処分、その他の事由により金銭が生じたときは、家事事件手続法146条の2第1項・190条の2第2項

35　中間試案補足説明76頁。

36　部会資料34・20頁。

37　2−6参照。

第6章　相続財産管理制度のレシピ

に基づいて供託することができます。[38]

２−４−２　供託の方法

倉田　この場合の供託は、具体的にどのように行えばよいのでしょう。

神谷　不在者財産管理人について**【書式18】**、相続財産管理人について**【書式19】**のとおりとなります（令和５年第67号通達別紙14・別紙15）。

神谷　この記載例中の「法令条項」欄のとおり、財産管理人からの供託は、民法494条に基づく弁済供託ではなく、裁判上の供託の一種と位置づけられましたので、弁済供託の要件を検討する必要がない点にご注意ください。

38　登記研究906号155頁。

2　改正法における相続財産管理制度

【書式18】　不在者の財産の管理に関する処分に伴う供託

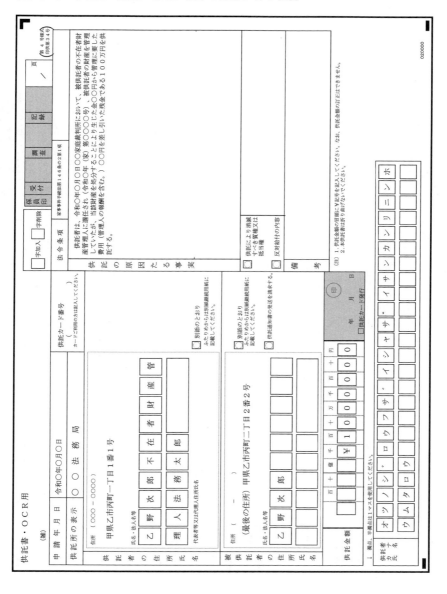

第6章 相続財産管理制度のレシピ

【書式19】 相続財産の保存に必要な処分に伴う供託

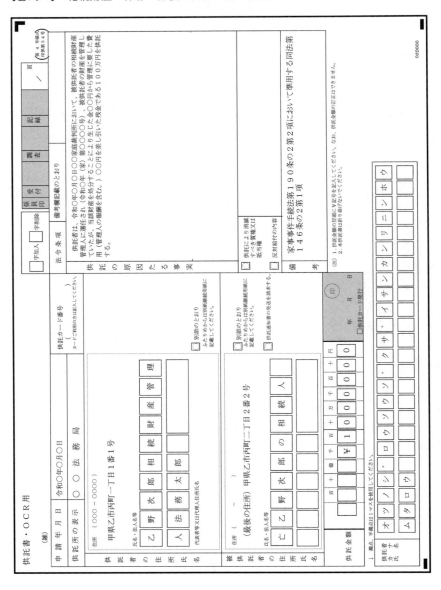

2　改正法における相続財産管理制度

2-4-3　供託したことの公告

内納　供託をした財産管理人は公告をしなければならないと規定されていますが（家事146条の2第2項）、これはなぜですか。

神谷　供託した事実を被供託者や関係者が認識できるようにすることによって、不意打ちを防止する趣旨であると説明されています。[39]

倉田　公告すべき内容を説明してください。

神谷　この点は令和4年11月30日付けで、「非訟事件手続法第90条第8項及び第91条第5項並びに家事事件手続法第146条の2第2項の規定による公告の方法等を定める省令」が定められています。

中里　公告の方法はどのように指定されましたか。

神谷　官報により行うものと定められました（供託公告令1条）。

内納　どのような事項が公告されるのですか。

神谷　不在者財産管理人による供託については、不在者の氏名、住所、生年月日、相続財産管理人による供託については、被相続人の氏名、最後の住所、生年月日と死亡日のほか、供託所の表示、供託金額、供託番号、不在者財産管理人や相続財産管理人を選任した家庭裁判所の名称、事件名、事件番号が公告事項となります（供託公告令2条3項）。

（公告の方法）

供託公告令第1条　非訟事件手続法第90条第8項（同条第16項において準用する場合を含む。以下同じ。）及び第91条第5項（同条第10項において準用する場合を含む。以下同じ。）並びに家事事件手続法第146条の2第2項（同法第190条の2第2項において準用する場合を含む。以下同じ。）の規定による公告は、官報により行うものとする。

（公告事項）

供託公告令第2条（略）

2　（略）

3　家事事件手続法第146条の2第2項の法務省令で定める事項は、次のとおりとする。

39　中間試案補足説明76頁、部会資料22・2頁。

第6章　相続財産管理制度のレシピ

　　一　不在者の氏名、住所及び出生の年月日又は被相続人の氏名、最後の住
　　　　所並びに出生及び死亡の年月日
　　二　供託所の表示
　　三　供託番号
　　四　供託した金額
　　五　民法（明治29年法律第89号）第25条第1項の規定による管理人の選任
　　　　又は同法第897条の2第1項の規定による相続財産の管理人の選任に係
　　　　る家庭裁判所の名称、件名及び事件番号

神谷　兵庫県官報販売所ウェブサイト[40]では、不在者財産管理人による供託に
　ついて、【書式20】のような記載例が掲載されています。

【書式20】　不在者財産管理人による供託公告

　　　　　　　　　　　　　　　　　　　　　　不在者財産管理人による供託公告

　　　　　　　　　　　　　　　　　　　家事事件手続法第百四十六条の二第一項及び
　　　　　　　　　　　　　　　　　　第二項の規定により、次のとおり供託しました。

　　　　　　　　　　　　　　　一　不在者　○○　○○
　　　　　　　　　　　　　　　　住所　○○県○○市○○町○番地
　　　　　　　　　　　　　　　　生年月日　○○○○年○○月○○日
　　　　　　　　　　　　　　二　供託所　○○地方法務局
　　　　　　　　　　　　　　三　供託番号　令和○年度金第○○○号
　　　　　　　　　　　　　　四　供託金額　○○○円
　　　　　　　　　　　　　　五　裁判所　○○家庭裁判所
　　　　　　　　　　　　　　六　事件名　不在者財産管理人選任申立事件
　　　　　　　　　　　　　　七　事件番号　令和○年（家）第○○○号

　　　　　　　　　　令和○年○月○日（公告掲載日）
　　　　　　　東京都港区虎ノ門一丁目○○番○○号
　　　　　　　　　　不在者財産管理人　官報　太郎

40　兵庫県官報販売所ウェブサイト「『所有者不明土地（又は建物）管理人』・『管理不全
　　土地（又は建物）管理人』・『不在者財産管理人』・『相続財産管理人』が掲載する供託公
　　告」〈https://kanpo-ad.com/syozaifumeitoti.html〉の「不在者財産管理人による供託公
　　告」および「相続財産管理人による供託公告」参照。

2　改正法における相続財産管理制度

神谷　また、相続財産管理人による供託について、【書式21】のような記載例が掲載されています。

【書式21】　相続財産管理人による供託公告

> 相続財産管理人による供託公告
>
> 家事事件手続法第百九十条の二第二項により準用される同法第百四十六条の二第一項及び第二項の規定により、次のとおり供託しました。
>
> 一　不在者　○○　○○
>
> 二　住所　○○県○○市○○町○番地
>
> 三　生年月日　○○○○年○○月○○日
>
> 四　供託所　○○地方法務局
>
> 五　供託番号　令和○年度金第○○○号
>
> 六　供託金額　○○○円
>
> 七　裁判所　○○家庭裁判所
>
> 八　事件名　相続財産管理人選任申立事件
>
> 九　事件番号　令和○年（家）第○○○号
>
> 令和○年○月○日（公告掲載日）
>
> 東京都港区虎ノ門一丁目○○番○○号
>
> 相続財産管理人　官報　太郎

倉田　公告に要する費用はそれぞれどのくらいになりますか。

神谷　これも兵庫県官報販売所ウェブサイト[41]に掲載されていますが、不在者財産管理人の場合、相続財産管理人の場合ともに6万円前後になります。

2-4-4　供託規則の整備

内納　ところで、このようにして相続財産管理人等から供託された金銭について、事情により供託者である相続財産管理人等が供託金取戻請求をする場面に対応するため供託規則26条3項6号が改正されていますので、あわせて確認しておきましょう。

倉田　供託物払渡請求の際に添付すべき印鑑証明書に関する規定ですね。

神谷　関係する条文だけを抜粋しておきます。

41　前掲（注40）参照。

第6章　相続財産管理制度のレシピ

（印鑑証明書の添付等）

供託規第26条　供託物の払渡しを請求する者は、供託物払渡請求書又は委任による代理人の権限を証する書面に押された印鑑につき市町村長又は登記所の作成した証明書を供託物払渡請求書に添付しなければならない。ただし、供託所が法務大臣が指定した法務局若しくは地方法務局若しくはこれらの支局又はこれらの出張所である場合を除き、その印鑑につき登記官の確認があるときは、この限りでない。

2　（略）

3　前二項の規定は、次の場合には適用しない。

一〜五　（略）

六　裁判所によって選任された者がその職務として供託物の払渡しを請求する場合において、供託物払渡請求書又は委任による代理人の権限を証する書面に押された印鑑につき裁判所書記官が作成した証明書を供託物払渡請求書に添付したとき。

4　（略）

中里　ちなみに、供託者がする供託物払渡請求が供託物取戻請求であり、被供託者がする供託物払渡請求は供託物還付請求となります（供託規22条1項）。

神谷　不在者財産管理人や相続財産管理人のように裁判所によって選任された者がその職務として供託物払渡請求をする場合に供託物払渡請求書に添付する印鑑証明書は、裁判所書記官が作成したものでよいとする規定です[42]ね。

　　なお、裁判所書記官が作成した証明書の有効期間は、作成後3か月以内のものに限られます（供託規9条）。

内納　この規定は、成年後見人や破産管財人など、裁判所で選任された者がする供託金払渡請求全般に適用がある点にご注意ください。

42　法務省ウェブサイト「登記事項証明書の添付省略の取扱い等の開始について（令和4年9月1日施行分）」〈https://www.moj.go.jp/MINJI/minji06_00167.html〉。

2　改正法における相続財産管理制度

2-5　相続財産清算人選任の申立て

2-5-1　管　轄

倉田　さて、次に相続財産清算人の選任における手続面も確認していきま
しょう。まず、管轄はどこになりますか。

神谷　家事事件手続法203条により、相続が開始した地を管轄する家庭裁判
所に専属します。

（管轄）

家事第203条　次の各号に掲げる審判事件は、当該各号に定める家庭裁判所の
管轄に属する。

一　相続人の不存在の場合における相続財産の清算に関する処分の審判事
件　相続が開始した地を管轄する家庭裁判所

二　相続人の不存在の場合における鑑定人の選任の審判事件（別表第1の
100の項の事項についての審判事件をいう。）　相続人の不存在の場合にお
ける相続財産の清算に関する処分の審判事件において相続財産の清算人
の選任の審判をした家庭裁判所

三　特別縁故者に対する相続財産の分与の審判事件（別表第1の101の項の
事項についての審判事件をいう。次条第2項及び第207条において同じ。）
相続が開始した地を管轄する家庭裁判所

2-5-2　申立ての方法

倉田　申立書の記載事項はどのようなものになりますか。

神谷　相続財産清算人選任の申立書には、申立ての趣旨、申立ての理由、事
件の実情、当事者の氏名・住所を記載することが求められています。申立
書の記載事項は、家事事件手続法49条、家事事件手続規則37条に規定され
ていますので確認してください。

（申立ての方式等）

家事第49条　家事審判の申立ては、申立書（以下「家事審判の申立書」とい
う。）を家庭裁判所に提出してしなければならない。

2　家事審判の申立書には、次に掲げる事項を記載しなければならない。

323

一　当事者及び法定代理人

二　申立ての趣旨及び理由

3　申立人は、二以上の事項について審判を求める場合において、これらの事項についての家事審判の手続が同種であり、これらの事項が同一の事実上及び法律上の原因に基づくときは、一の申立てにより求めることができる。

4　家事審判の申立書が第2項の規定に違反する場合には、裁判長は、相当の期間を定め、その期間内に不備を補正すべきことを命じなければならない。民事訴訟費用等に関する法律（昭和46年法律第40号）の規定に従い家事審判の申立ての手数料を納付しない場合も、同様とする。

5　前項の場合において、申立人が不備を補正しないときは、裁判長は、命令で、家事審判の申立書を却下しなければならない。

6　前項の命令に対しては、即時抗告をすることができる。

（家事審判の申立書の記載事項等・法第49条）

家事規第37条　家事審判の申立書には、申立ての趣旨及び申立ての理由（申立てを特定するのに必要な事実をいう。次項において同じ。）を記載するほか、事件の実情を記載しなければならない。

2・3　（略）

2-5-3　申立ての手数料

倉田　申立ての手数料としての貼用印紙額はいくらになりますか。

内納　800円になります。また、官報公告料として5075円の納付が求められます。

2-5-4　添付書類

倉田　次に添付書類を検討しましょう。

神谷　家事事件手続規則37条に規定されています。相続財産清算人の選任申立ての添付書類は、被相続人の法定相続情報一覧図[43]（または出生から死亡までの連続した戸籍謄本、被相続人の住民票除票）、財産目録、申立人と被相続人の利害関係を証する資料等が必要になります[44]。

> （家事審判の申立書の記載事項等・法第49条）
>
> 家事規第37条（略）
> 2　申立ての理由及び事件の実情についての証拠書類があるときは、その写しを家事審判の申立書に添付しなければならない。
> 3　家庭裁判所は、家事審判の申立てをした者又はしようとする者に対し、家事審判の申立書及び前項の証拠書類の写しのほか、当該申立てに係る身分関係についての資料その他家事審判の手続の円滑な進行を図るために必要な資料の提出を求めることができる。

2-5-5　申立書の起案

倉田　ここで、相続財産清算人選任の申立書を起案してみましょう。一例として、相続人の全員が相続放棄をしたために相続人が不存在となった場合で考えてみたいと思います。

中里　この場合の相続財産清算人の選任の申立てをする場合の申立書は、【書式22】のようになります。なお、この申立書は、被相続人に対して金銭債権を有する債権者からの申立ての事案です。[45]

43　静岡家庭裁判所では、令和6年6月1日以降の人事訴訟事件を除くすべての申立てについて、戸籍謄本等の原本を提出せずに写しだけの提出を認める取扱いが開始されている。なお、これに伴い、原本を提出した場合の原本還付請求が認められないこととなった。他の裁判所でも同様の取扱例が散見されるため、申立てに際してあらかじめ確認されたい。

44　東京家裁ウェブサイト「家事審判の申立て」〈https://www.courts.go.jp/tokyo-f/saiban/tetuzuki/syosiki01/index.html〉（以下、「東京家裁ウェブサイト」といいます）欄の「相続財産清算人の選任・説明」参照。

45　東京家裁ウェブサイト「家事審判の申立て」欄の「相続財産清算人の選任・記載例」参照。

第 6 章　相続財産管理制度のレシピ

【書式22】　相続財産清算人選任申立書

相続財産清算人選任申立書

令和 6 年 8 月 1 日

静岡家庭裁判所浜松支部　御中

申立人　A　㊞

貼用印紙　　800円

予納郵券　　　円

第 1　当事者の表示
　　　別紙当事者目録記載のとおり

第 2　申立ての趣旨
　　　被相続人の相続財産清算人を選任する
　　との裁判を求める。

第 3　申立ての理由
　1　申立人は、被相続人に対し平成31年 4 月30日、利息、損害金及び弁済期の定めなく金500万円を貸し付けた。
　2　被相続人は、令和 6 年 2 月 1 日に死亡し、相続が開始したが、相続人全員が相続放棄の申述をした。
　3　よって、申立ての趣旨記載の裁判を求める。

添付書類

■　1　被相続人の法定相続情報一覧図
■　2　被相続人の住民票除票又は戸籍附票（戸籍附票の場合、被相続人の死亡日が令和 4 年 1 月10日以前のときは、本籍の記載があるもの）
■　3　被相続人の父母の出生時から死亡時までのすべての戸籍（除籍、改製原戸籍）謄本
■　4　被相続人の直系尊属の死亡の記載のある戸籍（除籍、改製原戸籍）

謄本

- ■ 5 財産目録
- ■ 6 財産目録に記載した、財産の内容を証する資料（不動産登記事項証明書〈未登記の場合は固定資産評価証明書〉、預貯金及び有価証券の残高が分かる書類〈通帳写し、残高証明書等〉等）
- ■ 7 申立人において被相続人との関係での利害関係を証する資料（賃貸借契約書写し、金銭消費貸借契約書写し等、申立人と被相続人が親族関係の場合には戸籍謄本〈全部事項証明書〉）
- ■ 8 相続関係図（作成できる場合には作成してください。）

〈場合により必要な書類〉

- ■ 9 相続人全員の相続放棄申述受理証明書（相続人全員が相続放棄をした場合）
- □ 10 申立人の資格証明書（申立人が法人の場合）
- □ 11 被相続人の子（及びその代襲者）で死亡している方がいる場合、その子（及びその代襲者）の出生時から死亡時までのすべての戸籍（除籍、改製原戸籍）謄本
- ■ 12 被相続人の兄弟姉妹で死亡している方がいる場合、その兄弟姉妹の出生時から死亡時までのすべての戸籍（除籍、改製原戸籍）謄本
- ■ 13 代襲者としてのおいめいで死亡している方がいる場合、そのおい又はめいの死亡の記載のある戸籍（除籍、改製原戸籍）謄本

※ 同じ書類は1通で足ります。

※ もし、申立前に入手が不可能な戸籍等がある場合は、その戸籍等は、申立後に追加提出することでも差し支えありません。

※ 戸籍等の謄本等は、3か月以内に発行されたものを提出してください。

※ 審理に必要な場合は、このほかの資料の提出をお願いすることがあります。

（別紙）

当事者目録

〒111-1112　静岡県浜松市中央区二宮一丁目1番1号（送達場所）

第6章 相続財産管理制度のレシピ

```
           申立人　A
           電　話　053-211-2111
           ＦＡＸ　053-211-2112


本　　　　籍　静岡県浜松市中央区二宮町10番地10
最後の住所　静岡県浜松市中央区二宮町10番地の10
           被相続人　X
```

（別紙）

財産目録

土地
1　静岡県浜松市中央区二宮町10番10　宅地　150.00㎡
　　　　X名義建物1の敷地

建物
1　静岡県浜松市中央区二宮町10番地10　家屋番号10番　居宅
　　　木造瓦葺平家建　90.00㎡
　　　X名義土地1上の建物

現金、額・貯金、株式等
1　浜松銀行　普通預金　口座番号1234567
　　234,432円
2　磐田信用金庫　普通預金　口座番号3456789
　　1,234,000円
3　現金　6,540円

2-6　経過措置

倉田　次に、改正前後における適用関係を整理しておきましょう。

中里　改正法の附則に経過措置が定められていますね。

倉田　経過措置の規定は、相続財産の保存に関する規定と相続財産の清算に
　　関する規定に分かれていますので、順に確認していきましょう。

2-6-1　相続財産の保存に関する経過措置

神谷　まず、相続財産の保存に関する経過措置から確認します。

　　改正法の施行日である令和5年4月1日より前に改正前918条2項の規定によりされた相続財産に必要な処分は、改正前926条2項・改正前936条3項・改正前940条2項により準用する場合を含めて、施行日後は897条の2の規定によりされた相続財産の保存に必要な処分とみなされます（附則2条1項）。

　　条文はこちらです。

（相続財産の保存に必要な処分に関する経過措置）

民附則第2条　この法律の施行の日（以下「施行日」という。）前に第1条の規定による改正前の民法（以下「旧民法」という。）第918条第2項（旧民法第926条第2項（旧民法第936条第3項において準用する場合を含む。）及び第940条第2項において準用する場合を含む。次項において同じ。）の規定によりされた相続財産の保存に必要な処分は、施行日以後は、第1条の規定による改正後の民法（以下「新民法」という。）第897条の2の規定によりされた相続財産の保存に必要な処分とみなす。

2　（略）

中里　これにより、施行日前に改正前918条2項ほかの規定により選任された管理人がした行為は、施行日後も効力が維持されるということですね。

神谷　はい、そのとおりです。

倉田　続いて附則2条2項をお願いします。

神谷　改正法の施行日である令和5年4月1日より前に改正前918条2項の規定によりされた相続財産の保存に必要な処分の請求で、施行日前に審判が確定していないものについては、同日以後は897条の2の規定によりされた相続財産の保存に必要な処分の請求とみなされることになります（附則2条2項）。

　　条文はこちらです。

第 6 章　相続財産管理制度のレシピ

> （相続財産の保存に必要な処分に関する経過措置）
> 民附則第 2 条（略）
> 2　施行日前に旧民法第918条第 2 項の規定によりされた相続財産の保存に
> 　必要な処分の請求（施行日前に当該請求に係る審判が確定したものを除
> 　く。）は、施行日以後は、新民法第897条の 2 の規定によりされた相続財産
> 　の保存に必要な処分の請求とみなす。

内納　令和 5 年 3 月31日までに改正前918条 2 項の相続財産管理人選任申立
　　てをした場合で、これに係る審判が同年 4 月 1 日までに確定していない場
　　合、審判の確定によって選任された相続財産管理人は897条の 2 に基づき
　　選任された相続財産管理人として職務を行うことになるということです
　　ね。

倉田　改正前918条 2 項を準用する改正前926条 2 項・改正前936条 3 項・改
　　正前940条 2 項についても同様となるのですね。

神谷　はい、そのとおりです。897条の 2 の規定が相続財産の保存に関する
　　切れ目のない統一的な規定として新設されていますので、改正法施行後
　　は、相続財産の保存に関してはすべて897条の 2 で処理するのが妥当であ
　　るからです。[46]

2 - 6 - 2　相続財産管理人（改正前936条 1 項）に関する経過措置

神谷　次に、限定承認の申述に関して改正前936条 1 項の規定により選任さ
　　れた相続財産管理人は、改正法の施行日である令和 5 年 4 月 1 日以降は、
　　すべて936条 1 項の規定により選任された相続財産清算人とみなされます
　　（附則 4 条 1 項）。

　　条文はこちらです。

> （相続財産の清算に関する経過措置）
> 民附則第 4 条　施行日前に旧民法第936条第 1 項の規定により選任された相
> 　続財産の管理人は、施行日以後は、新民法第936条第 1 項の規定により選任

46　東司191頁。

2 改正法における相続財産管理制度

された相続財産の清算人とみなす。

2〜5 （略）

内納　令和 5 年 3 月31日までに改正前936条 1 項に基づきすでに選任されている相続財産管理人は相続財産の清算を目的として選任されており、改正法によってその呼称が相続財産清算人に改められたとはいえ、改正の前後でその権限や義務に変更を伴いません。

　　　したがって、引き続き相続財産清算人として職務を遂行させるのが妥当と考えられています。[47]

2−6−3　相続財産の清算に関する経過措置

倉田　続いて、相続財産の清算に関する経過措置をお願いします。

神谷　改正法の施行日である令和 5 年 4 月 1 日より前に改正前952条 1 項の規定により選任された相続財産管理人について、同日以降、952条 1 項の規定により選任された相続財産清算人とみなされます（附則 4 条 2 項）。

　　　また、同日より前に改正前952条 1 項の規定によりされた相続財産管理人の選任の請求で、施行日前に審判が確定していないものについては、同日以後は952条 1 項の規定によりされた相続財産清算人の選任の請求とみなされます（952条 3 項）。[48]

　　　それぞれ、条文は次のとおりです。

（相続財産の清算に関する経過措置）

民附則第 4 条　（略）

2 　施行日前に旧民法第952条第 1 項の規定により選任された相続財産の管理人は、新民法第940条第 1 項及び第953条から第956条までの規定の適用については、新民法第952条第 1 項の規定により選任された相続財産の清算人とみなす。

3 　施行日前に旧民法第952条第 1 項の規定によりされた相続財産の管理人の選任の請求（施行日前に当該請求に係る審判が確定したものを除く。）

47　東司193頁。

48　以上について、東司220頁。

第6章　相続財産管理制度のレシピ

は、施行日以後は、新民法第952条第1項の規定によりされた相続財産の清算人の選任の請求とみなす。

4・5（略）

3　事案❻の検討

3−1　事案❻の概要

倉田　以上の整理を前提とし、以下では、成年後見業務に従事する司法書士であれば経験することとなる可能性のある事案を題材とし、改正法施行後の実務対応について検討してみたいと思います。

　　事案❻を紹介してください。

神谷　概要は〔**図表17**〕のとおりです。

　成年被後見人であったAが亡くなりました。Aの相続人は子のB一人だけです。Aの成年後見人として、司法書士Cが選任されていました。

　Aの相続財産は預貯金200万円だけで、Cの手許にAの現金はありません。

　一方、相続債務として生前の入院費が10万円、Cの報酬として家庭裁判所の審判による20万円の合計30万円が残っています。なお、病院からは再三にわたって入院費の支払いを求められています。

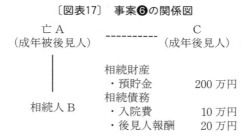

〔図表17〕　事案❻の関係図

　Aが亡くなったため、CはAの財産をBに引き継いで成年後見人とし

3　事案❻の検討

ての職務を終了しなければならないところ、生前のAはBとの折り合い
が悪く、ほとんど顔を合わす機会もなかったとのことでした。そのような
事情もあり、CからBに対し、Aが死亡した旨、Aの相続財産を引き渡
したい旨を通知してからすでに4か月余り経過していますが、Bは一度だ
け「関係ない」と回答してきただけで、相続財産の引継ぎを拒否していま
す。

3-2　改正法施行前の解決策

3-2-1　入院費の支払い

倉田　改正前民法の下では、Aの成年後見人であったCとしてはどのよう
な対応が妥当であるのかを確認しましょう。

　　まず、病院から再三にわたって入院費の支払いを求められているとのこ
とですので、この点から検討していきましょう。

神谷　Cが、Aの相続財産である預貯金200万円から入院費相当額を出金
し、病院に支払うことは可能であると考えます。

倉田　Aは死亡したためCの成年後見人としての任務は終了しています
が、その後に成年後見人が債務の支払いをすることは可能なのでしょう
か。

内納　可能です。成年被後見人の死亡後の成年後見人の権限を定めた873条
の2がその根拠となります。

　　条文を確認しましょう。

（成年被後見人の死亡後の成年後見人の権限）

民第873条の2　成年後見人は、成年被後見人が死亡した場合において、必要
　があるときは、成年被後見人の相続人の意思に反することが明らかなとき
　を除き、相続人が相続財産を管理することができるに至るまで、次に掲げ
　る行為をすることができる。ただし、第3号に掲げる行為をするには、家
　庭裁判所の許可を得なければならない。
　　一　相続財産に属する特定の財産の保存に必要な行為
　　二　相続財産に属する債務（弁済期が到来しているものに限る。）の弁済
　　三　その死体の火葬又は埋葬に関する契約の締結その他相続財産の保存に

333

第 6 章　相続財産管理制度のレシピ

> 必要な行為（前二号に掲げる行為を除く。）

倉田　成年後見人であった C による入院費の支払いは、2 号により可能となるということですね。

内納　はい。病院の A に対する入院費請求権は、A の死亡の時に効力が発生する弁済期の定めのない債権と考えられますので、病院から請求を受けた時に弁済期が到来します（412 条 3 項）。

　したがって、A に対する入院費請求債権はすでに弁済期が到来していますので、2 号により A の成年後見人であった C が支払うことは可能と考えられます。

中里　C からの支払い自体は問題ないようですが、A の相続財産は預金だけで現金はないとのことですね。そうすると、C が入院費の支払いをするためには A の預金口座から出金する必要がありますが、この点についても問題ないのでしょうか。

神谷　この点は、3 号を検討する必要があると考えます。

倉田　3 号の「その他相続財産の保存に必要な行為」の部分ですね。

神谷　はい。A の預金口座からの出金が「その他相続財産の保存に必要な行為」に該当するのであれば、家庭裁判所の許可が必要にはなりますが、C による出金も可能となります。

内納　そもそも、2 号で弁済期の到来した債務について、保存行為として家庭裁判所の許可を得ることなく成年後見人であった者からの支払いを認めているのは、弁済が遅れることで遅延損害金が付されたり（419 条）、いずれは差押えを受けたりすることにより他の相続財産を毀損するおそれもあるからです。

　したがって、**事案❻**で入院費を支払うことは、2 号に該当する「相続財産の保存」であり、C の預金口座からの出金は、入院費の支払いという「相続財産の保存に必要な行為」に該当しますので、家庭裁判所の許可を受けられるものと見込まれます。

神谷　もっとも、実務的には成年被後見人の危篤の知らせを受けた場合、入院費その他の債務の弁済、成年後見人の報酬、火葬に要する費用などにあ

3　事案❻の検討

てる目的で一定額の現金をあらかじめ出金しておくのが通常の対応方法となるでしょう。

3-2-2　相続財産の引継ぎ

倉田　次に、Cは唯一相続人であるBに対し相続財産の引継ぎができず困っているとのことですので、この点についても改正前民法下における対応方法を確認しておきましょう。

内納　この点は、改正前918条2項の相続財産管理人選任申立て[49]をすることにより解決を図ることができると考えます。

中里　そうですね。**事案❻**のように、唯一の相続人が相続財産の引継ぎを拒否しているとすると、もはやその相続人に「その固有財産におけるのと同一の注意」（918条1項）をもって相続財産の管理を望むことはできません。

　　また、実務でしばしば経験するのは、複数の相続人間で遺産分割協議がまとまらないため、相続財産を誰に引き渡せばよいのかが確定しないケースです。本来であれば、相続人の中のいずれか一人にすべての相続財産を引き渡せば足りますが、現実には他の相続人からの苦情が寄せられるケースも想定できますので、このような場合にも同項の相続財産管理人選任申立てを利用できるでしょう。

倉田　この場合の利害関係人は、成年後見人であったCでよいですね。

神谷　そうですね。成年後見人であったCが、Bに対し相続財産を引き渡すことができない状態のため、Bへの引渡しができるまでの間、相続財産を保存するために相続財産管理人の選任を求めます。

倉田　この場合、Cが相続財産管理人に選任されることもあるのですか。

神谷　相続財産管理人が管理すべき相続財産を現実に管理しているのは、成年後見人としてAの財産を管理していたCですので、むしろCが引き続き相続財産管理人に選任されるのが通常であると考えます。

倉田　ところで、改正前918条2項の相続財産管理人選任申立ては、相続の承認または放棄をした後はすることができないように読めます（改正前918条1項）。**事案❻**では、CからBに対し、Aが死亡した旨、Aの相続財

49　1-3参照。

335

第 6 章　相続財産管理制度のレシピ

産を引き渡したい旨を通知してから 4 か月余り経過しているとのことです
ので B の熟慮期間（改正前915条 1 項）はすでに経過していると考えられ、
B は単純承認したものとみなされます（改正前921条 2 号）。

　　そうすると**事案❻**では、もはや改正前918条 2 項による相続財産管理人
選任申立てはできないのではないでしょうか。

内納　改正前民法下での実務では、改正前918条 2 項の相続財産管理制度を
他の相続財産管理制度を補完する規定と読むことができ、条文上も「いつ
でも」できると規定されています。

　　また、改正前918条の相続財産管理人が熟慮期間内に限って選任できる
という見解に立ったとしても、これによって選任された相続財産管理人は
熟慮期間経過によってその権限を失うわけではありません。

中里　そもそも、熟慮期間が経過したか否かは、単に相続開始から 3 か月が
経過したことによって判断することはできませんので、客観的に明確にす
ることができませんね。

内納　そのような事情もありますので、改正前民法下での実務では、その必
要性がある場合には熟慮期間経過後であっても改正前918条 2 項に基づき
相続財産管理人を選任する運用が現実に行われていました。

神谷　むしろ、そのようなタイムラグが生じることへの立法的解決策とし
て、897条の 2 を新設し、切れ目のない相続財産の保存に必要な処分がで
きるようにしたものと理解できます。

3 - 3　改正法下での対応

倉田　次に、**事案❻**を改正法によって解決しようとする場合を検討しましょ
う。

中里　成年後見人であった者がする入院費の支払いについては、改正の前後
で変更はありませんね。

神谷　はい、この点は改正による影響は受けませんので、先ほど検討したと

50　1-2・1-4～1-7の各制度。

51　小西洋「東京家庭裁判所本庁（後見センター）における成年後見事件の実情と取組
み」実践成年後見47号83頁。

52　あかし118頁。

おりの結論で変わりありません。

倉田　相続財産の引継ぎについてはいかがでしょう。

神谷　改正前民法においては、このような場合に一部の裁判所では、改正前918条2項の相続財産管理人選任申立てをさせるまでもなく、成年後見人から金銭を供託させて後見業務を終了する運用がなされていたようです。

中里　先ほど検討した相続財産管理人からの供託（家事146条の2第2項・190条の2第2項[53]）の規定を先取りするような運用ですが、この運用が改正法施行後も維持されるのであれば今後も利用できそうですので、各裁判所の運用を注視する必要があります。

倉田　改正前918条2項が改正される形で新設された897条の2に基づく相続財産管理人の選任申立ては利用できませんか。

内納　897条の2ただし書に「相続人が一人である場合においてその相続人が相続の単純承認をしたとき」はこの限りでないと記載されています。**事案❻**のBは唯一相続人であり、単純承認したものとみなされる（921条2号）ため、ただし書の規定により相続財産管理人選任申立てができないのではないでしょうか。

中里　Bが相続放棄の申述をしている可能性は残っていますね。

倉田　Bが相続放棄の申述をしているか否かを調査する方法はあるのですか。

神谷　家庭裁判所に対して、相続放棄の申述の有無を照会することができます。

　　　照会をすることができるのは相続人か利害関係人に限定されますが、**事案❻**では、BがAの相続を承認しているのか放棄しているかによってCがAの相続財産を誰に引き渡せばよいのか結論が異なるという点で、Bが相続放棄したか否かについてCは利害関係を有していますので、その旨を証明することにより照会を求めることが可能です。

中里　ちなみにこの照会制度は、家事事件手続法47条に規定されている記録の閲覧等には該当しません。照会制度そのものに関する法文上の根拠はありませんが、家庭裁判所の運用によって行われているものです。

53　2-4参照。

第 6 章　相続財産管理制度のレシピ

倉田　照会の結果、Bが相続放棄の申述をしていない場合は、897条の2た
　　　だし書の規定により相続財産管理人選任の申立てができないことになるの
　　　ですね。

神谷　そうですね。先ほども確認したとおり[54]、唯一相続人が相続の承認をし
　　　た場合、相続財産の所有権は当然にその相続人に確定的に帰属し、もはや
　　　相続財産管理人を選任する実益がないことになるからでしたね。

内納　立法過程の議論では、相続人が一人でその相続人が単純承認した場
　　　合、相続財産に属する財産は浮動的・暫定的な状態にあるわけではなく、
　　　その財産の帰属は確定していることから、その所有者においてその財産を
　　　本来自由に管理することができるはずであり、そのような場合にまで第三
　　　者が所有者の判断に介入することを一般的に正当化することは困難である
　　　と説明されています[55]。

倉田　そうすると、Cにしてみれば、法律上はすでに問題が解決しているこ
　　　とになる一方で、現実にCの手許に残っているA名義の預金通帳や病院
　　　の請求書、Cに対する報酬付与の審判書のような債権債務を表す物の引渡
　　　しをする必要はありませんか。

中里　「動産としての遺産」といえばそうかもしれませんが、それらは債権
　　　債務の存在を表す資料にすぎません。たとえば、通帳がなくてもBは銀
　　　行の窓口に出向いて自身が相続人であることを証明すればAの預金を解
　　　約することができますし、請求書がなくても自ら問い合わせをして支払い
　　　をすることも可能です。

内納　預金債権や負債そのものはBが相続の承認をしたことによって確定
　　　的にBに帰属していることからすれば、CからBに対し引き渡さなけれ
　　　ばならないのは通帳や請求書など、特定物としての動産です。

　　　　特定物の引渡しは債権発生の時にその物が存在していた場所において行
　　　う必要があり（484条1項）、この場合はCの事務所ということになりま
　　　す。したがって、CがBに対し弁済の提供をするには、BにCの事務所
　　　へ来所してもらうというBの行為が必要ですので、Cは引渡しの準備を

54　2-1-1参照。

55　部会資料34・12頁。

してBにその受領を催告しさえすれば、有効な弁済の提供をしたことになり（493条）、履行遅滞の責任は問われません（492条）。

　CはすでにBに対し、相続財産の引継ぎに関する通知をしていますので、法律上なすべきことは完了していると評価することができそうですね。

神谷　そのように整理することで問題ないと考えますし、実務上はBの所在が判明しているのであれば、預金通帳や請求書は郵送してしまってもよいですよね。

中里　そうですね。仮に未払いの債務があった場合に、郵便物を受領したBが債務の弁済をしないのであれば、その不利益もまたB自身に帰属することになるわけです。

内納　Bは「関係ない」などと回答しているようですが、そもそも相続放棄の申述もせず、単純承認をしたとみなされた以降も相続によって自身に帰属した債務の支払いをせず、漫然とこれを放置しているということになれば、法的保護には値しないと結論づけてよいのでしょうね。

倉田　Cの成年後見人としての報酬については、どのような処理が考えられますか。

神谷　裁判所の報酬付与の審判はAの死亡後になされたものです。したがって、死亡したAの預金口座からCが報酬相当額を出金して受領することは、裁判所においても想定されていると考えられませんか。

中里　本来であれば、Bに対し報酬相当額の支払いを求める訴えを提起する等の対応が必要になりそうですが、私も同様に考え、報酬相当額を差し引いた後に預金通帳をBに郵送すればよいものと考えます。

内納　もっとも、Bとの関係はおよそ良好な状態にないものと考えられますので、基本的な方向性は以上のとおりであるとしても、いたずらにBとの関係を悪化させないという観点から慎重な対応が求められることは否めませんね。

倉田　成年後見事件を数多く受任すると、親族間のさまざまなもめごとや感情のもつれに巻き込まれざるを得ないケースも少なくありません。そのようなもめごとや感情のもつれは、**事案❻**のように後見事件終了後の後処理

第 6 章　相続財産管理制度のレシピ

の場面で顕在化することも少なくありません。

　このような事案を円滑に処理するためには、法律の規定に習熟して自身の主張や立場を論理的に説明できる理論武装が必要となるのは当然ですが、それだけでは足りず、依頼者や関係人との信頼関係をいかにして構築していくのかというコミュニケーション能力も問われることを、あらためて認識させられる事案でした。

第7章
休眠担保権等の
抹消登記のレシピ

第 7 章　休眠担保権等の抹消登記のレシピ

1　不動産登記法改正の概観

1-1　相続登記、住所・氏名変更登記の義務化

倉田　前章までは民法の改正項目について検討してまいりましたが、改正法
では不動産登記法に関しても多岐にわたる改正が施されています。本章で
は、不動産登記法に関する改正項目のうち、休眠登記の抹消手続に関する
規定を中心に改正法の活用方法を検討していきますが、本論に入る前に、
不動産登記法の改正論点全体を概観しておきましょう。

　なお、休眠登記の抹消手続に関する規定以外の改正項目については、本
書ではその詳細について言及していないことをお断りしておきます。

神谷　不動産登記法の最大の改正論点は、相続登記（不登76条の2）と住
所・氏名の変更登記（不登76条の5）について登記申請義務が課されたこ
とでしょう。また、相続登記の義務化に伴い、登記官に対する相続人であ
る旨の申出、いわゆる「申告登記」の制度が新設されています（不登76条
の3）。

　なお、相続登記義務化に関する規定は令和6年4月1日に施行済みであ
り、住所・氏名の変更登記義務化に関する規定は、令和8年4月1日に施
行されます。

内納　相続登記義務化との関係では、登記漏れを防ぐことを目的として、所
有不動産記録証明制度も創設されていますね（不登119条の2）。

　ある者が所有権者として登記されている土地建物が名寄せされた記録が
証明書として発行されることになりますので、一部の所有不動産について
相続登記を遺漏してしまうような事態を回避することに役立ちそうです。

倉田　所有不動産記録証明制度は、問題点も指摘されていますよね。

内納　問題点というよりも技術的な限界と指摘したほうが妥当かと思います
が、検索の際には所有権登記名義人を住所と氏名で特定するため、登記さ
れた時点における住所・氏名と、検索時における住所・氏名が異なる不動
産は検索に該当せず、発行された所有不動産記録証明書に記録されない事
態が想定されています。

したがって、住所や氏名の変更が明らかな場合などでは、過去の住所・氏名もあわせて検索の対象とする必要があると指摘されています[1]。

神谷 このような不具合を解消するための制度として、登記官に住民基本台帳ネットワークシステム（以下、「住基ネット」といいます）等へのアクセス権限を与え（不登151条）、住所や氏名の変更が確認された場合には登記官が職権により住所変更等の登記をすることができるようになりました（不登76条の6）。このしくみが稼働するのは住所・氏名の変更登記義務化と同じ令和8年4月1日ですが、検索しても抽出されないという不具合は徐々に解消されていくのではないでしょうか。

倉田 登記官が職権で住所変更等の登記をすることになれば、土地や建物の所有者が、自ら住所変更等の登記申請をする機会は減少していくことになりそうですね。

神谷 そのとおりなのですが、中には住所変更等の事実を登記記録に反映させることを希望しない方も想定されます。DV被害者などはその典型だと考えられます[2]。そこで、個人の住所変更等については、その者からの申出がある場合に限って職権による住所変更等の登記がなされることとされています（不登76条の6ただし書）。

内納 ちなみに、登記官による職権登記は住所変更等の場合だけでなく、住基ネット等によって所有権の登記名義人の死亡など「権利能力を有しないこととなった[3]」ことが確認された場合には、登記官は職権により、その旨を示す符号を表示することができるとする規定も新設されています（不登76条の4[4]）。

中里 対抗要件主義が貫かれてきた不動産登記制度に対し、相続や住所・氏名変更という一部の登記に限られているとはいえ登記申請義務という概念が導入されたことは、長年、不動産登記の実務に携わる者として大変驚い

---

1 中間試案補足説明193頁。
2 部会資料38・45頁。
3 死亡のほかに、失踪宣告、認定死亡（戸籍89条）、高齢者消除などが考えられるが、具体的には法務省令で定められる（部会資料38・9頁）。
4 具体的な公示方法については、法務省令で定められる（部会資料53・11頁）。

第7章　休眠担保権等の抹消登記のレシピ

ています。

　　しかもこの登記申請義務には、相続登記については附則5条6項、住所・氏名変更登記については附則5条7項で遡及効が定められたことに、所有者不明土地・所有者不明建物の解消に対する政府の本気度をうかがうことができます。

内納　これまで、個人の権利保全を主な目的としていた相続登記が義務化されることにより、不動産登記制度が社会インフラとしての公共的性格を帯びることとなったと考えられますね。

1-2　不要な登記の抹消

倉田　その他の不動産登記法の改正論点も紹介してください。

神谷　登記の抹消に関する複数の規定が整備されています。

　　一つめに、改正前不動産登記法でも制度化されていた公示催告、除権決定に基づく休眠登記の抹消登記手続の適用範囲を拡張する改正が施されています（不登70条2項）。

　　また、契約の日から10年が経過した買戻特約の抹消登記手続（不登69条の2）、解散の日から30年が経過した法人名義の担保権の抹消登記手続（不登70条の2）に関する特例が新設されています。

倉田　抹消登記手続に関して複数の改正があるようですが、どのような理由によるのでしょう。

内納　登記記録をみると、明治から昭和初期にかけて登記された古い時代の担保権や、存続期間が満了した用益権、買戻期間の満了した買戻権のように、すでにその役割を終えていると推測できる権利が抹消されないまま放置されているケースをしばしばみかけます。

　　このような登記は、被担保債権が時効消滅していたり、用益権の存続期間が満了していたりする理由により実体としては無効な登記であると考えられますが、このような登記が存在する不動産について第三者への譲渡や担保提供などをしようとする場合、仮に形式的な登記にすぎず実体上は無効な登記であったとしても、抹消登記を経たうえでなければ譲渡も担保提供もできないのが通常です。

　　すなわち、不要な登記が抹消されないまま残置されている不動産は取引

344

の対象から除外されることから、流通できない不動産として塩漬けとなり、将来の所有者不明化を招く一要因になると考えられます。したがって、このような登記を簡易迅速に抹消できるようにする制度を設けることは、所有者不明土地・所有者不明建物の発生防止という観点から、改正法の目的に合致することになるわけです。

中里 改正法施行前には、実益のない登記を抹消するために裁判手続を利用せざるを得ないケースも多いため、土地や建物の所有者にとっては金銭的な負担が生じることも不要な登記が抹消されずに放置される原因の一つでした。

改正法によって新設された休眠登記の抹消登記手続の制度が効果的に機能し、抹消登記申請が促進していくことが期待されますね。

1-3　所有権の登記名義人の登記事項

倉田 所有権の登記名義人に関する改正点もいくつかあるようですね。

神谷 登記事項から所有者へのアクセスをしやすくしようとする趣旨から、令和6年4月1日施行済みの改正項目が複数あります。詳細は各通達を読み込んでいただくこととし、以下では、所有権の登記名義人が法人の場合、外国に居住する日本人の場合[5]、日本国内に居住する外国人の場合[6]、外国に居住する外国人の場合[7]のそれぞれについて、改正された登記事項や添付情報の概要を整理することとします。

1-3-1　法　人

倉田 はじめに、所有権の登記名義人が法人の場合は、どのような点が変更されたのでしょうか。

神谷 所有権の登記名義人が法人の場合は、法人識別番号として会社法人等番号（商登7条）を登記しなければならなくなりました（不登73条の2第1

5　「民法等の一部を改正する法律の施行に伴う不動産登記事務の取扱いについて」（所有権の登記の登記事項の追加関係）（令和6年3月22日民二第551号民事局長通達）。

6　「不動産登記規則等の一部を改正する省令の施行に伴う不動産登記事務の取扱いについて」（ローマ字氏名併記関係）（令和6年3月22日民二第552号民事局長通達）。

7　「外国に住所を有する外国人又は法人が所有権の登記名義人となる登記の申請をする場合の住所証明情報の取扱いについて」（令和5年12月15日民二第1596号民事局長通達）。

345

第 7 章　休眠担保権等の抹消登記のレシピ

項 1 号、不登規156条の 2 第 1 号）。

倉田　会社法人等番号を有しない法人については、どのような対応が必要になりますか。

中里　外国の法令に準拠して設立された法人については、設立準拠法国として当該外国の名称を登記する必要があります（不登規156条の 2 第 2 号）。また、地方自治法に基づく地縁団体（地自260条の 2 ）のように上記のいずれにも該当しない法人の場合は、設立準拠法として当該法人の設立の根拠法の名称を登記しなければなりません（同条 3 号）。

内納　もっとも、国、地方公共団体が登記名義人となる場合は、法人識別番号の登記は不要とされています。

中里　相続財産法人が登記名義人となる場合も、同様に不要とされていますね。

1 - 3 - 2　外国に居住する日本人

倉田　外国に居住する日本人の場合は、いかがでしょう。

神谷　所有権の登記名義人が国内に住所を有しない場合は、国内連絡先となる者を登記しなければならなくなりました（不登73条の 2 第 1 項 2 号、不登規156条の 5 ）。

倉田　具体的には、国内連絡先となる者についてのどのような情報が登記事項となるのですか。

神谷　国内連絡先となる者の氏名または名称、国内の住所または営業所、事務所その他これらに準じるものの所在地と名称を登記するものとされました（不登規156条の 5 第 1 号イ）。また、国内連絡先となる者が会社法人等番号を有する法人であるときは、会社法人等番号も登記事項となります（同号ロ）。

倉田　国内連絡先となる者が自然人の場合は、住所と氏名が登記されるのですね。

中里　必ずしもそうとは限りません。ご家族などが国内連絡先となる場合は住所と氏名を登記するのが通常でしょうが、登記名義人が個人事業主に雇用されているようなケースでは、雇用者の営業所や事務所を国内連絡先として登記することも認められています。

内納　住所以外を登記する場合、たとえば「国内連絡先 何市何町何番地（○○事務所）氏名」、法人の場合は「国内連絡先 何市何町何番地（○○支店）株式会社 A 社　会社法人等番号……」のように「所在地と名称」を登記する必要がある点に注意が必要です。

神谷　なお、登記申請には、国内連絡先となる者の承諾書と国内連絡先事項証明情報[8]を提供する必要があります。承諾書には国内連絡先となる者の実印を押印し、同人の印鑑証明書を提供する必要もありますので、家族のどなたかを一方的に国内連絡先となる者に指定することはできない取扱いとなっています。

倉田　国内連絡先となりうる者の全員が国内連絡先となることを承諾しない場合は、どのように対応すればよいのですか。

神谷　この場合は「国内連絡先なし」と登記されることになります。

中里　国内連絡先となる者がいない場合、その旨の所有権の登記名義人となる者が作成した上申書を提供する必要があります。もっとも、上申書の作成者は日本国内に住所を有していないため、印鑑証明書の提供は不要とされました。

内納　この上申書が書面で作成されている場合はそのとおりですが、電子データで作成されている場合は作成者の電子署名と電子証明書の提供が必要になる点にもご注意ください。

倉田　国内連絡先となる者として、複数人を登記することもできるのですか。

内納　国内連絡先となる者として登記できるのは1名に限られます。

1-3-3　日本国内に居住する外国人

倉田　次に、日本国内に居住する外国人が所有権の登記名義人となる場合はいかがでしょう。

神谷　改正法施行前の登記実務では、外国人の氏名の表記をローマ字とすることは認められておらず、カタカナ表記に置き換えなければなりませんでした。改正法もカタカナ表記で登記申請すること自体は変わりありません

8　詳細は、令和6年3月22日民二第551号民事局長通達第2-3参照。

第7章　休眠担保権等の抹消登記のレシピ

が、外国人住民票等に記録されているローマ字表記を併記することとなりました（不登規158条の31）。

倉田　漢字文化圏の国籍を有する外国人は、カタカナ表記ではなく漢字表記で登記することが認められていますが、この場合はローマ字併記が不要となるのですか。

内納　ローマ字併記を求められるのは「日本の国籍を有しない者」（不登規158条の31第1項柱書）ですので、漢字文化圏の外国人であってもローマ字併記が必要になります。

1-3-4　外国に居住する外国人

倉田　最後に、外国に居住する外国人について検討しましょう。

神谷　外国に居住する外国人については、外国に居住する日本人と同様に国内連絡先となる者の登記が必要となること、日本国内に居住する外国人と同様に氏名のローマ字併記が必要になることのほか、登記される住所の真正担保の観点から住所証明情報に関する変更があります。

中里　ちなみに、住所証明情報に関する変更は法改正を伴うものではなく、通達による運用変更となります。

倉田　外国法人についても変更点がありますが、以下では自然人に関する規定に限って検討します。法人については通達を参照してください。

神谷　変更前の実務では、外国に居住する外国人が所有権の登記名義人となる場合の住所を証する情報として、当該外国の官公署の証明に係る書面または同国の公証人の証明に係る書面を提供することが認められていました[9]が、実際にどのような書面が必要であるのか、またその正確性がどの程度であるのかについて不明確な部分も多く、運用に委ねられる部分も多かったとの指摘がありました[10]。

内納　そこで変更後は、①登記名義人となる者の本国または居住国（本国または居住国の州その他の地域を含む。以下同じ）の政府（領事を含む）の発行した日本の住民票に相当するもの、②住所を証明する登記名義人となる者の本国または居住国の公証人が作成した書面で、かつ旅券等の写しが添付

9　昭和40年6月18日民甲第1096号法務省民事局長回答。

10　中間試案補足説明214頁。

348

1 不動産登記法改正の概観

されているものを提供することが必要と定められました。[11]

中里 なお、住所を証明する登記名義人となる者の本国または居住国の公証人が作成した書面について、法務省ウェブサイト上ではいわゆる「宣誓供述書」を指すと説明されています。[12]

1-4 その他の改正

倉田 このほかに、不動産登記法の改正点はありますか。

神谷 所有者不明土地・所有者不明建物について、登記記録の附属書類を調査することによって所有者の手掛かりを得ることができる場面も少なくありません。そこで、令和5年4月1日施行済みの改正項目として、登記記録の附属書類の閲覧請求があった場合、改正法施行前には請求者の利害関係を有する部分に限って閲覧を許されていたものが（改正前不登121条2[13]項）、改正法では本人請求の場合は無制限に（不登121条4項）、第三者請求の場合には正当な理由がある範囲でそれぞれ閲覧が可能となりました（同条3項）。

倉田 正当理由が認められる具体例として、どのようなケースが考えられますか。

中里 過去に申請された分筆登記に疑義のある隣地所有者が当時の境界確認方法を調査するケース、過去に申請された相続登記に疑義がある相続人からの閲覧請求、不動産購入希望者から過去の所有権の来歴を調査するケース、訴訟資料として使用するケース等が考えられます。[14][15]

内納 登記記録の附属書類の閲覧については、従前は閲覧請求者が法務局に

11　法制上の理由等のやむを得ない事情から、登記名義人となる者の本国または居住国の公証人の作成に係る住所を証明する書面を取得することができないときは、日本の公証人の作成に係る住所を証明する宣誓供述書を提供することも認められるが、この場合、登記名義人となる者が作成する「取得することができない」旨の上申書もあわせて提供する必要がある（令和5年12月15日民二第1596号民事局長通達第1-2）。

12　法務省ウェブサイト「外国居住の外国人や外国法人が所有権の登記名義人となる登記の申請をする場合の住所証明情報について」〈https://www.moj.go.jp/MINJI/minji05_00574.html〉。

13　利害関係の有無は、登記官の個別の判断に委ねられていた（中間試案補足説明215頁）。

14　中間試案補足説明216頁。

15　部会資料35・17頁。

349

第 7 章　休眠担保権等の抹消登記のレシピ

　出頭して登記官の面前で行う必要がありましたが（不登規202条 1 項）、令
和 6 年 6 月24日に施行された改正不動産登記規則により、閲覧請求者と
登記官のウェブ会議サービスを利用した非対面による閲覧が可能となって
いる点にもご注意ください（不登規202条 3 項）[16]。

2　買戻権の抹消

2 - 1　事案❼の概要

倉田　以上の改正項目のうち、本章では買戻権と解散した法人名義の担保権
の抹消登記申請手続について、実際の登記記録に基づいて改正条文の活用
方法を検討してみたいと思います。

　まずは、買戻権の抹消を検討していきましょう。**事案❼**を紹介してくだ
さい。

中里　《登記記録 1 》は、改正法の施行を待って買戻権の抹消登記申請をし
た事案です。

　この買戻権は、昭和52年 3 月 1 日に、当時の厚生省が某社会福祉法人に
対して土地を払い下げた際に、売買契約と同時に締結された買戻特約に基
づき登記されたものです。

16　筆界特定手続に係る調書（不登141条 1 項）、筆界特定手続記録（不登149条 2 項）に
　も準用されている（不登規228条 3 項・241条）。あわせて「不動産登記規則等の一部を
　改正する省令の施行に伴う不動産登記事務等の取扱いについて（通達）」（令和 6 年 6 月
　18日民二第826号民事局長通達）、「ウェブ会議による登記簿の附属書類等の閲覧に係る
　不動産登記事務等の取扱要領の制定について（依命通知）」（令和 6 年 6 月18日民二第
　827号民事第二課長依命通知）も参照されたい。

2　買戻権の抹消

《登記記録１》　買戻権の登記（事案❼）

順位番号	登記の目的	受付年月日・受付番号	権利者その他の事項
付記１号	買戻特約	昭和52年５月25日 第8384号	原因　昭和52年３月１日 買戻特約 売買代金　金4250万 5500円 契約費用　返還を要しな い 期間　昭和52年３月１日 から10年間 買戻権者　厚生省 順位２番付記１号の登記 を移記

2-2　買戻特約

倉田　買戻権は民法に規定がありますね。条文を確認しておきましょう。

神谷　買戻権に関する条文はこちらです。

（買戻しの特約）

民第579条　不動産の売主は、売買契約と同時にした買戻しの特約により、買主が支払った代金（別段の合意をした場合にあっては、その合意により定めた金額。第583条第１項において同じ。）及び契約の費用を返還して、売買の解除をすることができる。この場合において、当事者が別段の意思を表示しなかったときは、不動産の果実と代金の利息とは相殺したものとみなす。

（買戻しの期間）

民第580条　買戻しの期間は、10年を超えることができない。特約でこれより長い期間を定めたときは、その期間は、10年とする。

2　買戻しについて期間を定めたときは、その後にこれを伸長することができない。

3　買戻しについて期間を定めなかったときは、５年以内に買戻しをしなければならない。

351

神谷　買戻特約付きの売買契約というのは、売主が解除権を留保しつつ買主に売買契約の目的物を引き渡す契約であると理解すればよさそうですね。

　　ところで、買戻権の登記は初めて目にしたのですが、実際に利用されているのですね。

内納　買戻特約は、主に担保目的で利用されてきたようです。

　　たとえば、不動産を担保として融資をする際には抵当権を設定するケースが多いですが、抵当権に代えて融資金相当額を売買代金とし、担保物となる土地を目的とする売買契約を買戻特約付きで締結します。借主（土地の売主）は、買戻しの期間内に融資金相当額と契約の費用を貸主（土地の買主）に返還することによって土地の所有権を回復することができます。この場合の契約の費用は、売買による所有権移転登記申請に要する登録免許税等の貸主（土地の買主）が負担した実費のほか、融資金相当額から発生する利息に相当する額と考えられます。なお、売買代金に利息を付して返還するとする合意は「別段の定め」として有効と解されています。[18]

　　また、買戻しの期間内に返還ができない場合には、土地の所有権は確定的に貸主（土地の買主）に帰属することとなり、貸主としては、抵当権の実行としての競売申立て（民執180条）をすることなく簡易に担保物の所有権を取得できるという利点があります。

中里　そのほかにも、売買契約に一定の条件を付した場合に、買主がその条件を遵守しない場合には売主から売買契約を解除できるようにする目的で、買戻特約が利用されることもあります。

　　事案❼の買戻権もこのケースに該当します。買主の社会福祉法人は事業用地として当時の監督官庁である厚生省から土地の払下げを受けたのですが、払下げを受けるに際しては事業の規模、事業開始の時期など、監督官庁から指定された条件を遵守する必要があったそうです。仮に条件が遵守できない場合には、厚生省が買戻権を行使して土地の返却を求めることができることとなっていました。

　　また、そのほかの事案では、公共の団体が主導して行う区画整理事業地

17　大判大正7年11月1日民録24輯2103頁。

18　大判大正2年10月3日民録19輯741頁。

内の分譲地において、区画ごとに統一感のある景観を維持するため土地購入者に対し街路樹等の管理義務等を課し、これに違反した場合には土地の返却を求める趣旨で、土地の売主である団体（区画整理組合など）名義の買戻権が登記されているケースもありました。また、同じように分譲地において、一定の期間内に住宅を建築しない場合には買戻権が行使できるようになっている事案を目にしたこともあります。

2-3 改正法施行前の抹消登記手続

神谷　事案❼の買戻権は、買戻しの期間が「昭和52年3月1日から10年間」とされていますので、昭和62年3月1日をもって10年間の期間が満了しているにもかかわらず、抹消登記がされないまま現在まで登記が残置されているということですね。

内納　買戻しの期間は一度定めたら後から当事者の合意によっても伸長することが認められていませんし（580条2項）、そもそも10年を超えることができません（580条1項[19]）。また、売買契約締結後にされた買戻特約は無効と解されています[20]。

　以上の理由から、買戻特約付きの売買契約が成立した日から10年が経過している場合、この買戻権はすでに効力を失っていることが登記記録上明らかとなるわけです。

倉田　買戻権を抹消する場合、通常は、土地の所有権者と買戻権者との共同申請（不登60条）により抹消登記の申請手続をしていくことになるのでしょうが、仮に買戻権者の協力が得られないような事情がある場合に、改正法施行前にはどのような対応が考えられましたか。

中里　買戻期間満了を原因とする買戻権の抹消登記手続請求訴訟を提起することになりますね。

　同様の事案を二度ほど経験したことがあります。内納さんが指摘したように、買戻特約付きの売買契約が成立した日から10年が経過している場

19　買戻権の登記をした後に期間を短縮することはできる（大判大正11年5月5日民集1巻240頁）。

20　買戻しの特約は売買契約と同時に締結しなければならず、売買契約後は許されない（大判明治33年2月21日民録6輯2巻70頁）。

第7章　休眠担保権等の抹消登記のレシピ

合、この買戻権は完全に無効な登記であって争いの余地はありませんので難しい訴訟ではありませんが、共同申請により抹消する場合と比べれば時間的にもコスト的にも依頼者の負担が増すことは確かです。

2-4　改正法の活用

2-4-1　契約の日から10年を経過した買戻権

倉田　次に、改正法の規定による解決策を検討しましょう。

　　事案❼では、不動産登記法69条の2の利用が検討できそうです。

神谷　まずは条文を確認しましょう。

（買戻しの特約に関する登記の抹消）

不登第69条の2　買戻しの特約に関する登記がされている場合において、契約の日から10年を経過したときは、第60条の規定にかかわらず、登記権利者は、単独で当該登記の抹消を申請することができる。

神谷　「第60条の規定」は共同申請を定めた規定ですので、本来であれば登記権利者である所有権者と登記義務者である買戻権者との共同申請による抹消登記申請をすべきところ、契約の日から10年が経過している場合には、登記権利者である所有権者が単独で買戻権の抹消登記申請をすることができるとした規定です。

中里　契約の日から10年という要件を具備してさえいれば本条の適用は可能ですので、事案❼はもちろんのこと、仮に買戻権者の所在が知れないようなケースであったとしても、買戻権者の所在調査をする必要すらなく[21]、直ちに単独抹消が可能になりますね。

内納　このあたりは、先ほども指摘した登記から10年が経過した買戻権は完全に無効であることが前提となっているものと理解できます。

中里　「民法等の一部を改正する法律の施行に伴う不動産登記事務の取扱いについて（令和5年4月1日施行関係）（通達）」（令和5年3月28日民二第538号民事局長通達（以下、「令和5年第538号通達」といいます）によって明らかとなった不動産登記法69条の2に基づく抹消登記申請をする場合の申請情

21　部会資料53・18頁。

報は、【書式23】のとおりです。

【書式23】　買戻権抹消登記申請情報

登記申請書

登記の目的　　　　１番付記１号買戻権抹消

原　　　因　　　　不動産登記法第69条の２の規定による抹消

抹消すべき登記　　昭和52年５月25日受付第8384号

権　利　者　　　　住所……

　　　　　　　　　（申請人）社会福祉法人〇〇会

　　　　　　　　　（会社法人等番号0000-00-000000）

　　　　　　　　　理事長　〇〇〇〇

義　務　者　　　　厚生省

添 付 情 報　　　　代理権限証明情報　会社法人等番号

（以下、略）

神谷　登記原因は「買戻期間満了[22]」ではないのですね。

中里　登記権利者からの単独申請により抹消されたことが登記上も明らかになるようにするため、「不動産登記法第69条の２の規定による抹消」とされたものと考えられます。

倉田　添付情報はどうなりますか。

中里　登記権利者からの単独申請となりますので、登記識別情報（登記済証）や買戻権者の印鑑証明書の提供は不要です。

　　また、登記原因証明情報（不登61条）については、令和４年９月29日に公布された改正不動産登記令により、不動産登記法69条の２に基づく抹消登記申請をする場合には登記原因証明情報の提供を要しないこととされました（不登令７条３項１号）。

22　共同申請による抹消登記の場合の登記原因は「買戻期間満了」であり、登記原因日付は買戻期間満了日の翌日となる（昭和63年11月16日東京法務局長承認。東京登記実務協議会決議事項第２問）。

第 7 章　休眠担保権等の抹消登記のレシピ

> （添付情報）
>
> 不登令第 7 条（略）
>
> 2　（略）
>
> 3　次に掲げる場合には、第 1 項第 5 号ロの規定にかかわらず、登記原因を証する情報を提供することを要しない。
>
> 　一　法第69条の 2 の規定による買戻しの特約に関する登記の抹消を申請する場合
>
> 　二～五（略）

内納　登記原因証明情報提供の要否については、過去の経緯も含めて若干の議論があったそうですね。

中里　はい。改正法施行前は、名古屋法務局において登記原因証明情報の提供を不要とする取扱い[23]がなされていました。

神谷　買戻期間が満了していることは登記記録上明らかですので、登記原因証明情報の提供を省略できることに違和感はありません。

中里　私も同様に考え、実際に何度か登記原因証明情報を提供せずに抹消登記申請をし、いずれの場合も登記官からの特段の指摘もなく登記が完了しています。

内納　しかし、この取扱いには反対説もあったのですよね。[24]

中里　そのとおりです。反対説の理由は、買戻期間内に買戻権が行使されたにもかかわらず「買戻」を原因とする所有権移転登記が申請されていない可能性が考えられ、こうした可能性を考慮すると、形式的審査権しか有しない登記官としては実体上当該買戻権が消滅していると判断することができないからである、と説明されています。

神谷　そうすると反対説による場合は、買戻期間が満了した事実、買戻期間内に買戻権が行使されなかった事実を登記原因証明情報に記載しなければならないことになりそうですね。

23　名古屋法務局回答、愛知県司法書士協議結果集38頁。

24　編集室103頁、東司332頁。

内納 ところで、登記の真実性を担保する趣旨から、登記原因証明情報には少なくとも登記義務者がその作成に関与しなければならないとされています[25]。

　改正法施行前は、判決による登記（不登63条）等の一部の例外を除き、買戻権の抹消登記申請は共同申請（不登60条）によらなければなりませんでした。しかし、本条が新設され登記権利者からの単独申請による抹消登記申請が認められるようになったため、仮に改正法の下で登記原因証明情報の提供を要することとした場合、提供される登記原因証明情報はもっぱら登記権利者の作成に係るものとなることから、わざわざ登記原因証明情報を提供させる実益は乏しいとの指摘もあったのです[26]。

倉田 以上のような経緯から、登記原因証明情報を提供不要とする立法的解決が図られたことになるのですね。

2−4−2　公示催告・除権決定

倉田 事案❼の買戻権は契約から10年が経過していますが、たとえば登記された買戻しの期間は5年で、すでに買戻期間は満了しているもののいまだ契約から10年が経過していないケースを想定してみましょう。

　このような場合には、契約の日から10年が経過していませんので不動産登記法69条の2の規定は利用できません。そうすると、買戻権者の協力が得られない場合には抹消登記請求訴訟を選択せざるを得ないのでしょうか。

神谷 買戻期間は満了しているもののいまだ10年を経過していない場合で、かつ買戻権者の所在が知れない場合には、不動産登記法70条1項〜3項の各規定を利用し、買戻権について公示催告と除権決定の手続を経た後に、土地の所有権者の単独申請による抹消登記が可能となります。

（除権決定による登記の抹消等）

不登第70条　登記権利者は、共同して登記の抹消の申請をすべき者の所在が知れないためその者と共同して権利に関する登記の抹消を申請することが

25　後藤浩25頁。

26　東司333頁参照。

357

第7章　休眠担保権等の抹消登記のレシピ

> できないときは、非訟事件手続法（平成23年法律第51号）第99条に規定する公示催告の申立てをすることができる。
>
> 2　前項の登記が地上権、永小作権、質権、賃借権若しくは採石権に関する登記又は買戻しの特約に関する登記であり、かつ、登記された存続期間又は買戻しの期間が満了している場合において、相当の調査が行われたと認められるものとして法務省令で定める方法により調査を行ってもなお共同して登記の抹消の申請をすべき者の所在が判明しないときは、その者の所在が知れないものとみなして、同項の規定を適用する。
>
> 3　前二項の場合において、非訟事件手続法第106条1項に規定する除権決定があったときは、第60条の規定にかかわらず、当該登記権利者は、単独で第1項の登記の抹消を申請することができる。
>
> 4　（略）

2-4-2-1　改正法施行前の状況

中里　不動産登記法70条の規定は改正法施行前の規定を一部改正した条文です。主な改正点は2項が追加されたことですが、改正法施行前には70条の規定はあまり利用されていませんでした。[27]

倉田　それは、どのような理由によるのでしょうか。

内納　公示催告の申立てがあった場合、裁判所は「公示催告の申立てが適法であり、かつ、理由があると認めるとき」に公示催告決定をすることになるため（非訟101条）、申立人となる所有権者は、①申立人が抹消対象の登記を抹消するための権利者であること、②登記された権利が実体上不存在または消滅していること[28]、③登記義務者の所在が知れないことについての証明が求められます。[29]

　このうち、②の要件を証明することが困難であることが、同制度が利用

27　中間試案補足説明205頁、部会資料9・16頁。

28　改正前不動産登記法70条1項は「登記権利者は、登記義務者の所在が知れないため登記義務者と共同して……」と規定されている。

29　疎明では足りないとされている。なお、詐欺による設定登記であったなど、実体的な争いを伴う場合には、たとえ登記名義人が行方不明であっても公示催告手続は利用できない（正影304頁）。

されない最大の原因であると考えられます。担保権の場合は、被担保債権が弁済³⁰等により消滅し、その付従性により担保権も実体上消滅している事実を領収書等によって証明することが求められますし、存続期間が登記されている用益権であっても、存続期間が更新されていないことを証明することは困難です。

中里 それに、登記義務者の所在が知れないことの調査をするのであれば、公示送達（民訴110条）により抹消登記手続請求訴訟を提起するのとさほど手間は変わらない、という点もあげられますね。

神谷 公示送達による訴訟では擬制自白の適用がありませんので（民訴159条3項）、結局、登記された権利が実体上不存在または消滅している事実を訴訟において立証しなければ敗訴となるのではないですか。

中里 訴訟物を所有権に基づく妨害排除請求権と構成します。こうすれば、原告が土地の所有者であること、土地に被告名義の登記が存在することの2点を登記事項証明書によって証明するだけで、原告の要証事実について立証できたことになるからです。

2-4-2-2 登記義務者の所在が判明しない場合

倉田 改正法では改正前不動産登記法70条に新たに2項が追加されたということですが、これによって改正前と比べてどのような点が使いやすくなったのでしょうか。

内納 存続期間が登記事項とされている地上権（不登78条3号）、永小作権（不登79条2号）、賃借権（不登81条2号）、採石権（不登82条1号）、質権（不登95条1項1号）の各権利について、存続期間が満了している場合は更新がないものと推定し、実体上消滅した権利であることの証明を不要としました[32]。買戻期間が満了している買戻権についても、同様に取り扱うこと

---

30 正影306頁。

31 被担保債権の時効消滅を主張する場合、公示催告の申立てに先立って意思表示の公示送達（98条）によって時効援用をしておかなければ、登記された権利の消滅を証明したことにはならない。公示催告手続きの中で時効援用を主張することは認められない（正影306頁）。

32 東司313頁。

第 7 章　休眠担保権等の抹消登記のレシピ

とされています。

　　また、このような存続期間等の満了している権利について公示催告の申立てをする場合には、共同して登記をすべき者の所在が知れないことの調査について、法務省令で定める方法による調査で足りることとされました。

神谷　存続期間や買戻期間の満了をもって登記された用益権や買戻権が実体上消滅したものと取り扱うことができるようになったこと、登記義務者の所在が知れないとみなすことができる調査の具体的方法が定められたことの 2 点が改正されたことにより、これら実体上は消滅している権利の抹消登記の促進が図られることになったということですね。

中里　具体的な調査の方法は、不動産登記規則152条の 2 に規定されました。

内納　不動産登記規則152条の 2 によれば、登記義務者となる用益権等の登記名義人が、①自然人の場合（同条 1 号）、②法人の場合（同条 2 号）とに分けて規定されています。自然人の場合は、ⓐ共同して登記の抹消をすべき者、ⓑ共同して登記の抹消をすべき者の所在の 2 項目が調査対象とされ、法人の場合は、ⓐ共同して登記の抹消をすべき者、ⓑ共同して登記の抹消をすべき者の代表者、ⓒ共同して登記の抹消をすべき者の所在、ⓓ共同して登記の抹消をすべき者の代表者の所在の 4 項目が調査対象として規定されています。

2 - 4 - 2 - 2 - 1　　登記義務者が自然人の場合

2 - 4 - 2 - 2 - 1 - 1　　共同して登記の抹消を申請すべき者の調査

倉田　登記名義人が自然人の場合と法人の場合とで、調査の方法が異なることになるのですね。

神谷　そのとおりです。不動産登記規則152条の 2 の条文は少し長いので、自然人について規定した 1 号と法人について規定した 2 号とに分けて検討していきましょう。

　　まずは 1 号の条文がこちらです。

（法第70条第 2 項の相当の調査）
不登規第152条の 2　法第70条第 2 項の法務省令で定める方法は、次の各号

360

に掲げる措置をとる方法とする。

一　法第70条第 2 項に規定する登記の抹消の登記義務者（以下この条において単に「登記義務者」という。）が自然人である場合

イ　共同して登記の抹消の申請をすべき者の調査として次の(1)から(5)までに掲げる措置

(1)　登記義務者が記録されている住民基本台帳、除票簿、戸籍簿、除籍簿、戸籍の附票又は戸籍の附票の除票簿（以下この条において「住民基本台帳等」という。）を備えると思料される市町村の長に対する登記義務者の住民票の写し又は住民票記載事項証明書、除票の写し又は除票記載事項証明書、戸籍及び除かれた戸籍の謄本又は全部事項証明書並びに戸籍の附票の写し及び戸籍の附票の除票の写し（以下この条において「住民票の写し等」という。）の交付の請求

(2)　(1)の措置により登記義務者の死亡が判明した場合には、登記義務者が記録されている戸籍簿又は除籍簿を備えると思料される市町村の長に対する登記義務者の出生時からの戸籍及び除かれた戸籍の謄本又は全部事項証明書の交付の請求

(3)　(2)の措置により登記義務者の相続人が判明した場合には、当該相続人が記録されている戸籍簿又は除籍簿を備えると思料される市町村の長に対する当該相続人の戸籍及び除かれた戸籍の謄本又は全部事項証明書の交付の請求

(4)　(3)の措置により登記義務者の相続人の死亡が判明した場合には、当該相続人についてとる(2)及び(3)に掲げる措置

(5)　(1)から(4)までの措置により共同して登記の抹消の申請をすべき者が判明した場合には、当該者が記録されている住民基本台帳又は戸籍の附票を備えると思料される市町村の長に対する当該者の住民票の写し又は住民票記載事項証明書及び戸籍の附票の写し（(1)の措置により交付の請求をしたものを除く。）の交付の請求

ロ　共同して登記の抹消の申請をすべき者の所在の調査として書留郵便その他配達を試みたことを証明することができる方法による次の(1)及び(2)に掲げる措置

(1)　登記義務者の不動産の登記簿上の住所に宛ててする登記義務者に対する書面の送付（イの措置により登記義務者の死亡及び共同して

第 7 章　休眠担保権等の抹消登記のレシピ

　　　　登記の抹消の申請をすべき者が所在すると思料される場所が判明し
　　　　た場合を除く。）
　　　⑵　イの措置により共同して登記の抹消の申請をすべき者が所在する
　　　　と思料される場所が判明した場合には、その場所に宛ててする当該
　　　　者に対する書面の送付
　　二　（略）

中里　この条文では「登記義務者」と「共同して登記の抹消を申請すべき
　者」とを使い分けていますので、この点も意識しながら条文を読み進める
　必要があります。
　　ここにいう「登記義務者」とは、抹消すべき用益権や買戻権の名義人と
　して登記されている者を指し、「共同して登記の抹消を申請すべき者」と
　は、登記義務者が生存している場合には登記義務者を指し、登記義務者が
　死亡している場合には登記義務者の相続人を指しています。
倉田　1号イは「共同して登記の抹消をすべき者」に関する具体的な調査方
　法が、1号ロは「共同して登記の抹消をすべき者の所在」に関する具体的
　な調査方法が、それぞれ規定されているのですね。
神谷　そのとおりです。調査方法について詳細に手順が示されておりますの
　で、条文に従って順に調査を進めていけばよいことになります。
　　1号イの「共同して登記の抹消をすべき者」の調査方法から検討しま
　しょう。
内納　1号イ⑴を整理すると、自然人である登記義務者について、①住民票
　または住民票記載事項証明書、②除票または除票記載事項証明書、③戸籍
　または戸籍全部事項証明書、④除かれた戸籍（除籍および改製原戸籍）ま
　たはこれらの除籍全部事項証明書、⑤戸籍の附票、⑥戸籍の附票の除票の
　すべての交付請求をします。
　　なお、1号イ⑴では①〜⑥をまとめて「住民票の写し等」としています
　ので、以下ではそのように呼ぶことにしましょう。
中里　1号イ⑴には「戸籍及び除かれた戸籍の謄本」とありますが、ここで
　いう「除かれた戸籍の謄本」は除籍謄本だけでなく改製原戸籍謄本の調査

もすべきということでしょうか。

内納　はい。この部分は「登記義務者の……除かれた戸籍の謄本」と読むべきです。登記義務者が死亡、分家等により戸籍から除かれている場合に、この「登記義務者が除かれた戸籍」は除籍であるのか改製原戸籍であるのかは調査してみないとわかりませんので、除籍謄本に限定するのは不適当であると考えます。

倉田　1号イ(1)による住民票の写し等の調査を以下では「調査A」とし、続いて1号イ(2)を検討しましょう。

内納　調査Aによって登記義務者の死亡が判明した場合、1号イ(2)により、登記義務者の出生時からの戸籍謄本および除かれた戸籍（除籍および改製原戸籍）の謄本の交付請求をします。

神谷　調査Aによって登記義務者の死亡が判明したため、その相続人を確定させるために出生時からの戸籍の調査をせよという趣旨ですね。

倉田　そうですね。1号イ(2)による調査を「調査B」とすると、調査Aと調査Bにより、死亡した登記名義人の相続人を確定することができます。

続いて1号イ(3)および(4)を続けてお願いします。

内納　調査Bにより登記義務者の相続人が判明した場合は、1号イ(3)により、その相続人の戸籍謄本および除かれた戸籍（除籍および改製原戸籍）の謄本の交付請求をします。

これを「調査C」とし、調査Cにより登記義務者の相続人の死亡が判明した場合、1号イ(3)により、その相続人について、調査Bおよび調査Cを繰り返します。これを「調査D」とします。

中里　調査A〜調査Dにより生存が判明した相続人が、「共同して登記の抹消の申請をすべき者」に該当することになりますね。

内納　はい、そのとおりです。

最後に、調査A〜調査Dにより判明した相続人の住民票または戸籍の附票の交付請求をします。これを「調査E」としましょう。

神谷　1号イ(5)かっこ書の「(1)の措置により交付の請求をしたものを除く」とは、調査Eにより交付請求すべき住民票または戸籍の附票が調査Aで交付を受けたものと重複する場合、別途の交付請求をする必要はないこと

363

第 7 章　休眠担保権等の抹消登記のレシピ

を確認するための規定ということでしょうか。

内納　はい、そのとおりです。

2-4-2-2-1-2　共同して登記の抹消を申請すべき者の所在の調査

倉田　1号ロに規定されている「共同して登記の抹消を申請すべき者の所在」の調査方法について検討しましょう。

内納　所在の調査は、書留郵便その他配達を試みたことを証明することができる方法により書面を送付することによって行うことと規定されています。

神谷　調査A～調査Eの結果によって、書面の送付先が異なるのですね。

中里　少し読みにくい条文ですので、場合分けをしながら整理してみませんか。

倉田　そうですね。ではまず、調査Aにより登記義務者の死亡が判明した場合を検討しましょう。

中里　1号ロ(1)のかっこ書で、①登記義務者の死亡と、②共同して登記の抹消を申請すべき者（この場合は登記義務者の相続人）が所在すると思料される場所は「及び」でつながれていますので、①②のいずれも判明する場合は1号ロ(1)の規定が適用されません。

　　①②のいずれも判明した場合は1号ロ(2)が適用されるため、登記義務者の相続人に対し、登記義務者の相続人が所在すると思料される場所に宛てて書面を送付しなければなりません。

神谷　①登記義務者の死亡は判明したが、②その相続人が所在すると思料される場所が判明しない場合はどのように考えればよいのでしょう。

内納　この場合、1号ロ(1)かっこ書の適用はありません。また、共同して登記の抹消の申請をすべき者、つまり登記義務者の相続人が所在すると思料される場所が判明しないということは1号ロ(2)の適用もありませんので、1号ロ(1)本文が適用されます。

　　つまり、登記義務者に対して、不動産の登記記録上の住所に宛てて書面を送付しなければなりません。

倉田　登記義務者の死亡が判明していたとしても、登記義務者に対して書面を送付すればよいということですね。

中里　条文を文理解釈すれば、その結論で正しそうですね。

倉田　次に、調査Aによっても、登記義務者の死亡が戸籍上判明しない場合について検討しましょう。

中里　この場合、死亡が判明しない登記義務者について「所在すると思料される場所」が判明する場合と判明しない場合とで結論が分かれますね。

神谷　登記義務者について、調査Aによって「所在すると思料される場所」が判明しない場合、1号ロ(1)が適用されます。したがって、登記義務者に対して、不動産の登記記録上の住所に宛てて書面を送付しなければなりません。

倉田　登記義務者について、調査Aによって「所在すると思料される場所」が判明する場合はいかがでしょう。

内納　この場合、1号ロ(2)の「共同して登記の抹消の申請をすべき者」は登記義務者を指します。したがって、登記義務者について「所在すると思料される場所」が判明する場合は1号ロ(2)が適用されますので、登記義務者に対して、調査Aによって判明した「所在すると思料される場所」に宛てて書面を送付しなければなりません。

倉田　これらを整理すると、〔**図表18**〕のとおりとなります。

〔**図表18**〕　**自然人の所在の調査**

登記義務者の死亡	所在すると思料される場所	名宛人	宛　先	根拠条文
戸籍上、判明しない	（登記義務者について）判明しない	登記義務者	不動産の登記簿上の住所	1号ロ(1)
	（登記義務者について）判明する	登記義務者	（登記義務者の）住民票上の住所	1号ロ(2)
戸籍上、判明する	（相続人について）判明しない	登記義務者	不動産の登記簿上の住所	1号ロ(1)
	（相続人について）判明する	相続人	（相続人の）住民票上の住所	1号ロ(2)

第 7 章　休眠担保権等の抹消登記のレシピ

神谷　ところで、調査 A〜調査 E によって判明した相続人が複数の場合には、その全員が「共同して登記の抹消を申請すべき者」に該当するので、全員に宛てて書面を送付しなければならないのでしょうか。

内納　はい、そうなります。抹消登記を申請するには登記義務者の相続人全員の手続への関与が必要になるからです。

中里　そうすると、調査 E によって相続人の一部の者についてだけ「所在すると思料される場所」が判明した場合には、その場所が判明した相続人については「所在すると思料される場所」に宛てて送付、「所在すると思料される場所」が判明しない相続人の分については、当該相続人に対してではなく、登記義務者に対して登記義務者の不動産の登記簿上の住所に宛てて送付、の双方の調査が必要になるのですね。

2-4-2-2-1-3　書面の方法

倉田　書面を送付する際の方法についても確認しましょう。

神谷　条文では、「書留郵便その他配達を試みたことを証明することができる方法」で送付しなければならないとされていますので、具体的には、配達証明付き書留郵便が妥当と考えます。

中里　「配達を試みたことを証明することができる方法」であればよいので、郵便追跡サービス[33]により配達状況が証明できるレターパックやレターパックプラス、特定記録郵便でも可能と考えられますね。

神谷　ところで、これらの調査をした結果報告書と調査の過程で交付を受けた書類や郵便の配達記録等は、登記権利者が公示催告の申立てをする際の疎明資料として裁判所に提出することになるものと考えますが、このとき、送付した書面の内容についても疎明資料とする必要があるのでしょうか。

倉田　書面の内容まで疎明する必要があるとすると、送付に際して内容証明郵便を利用しなければならなくなりそうですね。

内納　不動産登記法70条 2 項により公示催告の申立てをすることができる要件の一つである共同して登記の抹消の申請をすべき者の所在が知れないも

33　郵便局ウェブサイト「郵便追跡サービス」〈https://trackings.post.japanpost.jp/services/srv/search/〉参照。

のとみなされるか否かは、送付した書面が到達したか否かによって判断されるのであり、送付した書面の内容は問われません。

　したがって、書面の内容までの疎明は求められません。

2-4-2-2-1-4　現地調査

神谷　不動産登記規則152条の2第1号イでは共同して登記の抹消を申請すべき者の調査として住民票の写し等の交付請求が、同号ロでは共同して登記の抹消を申請すべき者の所在の調査として書留郵便等による書面の送付がそれぞれ必要であることが確認されましたが、そもそもの疑問として、所在等不明共有者の持分取得の申立てや所有者不明土地管理人選任の申立ての場合のように、所在不明であることを証するための現地調査等は必要ないのでしょうか。

内納　この点は立法過程において「現地調査までは求めない」と議論されていました[34]。

　この議論を受け、条文上も現地調査への言及がありませんので、他の手続とは整理して考えなければなりません。

2-4-2-2-2　登記義務者が法人の場合

2-4-2-2-2-1　共同して登記の抹消を申請すべき者の調査

倉田　登記義務者が法人の場合について規定した不動産登記規則152条の2第2号について検討しましょう。

神谷　条文はこちらです。

（法第70条第2項の相当の調査）
不登規第152条の2　法第70条第2項の法務省令で定める方法は、次の各号に掲げる措置をとる方法とする。
　一　（略）
　二　登記義務者が法人である場合
　　イ　共同して登記の抹消の申請をすべき者の調査として次の(1)及び(2)に掲げる措置
　　　(1)　登記義務者の法人の登記簿を備えると思料される登記所の登記官

34　部会資料35・4頁。

第7章　休眠担保権等の抹消登記のレシピ

　　に対する登記義務者の登記事項証明書の交付の請求

　⑵　⑴の措置により登記義務者が合併により解散していることが判明
　　した場合には、登記義務者の合併後存続し、又は合併により設立さ
　　れた法人についてとる⑴に掲げる措置

ロ　イの措置により法人の登記簿に共同して登記の抹消の申請をすべき
　者の代表者（共同して登記の抹消の申請をすべき者が合併以外の事由
　により解散した法人である場合には、その清算人又は破産管財人。以
　下この号において同じ。）として登記されている者が判明した場合に
　は、当該代表者の調査として当該代表者が記録されている住民基本台
　帳等を備えると思料される市町村の長に対する当該代表者の住民票の
　写し等の交付の請求

ハ　共同して登記の抹消の申請をすべき者の所在の調査として書留郵便
　その他配達を試みたことを証明することができる方法による次の⑴及
　び⑵に掲げる措置

　⑴　登記義務者の不動産の登記簿上の住所に宛ててする登記義務者に
　　対する書面の送付（イの措置により登記義務者が合併により解散し
　　ていること及び共同して登記の抹消の申請をすべき者が所在すると
　　思料される場所が判明した場合を除く。）

　⑵　イの措置により共同して登記の抹消の申請をすべき者が所在する
　　と思料される場所が判明した場合には、その場所に宛ててする当該
　　者に対する書面の送付

ニ　イ及びロの措置により共同して登記の抹消の申請をすべき者の代表
　者が判明した場合には、当該代表者の所在の調査として書留郵便その
　他配達を試みたことを証明することができる方法による次の⑴及び⑵
　に掲げる措置

　⑴　共同して登記の抹消の申請をすべき者の法人の登記簿上の代表者
　　の住所に宛ててする当該代表者に対する書面の送付

　⑵　イ及びロの措置により当該代表者が所在すると思料される場所が
　　判明した場合には、その場所に宛ててする当該代表者に対する書面
　　の送付

神谷　2号イ⑴により、登記義務者の調査として、法人登記事項証明書の交

付請求をしなければなりません。実際には、清算結了している法人もあるでしょうから、この場合は閉鎖登記簿謄本の交付を求めることになります。

倉田　そうですね。では、これを「調査F」としましょう。

　ところで、法人の閉鎖登記簿の保存期間は閉鎖の日から20年間とされていますから（商登規34条4項2号）、調査Fによっても登記義務者の解散の事実は判明しないケースが少なくないのではないですか。

中里　条文上は「閉鎖の日から20年間」とされていますが、法務局では保存期間が経過した閉鎖登記簿も廃棄せずに備え置いている場合が多く、備え置かれている閉鎖登記簿については保存期間経過後であっても閉鎖登記簿謄本の交付が受けられるのが実務上の取扱いです。

神谷　次に、調査Fにより、登記義務者が合併により解散していることが判明した場合、2号イ(2)により、合併による権利承継法人の登記事項証明書の交付請求をしなければなりません。

内納　合併による権利承継法人がさらに合併により解散している場合、その権利承継法人についても同様に登記事項証明書の調査が必要になります。

倉田　合併による権利承継法人の調査を「調査G」としましょう。

中里　法人の解散事由には、合併のほかにもいろいろなものが考えられますが、登記義務者やその権利承継法人が合併以外の事由によって解散している場合は、当該法人の登記簿謄本や閉鎖登記簿謄本を調査するだけで足りるということでしょうか。

内納　はい、合併以外の事由により解散した法人については、破産等の倒産手続が開始している場合は各根拠法の規定に従って法人財産の処分が進められますし、存続期間の満了や総会の決議等により解散した場合は清算法人へと移行するため、第三者に権利義務が承継されることはないからです。

2-4-2-2-2-2　共同して登記の抹消をすべき者の代表者の調査

倉田　2号ロに規定されている「共同して登記の抹消を申請すべき者の代表者」の調査方法について検討しましょう。

神谷　ここでいう「共同して登記の抹消を申請すべき者」とは、登記義務者

たる法人または合併により登記義務者たる法人の権利義務を承継した法人を指していますので、2号ロの調査対象者は、これらの登記上の代表者になるということですね。

内納 はい、登記義務者たる法人または合併により登記義務者たる法人の権利義務を承継した法人の清算人、代表清算人、破産管財人などが「共同して登記の抹消を申請すべき者の代表者」に該当します。

倉田 具体的にはどのような調査を行わなければなりませんか。

内納 調査Fおよび調査Gにより、共同して登記の抹消の申請をすべき者の代表者として登記されている者が判明した場合は、その代表者について、調査Aと同様に住民票の写し等の交付請求をしなければなりません。

　　　この調査を「調査H」としましょう。

神谷 登記義務者が自然人の場合、調査Aによって登記義務者たる自然人が死亡していることが判明した場合には、さらに調査B～調査Eによって登記義務者の相続人を確定させる必要がありましたが、登記義務者が法人の場合にはこのような調査は不要なのでしょうか。

中里 清算人と法人との関係は委任契約と解されています（会330条）。委任契約は契約当事者の一方の死亡により終了するのが原則ですので（民653条1号）、清算人が死亡してもその地位は相続の対象となりません。

　　　また、裁判所で選任される破産管財人等が死亡した場合は、新たな破産管財人等を裁判所が選任することになり、この場合も破産管財人の地位が相続されるわけではありません。

　　　したがって、登記義務者が自然人の場合と異なり、共同して登記の申請をすべき者の代表者の死亡が判明した時点で、当該代表者の調査は終了となります。

2−4−2−2−2−3　共同して登記の抹消を申請すべき者の所在の調査

倉田 2号ハに規定されている「共同して登記の抹消を申請すべき者の所在」の調査方法について検討しましょう。なお、2号ハの調査対象は、法人の所在である点にご注意ください。

内納 自然人の場合と同様に、書留郵便その他配達を試みたことを証明することができる方法により書面を送付することによって行います。配達証明

付き書留郵便のほか、郵便追跡サービスが利用できるレターパック等を利用することができる点も、自然人の場合と同様です。

中里　この条文も自然人の場合と同様に読みにくい条文ですので、場合分けをしてみましょう。

倉田　ではまず、調査Ｆにより登記義務者が解散していることが判明した場合を検討しましょう。

神谷　この場合、解散事由が合併か合併以外の事由かによって調査方法が異なりますので、まずはこの点を交付を受けた登記簿謄本によって確認しなければなりません。

倉田　登記義務者が合併以外の事由により解散している場合の調査方法から検討しましょう。

内納　この場合、２号ハ(1)かっこ書の規定は適用されません。通常は、交付を受けた登記簿謄本で登記義務者の解散時の本店または主たる事務所の所在地が判明するでしょうから、２号ハ(2)が適用され、登記義務者に対し、法人登記簿上の本店または主たる事務所所在地に宛てて書面を送付しなければなりません。

神谷　保管期間経過等の理由により閉鎖登記簿謄本の交付が受けられないような場合は、２号ハ(1)本文が適用されることになるのですね。

内納　そのとおりです。この場合は登記義務者に対し、用益権者または買戻権者として不動産登記上に登記されている本店または主たる事務所所在地に宛てて書面を送付しなければなりません。

中里　いずれの場合も、登記義務者が解散していることは登記上明らかですが、それでもなお、登記義務者宛てに書面を送付する必要がありますね。

倉田　次に、登記義務者が合併により解散している場合の調査方法はいかがですか。

神谷　２号ハ(1)かっこ書が適用されるのですね。

中里　ここも自然人の場合と同様ですが、２号ハ(1)かっこ書が適用されるのは、①登記義務者たる法人の合併による解散と、②共同して登記の抹消を申請すべき者（この場合は登記義務者の合併による権利承継法人）が所在すると思料される場所は「及び」でつながれていますので、①②のいずれも

371

第 7 章　休眠担保権等の抹消登記のレシピ

判明する場合に限られます。

　①②のいずれも判明した場合は 2 号ハ(2)が適用されるため、合併による
権利承継法人に対し、合併による権利承継法人の法人登記簿上の本店また
は主たる事務所の所在地に宛てて書面を送付しなければなりません。

神谷　①登記義務者たる法人の合併による解散は判明したが、②合併による
権利承継法人が所在すると思料される場所が判明しない場合は、どのよう
に考えればよいのでしょう。

内納　この場合、2 号ハ(1)かっこ書の適用はありませんし、共同して登記の
抹消の申請をすべき者、つまり合併による権利承継法人が所在すると思料
される場所が判明しないということは 2 号ハ(2)の適用もありませんので、
2 号ハ(1)本文が適用されます。

　つまり、合併により解散していることが登記上明らかであるとしても、
登記義務者に対して、不動産登記上に登記されている本店または主たる事
務所所在地に宛てて書面を送付しなければなりません。

倉田　次に、調査 F および調査 G によっても、登記義務者または合併によ
る権利承継法人の解散が法人登記簿上で判明しない場合について検討しま
しょう。

中里　この場合は、登記義務者が合併以外の事由により解散した場合と同様
に考えればよいです。

神谷　そうすると、法人登記簿により登記義務者の本店または主たる事務所
の所在地が判明すれば 2 号ハ(2)が適用されるため、登記義務者に対し、法
人登記簿上の本店または主たる事務所所在地に宛てて書面を送付しなけれ
ばならないし、保管期間経過等の理由により閉鎖登記簿謄本の交付が受け
られないような場合は、2 号ハ(1)本文が適用され、登記義務者に対して、
不動産登記上に登記されている本店または主たる事務所所在地に宛てて書
面を送付しなければならないことになるのですね。

２−４−２−２−２−４　共同して登記の抹消をすべき者の代表者の所在の調査

倉田　2 号ニに規定されている「共同して登記の抹消を申請すべき者の代表
者の所在」の調査方法について検討します。なお、2 号ニの調査対象は、

法人の代表者の所在ですので、自然人についての所在調査となる点にご注意ください。

内納　2号ハの法人の所在調査の場合と同様に、書留郵便その他配達を試みたことを証明することができる方法により書面を送付することによって行います。郵便の方法についても同様です。

神谷　条文によれば、調査F〜調査Hによって共同して登記の抹消の申請をすべき法人の代表者が所在すると思料される場所が判明した場合は、2号ニ(2)により、代表者に対し、代表者が所在すると思料される場所に宛てて書面を送付しなければなりません。

　逆に、調査F〜調査Hによっても共同して登記の抹消の申請をすべき法人の代表者が所在すると思料される場所が判明しない場合は、2号ニ(1)により、代表者に対し、法人登記簿上の住所に宛てて書面を送付しなければならないとされています。

倉田　共同して登記の抹消の申請をすべき法人の登記簿に複数名の代表者が登記されていた場合は、どのように対応すればよいのでしょう。

内納　共同代表の定めや代表権の制限に関する情報が登記されていない限り、それぞれの代表者は各自に代表権を行使することができます。したがって、登記されている代表者が複数名存在する場合、すべての代表者について2号ニに規定する方法により書面を送付しなければなりません。

中里　調査F〜調査Hにより代表者の死亡が判明した場合は、どうなりますか。

内納　この点は令和5年第538号通達第2-2(3)カ等で明らかになりましたが、共同して登記の抹消を申請すべき者の清算人が死亡している場合は、不動産登記規則152条の2第2号ニの「イ及びロの措置により共同して登記の抹消を申請すべき者の代表者が判明した場合」には該当しないと解されます。[35]

神谷　「イ及びロの措置」ということですから、調査F〜調査Hに該当しますね。これらの調査によって清算人の死亡が判明した場合には、「共同し

35　不動産登記規則等の一部を改正する省令案に関する意見募集の結果について（法務省民事局第二課）番号7、中間試案補足説明205頁参照。

第7章　休眠担保権等の抹消登記のレシピ

て登記の抹消を申請すべき者の代表者」自体が判明しなかったものとして取り扱えばよいということでしょうか。

内納　そのとおりです。

　したがって、この場合、2号ニは適用がないこととなり、共同して登記の抹消を申請すべき者の代表者の所在の調査はそもそも必要がないこととなります。

神谷　登記された清算人が死亡し後任者が選任されていない状態ですので、裁判所に新たな清算人の選任を申し立てる必要があるように考えがちですが、裁判所への申立ては必要ないとのことなので、この点は注意が必要ですね。

中里　条文は「代表者」ですが、令和5年第538号通達等にはいずれも「清算人」に限定されています。

〔図表19〕　法人の所在の調査

登記義務者の解散	所在すると思料される場所	名宛人	宛　先	根拠条文
法人登記上、判明しない	（登記義務者について）判明しない	登記義務者	不動産の登記簿上の住所	2号ハ(1)
	（登記義務者について）判明する	登記義務者	法人登記簿上の本店所在地	2号ハ(2)
法人登記上、判明する（解散事由：合併）	（権利承継者について）判明しない	登記義務者	不動産の登記簿上の住所	2号ハ(1)
	（権利承継者について）判明する	合併による権利承継者	法人登記簿上の本店所在地	2号ハ(2)
法人登記上、判明する（解散事由：合併以外）	（登記義務者について）判明しない	登記義務者	不動産の登記簿上の住所	2号ハ(1)
	（登記義務者について）判明する	登記義務者	法人登記簿上の本店所在地	2号ハ(2)

おそらく、破産管財人のような清算人以外の代表者が死亡した場合には、破産手続等を進めるために裁判所が後任者を選任するのが通常であることから、令和5年第538号通達等では「清算人」に限定しているのだと考えます。したがって、令和5年第538号通達等の取扱いが清算人以外の代表者にまで適用されるのか否かについては、消極に解さざるを得ないでしょう。

倉田　なお、登記義務者が法人の場合の所在調査の方法は、〔**図表19**〕〔**図表20**〕のとおり整理できます。

〔**図表20**〕　**法人の代表者の所在の調査**

清算人の死亡	所在すると思料される場所	名宛人	宛　先	根拠条文等
戸籍上、判明しない	（清算人について）判明しない	清算人	法人登記簿上の住所	2号ニ(1)
	（清算人について）判明する	清算人	住民票上の住所	2号ニ(2)
戸籍上、判明する	調査不要			脚注29

神谷　ちなみに、共同して登記の抹消を申請すべき法人が外国会社である場合や、共同して登記の抹消を申請すべき法人の清算人が外国に住所を有する者である場合である場合、何か特別な調査が必要になりますか。

内納　不動産登記規則152条の2に基づく調査をすれば足り、外国の登録制度や登記制度に基づく調査までは必要とされていません（令和5年第538号通達第2-2(3)キ）。

2-4-2-3　効　果

倉田　ここまで、登記された用益権の存続期間や買戻権の買戻権が満了している場合に、登記権利者からの公示催告の申立てができる要件について検討をしてきました。ここで、その効果について確認しておきましょう。

第 7 章　休眠担保権等の抹消登記のレシピ

神谷　条文では、不動産登記規則152条の 2 の方法により調査を行ってもなお共同して登記の抹消の申請をすべき者の所在が判明しないときは、その者の所在が知れないものとみなして不動産登記法70条 1 項の規定を適用するとされていますね（不登70条 2 項）。

内納　つまり、登記義務者が自然人の場合は〔図表18〕、法人の場合は〔図表19〕〔図表20〕のそれぞれの方法によって送付した書類のいずれも名宛人に到達しなかった場合には、「その者の所在が知れない」とみなすことができるため、公示催告の申立てが可能となります。

倉田　公示催告の申立てを経て除権決定が得られた場合は、除権決定のあったことを証する情報として決定書正本と確定証明書を提供することにより（不登令別表26の項「添付情報」欄ロ）、登記権利者は単独で抹消登記の申請をすることができますね。

　不登令別表（第 3 条、第 7 条関係）26の項「添付情報」欄

イ　（略）

ロ　法第70条第 3 項の規定により登記権利者が単独で申請するときは、非訟事件手続法（平成23年法律第51号）第106条第 1 項に規定する除権決定があったことを証する情報

ハ～ヌ　（略）

神谷　登記義務者が自然人の場合で、登記義務者が死亡しておりその相続人が複数名判明するようなケースでは、一部の相続人には送付した書面が到達し、一部の相続人には到達しないということも想定できますが、このような場合にはどのように対応すればよいのでしょう。

倉田　調査をしてもなお所在が判明しない場合に「所在が知れない」とみなすことができるのですから、送付した書面が到達した相続人については、「所在が知れない」とみなすことはできませんね。

中里　ここでは、存続期間の満了した日または買戻期間の満了した日が、登記義務者の死亡よりも前か後かによって考え方が変わってくるのではないでしょうか。つまり、存続期間や買戻期間の満了日が登記義務者の死亡よ

りも前の場合、登記義務者は生前に存続期間満了を原因とする抹消登記申請手続に協力する義務を負っていたところ、その義務を履行しないまま死亡したため、抹消登記申請手続協力義務が遺産を構成することとなり、この義務を相続人全員が遺産共有しているものと整理できます。

　逆に、存続期間や買戻期間の満了日が登記義務者の死亡よりも後の場合、登記義務者の死亡によって用益権や買戻権そのものが遺産共有となり、その後の存続期間満了により各相続人がそれぞれの持分について抹消登記申請をすべき相続人固有の義務を負っています。

内納　そうすると、前者の場合は抹消登記の前提として相続を原因とする移転登記を経由する必要がないのに対し、後者の場合には相続が発生した後に抹消原因が発生したことになりますので、抹消登記の前提として相続登記の申請が必要になりますね。

中里　そのとおりです。

　したがって、前者の場合は、相続人のうちの一部の者の所在が知れないため用益権または買戻権の全体を抹消することができないとして公示催告の申立てをすることになりますが、この際には、所在が知れている他の相続人からは抹消登記申請手続への協力が得られていることを裁判所に対して疎明しなければならないものと考えます。

　一方、後者の場合は、登記義務者の死亡を原因とする移転登記を経由したうえで、所在の知れない相続人の持分について公示催告の申立てをし、当該持分についての除権決定を得ることになるでしょう。所在の知れない相続人が複数であれば当該複数名分の持分について除権決定を得たうえで登記権利者から単独抹消をし、所在の知れている相続人の持分については共同申請により抹消することになります。

倉田　登記義務者が法人の場合で登記された代表者が複数名存在するようなケースで、一部の代表者には送付した書面が到達し、一部の代表者には到達しないときにはいかがでしょう。

中里　法人の代表者は各自が代表権を有しているのが原則ですから、代表権を制限するような情報が登記されていない以上、一部の代表者に書面が到達すれば当該法人の所在が知れないとみなされることはありません。

第 7 章　休眠担保権等の抹消登記のレシピ

　　したがって、この場合は、書面が到達した代表者が法人を代表して登記
　権利者と共同申請により登記の抹消を申請しなければならず、公示催告の
　申立てをすることはできません。

神谷　先ほど倉田さんが、除権決定のあったことを証する情報として決定書
　正本と確定証明書を提供することにより登記権利者は単独で抹消登記の申
　請をすることができると指摘していましたが、公示催告の申立てに先立っ
　て調査した結果についての報告書や、調査の過程で交付を受けた書面等は
　抹消登記の申請書に添付する必要がありませんか。

内納　その必要はありません。

　　これらは公示催告の申立てに際しての疎明資料として裁判所に提出する
　ことになりますが、裁判所では、提出された疎明書類も含めて審査をした
　うえで除権決定をすることになりますので、除権決定がなされたというこ
　とは、不動産登記規則152条の2に基づく調査が適正に行われたものと評
　価することができるからです。

中里　この点は、後述する不動産登記法70条の2に基づく抹消登記申請の場
　合と結論が異なりますので、ご注意ください。[36]

神谷　以上の検討を踏まえると、公示催告、除権決定を利用した登記権利者
　からの単独申請による抹消登記申請は、改正前と比較するとだいぶ使い
　やすくなったように感じますね。

　　今まで、訴訟による解決を図るしか方法がなかったケースでも、簡易迅
　速に抹消登記申請ができる事案が増えそうです。

倉田　事案❼に戻ると、この事案が不動産登記法69条の2の要件を具備して
　いない、つまり契約の日から10年を経過していない場合で、かつ買戻権者
　について法務省令で定める調査をしても所在が知れないような場合には、
　70条2項により公示催告、除権決定の申立てをすることも解決策の一つと
　なるわけですね。

中里　もっとも、事案❼の買戻権者は厚生省ですから所在不明ということに
　はならないでしょうから、仮に買戻期間を平成28年3月1日から5年間と

36　3-3参照。

378

する買戻特約が登記されていたものとし、この買戻権者がA社であり、A社の閉鎖事項証明書上で判明する清算結了時の清算人Bの死亡が確認できた場合の公示催告の申立書は、【書式24】のようになるでしょう。

【書式24】　公示催告申立書

公示催告申立書

令和6年8月1日

浜松簡易裁判所　御中

申立人　社会福祉法人遠州会

代表者理事長　遠　州　太　郎　㊞

〒111-1111　静岡県浜松市中央区伝馬町1番1号（送達場所）

申立人　社会福祉法人遠州会

代表者理事長　遠　州　太　郎

電　話　053-222-2220

ＦＡＸ　053-222-2221

買戻特約登記抹消公示催告申立事件

申立ての趣旨

別紙登記目録記載の権利について、公示催告のうえ除権決定を求める。

申立ての理由

1　申立人は、別紙物件目録記載の土地（以下、「本件土地」という）の所有者である。

2　本件土地には、別紙登記目録記載の買戻特約（以下、「本件買戻特約」）の登記が存在する。

3　本件買戻特約は、令和3年3月1日をもって買戻期間が満了している（以上、添付書類1）。

4　申立人が本件買戻特約の登記名義人であるA社について調査したところ、A社は平成30年5月1日に解散、同年10月1日に清算結了しており、清算結了時の清算人であったBは令和2年5月10日に死亡していることが

第 7 章　休眠担保権等の抹消登記のレシピ

　　判明した（添付書類 2 及び 3）。

5　以上の次第であり、A 社からは本件買戻特約の抹消登記申請手続への協
　力が得られないため、不動産登記法70条の規定により申立ての趣旨記載の
　裁判を求める。

添　付　書　類

1	土地全部事項証明書	1 通
2	会社閉鎖事項証明書	1 通
3	除籍謄本	1 通
4	資格証明書	1 通

（別紙）目録（略）

神谷　公示催告事件の管轄は非訟事件手続法100条に規定されており、いず
　れの場合も簡易裁判所の管轄となりますが、非訟事件に属する手続のため
　司法書士に代理権がない点にご注意ください。

（管轄裁判所）

非訟第100条　公示催告手続（公示催告によって当該公示催告に係る権利につ
　き失権の効力を生じさせるための一連の手続をいう。以下この章において
　同じ。）に係る事件（第112条において「公示催告事件」という。）は、公示
　催告に係る権利を有する者の普通裁判籍の所在地又は当該公示催告に係る
　権利の目的物の所在地を管轄する簡易裁判所の管轄に属する。ただし、当
　該権利が登記又は登録に係るものであるときは、登記又は登録をすべき地
　を管轄する簡易裁判所もこれを管轄する。

3　解散法人名義の担保権の抹消

3-1　事案❽の概要

倉田　次に、解散した法人を担保権者とする担保権の抹消登記申請手続につ
　いても改正法により新たな規定が設けられていますので、買戻権と同様に

3　解散法人名義の担保権の抹消

実際の登記記録に基づいて活用方法を検討していきましょう。

中里　《登記記録2》も、先ほどの買戻権のケースと同様に改正法の施行を待って抹消登記申請した**事案❽**です。大正4年7月6日に設定登記された株式会社笠井銀行名義の抵当権が現在まで抹消されずに残置されています。

《登記記録2》　解散法人名義の担保権の登記（事案❽）

順位番号	登記の目的	受付年月日・受付番号	権利者その他の事項
1	抵当権設定	大正4年7月6日 第2309号	原因　大正4年7月6日 借用金証書設定 債権額　金50円 利息　年1割1分 抵当権者　浜松市笠井 511番地 株式会社笠井銀行 順位1番の登記を移記

　ところが、株式会社笠井銀行という銀行が現存していないことは、地元の者であれば調査するまでもない周知の事実ですので、通常の抵当権抹消登記手続のような共同申請（不登60条）による方法が利用できないことは明らかです。そこで、改正法によって新設された不動産登記法70条の2の規定が利用できないだろうかと考えている事案となります。

3-2　改正法施行前の解決策

3-2-1　休眠担保権抹消手続

倉田　**事案❽**のような、いわゆる休眠担保とよばれる担保権は、実務上もしばしば目にしますよね。

内納　相続登記の依頼を受けたときに発見するケースが多いですね。

中里　《登記記録2》も、やはり相続登記すべき土地の登記情報を調査している過程で発見しました。

内納　先ほど検討した公示催告・除権決定の方法による抹消登記は担保物件の場合も適用されますが、被担保債権が弁済等により消滅している事実を

第7章　休眠担保権等の抹消登記のレシピ

領収書等によって証明する必要があったことから、改正法施行前は実務で[37]はほとんど利用されておりません。

中里　不動産登記法70条2項は、存続期間の満了した用益権または買戻期間の満了した買戻権について公示催告申立ての要件を緩和しているのであり、**事案❽**のような担保権については、改正法施行後も従前と同様に利用できる場面は限られるでしょう。

倉田　むしろ、このような休眠担保権を抹消する際には、改正前不動産登記法70条3項から改正された改正後の不動産登記法70条4項の規定を利用することが多いように思います。手続の概要を説明してください。

神谷　まず、条文はこちらです。

（除権決定による登記の抹消等）

不登第70条　（略）

2・3　（略）

4　第1項に規定する場合において、登記権利者が先取特権、質権又は抵当権の被担保債権が消滅したことを証する情報として政令で定めるものを提供したときは、第60条の規定にかかわらず、当該登記権利者は、単独でそれらの権利に関する登記の抹消を申請することができる。同項に規定する場合において、被担保債権の弁済期から20年を経過し、かつ、その期間を経過した後に当該被担保債権、その利息及び債務不履行により生じた損害の全額に相当する金銭が供託されたときも、同様とする。

神谷　このうち、前段の手続は、不動産登記令7条別表26の項「添付情報」欄ロ(1)に規定されている「債権証書並びに被担保債権及び最後の2年分の利息その他の定期金（債務不履行により生じた損害を含む。）の完全な弁済があったことを証する情報」が提供できるケースでは利用できますが、このような書類が残っていることは極めて稀であり、実務上も利用されることはほとんどありません。

　実務でしばしば活用されているのは、後段の規定となります。

37　2−4−2参照。

3 解散法人名義の担保権の抹消

　　前段のように被担保債権の完全な弁済をした事実は証明できないものの、被担保債権の弁済期から20年が経過した担保権については、担保権者に権利を行使する意思がないものと推測できるため、担保権者を登記上保護する必要性は乏しいと考えられます[38]。そこで、担保権者の所在が知れない場合に、被担保債権の元金、利息、遅延損害金の全額に相当する金銭を弁済供託させることによって被担保債権の完全な弁済があったものとみなし、登記権利者の単独申請による抹消登記申請を認める制度となります（以下、改正前不動産登記法70条3項（改正後の4項）後段による手続を指して「供託特例」といいます）。

倉田　「第1項に規定する場合において」とありますので供託特例についても担保権者の所在が知れないことが要件となりますが、法人名義の担保権にも適用があるのでしょうか。

内納　供託特例に関する実務の運用は、供託特例が制度化された際の通達[39]（以下、「昭和63年通達」といいます）と、「主席登記官会同における質疑（昭和63年度）」（以下、「質疑」といいます）に基づいて進められています。

　　法人について行方不明を認定することができるのは、登記簿上その存在を確認することができない場合であるとする通達があり[40]、質疑でもこの解釈を拡大することは望ましくないと考えられていました[41]。

　　このため、質疑においてもこの手続を利用できるのは、閉鎖登記簿が存在せず謄本も取得できないケースに限定され、閉鎖登記簿は存在するが清算人が全員死亡している場合にその法人を行方不明として取り扱うことができないとされています[42]。また、清算人が行方不明の場合も同様です[43]。

神谷　先ほど検討した不動産登記法70条2項による公示催告申立てのための要件よりも、所在不明の要件は厳格に解されていることになるわけです[44]

38　正影75頁。

39　昭和63年7月1日民三第3499号民事局第三課長依命通知。

40　昭和63年7月1日民三第3456号民事局長通達第3-2、部会資料9・15頁。

41　質疑103。

42　質疑106。

43　質疑107。

44　中間試案補足説明205頁、2-4-2参照。

383

第 7 章　休眠担保権等の抹消登記のレシピ

ね。

内納　そのとおりです。法律の規定では、法人の閉鎖登記簿の保存期間は、閉鎖の日から20年間とされています（商登規34条 4 項 2 号）が、法務局では保存期間が経過した閉鎖登記簿も廃棄せずに備え置いている場合が多く、備え置かれている閉鎖登記簿については保存期間経過後であっても閉鎖登記簿謄本の交付が受けられますので、法人名義の担保権には供託特例が利用できるケースはあまり多くないでしょう。

3 − 2 − 2　清算人選任申立て

倉田　そうすると、改正法施行前はどのように抹消していたのでしょうか。

神谷　このような事案では、清算結了の登記が経由されていたとしても、当該法人名義の担保権の抹消登記申請義務の履行という清算の目的の範囲内で法人はなお存続しているため[45]、清算結了当時の清算人に抹消登記申請への協力を求めることとなります。

　　しかし、休眠担保権の名義人たる法人はすでに解散してから長時間が経過していることが通常であり、清算結了時の清算人はすでに死亡しているケースがほとんどです。したがってこのような場合「清算人となるべき者がいないとき」（会478条 2 項）に該当しますので、利害関係人の申立てにより裁判所に清算人の選任を求めることができます。

倉田　休眠担保権が登記された土地の所有者は、利害関係人に該当しますよね。

神谷　はい、抹消登記申請をするについて登記上の利益を有していますので、土地の所有者から清算人の選任申立てをすることができます。

内納　裁判所から選任された清算人と土地の所有者との共同申請（不登60条）によって、担保権の抹消登記申請をすればよいですね。

倉田　この場合、法人の登記記録には清算結了登記の抹消と清算人選任の登記申請をしなければならないのでしょうか。

内納　原則としては申請しなければなりません（会928条 2 項）。この場合、裁判所書記官から登記を嘱託する旨の規定はありませんので、選任された

45　大判大正 5 年 3 月17日民録22輯364頁。

清算人自身が、代表清算人として登記申請義務を負うことになります。

　　しかし、このような担保権の抹消登記申請など特定の清算事務だけを行うことを目的として選任される清算人（いわゆる「スポット清算人[46]」）の場合、必要な清算事務を終えた後は速やかに裁判所に対し清算人選任処分の取消しを求めるのが通常ですので、登記申請をする実益に乏しく、実際のケースでも登記申請されていない場合が少なくないと考えられます。

倉田　事案❽のような古い担保権を抹消する場合、登記済証は存在しないでしょうから登記義務者である法人の印鑑証明書を提供する必要があります（不登規49条2項4号・48条4号・47条3号ハ）が、法人の登記記録に清算人の登記申請をしない場合、抹消登記申請の際に提供すべき印鑑証明書についてはどのように考えればよいのでしょう。

中里　このような場合、申請情報または代理権限証明情報には清算人個人の実印を押印し、市区町村長発行の印鑑証明書を提供する取扱いが認められています[47]。また、資格証明書は裁判所発行の選任審判書謄本を提供することが認められています。

　　もっとも、便宜的な取扱いにすぎませんので、このような取扱いが認められないことがありうることも想定して準備しておく必要があるでしょう。

神谷　ちなみに、スポット清算人について清算人選任の登記申請をする場合、注意すべき点はありますか。

中里　株式会社の清算人選任登記申請には、定款の提供が求められます（商登73条1項）。しかし、裁判所から選任された清算人は会社の定款を入手することは困難であることが通常です。そこでこのような場合には、代表清算人作成の定款の入手が困難であることの上申書を提供することにより、定款を提供することなく登記申請が受理されるようです[48]。

46　大阪地方裁判所ウェブサイト「Q2　債権譲渡の通知の受取りや不動産の譲渡だけお願いしたいのですが。」〈http://www.courts.go.jp/osaka/saiban/minji4/dai2_5/index.html#syouji_18〉参照。

47　登記研究480号132頁。

48　松井502頁。

第7章　休眠担保権等の抹消登記のレシピ

　　このほか、清算結了登記の抹消登記申請をする必要があります（商登
　134条1項2号）。清算結了登記に無効の原因があることを証する情報とし
　て、当該法人名義の担保権が存在しておりいまだ清算事務が結了していな
　いことが判明した旨の代表清算人作成の上申書を準備する必要もあるで
　しょう（商登134条2項・132条2項）。

内納　この登記申請と同時に印鑑の届出をしておけば法人の印鑑証明書が発
　行されますので（商登12条）、先ほどの倉田さんの指摘した問題も解決し
　ますね。

神谷　もっとも、印鑑の届出さえしておけば、会社法人等番号（商登7条）
　を提供することによって法人の印鑑証明書の提供は省略できます（不登規
　49条2項1号[50]）。

3-3　不動産登記法70条の2の活用

3-3-1　要件の確認

3-3-1-1　対象となる権利

倉田　次に、改正法の規定による解決策を検討しましょう。

　　事案❽では、不動産登記法70条の2の利用を検討しているとのことでし
　たね。

神谷　こちらも条文を確認しましょう。

　（解散した法人の担保権に関する登記の抹消）
　不登第70条の2　登記権利者は、共同して登記の抹消の申請をすべき法人が
　　解散し、前条第2項に規定する方法により調査を行ってもなおその法人の
　　清算人の所在が判明しないためその法人と共同して先取特権、質権又は抵
　　当権に関する登記の抹消を申請することができない場合において、被担保
　　債権の弁済期から30年を経過し、かつ、その法人の解散の日から30年を経
　　過したときは、第60条の規定にかかわらず、単独で当該登記の抹消を申請

49　令和3年2月15日施行の改正商業登記法により、従前の商業登記法20条が削除された
　ため、現在は印鑑の届出が任意となっている。
50　清算結了登記の抹消登記申請をすることにより新たに登記記録が起こされ、これに伴
　い会社法人等番号が付される（商登規1条の2第1項）。

386

> することができる。

神谷　土地の所有者からの単独抹消が認められる要件としては、抹消すべき
権利が先取特権、質権または抵当権であること、担保権者である法人の清
算人の所在が判明しないこと、被担保債権の弁済期から30年が経過してい
ること、担保権者である法人の解散の日から30年が経過していることの4
点となりますね。

倉田　一つずつ確認していきましょう。

　　　対象となる権利には、根抵当権や根質権は含まれないのでしょうか。

神谷　供託特例には、根抵当権や根質権も適用対象とされていますので、同[51]
様に考えられないでしょうか。

内納　不動産登記法70条の2の規定は、被担保債権の弁済期から30年という
長期にわたって放置された担保権であることに注目し、もはや被担保債権
は消滅していて担保権が形骸化していると考えられることを前提とした規
定です。そうすると、制度の目的としては供託特例と同様であると考えら[52]　　　　　　　　　　　　　　　　　　　　　　　　　　　[53]
れ、あえて根抵当権や根質権を排除する理由は見当たりません。

中里　実際に根抵当権について70条の2に基づく抹消登記の申請を経験しま
したが、問題なく登記が完了しています。

3-3-1-2　所在不明

倉田　清算人の所在が不明であることの調査方法はどのようにすればよいで
しょう。

神谷　この点は、「前条第2項に規定する方法」による調査をする必要があ
りますので、存続期間の満了した用益権または買戻期間の経過した買戻権
の登記名義人の所在が判明しないことを理由に公示催告・除権決定による
抹消登記申請（不登70条2項）を行うに際しての調査方法（不登規152条の[54]
2）と全く同様の方法による調査を行う必要があります。

51　後藤基8頁、正影77頁。

52　部会資料9・16頁参照。

53　3-2-1参照。

54　詳細は2-4-2-2参照。

第 7 章　休眠担保権等の抹消登記のレシピ

3-3-1-3　弁済期から30年

倉田　次に、弁済期から30年経過という要件を検討しましょう。

神谷　ここで疑問があるのですが、登記記録からは被担保債権の弁済期は判明しませんよね。どのような方法で弁済期から30年が経過したことを調査すればよいのでしょう。

中里　担保権が登記されている不動産の閉鎖登記簿謄本の交付を受け、閉鎖登記簿上の登記事項を確認する必要があります[55]。

　　昭和39年に不動産登記法が改正されているのですが、この時の改正前の不動産登記法では、債権の弁済期の定めがある場合は担保権設定登記の登記事項とされていました。昭和39年改正によって弁済期の定めは登記事項ではなくなったため該当部分は朱抹され、その後にコンピュータ化等の理由により登記簿の移記がなされた際には現に効力を有する部分だけが移記の対象となることから、現行の登記記録には弁済期の定めは登記されていません。

　　以上の経緯により、閉鎖登記簿謄本を調査することにより債権の弁済期を確認することができます。

内納　そもそも弁済期の定めがない場合は、いつをもって30年の経過と考えればよいのでしょうか。

中里　この点も昭和63年通達が参考になります。昭和63年通達によれば、閉鎖登記簿に債権の弁済期の記載がない場合は弁済期の定めがないものとし、その債権の成立の日を債権の弁済期とする旨が示されています。また、債権の成立の日の記載もない場合には、担保権の設定の日を債権の弁済期とするとも示されています[56]。

　　さらに根抵当権や根質権の場合には、元本の確定日を弁済期とみなし、元本の確定日が登記上明らかでない場合には、担保権が設定された日から３年を経過した日（398条の19第１項参照）を元本の確定日とみなすと示されており[57]、昭和63年通達で示されているこれらの取扱いは、不動産登記法

55　昭和63年通達第２-２。

56　昭和63年通達第２-２。

57　昭和63年通達第２-３。

388

3 解散法人名義の担保権の抹消

70条の2にも適用できるものと解されています。[58]

倉田 分割弁済の定めがある場合はどのように考えればよいのでしょう。

中里 この場合、最終の割賦金の支払期を債権の弁済期とするとされています。[59]

3-3-1-4 解散の日から30年

倉田 最後の要件である法人の解散の日から30年経過については、法人の閉鎖登記簿謄本を調査するということですね。

中里 たとえば、かつての農業会[60]のように根拠法の廃止に伴い解散したような法人の中には、解散の旨の登記が経由されておらず、必ずしも法人登記簿上では解散の事実が判明しないものも存在しますが、このような法人も解散した日から30年が経過したと取り扱うことができますか。

内納 ご指摘のとおりです。不動産登記法70条の2の規定は、法人としての実質を喪失しているため登記手続への協力を得ることが困難である担保権者を想定して制度化されました。したがって、要件として掲げている「解散した法人」には、通常の解散の手続を経て解散した法人だけでなく、休眠会社や休眠法人として解散したものとみなされる法人（会472条1項、法人149条1項・203条1項）や、法人に関する根拠法の廃止等に伴い解散することとされた法人も含まれるものと考えられています。[61]

神谷 閉鎖登記簿が廃棄等によって存在しない場合はどのように考えればよいのでしょう。

内納 法人の閉鎖登記簿の保存期間は、閉鎖の日から20年間とされています（商登規34条4項2号）。

　　したがって、閉鎖登記簿が存在しないということは、解散の日自体は確認できないまでも解散した日から30年が経過している蓋然性が高いと考え

58　部会資料12・6頁。

59　昭和63年通達第2-1。

60　農業団体法（昭和18年法律第46号）に基づき設立されたが、農業協同組合法の制定に伴う農業団体の整理等に関する法律（昭和22年法律第133号）の規定により農業団体法が廃止されたことにより、法律の規定によって解散した。

61　中間試案補足説明209頁。

第7章　休眠担保権等の抹消登記のレシピ

られるので、不動産登記法70条の2の適用がある事案として取り扱うことが可能です。[62]

3−3−2　事案❽へのあてはめ

倉田　では、実際に不動産登記法70条の2の規定を**事案❽**にあてはめ、登記権利者からの単独申請による抹消登記申請の可否を検討していきましょう。

中里　まず、担保権の名義人である株式会社笠井銀行の閉鎖登記簿を調査するのですが、過去に存在していた銀行の多くは、いくつかの合併を経て解散しているケースも少なくありません。この場合、合併先の法人の閉鎖登記簿の調査も必要になりますが、法務局によっては閉鎖登記簿の調査に時間を要することも少なくありませんので、あらかじめ担保権の名義人である銀行の変遷を調査しておくことで必要な閉鎖登記簿謄本をまとめて請求することができ、これにより調査時間の短縮を図ることができます。

　この際に便利なのが、一般社団法人全国銀行協会のウェブサイト上に掲載されている「銀行変遷史データベース[63]」です。同サイトにおいて株式会社笠井銀行を検索した結果が、〔**図表21**〕です。

中里　これによると、株式会社笠井銀行は大正12年9月に株式会社浜松商業銀行に合併され、株式会社浜松商業銀行は大正13年12月に株式会社安田銀行に買い取られた事実が判明しますので、法務局で株式会社笠井銀行と株式会社浜松商業銀行の2社の閉鎖登記簿謄本を請求する必要があることが判明します。

　交付を受けた株式会社笠井銀行の閉鎖登記簿謄本の抜粋が《**登記記録3**》、株式会社浜松商業銀行の抜粋が《**登記記録4**》となります。それぞれの登記事項を確認すると、株式会社笠井銀行は大正12年9月1日に株式会社浜松商業銀行に合併して解散し、株式会社浜松商業銀行は大正13年12月10日に解散していることが判明しますので「解散の日から30年経過」の要件を具備していることがわかります。

62　部会資料12・6頁。

63　一般社団法人全国銀行協会のウェブサイト「銀行変遷史データベース」〈https://www.zenginkyo.or.jp/library/hensen/〉参照。

3　解散法人名義の担保権の抹消

〔図表21〕　株式会社笠井銀行の変遷

銀行名(ヨミ)	ハママツショウギョウギンコウ
銀行名	(株)浜松商業銀行
存続期間	大正11年～大正13年
本店所在地	静岡(大正11－大正13)
前身銀行	浜松委托株式会社(大正11改称)
合併・買収	(株)笠井銀行(明治33－大正12)(大正12合併)
後継銀行	(株)安田銀行(大正12－昭和23)(大正13買収)

沿革
　大正11.6
　(大正
　11.4)
　　浜松委托株式会社が改称
　　【資料】　　日明21巻p494：大正11.6.12改称、静岡銀行史：大正11.4.－改称、冨士銀行百年史別巻：大正11.4.－設立
　大正12.9
　　笠井銀行(明治33－大正12)を合併
　　【資料】　　日明21巻p734：大正12.8.－合併認可、冨士銀行百年史別巻：大正12.9.－合併、静岡銀行史：大正12.9.－合併
　大正
　13.12
　　安田銀行(大正12－昭和23)に買収
　　【資料】　　日明21巻p874：大正13.12.1買収、日明21巻p902：大正14.1.13買収届出、冨士銀行百年史別巻：大正13.12.1営業譲渡、静岡銀行史：大正13.12.－東京へ移転

一般社団法人　全国銀行協会　　　　　　　　　　　　　　　最終更新日：　2022年10月28日

倉田　株式会社浜松商業銀行の清算人には、安田喜兵衛さんと土屋長衛さんの二人が選任されていることがわかりますね。

中里　不動産登記規則152条の2第2号ロにより、清算人である安田喜兵衛さんと土屋長衛さんの住民票の写し等の交付請求をしたところ、土屋長衛さんについては死亡の事実が判明しましたが、安田喜兵衛さんについては戸籍も住民票も「該当なし」とのことであり、調査によっても死亡の事実は判明しませんでした。

神谷　死亡が判明した土屋長衛さんについては、所在の調査をする必要がないということでしたね。

内納　登記された清算人が死亡している場合、不動産登記規則152条の2第2号ニの「イ及びロの措置により共同して登記の抹消を申請すべき者の代

第 7 章　休眠担保権等の抹消登記のレシピ

《登記記録 3》　株式会社笠井銀行の閉鎖登記簿謄本（抜粋）

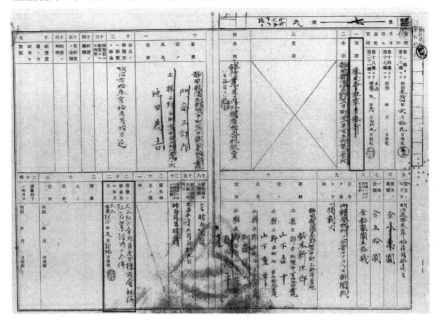

表者が判明した場合」に該当しないと解されるため、土屋長衛さんについ[64]
ての所在の調査をする必要はありません。

倉田　そうすると**事案❽**では、合併による権利承継法人である株式会社浜松商業銀行の所在の調査と、死亡の事実が判明していない清算人である安田喜兵衛さんの所在の調査をする必要があるということですね。

中里　実際に、株式会社浜松商業銀行については閉鎖登記簿謄本上の本店所在地である「浜松市鍛冶210番地」に宛てて（不登規152条の2第2号ハ(2)）、清算人安田喜兵衛さんについては、「所在すると思料される場所」は判明しないため閉鎖登記簿謄本上の住所である「東京府豊多摩郡和田堀内村大字和田字砂利田803番地」に宛てて（不登規152条の2第2号ニ(1)）、それぞれ書留郵便により書面を発送しましたが、いずれも「宛て所不明」に

64　令和5年第538号通達、不動産登記規則等の一部を改正する省令案に関する意見募集の結果について（法務省民事局第二課）番号7。

392

3 解散法人名義の担保権の抹消

《登記記録4》 株式会社浜松商業銀行の閉鎖登記簿謄本(抜粋)

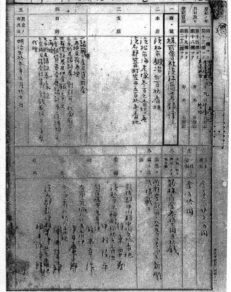

より不到達でしたので、不動産登記法70条の2の「前条第2項に規定する調査(注・不登規152条の2による調査)を行ってもなおその法人の清算人の所在が判明しない」の要件を具備することになります。

内納 「東京府豊多摩郡」という地名は現在存在しないことが明らかですが、このような場合、現在の自治体名や町名に置き換えて発送する必要はないのですか。

中里 質疑によれば、「登記簿上の住所が区画整理、町名変更又は住居表示の実施等により変更していることが明らかな場合」であっても、登記簿上の住所を発送先として発送した書面は有効であると解されています。[65]

　実際に「東京府豊多摩郡」宛てに書面を発送していますが、問題なく抹消登記が完了しています。

倉田 続いて、弁済期から30年が経過していることを確認していきましょ

65　質疑97。

第7章　休眠担保権等の抹消登記のレシピ

う。

中里　株式会社笠井銀行名義の抵当権が設定されている土地の閉鎖登記簿謄本の抜粋が《登記記録5》となります。

《登記記録5》　土地の閉鎖登記簿謄本（抜粋）

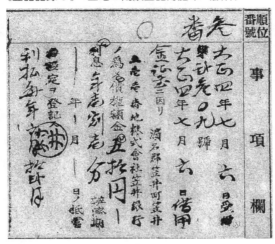

中里　《登記記録5》によれば、確かに株式会社笠井銀行名義の抵当権が登記されているのがわかりますが、弁済期の定めの欄は「－」が記載されていますので、この抵当権で担保される被担保債権については、弁済期の定めがなかったということがわかります。

　昭和63年通達によれば、閉鎖登記簿に債権の弁済期の記載がない場合は、債権の成立日つまり「大正4年7月6日借用金証書に因り」とありますので同日を弁済期とみなし、同日から30年が経過した日は昭和20年7月7日であると考えることができます。[66]

3-3-3　登記申請

倉田　**事案❽**は、不動産登記法70条の2の規定により登記権利者からの単独申請による抹消登記を認めるための要件がすべて具備されていることが確

66　3-3-1-3参照。

394

認できましたので、次に、登記申請についても確認していきましょう。

神谷　登記原因は「不動産登記法第70条の2の規定による抹消」です。登記原因日付は不要です（令和5年第538号通達第2-2(3)エ）。

倉田　添付情報についてはいかがでしょう。

神谷　この点は、改正不動産登記令により、①被担保債権の弁済期を証する情報、②共同して登記の抹消をすべき法人の解散の日を証する情報、③不動産登記規則152条の2により調査を行ってもなお②の法人の清算人の所在が判明しないことを証する情報をそれぞれ提供しなければならないこととされました（不登令別表26の項「添付情報」欄ホ）。

不登令別表（第3条、第7条関係）26の項「添付情報」欄

イ～ニ　（略）

ホ　法第70条の2の規定により登記権利者が単独で先取特権、質権又は抵当権に関する登記の抹消を申請するときは、次に掲げる情報

　(1)　被担保債権の弁済期を証する情報

　(2)　共同して登記の抹消の申請をすべき法人の解散の日を証する情報

　(3)　法第70条第2項に規定する方法により調査を行ってもなお(2)の法人の清算人の所在が判明しないことを証する情報

ヘ～ヌ　（略）

倉田　具体的に一つずつ確認していきましょう。

　　　被担保債権の弁済期を証する情報とは何を指しますか。

中里　弁済期を証する金銭消費貸借契約証書や弁済猶予証書が存在すればこれらを提供すればよいですが、通常は廃棄されているかそもそも存在しません。このため、債権の弁済期の記載がある不動産の閉鎖登記簿謄本を提供するのが一般的です。[67]

神谷　共同担保の場合は、担保物件のうちの任意の一物件について閉鎖登記簿謄本を提供すればよいのでしょうか。

中里　質疑によれば、申請物件全部の閉鎖登記簿謄本の提供を要するとされ

67　3-3-1-3参照。

第 7 章　休眠担保権等の抹消登記のレシピ

ています。共同担保物権の一部についてのみ弁済期の変更登記が経由され[68]
ている場合もあるため、このような取扱いとなっているようですのでご注
意ください。

倉田　次に、共同して登記の抹消をすべき法人の解散の日を証する情報につ
いて確認します。

　　　具体的には何を指しますか。

内納　共同して登記の抹消の申請をすべき法人の閉鎖登記簿謄本を提供しま
す。なお、登記義務者が合併により解散している場合、その旨を証する登
記簿謄本をあわせて提供する必要がありますし、合併による権利承継法人
がさらに合併により解散している場合も同様です。

中里　本件では、株式会社笠井銀行、株式会社浜松商業銀行の 2 社につい
て、この 2 社の登記簿がいずれも閉鎖されていましたので閉鎖登記簿謄本
を提供しています。

倉田　続いて、共同して登記の抹消をすべき法人の清算人の所在が判明しな
いことを証する情報について確認しましょう。

神谷　不動産登記法70条 2 項に基づき公示催告の申立てをする場合は、共同
して登記の抹消をすべき法人の清算人の所在を調査した結果報告書や調査
の過程で交付を受けた書面等はいずれも公示催告申立書の添付書類とな
り、その後の抹消登記申請には除権決定があったことを証する情報だけを
提供すればよかったのですが、70条の 2 による単独抹消の場合には結論が[69]
異なるのでしょうか。

中里　公示催告の場合は公示催告手続の中で添付書類もあわせて審査された
結果として除権決定がなされるため、除権決定があったことを証する情報
を提供すれば足りましたが、不動産登記法70条の 2 による単独抹消の場合
は、不動産登記規則152条の 2 第 2 号による調査の結果を記載した報告書
に、調査の過程で収集した書類、所在の調査のために送付した郵便記録等
を添付して提供しなければなりません（令和 5 年第538号通達第 2 - 2 ⑶ウ
(ウ)）。

68　質疑137。

69　2 - 4 - 2 - 3 参照。

倉田 そうすると、代表者の調査（不登規152条の2第2号ロ）のために交付請求した住民票の写し等や、法人や代表者の所在の調査（不登規152条の2第2号ハ・ニ）のために送付し不到達となった書留郵便、送付したレターパック等に係る郵便追跡サービスに関する記録等も、登記申請に際しての添付情報になるのですね。

内納 注意しなければならないのは、代表者の住民票の除票等が廃棄等の理由で交付されないため、調査報告書に住民票の写し等を添付することができない場合には、不在住証明書と不在籍証明書を調査報告書に添付しなければならず、不在住証明書や不在籍証明書の交付を受けることができない場合には、その旨を調査報告書に記載しなければならないという点です（令和5年第538号通達第2-2(3)キ）。

倉田 共同申請による登記の場合、いわゆる報告形式の登記原因証明情報も認められており、この場合に報告事項の存在を証する情報の添付は求められていませんが、本条による抹消登記の場合に調査報告書だけでは添付情報として不足とされたのは、どのような理由によるのでしょうか。

神谷 共同申請の場合の登記原因証明情報の作成には、必ず登記義務者が関与していなければならないとされています[70]。登記義務者が登記原因証明情報の作成に関与することにより、報告事項の真正担保を図ることができるものと考えられているのです。

　　しかし、本条による抹消登記のように登記権利者が単独申請をする場合、登記原因証明情報の一部である調査報告書の作成も登記権利者が担うことになります。このため、報告事項の真正を担保させる趣旨から各証明書類の添付が必要とされたものと考えます[71]。

倉田 本件で調査報告書に添付したのは、どんな書面になりますか。

中里 本件では、清算人土屋長衛さんの死亡の事実を証する除籍謄本、清算人安田喜兵衛さんの調査については同人の住民票や戸籍がいずれも「該当なし」であったため、法人登記簿上の住所に関する不在住証明書と不在籍証明書、株式会社浜松商業銀行と清算人安田喜兵衛さんの所在の調査のた

70　後藤浩25頁。

71　東司346頁参照。

めに発送し、不到達のため返送された書留郵便の封書を、調査報告書に添付して提供しました。

内納 自治体によって取扱いは異なるようですが、不在住証明書や不在籍証明書は、現在実際に存在する町名等でなければ発行しない自治体もあるようです。このような場合は登記簿上の住所を現在の住所に置き換えて申請する必要がありますので、ご注意ください。

神谷 そうすると、不在住証明書等を発行した自治体と登記申請の管轄法務局とが同一都道府県に属さないようなケースでは、自治体の変遷を証する情報や町名変更の経緯を証する情報等もあわせて提供する必要がありそうですね。

倉田 実際の登記申請書や調査報告書も確認しておきましょう。

中里 登記申請情報は【書式25】のとおりです。

なお、登記原因日付は不要ですので、登記原因の発生日付と合併による権利承継の日付との前後を考慮する必要はありません。したがって、株式会社笠井銀行のように合併により消滅している法人が担保権者である場合でも、合併による担保権の移転登記を代位登記（423条、不登59条7号）によって申請する必要はありません。

また、登記権利者からの単独申請のため、申請人ではない登記義務者について代表者の記載は必要ありません。

【書式25】 抵当権抹消登記申請情報

<table>
<tr><td colspan="2" align="center">登記申請書</td></tr>
<tr><td>登記の目的</td><td>１番抵当権抹消</td></tr>
<tr><td>原　　因</td><td>不動産登記法第70条の２による抹消</td></tr>
<tr><td>抹消すべき登記</td><td>大正４年７月６日受付第2309号</td></tr>
<tr><td>権　利　者</td><td>住所……</td></tr>
<tr><td></td><td>（申請人）○○○○（注・土地の所有権登記名義人）</td></tr>
<tr><td>義　務　者</td><td>浜松市笠井51番地</td></tr>
<tr><td></td><td>株式会社笠井銀行</td></tr>
<tr><td>添　付　情　報</td><td>登記原因証明情報（被担保債権の弁済期を証する情報、共</td></tr>
</table>

> 同して登記の抹消の申請をすべき法人の解散の日を証する
> 情報及び共同して登記の抹消の申請をすべき法人の清算人
> の所在が判明しないことを証する情報。一部原本還付）
> 代理権限証明情報
>
> （以下、略）

神谷　調査報告書はどのように起案したのですか。

中里　私は、登記原因証明情報として調査報告書に記載すべき情報を記載し
　　　ました。実際に提出した書面が【書式26】であり、問題なく登記が完了し
　　　ています。

【書式26】　抵当権抹消登記の登記原因証明情報

登記原因証明情報

　後記(1)記載の土地（以下、「本件土地」という）には、株式会社笠井銀行
（以下、「甲」という）を抵当権者とする貴局大正4年7月6日受付第2309号
抵当権設定登記が存在する（以下、登記された抵当権を「本件抵当権」とい
う）。

　本件抵当権は、被担保債権の弁済期から30年が経過している（添付書類
1）。また、甲は大正12年9月1日に株式会社浜松商業銀行（以下、「乙」と
いう）に合併して解散し（添付書類2）、乙は大正13年12月10日に株主総会の
決議により解散し、安田善兵衛（以下、「丙」という）及び土屋長衛（以下、
「丁」という）が清算人に選任された（添付書類3）。

　本件土地の所有者である○○○○（以下、「戊」という）は、登記申請代理
人をして、共同して本件抵当権の抹消の申請をすべき者の所在及びその代表
者の所在を調査させた結果、次の各事実が判明した。

① 　乙の解散時の本店所在地である浜松市鍛冶210番地に宛てて発した配達
　　証明書付き書留郵便は「あて所に尋ねあたりなし」との理由で到達しな
　　かった（添付書類4）

② 　丙が所在すると思料される場所が判明しないため（添付書類5及び
　　6）、乙の閉鎖登記簿上に記録された丙の住所である東京府豊多摩郡和田
　　堀内村大字和田字砂利田803番地に宛てて発した配達証明書付き書留郵便

第 7 章　休眠担保権等の抹消登記のレシピ

は「あて所に尋ねあたりなし」との理由で到達しなかった（添付書類 7 ）
③　丁は、昭和47年10月 3 日に死亡した（添付書類 8 ）
よって、戊は乙と共同して本件抵当権の抹消を申請することができないので、貴局に対し、本件土地につき後記(2)記載の登記を申請する。

添 付 書 類

1	土地閉鎖登記簿謄本
2 及び 3	会社閉鎖登記簿謄本
4	不到達証明書
5 及び 6	不在住・不在籍証明書
7	不到達証明書
8	除籍謄本

記

(1)　不動産の表示
　　　浜松市東区笠井中町字笠井中10番　田　150㎡
(2)　申請する登記の表示
　　　登記の目的　　　1 番抵当権抹消
　　　原　　　因　　　不動産登記法第70条の 2 の規定による抹消
　　　抹消すべき登記　大正 4 年 7 月 6 日受付第2309号
　　　権　利　者　　　住所……（申請人）〇〇〇〇
　　　義　務　者　　　浜松市笠井51番地　　株式会社笠井銀行

令和 6 年 8 月 1 日　静岡地方法務局浜松支局

登記権利者の記名押印

4　経過措置

倉田　本章では、不動産登記法69条の 2 で規定された買戻権の抹消登記手続、70条 2 項で規定された存続期間の満了している用益権または買戻期間の満了している買戻権で登記名義人の所在が不明な場合における抹消登記

手続、70条の2で規定された解散後30年が経過した法人名義の担保権の抹消登記手続と、いずれも休眠登記を抹消しやすくすることによって土地や建物の流通を促進する規定を中心に検討してきましたが、最後に、これら各規定の適用関係を整理しておきましょう。

内納　これらの各規定の施行日はいずれも令和5年4月1日ですが、これらの各規定によって抹消しようとする登記はいずれも長期にわたって放置されている特徴を有していますから、施行日の時点ですでに登記されているものが適用対象とならないのでは、法改正をした意味が薄れてしまいますね。

神谷　この点は附則5条1項・2項に明記されています。

　　不動産登記法69条の2と70条の2の各規定は、施行前に登記された権利について施行日以後に抹消登記申請がなされる場合にも適用されます。また、70条2項の規定も、施行日前に登記された権利について施行日以降に公示催告の申立てがなされる場合にも適用されます。

　　附則5条1項・2項の各条文を確認しておきましょう。

（不動産登記法の一部改正に伴う経過措置）
不登附則第5条　第2条の規定（附則第1条各号に掲げる改正規定を除く。）による改正後の不動産登記法（以下「新不動産登記法」という。）第63条第3項、第69条の2及び第70条の2の規定は、施行日以後にされる登記の申請について適用する。
2　新不動産登記法第70条第2項の規定は、施行日以後に申し立てられる公示催告の申立てに係る事件について適用する。
3～7　（略）

第8章
相続土地国庫帰属のレシピ

第 8 章　相続土地国庫帰属のレシピ

1　相続土地国庫帰属法制定の背景と経緯

倉田　本章では、相続土地国庫帰属制度を検討していきます。

　　令和 5 年 4 月27日に施行された相続土地国庫帰属法により、相続等によって取得した土地を国に引き取ってもらうことができるようになりましたので、相続土地国庫帰属法が制定された背景や経緯を確認していきましょう。

　　なお、本章では、「相続等により取得した土地所有権の国庫への帰属に関する法律の施行に伴う相続土地国庫帰属手続に関する事務の取扱いについて（通達）」（令和 5 年 2 月 8 日民二第70号民事局長通達）を「令和 5 年第70号通達」と、令和 5 年第70号通達の「別添相続土地国庫帰属制度事務処理要領」を「要領」と、相続土地国庫帰属制度に関し法務省がウェブサイト上に Q&A 方式で掲載した考え方を「Q&A」と、相続土地国庫帰属法の施行令および施行規則の制定時のパブリック・コメントに関する法務省民事第二課の回答をそれぞれ「帰属令パブコメ」「帰属規パブコメ」と、承認申請書や添付書類の記載例が掲載されている法務省のウェブサイト「相続土地国庫帰属制度の概要」〈https://www.moj.go.jp/MINJI/minji05_00457.html〉を「ウェブサイト」ということにします。

神谷　本書においても何度か触れられていますが、所有者不明土地の増加が深刻な社会問題となっています。所有者不明土地の発生要因の一つとして相続登記が行われないことがあげられ、令和 6 年 4 月 1 日から相続登記は義務化されることになりました。

　　相続登記が行われなかった理由の一つに、土地についての価値観が一昔前と比べて大きく変化していることがあげられます。人口の減少に伴い、地方や郊外に所在する土地の多くは売りたくても売れない状況が続き、土地を相続した者は、有効な利活用ができないまま固定資産税や管理費用の負担を強いられるだけでなく、同じ状況を次の世代にも引き継がざるを得ません。

404

内納 都市部への人口集中に伴い、地方の土地を相続してまで自ら管理しようとする者は少なく、相続人間で遺産分割協議が一向にまとまらないことも珍しくありません。

中里 「遺産分割協議がまとまらない」というと、相続人間での遺産の奪い合いが想像されるのですが、むしろ誰も必要とは思わないためお互いに押し付け合うケースが増えているということですね。

神谷 遺産を承継したくない場合は相続放棄の申述をせざるを得ず、特定の遺産だけを相続してその余は放棄することはできませんので、遺産分割の難航は避けられません。

倉田 ところで、帰属法によって相続により取得した土地の国庫帰属が認められるようになったわけですが、これまでの取扱いはどのようになっていたのか確認しておきましょう。

内納 民法では「所有者のない不動産は、国庫に帰属する」（239条2項）と規定されていますが、不動産の所有者が所有権を放棄することにより所有者がない状態となった場合に、この不動産が国庫に帰属するか否かについての明確な規律は存在していませんでした。

もっとも、所有権放棄された不動産の国庫帰属に対しては否定的な見解も多く「不動産の所有権は放棄できない。放棄を原因とする登記もできない」とされています[1]。また、仮に国庫帰属が肯定されたとしても、相続人不存在確定の場合と異なり、国庫帰属を実現させるための手続規定がありませんでした[2]。

中里 所有者不明土地とその予備軍を増加させないためにも、国が不要な土地を引き取る制度の創設を求める声が高まっていたのですね。

神谷 そのとおりです。

国民に相続登記義務化を強いる一方で、相続によって取得した不要な土地を国庫に帰属させる制度の創設が実現したのです。

倉田 公益的見地からは所有者不明土地の発生予防を目的とした施策である

---

1 昭和41年8月27日民甲第1953号法務省民事局長回答。

2 今回の民法・不動産登記法改正に際しても土地の所有権放棄に関する規定の創設が議論された経緯があるが、導入には至っていない（部会資料48・4頁、要綱第3部注1）。

第8章　相続土地国庫帰属のレシピ

一方、土地所有者やその相続人にとっても、「負動産」と揶揄される利活用の見込みがない土地の管理という長年の負担や悩みから解放される制度として期待されています。

2　承認申請者

2-1　承認申請できる者

倉田　ここからは、具体的に相続土地国庫帰属の承認申請の手続について検討していきましょう。

　　はじめに、承認申請権者について検討します。

中里　承認申請とのことですが「放棄する」「国に贈与する」等の意思表示は必要ないのですか。

内納　この制度は、申請権者が法務大臣に対し「相続土地国庫帰属の承認を求める」という申請をし、法務大臣が「承認する」という行政処分をすることにより、その処分の効果として国が土地の所有権を承継取得するという構成になっています[3]。

　　したがって、放棄や贈与により所有権移転効が生じるわけではありませんので[4]、承認申請者による意思表示は不要です。

神谷　国は承認申請者から所有権を承継取得するのであって原始取得するのでありませんので、承認申請者が無権利者の場合、所有権が国庫に帰属することはありません[5]。

　　帰属法1条の条文を確認しましょう。

（目的）

帰属第1条　この法律は、社会経済情勢の変化に伴い所有者不明土地（相当な努力を払ってもなおその所有者の全部又は一部を確知することができな

3　要綱第3部注2。
4　部会資料48・5頁。
5　要綱第3部注2。

い土地をいう。）が増加していることに鑑み、相続又は遺贈（相続人に対する遺贈に限る。）（以下「相続等」という。）により土地の所有権又は共有持分を取得した者等がその土地の所有権を国庫に帰属させることができる制度を創設し、もって所有者不明土地の発生の抑制を図ることを目的とする。

神谷　国庫帰属の承認申請することができる者は、「相続又は遺贈」によって土地の所有権や共有持分を取得した者です。また、遺贈については「相続人に対する遺贈に限る」とされています。

　　したがって、国庫帰属の承認申請権者は、相続または遺贈により土地を取得した相続人となります。なお、帰属法は、相続または相続人に対する遺贈を「相続等」としていますので、以下、本書でも「相続等」とある場合には相続または相続人に対する遺贈を指すこととします。

中里　相続登記が経由されていない土地に承認申請を希望する場合、あらかじめ相続登記を経由する必要がありますか。

内納　相続登記を申請する際に添付すべき相続を証する情報を承認申請書に添付することにより承認申請者であることがわかりますので（帰属3条1項）、必ずしも相続登記を経由しなければならないわけではありません。[6]

倉田　法定相続人全員からの承認申請であれば法定相続情報が添付されていれば足りますが[7]、相続人の一部からの承認申請の場合には、遺産分割協議書と相続人の印鑑証明書、あるいは遺言書と遺言者の死亡を証する戸籍、受遺者が相続人であることを証する戸籍を添付することにより[8]、承認申請者が土地を相続によって取得したことを証する必要があるということですね。

内納　なお、相続や遺贈の登記が経由されていない土地について国庫帰属が承認された場合、国への所有権移転登記の前提として代位により相続や遺贈を原因とする所有権移転登記が経由されることになりますので（不登59条7号）[9]、代位登記に必要となる書類が承認申請書に不足なく添付されて

6　要領6頁（第3節第2-1）、帰属規パブコメ20。

7　帰属規パブコメ23。

8　帰属規パブコメ27。

第 8 章　相続土地国庫帰属のレシピ

いることが求められます。[10]

中里　遺産分割協議が調う前に共同相続人全員から承認申請し、その後に相続放棄の申述をしたことを理由に承認申請者から離脱することはできますか。

内納　国庫帰属の承認申請したことが遺産の処分とみなされ（921条1号）、その後に相続放棄はできないとする見解もありますので、相続放棄の申述[11]を先行するのが無難であると考えます。

倉田　承認申請者が未成年者や成年被後見人などの場合、親権者や成年後見人が法定代理人として承認申請することは可能ですね。

神谷　はい、法定代理人からの承認申請も認められています。[12]なお、未成年者が共同親権に服している場合、共同親権者が共同して承認申請しなければなりません（818条3項）。

中里　保佐人や補助人のうち、国庫帰属の承認申請に関する代理権が付与されている者からの承認申請も可能と考えられますね。

倉田　その場合、代理行為目録に「国庫帰属の承認申請」が掲げられている必要があるのでしょうか。

内納　「不動産の処分」等が掲げられていれば、「国庫帰属の承認申請」との具体的な言及がなくても可能であると考えられます。

中里　法定代理人ではなく、司法書士等が任意代理人として承認申請することも可能ですか。

神谷　承認申請手続は、法定代理人による場合を除き承認申請者本人が行う必要があり、第三者による代理申請は専門職も含めて認められていません。[13]

　本手続は単なる行政上の手続ではなく、承認申請が認められることにより土地所有権の移転という法律効果が生じることから、代理申請にはなじ

9　帰属規パブコメ22・46。

10　帰属規パブコメ45。

11　部会第16回会議5頁〔大谷太幹事発言〕参照。

12　要領14頁（第5節第3-1）、帰属規パブコメ10。

13　要領14頁（第5節第3-1）、Q&A2-6。

まないものと考えられています。

中里　代理申請が認められないとして、専門職が書類作成を代行することは認められていますか。

内納　承認申請書や添付書類の作成代行を専門職に依頼することは可能です。もっとも、業務として書類作成を代行することができるのは弁護士、司法書士、行政書士に限られます。[14]

　なお、承認申請する土地の所在や境界に不明瞭な点があるなどの場合は、土地家屋調査士に相談することも認められています。[15]

中里　不在者財産管理人[16]や相続財産管理人[17]も承認申請することができますか。

神谷　はい、可能です。ただし、権限外行為に該当しますので裁判所の許可が必要になります。[18]

　破産管財人[19]、相続財産清算人[20]、所有者不明土地管理人[21]についても、同様に裁判所の許可を得て承認申請することができます。

中里　管理不全土地管理人についてはいかがですか。

内納　管理不全土地管理人からの承認申請については要領ほかに言及がありませんが、管理不全土地管理人が管理すべき土地を処分するには、所有者の同意を得たうえで裁判所に処分の許可を求める必要があります（264条の10第3項）。したがって、裁判所の許可が得られれば、承認申請は可能と考えられます。

倉田　権限がない者からの承認申請であることが判明した場合、どのように取り扱われるのですか。

神谷　承認申請が却下されます（帰属4条1項1号）。

14　要領14頁（第5節第3-1）。

15　Q&A 7-33。

16　Q&A 3-24、帰属規パブコメ10。

17　Q&A 3-23、帰属規パブコメ10。

18　要領6頁（第3節第2-2）。

19　帰属規パブコメ9。

20　帰属規パブコメ10。

21　Q&A 3-25、要領6頁（第3節第2-2）。

第 8 章　相続土地国庫帰属のレシピ

　　なお、さきほど承認申請にあたって相続等を原因とする承認申請者への
所有権移転登記の省略が認められることが指摘されましたが、省略ができ
るのは相続等を原因とする登記に限られますので、現在の登記名義人から
承認申請者に至るまでの間に売買や贈与などの相続等以外の原因により所
有権を取得した者が存在する場合には、その部分について登記を省略する
ことができません。仮に、これらの登記を省略して承認申請した場合も、
帰属法 4 条 1 項 1 号により承認申請は却下されます[22]。

（承認申請の却下）

帰属第 4 条　法務大臣は、次に掲げる場合には、承認申請を却下しなければ
　ならない。

　一　承認申請が申請の権限を有しない者の申請によるとき

　二・三（略）

2 （略）

2−2　承認申請できない者

倉田　相続人ではない者が遺贈により土地の所有権を取得した場合には、承
　認申請することができない点に注意が必要ですね。

　　遺贈の場合、相続人に対する遺贈と相続人以外の者に対する遺贈とで結
　論が分かれることとなったのは、どのような理由ですか。

内納　遺言者が死亡した後は、受遺者はいつでも遺贈の放棄をすることがで
　きます（986条 1 項）。

　　遺贈による土地の取得を拒むことができたにもかかわらずあえて遺贈の
　放棄を選択しなかった受遺者は、自らの意思で土地所有権を取得したと評
　価できるため、国庫帰属の承認申請権を認める必要はないものとされたの
　です[23]。

倉田　遺贈を受けた者が相続人である場合に承認申請することができること
　とされたのは、どのような理由ですか。

22　要領 6 頁（第 3 節第 2 − 1）。

23　会議録第 6 号〔小出邦夫（法務局民事局長）政府参考人発言〕。

神谷　遺贈を受けた者が相続人である場合も遺贈の放棄をすることは可能ですが、遺贈を放棄した場合も相続人として土地を相続することとなります。その場合、遺贈を放棄したうえで相続人として承認申請することは迂遠であることから、相続人の場合には遺贈によって取得した場合でも承認申請することが可能とされました[24]。

中里　民法986条でいう「遺贈」は特定遺贈に限られ、包括遺贈は含まれません。

　　包括受遺者は相続人と同一の権利義務を有する（990条）ため、遺贈による取得を希望しないのであれば相続放棄の申述（938条）によって包括受遺者としての地位から離脱できますが、特定受遺者のように遺贈を放棄することは認められていません。

　　このように考えると、相続人ではない包括受遺者については、相続人と同様に承認申請を認めてもよいように思いますが、いかがですか。

内納　立法段階でも相続人ではない包括受遺者について議論がありました[25]が、結論として相続人ではない包括受遺者も承認申請することができないこととされました[26]。

倉田　相続人の地位にある者が、死因贈与、生前贈与、信託等の事由により土地を取得した場合はいかがですか。

神谷　これらは相続等に含まれないため、承認申請することはできません。

　　このうち死因贈与は、その性質に反しない限り遺贈に関する規定が準用されますが（554条）、死因贈与受贈者は自らの意思で契約を締結することにより土地の所有権を取得したのですから、その後に不要になったという理由により承認申請を認める必要性は乏しいと説明されています[27]。

内納　生前贈与を利用して子の一人に土地の所有権を移すケースでは、贈与者には、子らが相続登記をしないまま放置してしまうことを避けたい、子らが遺産分割で争わないようにしておきたい等の思惑がある場合も少なく

24　会議録第6号〔小出邦夫（法務局民事局長）政府参考人発言〕。
25　会議録第6号〔松平浩一委員発言〕参照。
26　帰属規パブコメ26。
27　会議録第6号〔小出邦夫（法務局民事局長）政府参考人発言〕。

第 8 章　相続土地国庫帰属のレシピ

ありませんが、受贈者である子は、同じ土地を相続で取得した場合には承認申請することができる一方、生前贈与で取得したがために承認申請することができない結果となりますね。

中里　そうすると、今後は生前贈与を検討する際に、将来にわたって利活用が可能な土地であるか否かの見極めも重要になりそうです。

内納　国庫帰属制度の創設は所有者不明土地の発生抑止を目的としています。一方で死因贈与、生前贈与、信託等は、「住まいの終活」として、その重要性が空家問題を解消するための方策の一つとして指摘されており、[28]次世代の土地承継者を健康なうちに確定させておくことができるという観点から、国庫帰属制度と同様に所有者不明土地の発生抑止に役立つものと考えられています。ところが、自分の意思に基づいて取得した者は承認申請することができないことになると、生前に次世代への土地の処分を行うことを躊躇させる結果となり妥当ではないとの指摘もあることに言及しておきます。[29]

2－3　土地の共有持分を有する者

倉田　相続等により土地を取得したのではない者であっても、例外的に承認申請することができるケースがありますので、この点を検討しましょう。

神谷　夫Ａが 3 分の 2、妻Ｂが 3 分の 1 の割合で土地を購入した後、Ａの死亡に伴ってＡの持分全部をＢが相続したようなケースを考えてみましょう。Ｂ固有の持分 3 分の 1 については売買により取得した持分ですが、もともとはＡの持分であった 3 分の 2 については、Ｂは相続等によって取得しています。

内納　条文では、土地の所有権または「共有持分を取得した者」（帰属 1 条）とありますので、Ａの共有持分だけを相続等によって取得した場合であっても、Ｂは承認申請することができそうですね。

中里　この場合、承認申請することができるのは相続等によってＡから取得した持分 3 分の 2 に限られるのですか。

神谷　帰属法 2 条 1 項に結論が書かれていますので、条文を確認しましょ

28　荒井222頁、野澤13頁ほか。

29　部会第23回会議13頁〔葦毛良和幹事（東京弁護士会）発言〕。

う。

> （承認申請）
> 帰属第2条　土地の所有者（相続等によりその土地の所有権の全部又は一部
> 　を取得した者に限る。）は、法務大臣に対し、その土地の所有権を国庫に帰
> 　属させることについての承認を申請することができる。
> 　2・3（略）

神谷　帰属法2条1項は、承認申請することができる者に、相続等によりそ
　の土地の所有権の「一部を取得した者」を含んでいますので（帰属2条1
　項かっこ書）、Bは、相続等によって取得した持分3分の2と売買によっ
　て取得した持分3分の1とを一括して承認申請することができます。

倉田　次に、国庫帰属を求める土地が共有の場合についても検討しましょ
　う。

神谷　帰属法2条2項になります。

> （承認申請）
> 帰属第2条（略）
> 2　土地が数人の共有に属する場合には、前項の規定による承認の申請（以
> 　下「承認申請」という。）は、共有者の全員が共同して行うときに限り、す
> 　ることができる。この場合においては、同項の規定にかかわらず、その有
> 　する共有持分の全部を相続等以外の原因により取得した共有者であって
> 　も、相続等により共有持分の全部又は一部を取得した共有者と共同して、
> 　承認申請をすることができる。
> 3（略）

神谷　帰属法2条2項によれば、共有地について承認申請しようとする場合
　には「共有者の全員が共同して行う」必要があるとされており、この場
　合、共有者のうちの一人が相続等によって土地の共有持分を取得してさえ
　いれば、他の共有者の取得原因は相続等に限定されないこととされている
　点にご注意ください。

第 8 章　相続土地国庫帰属のレシピ

内納　A・Bの共有地について考えてみましょう。

　　　Aは相続等によって持分を取得し、Bは売買によって持分を取得したというようなケースで、相続等によって持分を取得したわけではないBも、Aと共同して承認申請することができるということですね。

神谷　そのとおりです。

　　　また、共有者は自然人に限られません。持分の一部を会社の代表者、一部を会社で共有していたようなケースでは、法人である会社も、代表者の持分を相続等によって取得した代表者の相続人と共同して承認申請することができます。

中里　共有持分のみの国庫帰属を認めることにより権利関係の複雑化を招くことになるため、共有地については土地の所有権全部についての承認申請がある場合に限り、国庫帰属を認める趣旨であると考えられます。

3　法務局による調査

倉田　国庫帰属の承認申請書が提出された場合、法務局が却下事由や不承認事由の有無について調査をすることになりますが、法務局による調査は具体的にどのように行われるのですか。

神谷　調査に先立ち、承認申請を受け付けた法務局は、国の行政機関や土地が所在する地方公共団体に対し、承認申請のあった土地について寄附を受け入れることの意向調査や、他の制度の活用の可能性について確認することを目的とした情報提供を行い、2週間を期限として回答を求めることと[30]されました。[31]

倉田　寄附を受け入れる意向や他の制度の活用可能性がない場合に、調査に着手するのですね。

神谷　はい、そのとおりです。

　　　なお、法務局による調査は、書面調査と実地調査とに分かれます。

30　要領16頁（第8節1）、要領別記第5号様式。
31　要領16頁（第8節4）。

書面調査は、承認申請書や添付書類の記載内容、関係機関から提供を受けた資料、登記所が保有する資料（登記事項証明書、登記所に備え付けられた地図等）に基づく調査です[32]。

内納　書面調査において却下事由に該当することが確実と判断できる場合には、承認申請を却下する方向で処理を進めるものとされていますね[33]。

倉田　関係機関から提供を受けた資料とは、どのようなものを指しますか。

神谷　帰属法６条１項に基づき７条に規定されています。法務局は調査にあたり、７条の規定に基づいて必要な事項についての情報提供を求めることができます[34]。

　なお、以下、「関係機関から提供を受けた資料」とある場合、７条の定めにより提供を受けた資料を指すこととします。また、情報提供を求める事項は多岐にわたるため、却下事由または不承認事由の各項目において随時ご紹介します。

（事実の調査）

帰属第６条　法務大臣は、承認申請に係る審査のため必要があると認めるときは、その職員に事実の調査をさせることができる。

２〜８　（略）

（資料の提供要求等）

帰属第７条　法務大臣は、前条第１項の事実の調査のため必要があると認めるときは、関係行政機関の長、関係地方公共団体の長、関係のある公私の団体その他の関係者に対し、資料の提供、説明、事実の調査の援助その他必要な協力を求めることができる。

倉田　実地調査は、どのような場合に行われるのですか。

神谷　今ご紹介した６条１項が、法務局による実地調査の根拠規定となります。

　法務大臣が「承認申請に係る審査のため必要がある」と判断した場合

32　要領20頁（第10節第１）。

33　要領20頁（第10節第１）。

34　要領別記第５号様式。

第8章　相続土地国庫帰属のレシピ

に、法務局の担当者に実地調査を行わせることになります。

倉田　実地調査の必要がないと判断された場合には、書面調査だけで審査が終了することもあるのですね。

内納　はい。たとえば、書面調査において却下事由に該当することが明らかな場合であり、補正の見込みもないようなケースでは、実地調査をすることなく承認申請が却下されることになります。[35]

倉田　実地調査はどのように行われるのですか。

神谷　広大な土地である場合や調査事項が多岐にわたるため複数回にわたる調査が必要であると認められる場合を除き、1回1日以内を原則として法務局の担当者が現地に赴いて調査にあたります。[36]

　なお、調査に際して立入りを予定している他人の土地の占有者に対しては、あらかじめ通知をする必要があります（帰属6条3項・4項）。[37]

　また、立ち入ろうとする土地が宅地あるいは垣や柵で囲まれた土地である場合、立ち入る際にあらためてその旨を占有者に告げなければなりませんし（帰属6条5項）、占有者の承諾がある場合を除き日の出前や日没後の立入りはできません（帰属6条6項）。

（事実の調査）

帰属第6条（略）

2　（略）

3　法務大臣は、その職員が前項の規定により承認申請に係る土地又はその周辺の地域に所在する土地の実地調査をする場合において、必要があると認めるときは、その必要の限度において、その職員に、他人の土地に立ち入らせることができる。

4　法務大臣は、前項の規定によりその職員を他人の土地に立ち入らせるときは、あらかじめ、その旨並びにその日時及び場所を当該土地の占有者に通知しなければならない。

5　第3項の規定により宅地又は垣、柵等で囲まれた他人の占有する土地に

35　要領20頁（第10節第2-1）。

36　要領20頁（第10節第2-2）。

37　要領別記第7号様式。

立ち入ろうとする職員は、その立入りの際、その旨を当該土地の占有者に告げなければならない。

　6　日出前及び日没後においては、土地の占有者の承諾があった場合を除き、前項に規定する土地に立ち入ってはならない。

7・8　（略）

倉田　実地調査では、承認申請をした者の同行が求められるのでしょうか。

神谷　承認申請者の同行は求められないのが原則ですが、同行がなければ申請土地に到達することが困難な場合や、添付書類に示された申請土地の所在位置や境界に疑義がある場合などのケースでは、同行が求められます。この場合、承認申請者に正当理由がないにもかかわらず同行に応じなければ、申請は却下されます。[38]

内納　もっとも、必ずしも承認申請者本人が同行しなければならないわけではなく、承認申請者が指定する者に同行させることも認められていますね。[39]

神谷　はい、そのとおりです。

　　また、必要があると認められる場合には、国庫に帰属した土地を実際に管理することとなる部署（以下、「管理予定庁」という）の担当者に同行を求めることもあります。[40]

倉田　実地調査では、どのような調査が行われるのですか。

神谷　現況確認を行うほか、必要に応じて隣接地所有者や周辺住民等への聴取も実施され[41]、その結果を実地調査結果報告書に取りまとめることとなっています。[42]

　　なお、具体的な調査事項や調査の方法は、調査の目的事項ごとに詳細に規定されていますので、後掲する却下事由または不承認事由の各項目において随時ご紹介します。

38　要領21頁（第10節第2-7）。

39　要領21頁（第10節第2-7）、帰属規パブコメ38参照。

40　要領21頁（第10節第2-8）。

41　要領21頁（第10節第2-10）。

42　要領別記第8号様式。

第 8 章　相続土地国庫帰属のレシピ

中里　さきほど、実地調査は法務大臣が「承認申請に係る審査のため必要がある」と判断した場合に行われる（帰属 6 条 1 項）と指摘されていましたが、担当者が現地に赴いて調査した結果、新たな疑義が発見された場合には、新たな調査事項として追加されることもありうるのでしょうか。

内納　実地調査の担当者が必要と認めた場合、追加調査が行われます。

　　たとえば、建物の存否を調査する目的で担当者が現地に赴いたところ、建物は存在しなかったが、隣地所有者との間で境界の認識に齟齬がある可能性が判明した場合など、書面調査だけでは判明しなかった新たな却下または不承認事由に該当する可能性が判明した場合、当該事項が実地調査の対象事項に追加されます。

中里　そうすると、書面調査に十分に対応できる承認申請書を準備したとしても、実地調査によって思わぬ障害が顕在化する可能性も否めないということですね。

神谷　そのとおりです。書面調査だけですべての審査が完了し、実地調査はまったく行われないケースというのは稀でしょうから、承認申請する際には実地調査にも対応できるだけの入念な準備が必要になることを指摘しておきます。

4　却下事由

倉田　帰属法では、承認申請の却下事由と不承認事由を区別して規定していますので、以下では、要件ごとに論点整理をしていきましょう。まずは却下事由から検討します。

神谷　帰属法 2 条 3 項 1 号〜 5 号では、承認申請することができない土地が列挙されています。

　（承認申請）
帰属第 2 条（略）
　2　（略）

3 承認申請は、その土地が次の各号のいずれかに該当するものであるとき
は、することができない。
一 建物の存する土地
二 担保権又は使用及び収益を目的とする権利が設定されている土地
三 通路その他の他人による使用が予定される土地として政令で定めるも
のが含まれる土地
四 土壌汚染対策法(平成14年法律第53号)第2条第1項に規定する特定
有害物質(法務省令で定める基準を超えるものに限る。)により汚染され
ている土地
五 境界が明らかでない土地その他の所有権の存否、帰属又は範囲につい
て争いがある土地

神谷 また、帰属法2条3項の規定に反する場合、承認申請は却下されま
す。

(承認申請の却下)
帰属第4条 法務大臣は、次に掲げる場合には、承認申請を却下しなければ
ならない。
一 (略)
二 承認申請が第2条第3項又は前条の規定に違反するとき
三 (略)
2 (略)

4-1 建物の存する土地

倉田 要件ごとに論点が多岐にわたりますので、ここからは項目を分けて検
討していきます。
はじめに、土地上の建物の存否に関する要件です(帰属2条3項1号)。

(承認申請)
帰属第2条 (略)
2 (略)

第8章　相続土地国庫帰属のレシピ

> 3　承認申請は、その土地が次の各号のいずれかに該当するものであるとき
> は、することができない。
> 一　建物の存する土地
> 二～五（略）

神谷　建物の存在する土地は、承認申請することができないとされています。

中里　不動産登記法では、建物を「屋根及び周壁又はこれに類するものを有し、土地に定着した建造物であって、その目的とする用途に供し得る状態にあるもの」と定義していますが（不登規111条）、ここでいう建物も、同様に考えればよいですか。

神谷　はい。Q&A には建物の定義についての言及もあり、不動産登記規則111条の考え方によることが示されています[43]。

中里　建物が未登記の場合はいかがですか。

神谷　登記の有無にかかわらず、建物の存する土地は承認申請できません[44]。

倉田　朽ち果てて廃屋のようになっており、すでに不動産登記規則111条の定義に該当しないような状態となってしまった建物が存在する場合は、どのように考えればよいのでしょうか。

内納　屋根や壁が崩壊して建物と認定できないような場合は、後に検討する「通常の管理又は処分を阻害する工作物」（帰属5条1項2号）に該当するものと指摘されています[45]。

　　　帰属法5条1項2号は却下事由ではありませんので承認申請することはできますが、承認申請しても不承認となる可能性が高いです[46]。

中里　小屋とかプレハブ倉庫などの場合は、どうですか。

神谷　たとえ小屋であっても、土地に定着していれば建物に該当し却下されます。

43　Q&A 7-1。

44　Q&A 7-2。

45　Q&A 7-5・8-6(5)。

46　5-2参照。

土地に定着していないプレハブ倉庫の場合でも、通常の管理または処分を阻害する工作物（帰属5条1項2号）に該当し承認されないことになりそうです。

中里 承認申請する土地が広い農地で、その一画に農機具等の保管に有用と考えられるような物置小屋があるようなケースでは、むしろ物置小屋が農地の利用に有用と考えることもできそうですが、承認を受けられる可能性はありませんか。

内納 個別具体的なケースでの判断については事例の集積を待たざるを得ませんが、建物のある土地はすべて却下されることが原則的な取扱いとなっていますので[47]、このケースでも、解体、撤去、滅失登記を済ませた後に承認申請するのが無難でしょう[48]。

倉田 解体や撤去に要する費用が高額となるような場合、いったんは現状のまま承認申請し、法務局からの補正を待って対応する方法を希望する者も少なくないように考えますが、このような対応も可能でしょうか。

内納 現状のまま承認申請すること自体は可能ですが[49]、補正を受けた際には速やかに解体や撤去に着手しなければなりませんので、業者の選定、見積依頼、費用の工面などの準備を進めておく必要がある点にご注意ください。

倉田 承認申請を受け付けた法務局では、どのような調査が行われますか。

中里 先に紹介したとおり、法務局の行う調査は書面調査と実地調査に分かれるとのことでした。

まずは書面調査が行われ、さらに審査のために必要があると認めるときには実地調査が行われるのでしたね（帰属6条1項）[50]。

神谷 そのとおりです。

土地上の建物の存否に関する書面調査の方法ですが、承認申請された土地を底地とする建物の登記が存在するか否かを登記記録によって確認する

47　Q&A 7-3・7-5・7-6。

48　Q&A 7-4。

49　Q&A 7-4参照。

50　3参照。

第8章　相続土地国庫帰属のレシピ

ほか、承認申請書への添付が求められる「承認申請に係る土地の形状を明らかにする写真」（帰属規3条5号）によって建物の有無の確認がなされます。[51]

（添付書類）

帰属規第3条　承認申請書には次に掲げる書類を添付しなければならない。

　一～四（略）

　五　承認申請に係る土地の形状を明らかにする写真

　六・七（略）

神谷　なお、添付書類の詳細に関する論点については、項を変えて詳述します。[52]

内納　書面調査だけで結論が出ない場合には、実地調査が行われます。

　　書面調査や実地調査の結果、建物の定義（不登規111条）に該当する構築物が存在していれば承認申請は却下されますし、建物の定義には該当しない廃屋等が存在する場合には、土地の通常の管理または処分を阻害する工作物（帰属5条1項2号）に該当するか否かが判断され、これに該当する場合には承認されません。

4-2　担保権または使用および収益を目的とする権利が設定されている土地

倉田　続いて、帰属法2条3項2号を検討しましょう。

神谷　「担保権又は使用及び収益を目的とする権利が設定されている土地」は、承認申請できないと規定されています（帰属2条3項2号）。

（承認申請）

帰属第2条（略）

2　（略）

3　承認申請は、その土地が次の各号のいずれかに該当するものであるとき

51　要領24頁（第10節第3⑤【書面調査】）。

52　7-1-5参照。

は、することができない。

　　一　（略）

　　二　担保権又は使用及び収益を目的とする権利が設定されている土地

　　三～五　（略）

神谷　抵当権や根抵当権などの「担保権」は、これによって担保される債務がすでに完済されているため担保権としての効力が失われている場合であっても、抹消登記が経由されていない土地の場合には承認申請が却下されます。

内納　すでに失効しているいわゆる休眠担保権であっても、登記が存在する状態の土地が国庫に帰属した場合、国がこの土地を管理または利用したり第三者に譲渡したりする際の障害となる可能性があるだけでなく、これを抹消するために国がコストを負担しなければならない事態も想定されることから、却下事由とされています。[53]

神谷　逆に、被担保債務が存在しており現に効力を有している担保権であっても、登記されていない場合には、担保権者は国庫帰属後の新所有者である国に対して担保権の存在を対抗することができませんので（177条）、このような場合には承認申請が認められます。[54]

中里　このあたりは、民間における不動産売買と同様に考えればよさそうですね。

　　改正法の施行により、従来よりも簡便に休眠担保権を抹消できる制度が創設されていますので[55]、国庫帰属の承認申請に先立って新しい制度を活用する場面も出てきそうです。

倉田　担保権ではないですが、担保権と同様の機能を有すると考えられる買戻権が登記されている土地の場合はいかがでしょう。

神谷　買戻権の登記がある土地の場合、この土地が国庫に帰属した後に買戻権が行使されることで国が所有権を喪失したり、買戻権が存在することに

53　Q&A 7 - 7、部会資料36・11頁。

54　部会資料36・11頁。

55　**第 7 章 3 - 3** 参照。

第 8 章　相続土地国庫帰属のレシピ

より国による使用、収益、処分に影響が生じたりする可能性も否めません。

　このような状況は、登記された担保権が実行されることにより国が所有権を失う可能性があることと同様のリスクを国に負担させることとなるため、承認申請は却下されます。[56]

中里　登記記録上、すでに買戻期間が満了していることの明らかな場合でも、休眠担保権の場合と同様に承認申請に先立って抹消登記を済ませておかなければなりませんか。

神谷　はい、そのとおりです。

　国が買戻権を抹消するためのコストを負担しなければならないからですね。

内納　差押え、仮差押え、仮処分のような処分制限の登記、譲渡担保権の登記が存在する土地も、同様の考え方により却下となります。[57]

倉田　次に「使用及び収益を目的とする権利」を検討しましょう。

　こちらは、用益権や賃借権等が設定されている土地と考えればよいですね。

神谷　土地の上空や地中に送電線の設置を目的とした地上権や承役地地役権が設定されている登記記録をよく目にしますが、これらはいずれも却下事由に該当します。[58]

中里　要役地地役権が設定されている土地も却下されますか。

内納　同じ地役権でも、要役地地役権については承認申請の妨げになりません。[59]

　要役地ということは、地役権が設定されていることによって土地の便益が高まっており、使用、収益、処分に支障を生じさせるものではないからと考えられます。

倉田　入会権が設定されている土地はいかがでしょう。

56　要領25頁（第10節第 3 ⑥【書面調査】(3)）。

57　帰属令パブコメ38。

58　Q&A 7 - 8 。

59　Q&A 7 - 9 。

神谷　入会権が設定されている土地についても、承認申請は却下されます。

　　　入会権も土地を使用、収益することができる権利の一種ですから、国以外の者による使用、収益が想定されるためです。[60]

中里　入会権は登記することができない権利ですから、登記記録からはその有無を確認できません。

　　　入会権が設定されているか否かは地元住民へ聴取するなどの方法により、承認申請者においてあらかじめ調査しておく必要がありそうですね。

倉田　使用、収益することができる権限に基づく占有ではなく、承認申請を求める土地に不法占拠者がいるような場合は、どのように考えればよいでしょうか。

内納　却下事由には該当しませんが、「隣接する土地の所有者その他の者との争訟によらなければ通常の管理又は処分をすることができない土地として政令で定めるもの」（帰属5条1項4号[61]）に該当することを理由に承認されないものと考えられます。[62]

倉田　本号の却下事由に関する法務局による調査は、どのように行われますか。

神谷　担保権に関する書面調査は、登記記録上で担保権、買戻権、処分制限の登記、譲渡担保権等の登記の有無を確認します。登記記録に担保権の登記が存在しない場合、実地調査を含めたその余の調査は行われません。

倉田　用益権等の使用収益権に関しては、いかがでしょう。

神谷　使用収益権の設定の有無については登記記録に基づく調査に加え、関係機関からの提供を受けた資料（帰属7条）に基づく調査も行われます。

　　　たとえば、国庫帰属を求める土地が農地の場合、農業委員会などから提供を受けた資料を調査する過程で使用収益権の存在を疑うに足る事情を発見した場合には、承認申請者から事情を聴取し、必要に応じて承認申請者に対し資料の提出を求めるものとされています。[63]

60　要領25頁（第10節第3⑥【書面調査】(2)）、Q&A 7-10。

61　5-4参照。

62　要領33頁（第10節第3⑬【実地調査】(2)ア）。

63　要領24頁（第10節第3⑥【書面調査】(1)）。

第 8 章　相続土地国庫帰属のレシピ

中里　用益権や不動産賃借権などの登記することができる権利については、担保権の場合と同様に登記がなければ国に対抗することができませんが（177条）、このような場合でも登記記録だけの調査では足りないのでしょうか。

内納　登記していない権利を国に対抗できない点はそのとおりですが、使用収益権については、国に対抗できない権利であったとしても国がこれらの権利を主張する者を排除するためには訴訟その他の手続を要することとなりますので、登記記録の調査だけでは足りないものと考えられます。

中里　登記記録からは権利設定の有無が明らかとはならない入会権のような使用収益権については、どのような調査が行われるのですか。

神谷　登記記録からは権利設定の有無が明らかとはならない使用収益権には、入会権のほかにも、森林経営管理法に基づく経営管理権が設定されている土地、森林組合等との間で森林の管理や経営に関する委託契約（森林経営委託契約ほか[64]）を締結している土地などがあり、いずれも関係機関から提供を受けた資料や承認申請者からの申告内容に基づく調査が行われます[65]。[66]

内納　本号の却下事由を審査するに際しては、実地調査は行われないのが通常と考えられています。登記記録や関係機関から提供を受けた資料によって、担保権や使用収益権の存在を把握することができるケースがほとんどだからです。

　　なお、別件の要件を審査するために現地調査が行われた際に、何らかの理由により登記されていない使用収益権の存在を疑うに足る事情が生じた

64　Q&A 7-11。

65　森林法に基づき、森林所有者または森林の経営の委託を受けた者が、自らが森林の経営を行う一体的なまとまりのある森林を対象として、森林の施業および保護について作成する 5 年を 1 期とする計画。一体的なまとまりをもった森林において、計画に基づいた効率的な森林の施業と適切な森林の保護を通じて、森林のもつ多様な機能を十分に発揮させることを目的としている（林野庁ウェブサイト「森林所有者又は森林の経営の委託を受けた者がたてる『森林経営計画』」〈https://www.rinya.maff.go.jp/j/keikaku/sinrin_keikaku/con_6.html〉参照）。

66　要領25頁（第10節第 3 ⑥【書面調査】(2)）。

ときは、承認申請者、隣接地所有者または近隣住民に確認をする等の方法による調査が行われることもあります。[67]

4-3　通路その他の他人による使用が予定される土地

倉田　続いて、帰属法2条3項3号を検討しましょう。

神谷　「通路その他の他人による使用が予定される土地として政令で定めるものが含まれる土地」は、承認申請ができないと規定されています（帰属2条3項3号）。

（承認申請）

帰属第2条（略）

2　（略）

3　承認申請は、その土地が次の各号のいずれかに該当するものであるときは、することができない。

　一・二（略）

　三　通路その他の他人による使用が予定される土地として政令で定めるものが含まれる土地

　四・五（略）

神谷　政令委任がありますので、帰属令2条の条文も確認しましょう。

（承認申請をすることができない他人による使用が予定される土地）

帰属令第2条　法第2条第3項第3号の政令で定める土地は、次に掲げる土地とする。

　一　現に通路の用に供されている土地

　二　墓地（墓地、埋葬等に関する法律（昭和23年法律第48号）第2条第5項に規定する墓地をいう。）内の土地

　三　境内地（宗教法人法（昭和26年法律第126号）第3条に規定する境内地をいう。）

　四　現に水道用地、用悪水路又はため池の用に供されている土地

67　要領24頁（第10節第3⑥【実地調査】(1)）。

第 8 章　相続土地国庫帰属のレシピ

4-3-1　通　路

倉田　「通路」（帰属令 2 条 1 号）から検討していきましょう。

> （承認申請をすることができない他人による使用が予定される土地）
> 帰属令第 2 条　法第 2 条第 3 項第 3 号の政令で定める土地は、次に掲げる土地とする。
> 　一　現に通路の用に供されている土地
> 　二〜四　（略）

倉田　「現に」とあるのはどのように考えればよいですか。

神谷　外観が通路や道であっても、現に通路や道として使用されていないようなケースでは「現に……供されている」わけではありませんので、承認申請することができます[68]。

中里　この点について、承認申請する際に注意すべきことはありますか。

内納　承認申請書に、「現に供されていない」と判断することができる写真の添付が求められます（帰属規 3 条 5 号）。

倉田　本号の却下事由に関する法務局による調査は、どのように行われますか。

神谷　承認申請書に添付された写真（帰属規 3 条 5 号）や登記記録上の地目に基づき、国庫帰属を求める土地が現に通路の用に供されている土地に該当するか否かを調査することになります[69]。

内納　現に通路の用に供されているか否かは、書面調査だけでは判然としないケースが少なくないと考えられます。したがって、本号の審査に際しては実地調査が行われるケースが多いものと考えます。山林や森林について承認申請があった場合、現に林道や登山道として使用されているような実態がないかが調査の対象となる旨も指摘されています。

　なお、実地調査の結果次第では、必要に応じて隣接地所有者や近隣住民に対しての事情聴取も行われることになります（帰属 6 条 2 項）[70]。

68　Q&A 7 -12。

69　要領26頁（第10節第 3 ⑦【書面調査】(1)）。

428

4　却下事由

> （事実の調査）
> 帰属第6条　法務大臣は、承認申請に係る審査のために必要があると認める
> 　ときは、その職員に事実の調査をさせることができる。
> 2　前項の規定により事実の調査をする職員は、承認申請に係る土地又はそ
> 　の周辺の地域に所在する土地の実地調査をすること、承認申請者その他の
> 　関係者からその知っている事実を聴取し又は資料の提出を求めることその
> 　他承認申請に係る審査のために必要な調査をすることができる。
> 3～8　（略）

中里　実際には公衆用道路の一部を構成していて現に道路として使用されて
　いるが、登記名義は私人のままとなっているいわゆる「道路内民地」が全
　国に点在しています。このような土地は、かえって所有権を国に帰属させ
　ることが公益的見地からも妥当と考えられるのですが、いかがでしょう
　か。

内納　公道の一部であることが明らかな場合でも、国による管理や処分に過
　分の費用が生じること、土地の使用者との調整が必要なこと等の理由によ
　り、承認申請することができない土地に該当すると説明されています。[71]

4-3-2　墓地内の土地

倉田　続いて、「墓地内の土地」（帰属令2条2号）について検討しましょう。

> （承認申請をすることができない他人による使用が予定される土地）
> 帰属令第2条　法第2条第3項第3号の政令で定める土地は、次に掲げる土
> 　地とする。
> 　一　（略）
> 　二　墓地（墓地、埋葬等に関する法律（昭和23年法律第48号）第2条第5
> 　　項に規定する墓地をいう。）内の土地
> 　三・四　（略）

70　以上につき、要領26頁（第10節第3⑦【実地調査】(1)）。
71　帰属令パブコメ6。

429

第 8 章　相続土地国庫帰属のレシピ

神谷　墓地内の土地とは、墳墓を設けるため、墓地として都道府県知事（市の場合は市長、特別区の場合は区長）の許可を受けた区域を指します（墓埋 2 条 5 項）。

倉田　土地の一部だけについて墓地としての許可を受けており、実際に許可を受けた部分に限って墓地として使用しているようなケースでも、土地全体について却下されるのでしょうか。

内納　そのとおりです。このような場合、承認申請に先立って分筆をし、墓地として使用している部分を除いた残地について承認申請することは、可能であると考えられます[72]。

中里　墓地としての許可を受けていないが、実際には墓石等が存在している土地はどうでしょうか。

内納　墓地としての許可を受けているわけではないので本号の却下事由には該当しませんが、墓石等が「通常の管理又は処分を阻害する工作物」（帰属 5 条 1 項 2 号）に該当することを理由として承認されない可能性が高いでしょう[73]。

　承認申請に先立って墓石等を撤去するか、あるいはこの場合も、分筆をした上で墓石等が存在している部分を除いた残地について承認申請するかの措置が必要となります。

中里　分筆をする際には、承認申請を希望する部分が分筆によって袋地となってしまうと帰属令 4 条 2 項 1 号による不承認事由に該当することになるので、この点についての注意も必要になりそうです[74]。

倉田　本号の却下事由に関する法務局の調査は、どのように行われますか。

神谷　承認申請書に添付された写真（帰属規 3 条 5 号）、関係機関から提供を受けた墓地の許可に関する資料（帰属 7 条）に基づき、国庫帰属を求める土地が墓地内の土地であるか否かを調査します[75]。

　これらの書面を調査することによって墓地内の土地であることが判明し

72　Q&A 7 -13。

73　5 - 2 参照、Q&A 7 -13。

74　5 - 4 - 1 参照。

75　要領26頁（第10節第 3 ⑦【書面調査】(2)）。

た場合、承認申請は却下されます。

内納　本号による調査事項は墓地内の土地に該当するか否かであり、土地の現況を問いません。したがって、次に検討する境内地とは異なり登記記録上の地目は調査対象とされていません。また、同様の理由により現地調査は想定されていません。[76]

4-3-3　境内地

倉田　続いて、「境内地」（帰属令2条3号）について検討しましょう。

（承認申請をすることができない他人による使用が予定される土地）

帰属令第2条　法第2条第3項第3号の政令で定める土地は、次に掲げる土地とする。

一・二　（略）

三　境内地（宗教法人法（昭和26年法律第126号）第3条に規定する境内地をいう。）

四　（略）

神谷　境内地については、宗教法人法で以下のとおり規定されています（宗教3条）。

（境内建物及び境内地の定義）

宗教第3条　この法律において「境内建物」とは、第1号に掲げるような宗教法人の前条に規定する目的のために必要な当該宗教法人に固有の建物及び工作物をいい、「境内地」とは、第2号から第7号までに掲げるような宗教法人の同条に規定する目的のために必要な当該宗教法人に固有の土地をいう。

一　本殿、拝殿、本堂、会堂、僧堂、僧院、信者修行所、社務所、庫裏、教職舎、宗務庁、教務院、教団事務所その他宗教法人の前条に規定する目的のために供される建物及び工作物（附属の建物及び工作物を含む。）

二　前号に掲げる建物又は工作物が存する一画の土地（立木竹その他建物及び工作物以外の定着物を含む。以下この条において同じ。）

76　要領26頁（第10節第3⑦【実地調査】(2)）。

第 8 章　相続土地国庫帰属のレシピ

　　三　参道として用いられる土地

　　四　宗教上の儀式行事を行うために用いられる土地（神せん田、仏供田、
　　　修道耕牧地等を含む。）

　　五　庭園、山林その他尊厳又は風致を保持するために用いられる土地

　　六　歴史、古記等によって密接な縁故がある土地

　　七　前各号に掲げる建物、工作物又は土地の災害を防止するために用いら
　　　れる土地

中里　土地の一部に境内地が含まれる場合は承認申請に先立って分筆をする
　　などの措置が必要になるのは、墓地の場合と同様と考えればよいですね。

倉田　本号の却下事由に関する法務局の調査はどのように行われますか。

神谷　承認申請書に添付された写真（帰属規3条5号）、登記記録上の地目、
　　関係機関から提供を受けた境内地に関する資料（帰属7条）に基づき、国
　　庫帰属を求める土地が境内地に該当するか否かの確認がなされます。[77]

　　ちなみに、境内地は地目として登記できます（不登規99条）。墓地とは異
　　なり、現況が境内地であるか否かが調査の対象事項であることから、登記
　　記録上の地目も調査されます。

　（地目）

不登規第99条　地目は、土地の主な用途により、田、畑、宅地、学校用地、
　鉄道用地、塩田、鉱泉地、池沼、山林、牧場、原野、墓地、境内地、運河
　用地、水道用地、用悪水路、ため池、堤、井溝、保安林、公衆用道路、公
　園及び雑種地に区分して定めるものとする。

内納　現況が境内地であるか否かが問題となりますので、実地調査が行われ
　　る点も墓地内の土地と異なります。[78]調査の方法は通路の場合と同様です。[79]

中里　登記記録上の地目が調査対象事項となるとのことですので、実際には
　　境内地に含まれていないものの登記上の地目が境内地である場合は、承認

77　要領26頁（第10節第3⑦【書面調査】(3)）。

78　要領27頁（第10節第3⑦【実地調査】(3)）。

79　4-3-1参照。

4　却下事由

申請に先立って地目変更を経由しておく必要もありそうですね。

4－3－4　水道用地、用悪水路、ため池

倉田　最後に「現に水道用地、用悪水路又はため池の用に供されている土地」（帰属令２条４号）を検討しましょう。

（承認申請をすることができない他人による使用が予定される土地）

帰属令第２条　法第２条第３項第３号の政令で定める土地は、次に掲げる土地とする。

一～三　（略）

四　現に水道用地、用悪水路又はため池の用に供されている土地

神谷　通路（帰属令２条１号）の場合と同様に「現に」とありますので、実際に水道用地、水路、ため池として使用されていない場合は、承認申請することができます[80]。

倉田　本号の却下事由に関する法務局の調査は、どのように行われますか。

神谷　承認申請書に添付された写真（帰属規３条５号）、登記記録上の地目、関係機関から提供を受けた水道用地、用悪水路、ため池に関する資料（帰属７条）に基づき、国庫帰属を求める土地が水道用地、用悪水路、ため池に該当するか否かの確認がなされます[81]。

内納　通路や境内地の場合と同様に、現況を確認する目的で実地調査が行われます。必要に応じて、隣接地所有者や近隣住民に対して事情聴取が行われるのも（帰属６条２項）、通路や境内地の場合と同様です[82]。

4－4　土壌汚染対策法に規定する特定有害物質により汚染されている土地

倉田　続いて、帰属法２条３項４号を検討します。

神谷　「土壌汚染対策法……に規定する特定有害物質……により汚染されている土地」は、承認申請できないと規定されています（帰属２条３項４号）。

80　Q&A 7 -14。

81　要領26頁（第10節第３⑦【書面調査】(4)）。

82　要領27頁（第10節第３⑦【実地調査】(4)）。

433

第8章　相続土地国庫帰属のレシピ

> （承認申請）
>
> 帰属第2条（略）
>
> 2　（略）
>
> 3　承認申請は、その土地が次の各号のいずれかに該当するものであるときは、することができない。
>
> 　一～三（略）
>
> 　四　土壌汚染対策法（平成14年法律第53号）第2条第1項に規定する特定有害物質（法務省令で定める基準を超えるものに限る。）により汚染されている土地
>
> 　五（略）

倉田　本号に関する書面調査は、どのように行われるのでしょうか。

神谷　関係機関から提供を受けた特定有害物質（土壌2条1項）に関する資料（帰属7条）により確認するものとされています。[83]

　　なお、特定有害物質とは次のとおり定義されています。

> （定義）
>
> 土壌第2条　この法律において「特定有害物質」とは、鉛、砒素、トリクロロエチレンその他の物質（放射性物質を除く。）であって、それが土壌に含まれることに起因して人の健康に係る被害を生ずるおそれがあるものとして政令で定めるものをいう。
>
> 2　（略）

中里　承認申請の段階で、有害物質等により汚染されていない土地であることを証する書面等の提出が求められるのでしょうか。

神谷　承認申請者にそのような証明は課せられておりませんし、特段の添付書面も求められていません。[84]

　　ただし、提供された資料により汚染されている土地に該当する可能性が

83　要領27頁（第10節第3⑧【書面調査】）。

84　Q&A 7-15。

あると疑われる場合には、承認申請者に対し、特定有害物質により汚染されていないことを証する資料（上申書等が考えられる）の提出を求めるものとされています（帰属6条2項）。

内納 なお、提出された上申書等の内容を踏まえても汚染されている土地に該当する可能性が払拭されない場合には、承認申請者に対し、土壌汚染対策法に基づく指定調査機関等による調査報告書の提出を求めることになります。[85]

倉田 実地調査は、どのように行われるのでしょうか。

内納 国庫帰属を求める土地に変色、異臭等の明らかな異常が存在するか否かが確認され、明らかな異常が認められる場合は承認申請者に事情を聴取し、必要に応じて資料の提出を求めるものとされています。

なお、関係機関から提供を受けた特定有害物質に関する資料（帰属7条）により人体に有害な物質により汚染されていると認められる場合は実地調査を省略して差し支えないとされているため、書面調査の段階で却下[86]されることも想定されます。

中里 承認申請が認められるか否かの基準については、具体的に定められていますか。

神谷 法務省令への委任があり（帰属2条3項4号かっこ書）、土壌汚染対策法施行規則31条1項・2項で定める基準とする旨が規定されています（帰属規14条）。関係する条文を掲載しておきます。

（法第2条第3項第4号の特定有害物質の基準）
帰属規第14条 法第2条第3項第4号に規定する法務省令で定める基準は、土壌汚染対策法施行規則（平成14年環境省令第29号）第31条第1項及び第2項の基準とする。

---

85 以上につき、要領27頁（第10節第3⑧【書面調査】）。
86 以上につき、要領27頁（第10節第3⑧【実地調査】）。

第 8 章　相続土地国庫帰属のレシピ

（要措置区域の指定等）

土壌第 6 条　都道府県知事は、土地が次の各号のいずれにも該当すると認める場合には、当該土地の区域を、その土地が特定有害物質によって汚染されており、当該汚染による人の健康に係る被害を防止するため当該汚染の除去、当該汚染の拡散の防止その他の措置（以下「汚染の除去等の措置」という。）を講ずることが必要な区域として指定するものとする。

　一　土壌汚染状況調査の結果、当該土地の土壌の特定有害物質による汚染状態が環境省令で定める基準に適合しないこと。

　二（略）

2 ～ 5（略）

（区域の指定に係る基準）

土壌規第31条　法第 6 条第 1 項第 1 号の環境省令で定める基準のうち土壌に水を加えた場合に溶出する特定有害物質の量に関するものは、特定有害物質の量を第 6 条第 3 項第 4 号の環境大臣が定める方法により測定した結果が、別表第 4 の上欄に掲げる特定有害物質の種類の区分に応じ、それぞれ同表の下欄に掲げる要件に該当することとする。

2　法第 6 条第 1 項第 1 号の環境省令で定める基準のうち土壌に含まれる特定有害物質の量に関するものは、特定有害物質の量を第 6 条第 4 項第 2 号の環境大臣が定める方法により測定した結果が、別表第 5 の上欄に掲げる特定有害物質の種類の区分に応じ、それぞれ同表の下欄に掲げる要件に該当することとする。

中里　政令ではなく、法務省令に委任されているのですね。

内納　立法過程の比較的早い段階から、国庫帰属制度に関する土壌汚染の基準については土壌汚染対策法と平仄を合わせ、土壌汚染対策法施行規則31条 1 項の「環境省令で定める基準」（土壌 6 条 1 項 1 号）と合致させることが想定されていました。このような経緯から、環境省令で定める基準が変更された場合には速やかに対応できるようにするため、本号に関する基準も政令ではなく法務省令へ委任されています。[87]

中里　国庫帰属を求める土地に特定有害物資が含まれる可能性がある場合、あるいは基準値を超えるおそれがある場合、承認申請者としてはどのような対応をとるべきでしょうか。

内納　基準値を超える特定有害物質が含まれることが明らかな場合には、承認申請者が費用を負担してまで除染することは現実的ではありませんので、承認申請はあきらめざるを得ません。

　　　一方、特定有害物質が含まれてはいるものの基準値を超過するか否かが判然としない場合は、承認申請が却下される可能性があること、却下された場合には承認申請に要した費用が返還されないこと等を踏まえ、承認申請するか否かを決定せざるを得ません。

倉田　ところで、Q&Aには、特定有害物質（土壌2条1項）には掲げられていない物質として「放射性物質」と「ダイオキシン」についての言及がありますので、ここで確認しておきましょう。

神谷　放射性物質は人体に有害な物質であることに変わりはないものの、それのみをもって却下事由にはならないと説明されています[88]。

　　　また、ダイオキシンのように特定有害物質（土壌2条1項）として掲げられていない物質についても、それだけで却下事由に該当しないことは放射性物質の場合と同様です[89]。

4-5　境界が明らかでない土地その他の所有権の存否、帰属または範囲について争いがある土地

倉田　続いて、却下事由の最後となる帰属法2条3項5号を検討します。

神谷　「境界が明らかでない土地その他の所有権の存否、帰属又は範囲について争いがある土地」は、承認申請ができないと規定されています（帰属2条3項5号）。

（承認申請）

帰属第2条（略）

87　部会資料54・6頁。

88　Q&A 7 -16。

89　Q&A 7 -18。

第 8 章　相続土地国庫帰属のレシピ

> 2　（略）
>
> 3　承認申請は、その土地が次の各号のいずれかに該当するものであるとき
> は、することができない。
>
> 　一～四　（略）
>
> 　五　境界が明らかでない土地その他の所有権の存否、帰属又は範囲につい
> 　　て争いがある土地

神谷　境界紛争のコストが国に転嫁されることは、管理費用の観点から問題
　があります。また、そもそも境界が不明瞭な状態では管理すべき範囲が不
　明確となり、国による管理に支障が生じます。

　　このような理由から、本号が却下事由とされています。[90]

中里　境界が明らかか否かは、どのように判断されるのですか。

内納　承認申請者が認識している境界が表示されていて現地で確認できるこ
　と、承認申請者が認識している境界について隣接地所有者が認識している
　境界と相違がないことの 2 点によって判断されます。[91]

神谷　書面調査では、承認申請書に添付された土地の位置と範囲を明らかに
　する図面（帰属規 3 条 4 号）、土地の形状を明らかにする写真（帰属規 3 条
　5 号）、隣接地との境界点を明らかにする写真（帰属規 3 条 6 号）に基づい
　て確認されます。

　　また、登記記録、登記所に備え付けられた地図等、地積測量図、筆界特
　定図面等の法務局等が保有する資料と添付書類の内容とに齟齬があるか否
　かも確認されます。[92]

> （添付書類）
>
> 帰属規第 3 条　承認申請書には、次に掲げる書類を添付しなければならない。
>
> 　一～三　（略）
>
> 　四　承認申請に係る土地の位置及び範囲を明らかにする図面
>
> 　五　承認申請に係る土地の形状を明らかにする写真

90　部会資料36・12頁。

91　要領28頁（第10節第 3 ⑨【書面調査】(2)ア・イ）、Q&A 7 -19。

92　要領28頁（第10節第 3 ⑨【書面調査】(2)ア）、Q&A 7 -20。

> 六　承認申請に係る土地と当該土地に隣接する土地との境界点を明らかに
> する写真
> 七（略）

倉田　承認申請に際して、承認申請者において確定測量を実施することまで
は求められていないのでしょうか。

神谷　確定測量は求められていません。書面調査の対象となる図面について
も、測量した成果により作成されたものである必要はないことが明らかに
されています[93]。

中里　いわゆる原野商法の対象地などのように、不自然に分筆されて細分化
されている土地であっても、境界が明らかであれば直ちに却下または不承
認となるわけではないとの理解でよいですか。

内納　はい、そのとおりです[94]。

倉田　隣接地所有者に対する確認は、どのように行われるのですか。

神谷　境界の確認や境界紛争の有無を確認するため、管轄法務局から隣接地
所有者に対し通知が送付されます（帰属規13条1項）[95]。

中里　隣接地所有者へ通知するとのことですが、隣接地所有者が誰であるの
かを承認申請者において調査する必要があるのですか。

神谷　そのような調査は不要であり、法務局からの通知は、隣接地の登記記
録上の表題部所有者または所有権登記名義人に対し、登記記録上の住所に
宛てて送付すれば足りることとされています（帰属規13条1項・2項）。

> （隣接所有者への通知）
> 帰属規第13条　管轄法務局長は、承認申請があったときは、その旨を記載し
> た通知書に、第3条第4号から第6号までの書類の写しを添付して、承認
> 申請に係る土地に隣接する土地の表題部所有者又は所有権の登記名義人に
> 送付するものとする。
> 2　前項の規定による通知は、前項の表題部所有者又は所有権の登記名義人

93　帰属規パブコメ17。
94　帰属令パブコメ60。
95　要領別記第9号様式。

第 8 章　相続土地国庫帰属のレシピ

> の登記簿上の住所に宛てて発すれば足りる。

倉田　隣接地が複数にわたる場合、すべての隣接地の表題部所有者や所有権の登記名義人に対し通知されるのですか。

神谷　はい、そのとおりです。[96]

中里　表題部所有者や所有権の登記名義人が複数の場合は、その全員に対して通知されるのですか。

神谷　はい、この点もそのとおりです。[97]

倉田　通知を受けた隣接地所有者の対応により、その後の手続に影響が出るのでしょうか。

神谷　はい。通知を受けた隣接地所有者から「異議はない」旨の回答があった場合、承認申請者と隣接地所有者との間に境界の認識に相違はないものと判断されます。[98]

倉田　「異議がある」旨の回答があった場合はいかがですか。

神谷　通知を受けた隣接地所有者から「異議がある」旨の回答があった場合、隣接地所有者から異議が提出されている旨を承認申請者に告知するとともにこのままでは承認申請が却下されることを説明し、隣接地所有者との調整や承認申請の取下げについての検討を促すことになります。[99]

中里　隣接地所有者から「異議がある」旨の回答があったことをもって、直ちに承認申請が却下されるわけではないのですね。

神谷　そのとおりです。ただし、隣接地所有者との調整期限は 2 か月が目安とされていますので、[100] 承認申請者は早急に隣接地所有者との調整を行う必要があります。

倉田　隣接地所有者との調整が調った場合、承認申請者としてはどのような対応が求められますか。

96　要領28頁（第10節第 3 ⑨【書面調査】(2)イ(c)）。
97　要領29頁（第10節第 3 ⑨【書面調査】(2)イ(d)）。
98　要領29頁（第10節第 3 ⑨【書面調査】(2)イ(f)）。
99　要領29頁（第10節第 3 ⑨【書面調査】(2)イ(g)）。
100　要領29頁（第10節第 3 ⑨【書面調査】(2)イ(g)）。

4 却下事由

神谷　調整が調った旨を管轄法務局に報告し、必要に応じて承認申請書や添付書類の補正をします。法務局からは「異議がある」旨の回答をした隣接所有者に対し、再通知が行われます。[101][102]

倉田　「異議がある」旨の回答には、理由が必要でしょうか。

神谷　隣接地所有者からの「異議がある」旨の回答に具体的な理由が記載されていない場合には、具体的な理由を明らかにするよう再通知が行われます。再通知を受けた隣接地所有者がなおも理由を示さない場合には、承認申請者と当該隣接地所有者との間の境界の認識に相違がないものと判断されることになります。[103]

　　ただし、この場合は必ず実地調査が行われることになります。[104]

中里　隣接地所有者から「境界がどこであるのかわからない」との趣旨の回答があった場合には、どのように取り扱われるのですか。

神谷　境界がわからないということは、承認申請者と隣接地所有者との間の境界の認識に齟齬があることになりますので、このままでは承認申請は却下されます。仮に承認申請者と隣接地所有者との間に境界に関する対立がない場合であっても、明確な境界を示すことができないこと自体、境界についての争いがある状態と評価されるため、このような場合にも承認申請は却下されます。[105]

倉田　隣接地所有者からの回答には、期限が付されるのでしょうか。

神谷　法務局からの通知に対する隣接地所有者からの返信期限は2週間、隣接地所有者が外国に住所を有する場合は4週間とされています。なお、期限までに返信がない場合は再通知されますが、再通知に対して正当な理由がなく回答がなかった場合には、異議がないものとして取り扱われます。

　　ただし、この場合も必ず実地調査が行われることになる点に、注意が必要です。[106]

101　帰属規パブコメ74。

102　要領29頁（第10節第3⑨【書面調査】(2)イ(g)）。

103　要領29頁（第10節第3⑨【書面調査】(2)イ(g)）。

104　要領30頁（第10節第3⑨【実地調査】(2)イ）。

105　以上につき、会議録7号〔小出邦夫（法務省民事局長）政府参考人発言〕。

第8章　相続土地国庫帰属のレシピ

内納　実地調査が行われる場合でも、通知に対して「異議がない旨」の回答をした隣接地所有者には、実地調査において改めて境界の認識を確認する必要はありません。

　　隣接地所有者へ通知を2回送付しても返信がなかった場合、宛て所不明により返送された場合、異議の内容を具体的に明らかとしなかった場合には、必ず実地調査を行い、隣接地の所有者または占有者に対し境界に関する認識を聴取しなければなりません[107]。

倉田　隣接地が更地などの場合、実地調査をしたとしても所有者や占有者を探し当てることができないケースも少なくないように思うのですが、この点はいかがでしょう。

内納　このような場合は承認申請者に対し境界の争いの有無を確認するほか、必要に応じて他の隣接地所有者や近隣住民からも事情聴取を行います（帰属6条2項参照）。

　　なお、実地調査において書面調査では確認することができなかった隣接地が発見された場合、新たに発見された隣接地の所有者の境界に関する認識も調査する必要がありますが、この点が実地調査によって確認できた場合には、改めて書面を通知する必要はありません。実地調査によって確認できなかった隣接地所有者に限り、書面を通知すれば足ります[108]。

中里　ところで、この場合の境界とは、筆界なのでしょうか、あるいは所有権界なのでしょうか。

神谷　所有権界を指します[109]。筆界についての認識の一致まで求めるとなると、筆界不明瞭な土地が相当数存在する現状においては要件を充足することが困難となるケースが多数に上るものと考えられ、せっかく創設された国庫帰属制度自体が機能しなくなるおそれがあると指摘されています[110]。

中里　そうすると、不動産登記法14条1項に規定される図面によって筆界を

106　以上につき、要領29頁（第10節第3⑨【書面調査】(2)イ(e)）。

107　以上につき、要領30頁（第10節第3⑨【実地調査】(2)イ）。

108　以上につき、要領30頁（第10節第3⑨【実地調査】(2)イ）。

109　帰属規パブコメ39・41参照。

110　部会資料36・12頁。

明らかにした場合であっても、承認申請者が所有権界を明らかにすること
ができず、あるいは書面調査や実地調査において所有権界の認識に齟齬が
あることが判明した場合には、申請は却下されることになる点に注意しな
ければなりませんね。[111]

5　不承認事由

倉田　今まで検討してきたのは、いずれも承認申請が却下されるケースでし
たが、次に、承認申請は受理されるが承認されないケースについて検討し
ていくことにします。

神谷　帰属法5条1項各号に承認できない事由として列挙されています。条
文を確認しましょう。

（承認）

帰属第5条　法務大臣は、承認申請に係る土地が次の各号のいずれにも該当
しないと認めるときは、その土地の所有権の国庫への帰属についての承認
をしなければならない。

一　崖（勾配、高さその他の事項について政令で定める基準に該当するも
のに限る。）がある土地のうち、その通常の管理に当たり過分の費用又は
労力を要するもの

二　土地の通常の管理又は処分を阻害する工作物、車両又は樹木その他の
有体物が地上に存する土地

三　除去しなければ土地の通常の管理又は処分をすることができない有体
物が地下に存する土地

四　隣接する土地の所有者その他の者との争訟によらなければ通常の管理
又は処分をすることができない土地として政令で定めるもの

五　前各号に掲げる土地のほか、通常の管理又は処分をするに当たり過分
の費用又は労力を要する土地として政令で定めるもの

111　ウェブサイトを利用した所有権界の調査方法について、7－1－5－3参照。

第 8 章　相続土地国庫帰属のレシピ

> 2　（略）

内納　注意すべき点として、却下事由、不承認事由のいずれにも該当しない
　　と認められる場合、法務大臣は必ず承認しなければならないという点で
　　す。[112]この点は、５条１項の文理解釈から導かれる結論でもありますが、不
　　承認事由に該当しないものの裁量的に不承認とする取扱いは違法となりま
　　す。

5－1　崖がある土地

5－1－1　崖

倉田　却下事由と同様に、不承認事由についても要件ごとに論点が多岐にわ
　　たりますので、項目をわけて検討していきます（帰属５条１項１号〜５号）。
　　　はじめに、崖に関する要件です（帰属５条１項１号）。

> （承認）
> 帰属第５条　法務大臣は、承認申請に係る土地が次の各号のいずれにも該当
> 　しないと認めるときは、その土地の所有権の国庫への帰属についての承認
> 　をしなければならない。
> 　一　崖（勾配、高さその他の事項について政令で定める基準に該当するも
> 　　のに限る。）がある土地のうち、その通常の管理に当たり過分の費用又は
> 　　労力を要するもの
> 　二〜五（略）
> 　2　（略）

倉田　帰属法５条１項１号は、崖がある土地に該当するか否か、該当する場
　　合にその通常の管理に過分の費用や労力を要するか否かの二つの要件が規
　　定されており、いずれにも該当する場合には承認されないという構造で
　　す。
　　　そこで以下では、崖がある土地、過分の費用や労力のそれぞれについ
　　て、項目を分けて検討していくことにします。まずは崖がある土地につい

112　部会資料36・18頁。

444

5　不承認事由

て検討していきましょう。

神谷　勾配、高さの基準については政令委任されていますので（帰属令4条
　　1項）、こちらも条文を確認します。

（承認をすることができない土地）

帰属令第4条　法第5条第1項第1号の政令で定める基準は、勾配（傾斜が
　　ある部分の上端と下端とを含む面の水平面に対する角度をいう。）が30度以
　　上であり、かつ、その高さ（傾斜がある部分の上端と下端との垂直距離を
　　いう。）が5メートル以上であることとする。

2・3　（略）

倉田　承認申請する一筆の土地の一部分に、本項の基準に該当する崖が含ま
　　れており、残部については平地あるいは本項の基準には該当しない緩やか
　　な斜面が混在しているような場合には、どのように判断されるのでしょう
　　か。

神谷　社会通念に照らして一つの崖と認定するとされています[113]。法務省より
　　具体例が示されていますので、ご紹介します。

　　　〔図表21〕のような崖の場合、傾斜が5度の中間点（Cの部分）で分け
　　て二つの崖と考えれば、それぞれの傾斜は60度であるものの、高さは2.5
　　メートルと3メートルでいずれも同項の基準内に収まりますので、崖があ
　　る土地には該当しません。

　　　しかし、この場合、5度の傾斜地（Cの部分）はA点からB点まで続
　　く一つの崖の一部を構成するものと評価されます。したがって、傾斜が30
　　度以上、高さが5メートル以上の崖となり同項の基準を超過しますので、
　　崖がある土地に該当します。

中里　〔図表22〕が一筆の土地ではなく、A点から下方へ続く傾斜60度、高
　　さ2.5メートルの崖と、B点から上方へ続く傾斜60度、高さ3メートルの
　　崖の二筆に分かれており、このうちの一方のみについて国庫帰属を求める
　　ようなケースでは、いかがでしょうか。

113　要領31頁（第10節第3⑩【実地調査】(1)）。

第 8 章　相続土地国庫帰属のレシピ

内納　国庫帰属を求める土地が崖の一部を構成している場合、その周辺の土地を含めて一つの崖と認定するものとされています。[114]

　したがって、今のケースで一方の崖を含む土地に限って承認申請したとしても、他方の崖を含む土地を含めて全体で一つの崖と認定されるため、いずれの土地も崖がある土地に該当します。

中里　周辺の土地を含めて一つの崖と認定するとのことでしたが、〔図表23〕のように崖1と崖2との間に傾斜5度、高さ0.5メートルの緩やかな傾斜地が広く存在しているような場合にも、両者は一つの崖と認定されるのでしょうか。

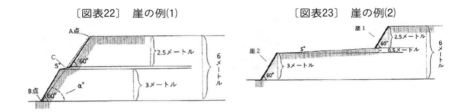

内納　一つの崖であるか否かの判断基準は社会通念に依拠しますので、明確な基準はありませんが、〔図表23〕の場合にはそれぞれ別個の崖と認定されるものと考えます。

神谷　〔図表23〕が全体で一筆の土地である場合、崖1と崖2が別個の崖と認定されるのであれば、この土地は崖がある土地には該当しないことになります。[115]

倉田　崖がある土地か否かについて、法務局はどのように調査するのですか。

神谷　承認申請書に添付した写真（帰属規3条5号）により、崖がある土地に該当するか否かを確認します。[116]

　書面調査により崖がある土地に該当する可能性があると判断された場合

114　要領31頁（第10節第3⑩【実地調査】(1)）。
115　以上につき、登記研究898号9頁。
116　要領31頁（第10節第3⑩【書面調査】）。

は、現地に赴いてレーザー距離計等の機器を用い、本項の基準に該当するか否かを調査します。[117]

内納 注意すべき点として指摘しておきたいのですが、本号で不承認事由に該当しない場合であっても、帰属法5条1項5号、帰属令4条3項1号の不承認事由に該当する可能性は残ります。詳細は後ほど検討しましょう。[118]

5−1−2　過分の費用や労力

倉田 これまでの検討によって崖がある土地と認定された場合に、さらにその崖が「通常の管理に当たり過分の費用又は労力を要する」場合には不承認事由に該当することになりますね。

神谷 そのとおりです。崖がある土地であるという理由だけで承認されない[119]ということはありませんし、立法段階でも「一定の傾斜地があっても、通常の管理に当たり過分の費用又は労力を要しないものは、承認される」と指摘されていました。[120]

中里 過分の費用や労力を要するか否かの判断のポイントは、どのような点でしょうか。

内納 Q&Aでは、本項の基準に該当する崖について「崩落の危険性があると考えられる場合」には承認されない旨の指摘があります。[121] この指摘から、「費用又は労力」（帰属5条1項1号）について、所在する人の生命等に被害を及ぼすまたは隣接地に土砂が流れ込むことによって財産的な被害を生じさせる可能性があり、擁壁工事等を実施することが客観的に必要と認められる場合に、その予防に必要となる費用や労力を指しているものと考えることができます。[122]

中里 地震や水害が多い日本の国土において崩落等の危険性が全くないという崖は考えにくいので、崩落等の危険性そのものを予防するために必要な

117　要領31頁（第10節第3⑩【実地調査】(1)）。

118　5−5−1参照。

119　Q&A 8−1。

120　部会資料54・7頁。

121　Q&A 8−2。

122　要領31頁（第10節第3⑩【実地調査】(1)）。

第8章　相続土地国庫帰属のレシピ

費用や労力を考慮するのではなく、崩落等によって周囲に危険を及ぼす可能性を予防するために必要な費用や労力が考慮されるということですね。

内納　そのように考えます。

　　たとえば、広い土地の中央近辺に崖がある土地の場合、崖が崩落する危険性そのものは否めないとしても、仮に崩落した場合に被害が及ぶ範囲が同じ一筆の土地の内部にとどまり周囲に危険が及ぶ可能性がない、あるいは極めて少ないと考えられるのであれば、崩落等を予防するために費用や労力をかける必要性に乏しいため、承認される可能性が高まることになります。

倉田　そうすると、崩落等により周囲に危険が及ぶ程度の崖か否かの判断が重要になりそうですが、この点についての調査方法を教えてください。

内納　書面調査や実地調査により崖がある土地と認定された場合、その管理に過分な費用や労力を要するか否かを管轄法務局だけで判断することは容易でないのが通常ですので、原則として、崩落等の危険性、崩落した場合の被害の及ぶ範囲、崩落等を予防するための費用や労力について関係機関に意見照会が行われます（帰属7条）。[123]

中里　崖がある土地について国庫帰属を希望する者としては、承認申請しようとする土地が不承認事由の対象となる危険な崖に該当するか否かを事前に知りたいと考えるのでしょうが、この点で、もう少し詳しい基準は示されていませんか。

内納　一般論として、書面調査や実地調査の結果を総合的に判断するのであり「確実な判断方法をお示しすることは困難」と指摘されていますが、「崖の付近に民家、道路、線路などがある場合は、引き取ることができない崖に該当する可能性が高いと考えられます」とも指摘されていますので、崖の付近の利用状況が承認の可否の一つのポイントになりそうです。[124]

中里　崖がある土地であっても、人工の擁壁等が設置されているなど崩落等の予防策がすでに講じられている場合には、国に過分な費用や労力を生じさせることがないので、承認される可能性が高まるのでしょうか。

123　要領31頁（第10節第3⑩【実地調査】(2)）。

124　Q&A8-5。

448

内納　擁壁工事が施されている崖は現状では崩落等の危険性が少ないものの、将来的には擁壁等の修復作業が必要になりそのための費用は高額となる蓋然性が高いので、承認されないのが通常であると考えられています[125]。

倉田　承認申請する土地ではなく、その隣接地に危険な崖が存在する場合はどうでしょうか。

神谷　承認申請する土地が崖のない土地であれば、隣接地がどのような現状であろうと承認の可否に影響はありません[126]。

5-2　土地の通常の管理または処分を阻害する工作物、車両または樹木その他の有体物が地上に存する土地

倉田　続いて、帰属法5条1項2号を検討します。

神谷　「土地の通常の管理又は処分を阻害する工作物、車両又は樹木その他の有体物が地上に存する土地」は、承認されないと規定されています（帰属5条1項2号）。

（承認）

帰属第5条　法務大臣は、承認申請に係る土地が次の各号のいずれにも該当しないと認めるときは、その土地の所有権の国庫への帰属についての承認をしなければならない。

一　（略）

二　土地の通常の管理又は処分を阻害する工作物、車両又は樹木その他の有体物が地上に存する土地

三～五　（略）

2　（略）

神谷　本号の具体例がQ&Aに次のとおり列挙されており[127]、要領にも同様の指摘があります[128]。

　①果樹園の樹木、②民家、公道、線路等の付近に存在し、放置すると倒

125　部会資料54・7頁。

126　Q&A8-4。

127　Q&A8-6。

128　要領32頁（第10節第3⑪【実地調査】(2)）。

449

第 8 章　相続土地国庫帰属のレシピ

　　木のおそれがある枯れた樹木や枝の落下等による災害を防止するために定

　　期的な伐採を行う必要がある樹木、③放置すると周辺の土地に侵入するお

　　それや森林の公益的機能の発揮に支障を生じるおそれがあるために定期的

　　な伐採を行う必要がある竹、④過去に治山事業等で施工した工作物のう

　　ち、補修等が必要なもの、⑤建物には該当しない廃屋、⑥放置車両のいず

　　れかが地上に存する土地は、国庫帰属が承認されないことになります。

中里　果樹園の樹木が不承認事由であるのに対し、森林の樹木や竹林の竹な

　　どは不承認事由に該当しないのですね。

内納　そのとおりです。ポイントは、土地の通常の管理や処分を阻害するか

　　否かという点であると考えます。

　　　土地上に工作物や有体物が一切存在していないことが求められるのでは

　　なく、土地の性質に応じて管理を阻害する工作物や有体物に該当するか否

　　かが判断されることとなり、この点は立法段階から指摘されていた点でも

　　あります。[129]

神谷　ほかにも具体例として、切り株と電柱は、一般的には管理や処分を阻

　　害する工作物や有体物に該当しないと指摘されています。[130]

> ### 5-3　除去しなければ土地の通常の管理または処分をすることができ
> ### ない有体物が地下に存する土地

倉田　続いて、帰属法 5 条 1 項 3 号を検討します。

神谷　「除去しなければ土地の通常の管理又は処分をすることができない有

　　体物が地下に存する土地」は、承認されないと規定されています（帰属 5

　　条 1 項 3 号）。

　　（承認）

　　帰属第 5 条　法務大臣は、承認申請に係る土地が次の各号のいずれにも該当

　　　しないと認めるときは、その土地の所有権の国庫への帰属についての承認

　　　をしなければならない。

　　　一・二（略）

129　部会資料36・13頁。

130　Q&A 8-7・8-8。

> 三　除去しなければ土地の通常の管理又は処分をすることができない有体
> 　物が地下に存する土地
> 四・五（略）
> 2（略）

神谷　Q&Aで示されている具体例としては、いわゆるガラと呼ばれる産業
廃棄物や屋根瓦などの建築資材、地下に存する建物の基礎やコンクリート
片、すでに使用されていない古い水道管や浄化槽、井戸、大きな石などが
挙げられています。[131]

倉田　先ほどの説明では、切り株は2号の工作物には原則として該当しない
とのことでしたが、大きな木の切り株である場合、根が地下に広がってい
ることが想定されます。

　　状況によっては、除去しなければ通常の管理や処分をすることができな
い有体物に該当する可能性もあることには、注意が必要ですね。

中里　すでに使用されていない古い水道管や浄化槽は本号の有体物に該当す
るとのことでしたが、現に使用している、あるいは一時的に使用を停止し
ているがいつでも使用できる状態にあるような水道管や浄化槽が地下に存
する場合は、どのように考えればよいのでしょう。

神谷　該当の土地が宅地の場合、宅地としての通常の管理や処分に支障があ
れば本号の除去しなければならない有体物に該当すると考えられます。い
つでも使用できる水道管や浄化槽が地下に存することは、宅地としての通
常の管理や処分に支障はありませんので、不承認事由には該当しない可能
性があります。[132]

倉田　ガス管なども同様と考えられますね。

中里　宅地ではなく、たとえば畑の地下に使用可能な水道管が存するような
場合に、散水等の農作業に資する利用が可能な状況であれば畑としての通
常の管理や処分に支障がないと考えられる一方、農作業の支障になるよう
なものについては、承認申請に先立って承認申請者において除去しておく

131　Q&A 8 - 9 。
132　Q&A 8 -10。

第 8 章　相続土地国庫帰属のレシピ

必要があるということですね。

倉田　広い土地の一部に本号に該当する有体物が埋設されているような場合
　　も、いかがですか。

内納　この点は立法段階において議論になっており、広い土地の一部に若干
　　の埋設物が存在していたとしても土地の管理には支障がないものと認めら
　　れることがあると言及されています。[133]

神谷　この点ですが、農地については注意が必要です。農作物を作る土地と
　　いう性質上、わずかな埋設物であっても土地の管理を阻害すると認められ
　　る可能性があるからです。[134]

中里　土地の管理を阻害するか否かの判断は、土地の属性ごとに異なる判断
　　がなされる点に注意を払う必要があるということですね。

倉田　法務局では、地下の有体物の存在をどのように確認するのですか。

神谷　承認申請書に添付した写真（帰属規 3 条 5 号）、関係機関から提供を受
　　けた資料（帰属 7 条）、必要がある場合には法務局が収集した地歴調査に
　　関する資料に基づいて調査します。[135]

倉田　ところで、地下に有体物が存しないことは承認申請者が証明する必要
　　はありませんか。

神谷　承認申請に際して、特段の添付書類は求められていません。[136]
　　　ただし、法務局の調査により地下の有体物の存在を疑うに足る事情が判
　　明した場合は、追加資料や上申書の提出（帰属 6 条 2 項）を求められる場
　　合があります。[137]

中里　埋設物の存在が疑われる場合は、掘削調査などの現地調査が行われる
　　のですか。

内納　まずは不自然に土地を掘り起こした部分がないかの実地調査をし、不
　　自然な点がある場合には、承認申請者から事情を聴取し、有体物が地下に

133　部会資料48・11頁。

134　部会資料48・11頁。

135　要領32頁（第10節第 3 ⑫【書面調査】）。

136　Q&A 8 -11。

137　要領32頁（第10節第 3 ⑫【書面調査】）。

5　不承認事由

存しないことを証する資料として上申書の提出を（帰属6条2項）求めることになります。[138]

　土地の外観や地歴から、明らかに埋設物が存在する蓋然性が認められるような場合を除き、掘削調査は想定されていません。[139]

5-4　隣接する土地の所有者その他の者との争訟によらなければ通常の管理または処分をすることができない土地

倉田　続いて、帰属法5条1項4号を検討します。

神谷　「隣接する土地の所有者その他の者との争訟によらなければ通常の管理又は処分をすることができない土地として政令で定めるもの」は、承認されないと規定されています（帰属5条1項4号）。

（承認）

帰属第5条　法務大臣は、承認申請に係る土地が次の各号のいずれにも該当しないと認めるときは、その土地の所有権の国庫への帰属についての承認をしなければならない。

一～三　（略）

四　隣接する土地の所有者その他の者との争訟によらなければ通常の管理又は処分をすることができない土地として政令で定めるもの

五　（略）

2　（略）

神谷　政令委任がありますので（帰属令4条2項）、条文を確認しましょう。

（承認をすることができない土地）

帰属令第4条　（略）

2　法第5条第1項第4号の政令で定める土地は、次に掲げる土地とする。

一　民法（明治29年法律第89号）第210条第1項に規定する他の土地に囲まれて公道に通じない土地又は同条第2項に規定する事情のある土地であって、現に同条の規定による通行が妨げられているもの

138　要領32頁（第10節第3⑫【実地調査】）。

139　部会資料48・11頁。

453

第 8 章　相続土地国庫帰属のレシピ

> 二　前号に掲げるもののほか、所有権に基づく使用又は収益が現に妨害されている土地（その程度が軽微で土地の通常の管理又は処分を阻害しないと認められるものを除く。）
>
> 3　（略）

神谷　なお、1 号では民法210条1項（いわゆる袋地）または2項（準袋地）に規定する土地とありますので、こちらも条文を確認しておきます。

> （公道に至るための他の土地の通行権）
>
> 民第210条　他の土地に囲まれて公道に通じない土地の所有者は、公道に至るため、その土地を囲んでいる他の土地を通行することができる。
>
> 2　池沼、河川、水路若しくは海を通らなければ公道に至ることができないとき、又は崖があって土地と公道とに著しい高低差があるときも、前項と同様とする。

5-4-1　袋　地

中里　袋地や準袋地（帰属令4条2項1号）ですが、現に通行が妨げられていることが要件となっていますので、国庫帰属を求める土地が袋地等であったとしても、通行権が保証されていて支障なく通行できる場合には、不承認事由に該当しないという理解でよいですね。

神谷　はい、そのとおりです。

袋地や準袋地そのものについて国庫帰属が認められないわけではなく、袋地等に出入りするために他人の土地を通行しなければならないところ、その通行を妨害されているような場合に限って不承認事由に該当します。[140]

倉田　通行の妨げがあることについて、法務局はどのように調査するのですか。

神谷　承認申請書に添付した写真（帰属規3条5号）と登記所に備え付けられた地図等により、袋地や準袋地に該当するか否かの確認がなされます。[141]

書面調査により袋地や準袋地に該当すると判断された場合、実地調査に

140　Q&A 8 -12。

141　要領33頁（第10節第3⑬【書面調査】(1)）。

454

よって通行の妨害の有無を確認することになります。[142]

5-4-2　使用、収益を妨害されている土地

倉田　所有権に基づく使用や収益が現に妨害されている土地（帰属令4条2項2号）とは、具体的にはどのような状況にある土地を指すのでしょうか。

内納　たとえば、隣接地上に存する竹木の枝、建物の屋根の庇などが越境して国庫帰属を求める土地に大きく張り出している場合などが本号に該当します。

　隣接地所有者との間に土地の帰属や範囲については争いがないけれども、使用や収益を妨害している枝や屋根の庇等を隣接地所有者等に除去してもらおうとすれば、隣接地所有者等との間に争訟が生じうるケースが想定されます。[143]

倉田　樹木の越境等がある場合でも、それが軽微で通常の管理、処分を阻害する程度に至っていない土地であれば不承認事由には該当しないという理解でよいですね（帰属令4条2項2号かっこ書）。

内納　はい。立法担当者からもそのような見解が示されています。[144]

中里　軽微であるか否かの判断基準は示されていますか。

内納　具体的な基準は示されていませんので、事案の集積が待たれます。[145]

神谷　法務局はこれらの点について、承認申請書に添付した写真（帰属規3条5号）に基づいて確認します。

　なお、関係機関から提供を受けた資料（帰属7条）が存在する場合は、これらの資料も調査対象となります。別荘地内の土地であれば管理会社との間の管理契約や別荘地に関する規約、山林であれば立木に関する第三者との間の継続的売買契約などが、関係機関から提供を受ける資料として考えられます。[146]

内納　実地調査が必要と認められる場合、所有者以外の第三者による不法占

142　要領33頁（第10節第3⑬【実地調査】(1)）。

143　部会資料48・12頁。

144　帰属令パブコメ19。

145　帰属令パブコメ22。

146　要領33頁（第10節第3⑬【書面調査】(2)）。

第 8 章　相続土地国庫帰属のレシピ

有はないか、隣接地からの継続的な流水はないかなど、土地の使用に支障がある事情が存在するか否かの確認が行われます[147]。

倉田　不法占拠者がいる場合や、隣接地からの流水がある場合でそれが軽微とは認められない場合は、樹木の越境の場合と同様にこれを是正するために争訟が生じうることから、調査事項に掲げられているのですね。

中里　別荘地内の土地について、管理契約書などの資料が書面調査の対象となるのはなぜですか。

神谷　別荘地内の土地であることだけを理由に不承認となることはありませんが、別荘地内の土地の場合、土地の所有者が継続的に一定の管理費を負担しなければならないケースもあり、管理費の支払いをめぐってトラブルも想定されますので、管理契約書等が書面調査の対象とされました[148]。

中里　そうすると、管理費用の支払いについて管理会社とトラブルなどが発生していなければ、承認が受けられるのでしょうか。

神谷　現にトラブルが発生していないだけでなく、将来にわたってトラブルの発生が想定されない土地であることが求められます。

　　土地所有者が継続的に管理費の支払いをしなければならないような場合、国庫帰属した土地について国が管理費等の支払いを求められることになり、国が支払いに応じなければ土地の使用が妨げられるおそれもあります。このような事情がある場合、使用や収益が現に妨害されている土地と判断せざるを得ないため、必要に応じて契約書類等の調査をすることになります[149]。

内納　国が管理費の支払義務を負わなければならないような土地は、後述する賦課金等が課せられる土地（帰属令4条3項4号）と同様の理由により、国庫帰属が承認されない可能性も高いですね[150]。

倉田　立木に関する売買契約書等が書面調査の対象となるのは、なぜですか。

147　要領33頁（第10節第3⑬【実地調査】(2)ア）。

148　Q&A 8 -14。

149　要領33頁（第10節第3⑬【実地調査】(2)イ）。

150　5 - 5 - 4 参照。

456

内納 第三者との間で立木に関する継続的売買契約が締結されている場合、第三者が立木を伐採する目的で土地に立ち入ることがあらかじめ許諾されているケースも少なくありません。このような場合も、使用や収益が現に妨害されている土地と判断されるため、書面調査や実地調査によって実情把握をしていくことになります。[151]

5-5　通常の管理または処分をするにあたり過分の費用または労力を要する土地

倉田 不承認事項の最後になりますが、帰属法5条1項5号を検討しましょう。

神谷 帰属法5条1項1号〜4号の土地以外で「通常の管理又は処分をするに当たり過分の費用又は労力を要する土地として政令で定めるもの」は、承認されないと規定されています（帰属5条1項5号）。

（承認）

帰属第5条　法務大臣は、承認申請に係る土地が次の各号のいずれにも該当しないと認めるときは、その土地の所有権の国庫への帰属についての承認をしなければならない。

一〜四　（略）

五　前各号に掲げる土地のほか、通常の管理又は処分をするに当たり過分の費用又は労力を要する土地として政令で定めるもの

2　（略）

中里 国庫帰属が承認されるか否かは国民の権利にかかわる重要な事項に該当しますので、予測可能性が担保されている必要があります。その意味では、本号のような包括条項を不承認事由として掲げることには違和感を覚えますが、立法過程ではどのような議論がなされたのでしょう。

神谷 ご指摘の点はそのとおりであり、政令や法務省令ではなく法律において可及的明確に不承認事項が規定されることが望ましいです。しかし、一方で土地は、性質上その利用状況や形状等が多岐にわたり、簡潔に類型化

151　要領34頁（第10節第3⑬【実地調査】(2)ウ）。

第 8 章　相続土地国庫帰属のレシピ

することには限界があります。

　そこで、これまでに紹介した却下事由や不承認事由に直接的には該当しない土地であっても、管理や処分に際して過分の費用や労力を要する土地について承認できない類型を、政令委任によって規定することとなったと説明されています[152]。

5-5-1　災害による被害の生じるおそれがある土地

倉田　帰属法5条1項5号を受けて、具体的な不承認事由（帰属令4条3項1号～5号）が掲げられていますので、順に検討していきましょう。

神谷　条文はこちらです。

（承認をすることができない土地）

帰属令第4条（略）

2　（略）

3　法第5条第1項第5号の政令で定める土地は、次に掲げる土地とする。

　一　土砂の崩壊、地割れ、陥没、水又は汚液の漏出その他の土地の状況に起因する災害が発生し、又は発生するおそれがある土地であって、その災害により当該土地又はその周辺の土地に存する人の生命若しくは身体又は財産に被害が生じ、又は生ずるおそれがあり、その被害の拡大又は発生を防止するために当該土地の現状に変更を加える措置（軽微なものを除く。）を講ずる必要があるもの

　二～五　（略）

倉田　土砂に関連する災害とは、どのようなものが想定されますか。

神谷　土砂の崩壊や地割れ、陥没等のおそれがある土地などが想定されており、崩壊を防ぐために保護工事を行う必要がある場合は本号に該当することが明らかにされています[153]。

中里　土砂の崩壊というと崖も関係しそうです。

　帰属令4条1項の基準には該当しない崖がある土地や、この基準に該当する崖がある土地だけれども管理、処分に過分の費用や労力を要しない土

152　部会資料48・12頁。

153　Q&A 8-15。

5　不承認事由

地は帰属法5条1項1号の不承認事由には該当しませんでしたが、本号に[154]よって不承認となる可能性もあるということですね。

内納　そのとおりです。帰属令4条1項の基準に該当しなければ必ず承認されるわけではない点に、ご注意ください。

倉田　陥没している土地が本号の不承認事由の一つに掲げられていますが、具体的にどのようなケースが想定されますか。

神谷　陥没した箇所に人の落下を防ぐため埋立てを要するような場合に、不承認事由に該当すると説明されています[155]。

倉田　水や汚液の漏出については、いかがですか。

神谷　漏出が著しく、排水ポンプを設置して外部に排水する必要がある場合には、不承認事由に該当すると説明されています[156]。

中里　国庫帰属を求める土地に本号に定めるような状況が存在し、これに起因して周辺に損害をもたらす可能性があることが要件となっていますが、逆に、隣接地を含めた周辺の土地に本号に定めるような状況が存在しており、これによって国庫帰属を求める土地に危険が生じ、あるいは生じるおそれがあるような場合も不承認事由に該当するのでしょうか。

神谷　崖について検討した際にも指摘したように、隣接地が危険な崖のある土地であったとしても承認の可否に影響がないと説明されていますので、[157]同様に考えてよいのではないでしょうか。

内納　そのとおりです。不承認事由の有無は国庫帰属を求める土地について判断されますので、周辺の土地の状況に起因して国庫帰属を求める土地が損害を受ける可能性があったとしても、それだけを理由に直ちに不承認事由に該当することはありません。

中里　国庫帰属後、国に管理責任が生じるか否かが、承認の可否の大きなポイントになりそうですね。

神谷　もう一つの視点として、隣接地や周辺の土地がどのような状況にある

154　5-1参照。

155　Q&A 8-15。

156　Q&A 8-15。

157　Q&A 8-4・5-1参照。

459

第 8 章　相続土地国庫帰属のレシピ

のかは承認申請者の預かり知らぬ事情ですので、これをもって承認申請を
却下したり不承認としたりすることは、承認申請者にとっては酷である
し、予測可能性を著しく欠く結果を強いることになってしまうことも考慮
されているのではないかと推測できます。

倉田　法務局は、どのような調査に基づき本号の該当性を判断するのです
か。

神谷　承認申請書に添付した写真（帰属規3条5号）に基づいて確認します。
　　また、関係機関から提供を受けた資料（帰属7条）により、治山事業の
計画がある土地であることが判明した場合には、その計画の内容等につい
ても調査します。[158]

内納　本号については実地調査が行われるのが通常ですが、本号の要件に該
当する土地であるか否かを管轄法務局だけで判断することは容易でないの
が通常ですので、原則として関係機関への意見照会が行われ、これらの意
見も踏まえて承認の可否が決せられることになります。
　　なお、治山事業に関する資料の提供を受けた場合に、これらの資料から
土地の崩落などが現に生ずるおそれが高いと判断できるときは、実地調査
を省略して差し支えないとされています。[159]

中里　先ほども指摘しましたが、本号は包括条項に該当します。そうする
と、他の却下事由や不承認事由と同程度に厳格な調査を行うことが妥当で
あるのか、やや疑問に感じます。

神谷　ご指摘のとおりで、包括条項であることも考慮し、抽象的で漠然とし
た危険性にすぎない場合にまで不承認とするのは適切な取扱いではないと
考えられています。
　　このため、災害の発生の可能性と、これに起因して発生する損害を防止
するための措置が必要であることについての具体的かつ客観的な情報があ
る場合に限り、本号の不承認事由に該当するものと説明されています。[160]

内納　かっこ書で「軽微なものを除く」とあるのは、このような趣旨による

158　要領34頁（第10節第3⑭【書面調査】）。
159　以上につき、要領34頁（第10節第3⑭【実地調査】(1)）。
160　要領34頁（第10節第3⑭【実地調査】(2)）。

ものと理解できます。

５－５－２　動物による被害が生じるおそれがある土地

倉田　続いて、帰属令４条３項２号を検討しましょう。

神谷　動物が生息する土地について、不承認事由に該当する要件が規定され
ています。条文はこちらです。

（承認をすることができない土地）

帰属令第４条（略）

２　（略）

３　法第５条第１項第５号の政令で定める土地は、次に掲げる土地とする。

　一　（略）

　二　鳥獣、病害虫その他の動物が生息する土地であって、当該動物により
　　当該土地又はその周辺の土地に存する人の生命若しくは身体、農産物又
　　は樹木に被害が生じ、又は生ずるおそれがあるもの（その程度が軽微で
　　土地の通常の管理又は処分を阻害しないと認められるものを除く。）

　三～五　（略）

倉田　鳥獣、病害虫その他の動物に起因して人の生命身体や農産物、樹木に
被害が生じる場合とのことですが、具体的にどのようなケースが想定され
ているのでしょうか。

神谷　スズメバチが生息しておりその駆除が必要である土地[161]、イノシシやク
マなどの危険性が高い動物が一定数生息している土地などがあげられま
す。[162]

中里　生息していると考えられる動物の種類や数は、承認の可否に影響しま
すか。

神谷　危険性の低い動物の場合、危険な動物であっても生息数が極めて少な
い場合など、被害の程度や被害が生ずるおそれの程度が軽微であるような
場合には、承認されます。

　また、不承認事由に該当するのは具体的な被害が生ずる可能性が高い場

161　Q&A 8 -16。

162　Q&A 8 -18。

第8章　相続土地国庫帰属のレシピ

合に限られますので、「危険がありそうだ」等の抽象的可能性にとどまる場合には承認されます。[163]

倉田　本号の不承認事由に該当するか否かは、どのように調査されるのでしょうか。

神谷　承認申請書に添付した写真（帰属規3条5号）に基づいて確認します。[164]
　　国庫帰属を求める土地が主に農用地として利用されている場合は、関係機関から周辺の地域における農用地の営農条件に著しい支障が現に生じていないかについての資料提供を求めます。[165]また、主に森林として利用されている土地であれば、森林病害虫等の発生により駆除やまん延防止のための措置を現に必要としていないかについての資料提供を求めます（以上につき、帰属7条）。[166]

内納　本号に関する実地調査は、管理予定庁の職員に同行を求めることが原則となります。[167][168]

中里　不承認事由に該当するのは、具体的かつ客観的な被害の情報がある場合に限定される点について、帰属令4条3項1号の場合と同じと考えればよいですか。

内納　はい、そのとおりです。[169]

5-5-3　管理が必要な森林

倉田　続いて、帰属令4条3項3号を検討します。

神谷　森林に関し、不承認事由に該当する要件が規定されています。条文はこちらです。

163　以上につき、Q&A 8 -18。

164　要領35頁（第10節第3⑮【書面調査】）。

165　Q&A 8 -17。

166　Q&A 8 -17。この場合に関係機関から提供を受ける資料とは、森林病害虫等防除法7条の5の規定に基づき高度公益機能森林または被害拡大防止森林に指定されている土地もしくは同法7条の10の規定に基づき地区実施計画の対象となっている土地の場合に、これらに関係する資料を指す（要領34頁（第10節第3⑮【書面調査】））。

167　3参照。

168　要領35頁（第10節第3⑮【実地調査】(1)）。

169　要領35頁（第10節第3⑮【実地調査】(2)）、帰属令パブコメ24。

5　不承認事由

（承認をすることができない土地）

帰属令第4条（略）

2　（略）

3　法第5条第1項第5号の政令で定める土地は、次に掲げる土地とする。

　一・二（略）

　三　主に森林（森林法（昭和26年法律第249号）第2条第1項に規定する森林をいう。次条第1項第3号及び第7条第2項において同じ。）として利用されている土地のうち、その土地が存する市町村の区域に係る市町村森林整備計画（同法第10条の5第1項に規定する市町村森林整備計画をいう。）に定められた同条第2項第3号及び第4号に掲げる事項に適合していないことにより、当該事項に適合させるために追加的に造林、間伐又は保育を実施する必要があると認められるもの

　四・五（略）

倉田　森林法の定める森林に該当する土地は、市町村森林整備計画に定められた所定の事項に適合している必要があるところ、不適合な森林については追加的に造林、間伐、保育を実施する必要があり、このような土地は国が管理するに際して支障が生じるおそれがあることから、不承認事由に該当するという趣旨ですね。

神谷　はい。間伐の実施を確認することができない人工林、一定の生育段階に到達するまで更新補助作業が生じる可能性がある標準伐期齢に達していない天然林などが例示されています。[170]

倉田　標準伐期齢とは何ですか。

内納　標準伐期齢は、市町村森林整備計画において定められている標準的な立木の伐採（主伐）の時期に関する指標です。[171]

中里　造林、間伐、保育等に要する費用を国が負担することはできない趣旨であると理解しますが、地域によっては地元の森林組合が主体となって無償で造林等を実施している森林もあるそうですので、このような土地であれば承認される可能性があるのでしょうか。

170　要領36頁（第10節第3⑯【実地調査】(2)）。

463

第 8 章　相続土地国庫帰属のレシピ

内納　現在は無償で実施されているとしても、将来にわたって追加的な費用が生じる可能性は否めないことから、承認されません。[172]

中里　承認申請者としては、不承認事由に該当する土地ではないことを裏付ける書面などを添付する必要があるのでしょうか。

神谷　法定の添付書面は、承認申請に係る土地の形状を明らかにする写真（帰属規 3 条 5 号）だけです。

　　添付された写真によって森林の状況を判断するほか、関係機関から提供を受けた森林計画や森林簿によっても確認が行われます（帰属 7 条）。

　　なお、天然林が標準伐期齢に達しているか否かについて写真や森林簿によっても林齢が明らかとならない場合には、承認申請者に対して林齢を確認するものとされていますので[173]、必要に応じて森林組合等に照会するなどの対応が求められるでしょう。

内納　本号に関する実地調査も、管理予定庁の職員に同行を求めることが原則となります。[174]

5-5-4　賦課金を伴う土地

倉田　不承認事由の最後になりますが、帰属令 4 条 3 項 4 号と 5 号を比較しながらまとめて検討します。

神谷　土地を所有することによって生ずる金銭債務に関する規定ですね。条文はこちらです。

（承認をすることができない土地）

帰属令第 4 条（略）

171　市町村森林整備計画において、地域の標準的な主伐の林齢として定められるもの。主要な樹種ごとに、平均成長量が最大となる年齢を基準として、森林の有する公益的機能、既往の平均伐採齢および森林の構成を勘案して定められる。なお、標準伐期齢は、地域を通じた主伐の時期に関する指標として定めるものであり、標準伐期齢に達した時点での森林の伐採を促すものではない（「市町村森林整備計画制度等の運用について」平成 3 年 7 月 25 日 3 林野計第305号林野庁長官通達別記様式中の記載要領 II 第 1-1）。

172　帰属令パブコメ27。

173　要領35頁（第10節第 3 ⑯【書面調査】）。

174　要領36頁（第10節第 3 ⑯【実地調査】(1)）。

464

> 2　（略）
>
> 3　法第5条第1項第5号の政令で定める土地は、次に掲げる土地とする。
>
> 一～三（略）
>
> 四　法第11条第1項の規定により所有権が国庫に帰属した後に法令の規定
> に基づく処分により国が通常の管理に要する費用以外の費用に係る金銭
> 債務を負担することが確実と認められる土地
>
> 五　法令の規定に基づく処分により承認申請者が所有者として金銭債務を
> 負担する土地であって法第11条第1項の規定により所有権が国庫に帰属
> したことに伴い国が法令の規定により当該金銭債務を承継することとな
> るもの

神谷　4号と5号の「法令」には、地方公共団体の条例も含まれると考えら
れています。[175]

倉田　一読しただけでは4号と5号の違いがわかりにくいのですが、どのよ
うな違いがあるのですか。

内納　金銭債務の例としては、土地改良法36条1項の規定により賦課徴収さ
れる金銭として、土地改良事業で整備される水利施設等の建設費用、当該
事業で整備された水利施設等の利用や維持管理に係る経常的経費などがあ
げられていますが、いずれも4号にも5号にも共通しており、これだけで
は両者の違いが理解できません。[176]

神谷　4号と5号との違いは、4号が土地の所有権が国に移転した後、将来
的に国が金銭債務を負担することが確実な場合を指している一方、5号
は、土地が国庫に帰属する前から所有者がすでに金銭債務を負っていた土
地で、国庫帰属した場合は国に当該金銭債務が承継される場合を指してい
ます。

倉田　土地改良区内の土地であっても、賦課金等が課せられていなければ不
承認事由には該当しないという理解でよいですね。

内納　はい、そのとおりです。[177]

175　Q&A 8 -22。

176　Q&A 8 -20・8 -23。

177　帰属令パブコメ35。

第 8 章　相続土地国庫帰属のレシピ

中里　4 号に該当する金銭債務を負担すべき土地なのか、5 号に該当する金銭債務を負担すべき土地なのかにより、承認の可否に影響はあるのでしょうか。

神谷　この点は、4 号・5 号の調査方法と関係します。

　　4 号では、関係機関から提供を受けた資料（帰属 7 条）によって金銭債務が発生することが確実な土地と認められる場合には、直ちに不承認となります。一方の 5 号では、土地の所有者から現に生じている金銭債務が国に承継される土地であることが判明した場合であり、かつ承認申請者が金銭債務を消滅させる意思がないときに不承認となります。[178]

中里　そうすると、承認申請する際に現に 5 号に該当する金銭債務が発生している場合、承認申請者においてあらかじめ支払いを済ませて債務を消滅させておかなければならないということですね。

内納　そうですね。承認に先立って支払いを済ませておけば問題ありませんし、法務局の調査の過程で 5 号に該当する金銭債務の存在が判明した場合には、国の審査が完了する前までに承認申請者が債務を消滅させることで補正されます。[179]

倉田　4 号の国が将来負担すべき金銭債務ですが、金額の多寡は承認の可否に影響しますか。

内納　金額の多寡にかかわらず不承認事由に該当するとされています。[180]

中里　5 号の金銭債務に関して、たとえば「〇年間にわたって減価償却的に完済」といった賦課金等が課されている土地の場合は、承認申請者において期限の利益を放棄して一括納付することも可能と考えられますが、一方で「土地を利用している限り永続的に発生する」タイプの賦課金等の場合、完済して債務を消滅させるということは困難ですよね。

内納　期間等を定めずに負担し続ける賦課金等の場合、完済によって債務を消滅させることはできません。

　　このような金銭債務は、国庫帰属の時点で既発生の部分は 5 号、未発生

178　要領36頁（第10節第 3 ⑱【書面調査】）。

179　Q&A 8 -24。

180　Q&A 8 -21、帰属令パブコメ31。

466

の部分は 4 号に該当すると評価できますので、 4 号の不承認事由に該当することになるでしょう。[181]

倉田　4 号・5 号の調査については、書面調査だけで実地調査は行われないという理解でよいですか。

内納　はい、実地調査は 4 号・5 号ともに想定されていません。[182]

6　負担金

6-1　負担金（総論）

倉田　次に、負担金について確認しましょう。

　　　負担金の額は承認申請者にとって、却下事由や不承認事由と同程度に関心の高い事項であると考えられますので、ここで詳細に検討していきましょう。

中里　そもそも、負担金とは何ですか。

神谷　土地所有権の国庫への帰属の承認を受けた者が、国に対し納付しなければならないとされている金員です。

中里　負担金は、どのような目的で納付を求められるのですか。

内納　国庫に帰属した土地から生ずる管理費用の一部を、土地の管理の負担を免れた程度に応じて承認申請者にあらかじめ負担させる趣旨であると説明されています。[183]

倉田　負担金の額はどのように算定するのですか。

神谷　国有地の種目ごとにその管理に要する10年分の標準的な費用の額を考慮して算定した額の負担金を納付しなければならないとされており（帰属10条 1 項）、具体的な算定方法は政令委任されています（帰属令 5 条）。

181　帰属規パブコメ84。
182　要領36頁（第10節第 3 ⑰【実地調査】）・要領37頁（第10節第 3 ⑱【実地調査】）。
183　部会資料58・ 5 頁。

467

第8章　相続土地国庫帰属のレシピ

（負担金の納付）

帰属第10条　承認申請者は、第5条第1項の承認があったときは、同項の承認に係る土地につき、国有地の種目ごとにその管理に要する10年分の標準的な費用の額を考慮して政令で定めるところにより算定した額の金銭（以下「負担金」という。）を納付しなければならない。

2　法務大臣は、第5条第1項の承認をしたときは、前条の規定による承認の通知の際、法務省令で定めるところにより、併せて負担金の額を通知しなければならない。

3　承認申請者が前項に規定する負担金の額の通知を受けた日から30日以内に、法務省令で定める手続に従い、負担金を納付しないときは、第5条第1項の承認は、その効力を失う。

（負担金の算定）

帰属令第5条　法第10条第1項の政令で定めるところにより算定する金額は、次の各号に掲げる土地の区分に応じ、当該各号に定める金額とする。

一～三（略）

四　前三号に掲げる土地以外の土地　20万円

2（略）

中里　国庫帰属後10年分の管理費用を納付するということですが、11年目からさらに管理費用を追納する必要はありませんか。

内納　その必要はありません。先ほど説明があったように管理費用の一部を納付するという趣旨ですので、追加の納付は不要です。[184]

神谷　帰属令5条1項は、4号において1号～3号に該当する土地を除き、一筆ごとに20万円の負担金が必要になると規定されており、1号において主に市街化区域内の宅地について、2号において農地について、3号において森林についてそれぞれ個別規定がおかれており、いずれも20万円以上の負担金を納めなければなりません。[185]

184　帰属令パブコメ53、Q&A9-7。

468

なお、１号～３号の個別規定については、後ほど詳しく検討することとします。

　また、隣接する土地についてまとめて国庫帰属が承認された場合に、負担金の額が減額される規定もありますが（帰属令５条）、この点も項を変えて詳しく検討しましょう。[186]

中里　１号の宅地、２号の農地、３号の森林の判断は、登記地目によると考えればよいですか。

神谷　登記地目だけで判断されるのではなく、現況や従前の使用状況等を考慮して法務局長等が判断します（帰属規22条18号）。[187]

　（権限の委任）

　帰属規第22条　法第15条第１項の規定により、次に掲げる法務大臣の権限は、法務局又は地方法務局の長に委任する。ただし、第２号、第４号、第５号、第９号、第14号及び第15号に掲げる権限については、法務大臣が自ら行うことを妨げない。

　一～十七（略）

　十八　令第６条第３項の規定による負担金の算定

中里　基本額とされている20万円という金額は、どのような理由によって定められたのですか。

神谷　過去に要した国有財産の管理費用を参考として定めたと説明されています。[188]

倉田　負担金の額は、国庫帰属の承認通知とあわせて、承認申請者に通知されるのですね（帰属10条２項）。

神谷　はい、そのとおりです。国から納付額が通知されますので、承認申請者において算定する必要はありません。

内納　もっとも、承認申請者が自ら算定する必要はないとしても、承認申請

185　Q&A９-２。

186　６-２-４参照。

187　要領40頁（第14節第１-１）、帰属令パブコメ41・54。

188　Q&A９-３。

第 8 章　相続土地国庫帰属のレシピ

に係る全体的なコストを把握しておく趣旨から、負担金の概算を算定しておくことは不可欠でしょう。

中里　承認申請者が複数の場合、承認申請者間の負担割合についての定めはありますか。

内納　承認申請者間の負担割合に関する規定はありませんし、法務局からの指定もありませんので、承認申請者間の協議により決定しなければなりません。[189]

　なお、負担金を複数の承認申請者間で分割して支払うことはできませんので、承認申請者間で調整をし、そのうち 1 名が代表して一括納付する必要があります。[190]

倉田　負担金の納付期限は、帰属法10条 2 項の通知を受けた日から30日以内とされていますね（帰属10条 3 項）。

神谷　はい、納付期限までに負担金を納付しない場合、国庫帰属の承認が失効しますので、速やかに納付できるように準備しておく必要があります。その意味でも、負担金の概算を事前に把握しておく必要性が高まりますね。

内納　ちなみに、承認申請者が複数名の場合、最初に負担金の額の通知書が到達した日の翌日を起算点とする取扱いです。納入告知書を受領する承認申請者が受領した時から起算されるのではない点にご注意ください。[191]

中里　書留郵便の受領を失念したまま納入期限を経過するようなことがないよう、承認申請者間での調整が必要になりそうですね。

倉田　通知を受けた負担金の額が予測額を大きく超過していたような場合は、あえて納付せずに失効させるという選択も考えられませんか。

内納　条文上は可能でしょうが、[192] 承認申請者にとっても調査を担当した法務局にとっても、承認申請に係る一切の時間と労力を無に帰すような事態を招くことには首肯できません。

189　帰属規パブコメ77。

190　Q&A 9 -22。

191　要領41頁（第14節第 4 - 2 ）。

192　Q&A 9 -21参照。

6　負担金

中里　承認申請者としては、負担金の額を可及的正確に予測したうえで承認申請を行うか否かを判断しなければなりませんので、そのためにも帰属令5条1項への正確な理解が必要になりそうです。

6-2　負担金（各論）

6-2-1　帰属令5条1項1号の宅地

倉田　ここからは、帰属令5条1項1号～3号に掲げられた個別規定について確認していきます。

神谷　はじめに、帰属令5条1項1号の条文がこちらです。

（負担金の算定）

帰属令第5条　法第10条第1項の政令で定めるところにより算定する金額は、次の各号に掲げる土地の区分に応じ、当該各号に定める金額とする。

　一　宅地（その現況及び従前の使用状況に照らして直ちに建物の敷地の用に供することができると認められる土地をいう。）のうち、都市計画法（昭和43年法律第100号）第7条第1項に規定する市街化区域の区域（同項に規定する区域区分に関する都市計画が定められていない都市計画区域にあっては、同法第8条第1項第1号に規定する用途地域が定められている土地の区域。次号において同じ。）内にあるもの　次の表の上欄に掲げる地積（平方メートルを単位とする。以下この項において同じ。）の区分に応じ、それぞれ同表の下欄に掲げる金額（表・略）

　二～四　（略）

2　前項の規定により算定した金額に千円未満の端数があるときは、その端数金額を切り捨てるものとする。

神谷　本号に掲げられている表を整理したのが、〔**図表24**〕となります。

内納　本号はとても読みづらい条文となっていますが、都市計画法に基づく宅地の区分は〔**図表25**〕のとおり整理することができます。〔**図表25**〕のうち、都市計画区域内の宅地でかつ用途地域（都市8条1項1号）が定められている区域内の宅地が、本号の適用を受ける宅地に該当します。

中里　〔**図表25**〕のうち【A】または【B】の区域内の宅地に該当する場合は、帰属令5条1項1号の規定に従って負担金を算定しなければならない

第 8 章　相続土地国庫帰属のレシピ

〔図表24〕　負担金の算定方法①（帰属令 5 条 1 項 1 号の宅地）

地　積	負担金の額
50㎡以下	㎡数×4,070円＋208,000円
50㎡を超え100㎡以下	㎡数×2,720円＋276,000円
100㎡を超え200㎡以下	㎡数×2,450円＋303,000円
200㎡を超え400㎡以下	㎡数×2,250円＋343,000円
400㎡を超え800㎡以下	㎡数×2,110円＋399,000円
800㎡を超える	㎡数×2,010円＋479,000円

〔図表25〕　宅地の区分表

都市計画区域	線引き区域	市街化区域（用途地域を定めるものとする）【A】
		市街化調整区域（原則として用途地域を定めない）
	非線引き区域（用途地域を定めることができる）	用途地域が定められている区域【B】
		用途地域が定められていない区域
都市計画区域以外	準都市計画区域（用途地域を定めることができる）	用途地域が定められている区域
		用途地域が定められていない区域
	準都市計画区域以外	

　ということですね。

内納　そのとおりです。したがって、【A】または【B】の区域外の宅地については帰属令 5 条 1 項 4 号が適用されるため、一筆あたり一律20万円を納めれば足りることになります。

倉田　【A】に該当する50坪の宅地の場合、負担金の額は具体的にいくらになるのでしょう。

神谷　1坪は3.30578㎡で換算しますので、50坪は165.28㎡となります。したがって、〔**図表24**〕の「地積」欄のうち「100㎡を超え200㎡以下」の欄に該当します。

内納　165.28㎡×2450円＋30万3000円を計算すると、70万7960.5円となります。

　　　1000円未満は切り捨てますので（帰属令5条2項）、納付すべき負担金の額は70万7000円と算定することができますね。

中里　この場合の地積は、登記地積で考えるのでしょうか実測値で考えるのでしょうか。

内納　登記地積に基づき算定されますが、承認申請者が登記地積より少ない現況地積を主張する場合は、原則として承認があるまでの間に地積更正（または変更）登記を経由する必要があります。[194]

神谷　ちなみに、承認申請の対象となる土地が市街化区域内の土地か否か、用途地域が定められている地域か否かは、自治体のウェブサイトで確認するなり担当部署に照会するなどの方法により容易に確認することが可能ですので、負担金の額を予測することにさほどの困難は伴わないものと考えます。

6－2－2　帰属令5条1項2号の農地

倉田　農地に関する負担金について検討します。

神谷　帰属令5条1項2号に規定されています。条文はこちらです。

（負担金の算定）

帰属令第5条　法第10条第1項の政令で定めるところにより算定する金額は、次の各号に掲げる土地の区分に応じ、当該各号に定める金額とする。

一　（略）

二　主に農地（農地法（昭和27年法律第229号）第2条第1項に規定する

193　隣接地の場合の軽減措置について、**6－2－4**参照。

194　要領41頁（第14節第2－2）、Q&A 9 -11。

第 8 章　相続土地国庫帰属のレシピ

> 農地をいう。）として利用されている土地のうち、都市計画法第 7 条第
> 1 項に規定する市街化区域の区域内、農業振興地域の整備に関する法律
> （昭和44年法律第58号）第 8 条第 2 項第 1 号に規定する農用地区域内又
> は土地改良法（昭和24年法律第195号）第 2 条第 2 項に規定する土地改
> 良事業若しくはこれに準ずる事業として法務省令で定めるものが施行さ
> れる区域内にあるもの　次の表の上欄に掲げる地積の区分に応じ、それ
> ぞれ同表の下欄に掲げる金額（表・略）
>
> 　三・四（略）
> 2　前項の規定により算定した金額に千円未満の端数があるときは、その端
> 　数金額を切り捨てるものとする。

神谷　本号に掲げられている表を整理したのが、〔図表26〕となります。

〔図表26〕　負担金の算定方法②（帰属令 5 条 1 項 2 号の農地）

地　積	負担金の額
250㎡以下	㎡数×1,210円＋208,000円
250㎡を超え500㎡以下	㎡数×850円＋298,000円
500㎡を超え1,000㎡以下	㎡数×810円＋318,000円
1,000㎡を超え2,000㎡以下	㎡数×740円＋388,000円
2,000㎡を超え4,000㎡以下	㎡数×650円＋568,000円
4,000㎡を超える	㎡数×640円＋608,000円

倉田　「都市計画法 7 条 1 項に規定する市街化区域の区域内」とは、帰属令
　　5 条 1 項 1 号の宅地における定義と同じと考えればよいですか。

神谷　はい。帰属令 5 条 1 項 1 号で「次号において同じ」とありますので、
　　〔図表25〕の【A】または【B】の区域内の農地がこれに該当します。

倉田　「農業振興地域の整備に関する法律 8 条 2 項 1 号に規定する農用地区
　　域」とは、どのような区域でしょうか。

内納　農振法で定義される「農用地区域」とは、農業の振興を目的して定められた農業振興地域（農振6条）のうち、農用地等（農振3条）として利用すべき土地の区域を指します（農振8条2項1号）。

中里　一般に、「青地の農地」と呼ばれる区域のことですね。

神谷　青地と白地という用語をよく耳にしますが、どのような区分けになるのでしょう。

中里　農振法では、農業振興地域を農用地区域と農用地区域外農地とに区分しており、前者を青地、後者を白地と呼んでいます。青地の農地は直ちに農地転用の許可を受けることができないため、青地の農地について農地転用を希望する場合、農地法の許可申請に先立って青地から白地への変更を求める除外申請が必要となります。

内納　優良な農地を確保しなければならないという要請がはたらいていると理解することができます。

倉田　そうすると、農業振興地域内であってもいわゆる白地の農地であれば帰属令5条1項の2号ではなく4号が適用されるため、一筆あたり一律20万円の負担金を納めれば足りることになるのですね。

神谷　そのとおりです。負担金の算定方法が異なるだけで、青地の農地でも白地の農地でも国庫帰属の承認申請が可能であることに変わりはありません。

　　なお、青地か白地かの確認も、帰属令5条1項1号の宅地の場合と同じように自治体の担当部署に照会すれば判明します。

倉田　次に「土地改良法2条2項に規定する土地改良事業若しくはこれに準ずる事業」とは、具体的にどのような事業を指すのですか。

内納　土地改良法2条2項に規定する土地改良事業とは、農業用用排水施設、農業用道路などの土地改良施設の新設や管理、変更、区画整理、農用地の造成、埋立て、干拓、農用地もしくは土地改良施設の災害復旧、突発事故被害からの復旧などを指します（改良2条2項）。

倉田　「これに準ずる事業として法務省令で定めるもの」とは、何を指しますか。

内納　階段工、土留工、防風林、ため池その他の設置、客土、暗渠の排水、

第8章　相続土地国庫帰属のレシピ

床締などがあげられています（改良規１条）。

神谷　承認申請者の中には、承認申請しようとする土地が土地改良事業等の施行される区域内の土地であるか否かを知らない者も少なくないように考えられますが、この点の確認はどのようにすればよいのでしょうか。

中里　土地改良区に照会したり、行政書士に調査依頼をしたりすることが考えられます。

倉田　本号全体を整理すると、〔図表25〕の【A】または【B】の区域内の農地、農振法に基づく青地の農地、土地改良事業等が施行される区域内の農地のいずれかに該当する場合には２号の適用があり、これらのいずれにも該当しない場合には４号が適用されるため、一筆あたり一律20万円の負担金を納めれば足りることになりますね。[195]

神谷　本号が適用される１反の農地について、負担金の額を算定してみましょう。

　１反は300坪、991.73㎡となりますので、〔図表26〕の「地積」欄のうち「500㎡を超え1,000㎡以下」の欄に該当します。

内納　991.74㎡×810円＋31万8000円を計算すると112万1309.4円となります。

　1000円未満は切り捨てますので（帰属令５条２項）、納付すべき負担金の額は、112万1000円となります。

6-2-3　森　林

倉田　森林に関する負担金について検討します。

神谷　帰属令５条１項３号に規定されています。条文はこちらです。

（負担金の算定）

帰属令第５条　法第10条第１項の政令で定めるところにより算定する金額は、次の各号に掲げる土地の区分に応じ、当該各号に定める金額とする。

　一・二（略）

　三　主に森林として利用されている土地　次の表の上欄に掲げる地積の区分に応じ、それぞれ同表の下欄に掲げる金額（表・略）

　四（略）

195　隣接地の場合の軽減措置について、6-2-4参照。

2　前項の規定により算定した金額に千円未満の端数があるときは、その端
　　数金額を切り捨てるものとする。

神谷　本号に掲げられている表を整理したのが〔**図表27**〕となります。

〔図表27〕　負担金の算定方法③（森林）

地　　積	負担金の額
750㎡以下	㎡数×59円＋210,000円
750㎡を超え1,500㎡以下	㎡数×24円＋237,000円
1,500㎡を超え3,000㎡以下	㎡数×17円＋248,000円
3,000㎡を超え6,000㎡以下	㎡数×12円＋263,000円
6,000㎡を超え12,000㎡以下	㎡数× 8 円＋287,000円
12,000㎡を超える	㎡数× 6 円＋311,000円

倉田　森林については、宅地や農地のように承認申請を求める土地が存する
　　区域による区分はありませんので、「主に森林として利用されている土地」
　　であれば、すべて〔**図表27**〕に基づき負担金を算定しなければならないと
　　いうことですね。

神谷　そのとおりです。
　　主に森林として利用されている土地について4号が適用される余地はあ
　　りませんので、20万円の負担金で足りるケースはありません。

倉田　仮に5000㎡の森林について国庫帰属の承認が認められたとすると、具
　　体的な負担金はいくらになりますか。

内納　〔**図表27**〕の「地積」欄のうち「3,000㎡を超え6,000㎡以下」の欄に
　　該当しますので、5000㎡×12円＋26万3000円を計算し、32万3000円となり
　　ます。

中里　このように検討してみると、特に宅地や農地の場合には多くのケース
　　で負担金の額が高額化することが想定できます。承認申請者の利害に大き

第 8 章　相続土地国庫帰属のレシピ

く関わる点ですので、正確な理解が必要になることが実感できます。

6－2－4　隣接する土地

倉田　複数の土地について国庫帰属が承認された場合には負担金が軽減される
　　　ケースがありますので、この点を検討していきましょう。

神谷　帰属令 6 条に規定があります。条文はこちらです。

　（隣接する二筆以上の土地の負担金の算定の特例）

帰属令第 6 条　承認申請者は、隣接する二筆以上の承認申請に係る土地のい
　　　ずれもが前条第 1 項各号に掲げる土地の区分で同一のものに属するとき
　　　は、法務大臣に対し、当該隣接する二筆以上の承認申請に係る土地を一筆
　　　の承認申請に係る土地とみなして負担金を算定すべき旨の申出をすること
　　　ができる。

　2　前項の申出は、当該隣接する二筆以上の承認申請に係る土地の所有者が
　　　異なる場合には、これらの者が共同してしなければならない。

　3　法務大臣は、第 1 項の申出があった土地の全部又はその一部であって、
　　　隣接する二筆以上の土地について法第 5 条第 1 項の承認をしたときは、そ
　　　の隣接する全部又は一部の土地を一筆の承認申請に係る土地とみなして負
　　　担金を算定するものとする。

中里　隣接する土地で、かつそのいずれも帰属令 5 条 1 項各号の同一区分に
　　　属していること、承認申請者からの申出があることが、軽減規定の適用を
　　　受けられる要件となるのですね（帰属令 6 条 1 項）。

内納　承認申請者からの「当該隣接する二筆以上の承認申請に係る土地を一
　　　筆の承認申請に係る土地とみなして負担金を算定すべき旨の申出」は、し
　　　ばしば「合算の申出」と呼ばれますので、以下、本書でもこの表現を用い
　　　ることにしましょう。

倉田　この場合、隣接する二筆以上の土地を一筆とみなして負担金が算定さ
　　　れるとのことですので負担金の軽減を図ることができますが（帰属令 6 条
　　　3 項）、隣接する土地に限られたのはなぜですか。

神谷　隣接する土地の場合、国庫帰属後も国は全体を一団の土地として管理
　　　することができるため、個別の土地としてそれぞれを管理する場合に比べ

て管理費用が軽減できるからです。

　逆に隣接していない土地の場合、それぞれの土地ごとに管理費用が生じるため、負担金も原則どおりそれぞれの土地ごとに納付する必要があります[196]。

倉田　具体例をあげながら検討していきましょう。

　負担金が軽減されるのは、隣接する二筆以上の土地が帰属令5条1項各号の同一区分に属している場合でしたので、ここでは、所有者が同一の隣接する甲土地と乙土地がいずれも同項4号の土地に該当するものとします（〔図表28〕）。

　承認申請者が、甲土地と乙土地について合算の申出をした場合、負担金の額はいくらになりますか。

〔図表28〕　合算の申出による軽減例①（帰属令5条1項4号の土地）

甲土地 （帰属令5条1項4号） 180㎡	乙土地 （帰属令5条1項4号） 240㎡

神谷　甲土地と乙土地とを合わせて一筆の土地とみなされるため、負担金は20万円となります。

　個別に納付する場合は一筆ごとに20万円、合計40万円の負担金が必要となりますので、20万円を軽減することができます。

倉田　甲土地と乙土地が、いずれも同項1号の宅地の場合はどうなりますか。

〔図表29〕　合算の申出による軽減例②（帰属令5条1項1号の宅地）

甲土地 （帰属令5条1項1号） 180㎡	乙土地 （帰属令5条1項1号） 240㎡

196　以上につき、帰属令パブコメ56。

第 8 章　相続土地国庫帰属のレシピ

神谷　甲土地と乙土地とを合わせて一筆の土地とみなされるため、同項 1 号に属する420㎡の宅地として負担金を算定します。

内納　〔図表29〕のケースで、合算の申出をした場合の負担金とそれぞれ個別に算定した場合の負担金との比較が〔図表30〕となります。

　同項 1 号が適用される420㎡の宅地の負担金は128万5000円である一方、個別に算定した場合は合計で162万7000円となるため、34万2000円を軽減することができます。

〔図表30〕　負担金の比較

別々に計算し合計した場合	甲土地	180㎡×2450円＋30万3000円＝74万4000円	
	乙土地	240㎡×2250円＋34万3000円＝88万3000円	
		合　計	162万7000円
合算の申出をした場合		420㎡×2110円＋39万9000円＝128万5000円	
		負担金の差	34万2000円

中里　合算の申出ができるのは帰属令 5 条 1 項各号の同一区分に属する土地に限られますので、たとえば市街化区域内の宅地と市街化調整区域内の宅地とが隣接している場合には、帰属令 6 条の軽減は受けられない点に注意が必要ですね。

倉田　ところで、帰属令 6 条 1 項では「二筆以上の承認申請に係る土地」とありますが、三筆以上が連続して隣接している場合も合算の申出ができるのでしょうか。たとえば、〔図表31〕のようなケースでは、甲土地と丙土地は隣接してはいませんよね。

〔図表31〕　合算の申出による軽減例③（連続する三筆の土地）

甲土地	乙土地	丙土地

内納　この場合、隣接する甲土地と乙土地とが一筆の土地とみなされ、その

「一筆とみなされた土地」と丙土地とが隣接することになりますので、軽減の対象となります。

神谷　もっとも、いずれの土地も帰属令5条1項各号の同一区分に属する土地でなければ、軽減規定の適用は受けられません。

〔図表31〕で甲土地と乙土地は同一区分に属するため一筆の土地とみなされた場合でも、丙土地の区分が異なる場合には、甲乙合算の土地と丙土地というように、二筆分の負担金の納付が必要になります。

また、甲土地と丙土地は同じ区分に属する宅地だが、乙土地は農地であるような場合、甲土地と乙土地、乙土地と丙土地はいずれも一筆の土地とみなされません。また、甲土地と丙土地は同一区分であっても隣接していませんのでやはり一筆の土地とみなされません。したがってこのような場合、三筆分の負担金を土地ごとに個別に算定しなければならないことになります。

中里　〔図表32〕のように、甲土地と乙土地が線ではなく点で接している場合、合算の申出ができますか。

〔図表32〕　合算の申出による軽減例④（点で接する二筆の土地）

神谷　合算の申出は認められないのではないかと考えます。点で接している状態は、帰属令6条の「隣接する」という要件に合致しないのではないでしょうか。

倉田　軽減を認める趣旨が、隣接地であれば複数の土地を個別に管理するよりも国が負担しなければならない管理費用の軽減化を図ることができるという点からしても、消極に考えます。

内納　しかし、甲土地と乙土地が〔図表33〕のように多少なりとも線で接しているならば、隣接の要件を具備します。接する部分が何m以上必要な

第8章　相続土地国庫帰属のレシピ

どの要件が課せられていない以上、点で接する〔図表32〕のケースについても合算の申出が認められる余地はありませんか。

〔図表33〕　合算の申出による軽減例⑤（一部分が接している二筆の土地）

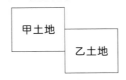

中里　ここでは結論は出ませんので、事例の集積を待ちましょう。

倉田　ところで、隣接する甲土地と乙土地の所有者が異なる場合であっても、双方の所有者が共同して合算の申出をすることができるとされています（帰属令6条2項）。

　　　この場合、承認申請自体はそれぞれの土地所有者が別個に行った後、いずれも承認されるまでの間に共同して合算の申出を行うことになるのでしょうか。

内納　そのとおりです。承認申請者が複数の隣接する土地について合算の申出をする場合は、承認申請と同時に行うのが通常でしょうが、合算申出書は、承認申請が承認されるまでの間に管轄法務局に提出されていれば足りますので[197]、必ずしも承認申請と同時に行う必要はありません。

中里　隣接地所有者が異なる場合、お互いに隣接地についての承認申請手続が進行しているという事実を知ることができなければ、合算の申出をする機会が失われるのではないでしょうか。

内納　承認申請があった場合、境界に関する実地調査を通じて隣接地所有者は隣接地について承認申請がなされている旨を知ることができますので[198]、合算の申出をすることに支障はないものと考えます。

倉田　合算の申出は、具体的にどのように行えばよいのですか。

神谷　要領別記第17号様式として合算申出書の記載例が掲げられていますので（【書式27】）、これに従って作成した合算申出書を法務局に提出します。[199]

197　要領41頁（第14節第5-1）。

198　4-5参照。

6 負担金

倉田　隣接している土地の管轄法務局が異なる場合、双方の法務局に対して合算申出書を提出する必要がありますか。

内納　いずれか一方の土地を管轄する法務局に対し、合算申出書を提出すれば足ります（帰属規16条１項本文ただし書）。

（隣接する二筆以上の土地の負担金算定の特例の申出方法）

帰属規第16条　令第６条第１項の規定による申出は、次に掲げる事項を記載した申出書を管轄法務局長に提出して行わなければならない。ただし、隣接する二筆以上の承認申請に係る土地の管轄法務局が二以上あるときは、そのいずれかに対して提出するものとする。

一　申出をする者の氏名又は名称及び住所

二　申出に係る隣接する二筆以上の承認申請に係る土地の所在及び地番

三　承認申請の受付の年月日及び受付番号（承認申請と併せて申出をする場合を除く。）

四　令第６条第２項の規定により共同して申出をするときは、その旨

【書式27】　合算申出書①

令和〇年〇月〇日

合　算　申　出　書

静岡地方法務局長　殿

　相続等により取得した土地所有権の国庫への帰属に関する法律施行令第６条第１項及び相続等により取得した土地所有権の国庫への帰属に関する法律施行規則第16条の規定に基づき、下記１の土地について、隣接する二筆以上の承認申請に係る土地を一筆の承認申請に係る土地とみなして負担金を算定すべき旨の申出をします。

記

１　合算の申出をする土地の表示（注）

(1)　土地の所在地番：〇〇県〇〇市〇〇町〇〇番

199　事案に基づく合算申出書の起案について、8-2参照。

第8章　相続土地国庫帰属のレシピ

```
　　　受付年月日：令和〇年〇月〇日
　　　受付番号　：令和〇年第〇号
　(2)　土地の所在地番：〇〇県〇〇市〇〇町〇〇番
　　　受付年月日：令和〇年〇月〇日
　　　受付番号　：令和〇年第〇号
　　　提出法務局：〇〇（地方）法務局
　2　申出人
　　　住所　　：〇〇県〇〇市〇〇町〇〇番
　　　申出者：〇〇　　〇〇

(注)　合算対象の隣接する土地が複数ある場合には、別紙を用いるなどして
　　すべての土地の表示をしてください。
　　　承認申請と併せて申出をする場合は、受付年月日及び受付番号の記載
　　は不要です。申出をする法務局と承認申請書を提出した法務局が異なる
　　場合には、提出した法務局も記載してください。
```

7　承認申請手続

倉田　ここからは実際の承認申請手続について、実務的な観点からの検討を
進めていきます。

　承認申請書や添付書類の書式や記載例はウェブサイトで公開されていま
すので、以下ではこれらを参照しながら具体的な記載事項や添付書類など
を整理します。

7-1　承認申請書の記載事項（1頁目）

倉田　ウェブサイトで公開されている承認申請書の書式は、全部で5頁にわ
たります。

　以下、頁ごとに詳細に検討していきましょう。まずは1頁目です（【書
式28】）。

7 承認申請手続

【書式28】 承認申請書①（1頁目）

1/5

相続土地国庫帰属の承認申請書

令和6年8月1日

静岡地方法務局長　殿

1　承認申請者　氏　名　鈴木太郎
　　　　　　　　住　所　静岡県浜松市中央区砂山一丁目1番1号

2　承認申請に係る土地
　　　所　在　　静岡県浜松市天竜区水窪町水窪字水窪
　　　地　番　　1番10
　　　地　目　　畑
　　　地　積　　100㎡

3　承認申請に係る土地の所有権登記名義人（又は表題部所有者）
　　　氏　名　　鈴木一朗
　　　住　所　　静岡県浜松市天竜区窪町水窪1番地の1

4　添付書類
　（必須書面）
　　■　(1)　承認申請に係る土地の位置及び範囲を明らかにする図面
　　■　(2)　承認申請に係る土地と当該土地に隣接する土地との境界点を明
　　　　　　らかにする写真
　　■　(3)　承認申請に係る土地の形状を明らかにする写真
　　■　(4)　承認申請者の印鑑証明書
　　（遺贈によって土地を取得した相続人の必須書面）
　　□　(5)　相続人が遺贈を受けたことを証する書面
　　（承認申請者と所有権登記名義人が異なる場合の必須書面）
　　■　(6)　土地の所有権登記名義人（又は表題部所有者）から相続又は一
　　　　　　般承継があったことを証する書面
　　（承認申請者と所有権登記名義人は同一だが、登記記録に記載されてい
　　る氏名又は住所に変更がある場合の必須書面）
　　□　(7)　氏名又は住所の変更があったことを証する書面

485

第8章　相続土地国庫帰属のレシピ

7−1−1　承認申請書の提出

倉田　提出先の法務局はどこになりますか。

神谷　承認申請する土地の所在地を管轄する法務局になります（帰属規1条）。

（承認申請書の提出方法）

帰属規第1条　相続等により取得した土地所有権の国庫への帰属に関する法律（以下「法」という。）第3条第1項の規定による承認申請書及び添付書類の提出は、承認申請に係る土地の所在地を管轄する法務局又は地方法務局の長（以下「管轄法務局長」という。）に対して行わなければならない。ただし、承認申請に係る隣接する二筆以上の土地の管轄法務局が二以上あるときは、そのいずれかに対して提出すれば足りる。

中里　承認申請は管轄法務局長に対してするとされていますが、支局や出張所を経由した提出は可能ですか。

神谷　管轄は本局のみとなりますので直接本局へ提出する必要があり、支局や出張所への提出はできません。[200]

内納　北海道の場合は、札幌法務局、函館地方法務局、旭川地方法務局、釧路地方法務局がいずれも本局となりますので、そのいずれかの管轄法務局に提出する必要があります。[201]

　　　一方、北海道以外の都府県の場合、本局は一局に限られます。

神谷　たとえば、兵庫県に在住の方が相続によって取得した静岡県浜松市内の土地について承認申請する場合の提出先は、静岡地方法務局の本局に限定されるということです。

倉田　承認申請書の提出は、郵送によることは可能でしょうか。

神谷　郵送による提出も可能です。[202]　もちろん、法務局に出頭して承認申請書を直接提出することも可能です。[203]

倉田　法務局に出頭して提出する場合、承認申請者本人が出頭しなければな

200　Q&A3−1。

201　Q&A3−1。

202　要領13頁（第5節第2）。

203　要領12頁（第5節第1）。

7 承認申請手続

りませんか。

内納 必ずしも承認申請者本人が出頭して提出する必要はなく、使者による提出も認められています。提出時の本人確認は想定されていません[204]。

　承認申請者の家族による提出も可能ですし[205]、承認申請書の書類作成代行者による提出も認められていますので、書類作成を担当した司法書士からの提出も可能です[206]。

中里 法務局に出頭して提出する場合には、事前予約等が必要になりますか。

内納 原則として不要ですが、各法務局の実情により、事前予約者を優先的に取り扱うことも可能とされています[207]。

倉田 誤って管轄法務局以外の法務局に提出した場合、どのような扱いになりますか。

神谷 承認申請書の受付時に、承認申請書が提出すべき管轄法務局に提出されているか否かを確認しなければならないこととされています[208]。したがって、提出先が誤っていた場合には承認申請が受け付けられません。

倉田 郵送による提出の場合には、承認申請書が返送されるのですか。

内納 管轄法務局を誤って郵送提出した場合、承認申請書を受け取った法務局の担当者から承認申請者へ電話連絡し、承認申請書を正しい管轄法務局へ転送するかどうかの希望を確認することとされています。承認申請者が転送を希望する場合は管轄法務局へ転送されることになり、転送を希望しない場合は承認申請者に返送されます。

　なお、法務局が承認申請書を受け取った日から5業務日を過ぎても承認申請者に連絡がとれない場合、承認申請者に返送されます[209]。

倉田 受付時に、受付されたことがわかる書面等を法務局から発行してもら

---

204 要領14頁（第5節第3-2）。
205 Q&A3-6。
206 7-2-5参照。
207 要領12頁（第5節第1-1）、Q&A3-4。
208 要領12頁（第5節第1-2）。
209 以上につき、要領13頁（第5節第2-3）。

487

第 8 章　相続土地国庫帰属のレシピ

うことはできますか。

内納　承認申請者が希望することにより、受付証（要領別記第 2 号様式）を発行してもらうことができます。[210]

　　また、口頭で受付番号だけを伝達してもらうことも可能です。[211]

倉田　郵送での提出の場合でも、受付証の提供を受けることは可能ですか。

内納　可能です。ただし、切手を貼付した返信用封筒を承認申請書に同封しなければなりません。[212]

中里　インターネットやメールによるオンライン申請はできますか。

神谷　現在のところ、オンラインによる承認申請はできません。[213]

　　パブリック・コメントでは、将来的には電子申請や費用の電子納付が採用されることを希望するとの意見も寄せられていますが、今後の制度の運用実態を把握、検証したうえで検討すると回答されています。[214]

倉田　稀なケースかとは思いますが、隣接する土地が北海道内の異なる法務局管内に存在する場合や、都府県をまたがって存在する場合は、管轄法務局はどのように考えればよいのでしょうか。

神谷　いずれか一方の法務局にまとめて提出すればよいこととされています（帰属規 1 条ただし書）。

7-1-2　承認申請者

倉田　続いて、【書式28】の「1　承認申請者」の欄を確認しましょう。

神谷　承認申請者の氏名と住所の記載が求められています（帰属 3 条 1 項 1 号）。

（承認申請書等）

法 3 条　承認申請をする者（以下「承認申請者」という。）は、法務省令で定めるところにより、次に掲げる事項を記載した承認申請書及び法務省令で定める添付書類を法務大臣に提出しなければならない。

210　要領13頁（第 5 節第 1 - 5 ）、Q&A 3 -22。

211　要領13頁（第 5 節第 1 - 5 ）、Q&A 3 -21。

212　要領13頁（第 5 節第 2 - 5 ）。

213　Q&A 3 - 2 。

214　帰属規パブコメ 4 。

7　承認申請手続

　　　　一　承認申請者の氏名又は名称及び住所
　　　　二　（略）
　　　2　（略）

倉田　条文に「名称」とあるのは、承認申請者が法人の場合ですね。

神谷　はい。承認申請する土地が共有の場合、共有者のうちの一人が相続等によって土地の共有持分を取得してさえいれば、他の共有者の取得原因は相続等に限定されません[215]。したがって、法人が承認申請者となるケースも想定できます。

　　　なお、法人の場合は代表者の氏名の記載も必要です（帰属規2条1項1号）。

（承認申請書の記載事項）
帰属規第2条　承認申請書には、法第3条第1項各号に掲げる事項のほか、次に掲げる事項を記載し、承認申請者又はその代表者若しくは法定代理人（以下「承認申請者等」という。）が記名押印しなければならない。ただし、承認申請者等が署名した承認申請書について公証人又はこれに準ずる者の認証を受けたときは、承認申請書に記名押印することを要しない。
　　一　承認申請者が法人であるときは、その代表者の氏名
　　二・三　（略）
　2・3　（略）

内納　法人が承認申請者の場合、【書式29】のとおり記載することになります。

【書式29】　承認申請書②（法人による承認申請）

　1　承認申請者　氏　名　　鈴木太郎
　　　　　　　　　住　所　　静岡県浜松市中央区砂山一丁目1番1号
　　　　　　　　　〈法人の共有者がいる場合〉

215　2-3参照。

489

第 8 章　相続土地国庫帰属のレシピ

> 名　　称　　株式会社鈴木商店
> 　　　（会社法人等番号：0804-01-111111）
> 住　　所　　静岡県浜松市中央区砂山一丁目 1 番 1 号
> 代表者氏名　代表取締役　鈴木太郎

倉田　条文では会社法人等番号の記載は求められていませんが、【**書式29**】のとおり記載する必要があるのですか。

内納　会社法人等番号の記載は必須ではありませんが、記載することにより法人の印鑑証明書や代表者の資格証明書面の添付を省略できます。[216]

倉田　法定代理人からの承認申請の場合、記載事項はどのように修正されますか。

神谷　法定代理人の氏名と住所の記載が必要になります。なお、法定代理人が法人であるときはその名称と住所のほかに、代表者の氏名の記載も必要です（帰属規 2 条 1 項 2 号）。

　　なお、法定代理人により承認申請する場合の添付書類については、まとめて後述します。[217]

　（承認申請書の記載事項）

帰属規第 2 条（略）

　一　（略）

　二　法定代理人によって承認申請をするときは、当該法定代理人の氏名又は名称及び住所並びに法定代理人が法人であるときはその代表者の氏名

　三　（略）

　2・3　（略）

内納　法定代理人が承認申請者となる場合、【**書式30**】のとおり記載することになります。

216　要領 4 頁（第 3 節第 1 - 2 ⑵）、要領 8 頁（第 4 節第 1 - 3）。

217　**7 - 1 - 5 - 2** 参照。

490

7　承認申請手続

【書式30】　承認申請書③（法定代理人による承認申請）

```
1　承認申請者　氏　名　　鈴木太郎
　　　　　　　　住　所　　静岡県浜松市中央区砂山一丁目1番1号
　　　　　上記成年後見人
　　　　　　　　名　称　　司法書士法人浜松総合事務所
　　　　　　　（会社法人等番号：0804-05-222222）
　　　　　　　　住　所　　静岡県浜松市中央区半田山五丁目5番5号
　　　　　　　　代表者氏名　社員　中里　功
```

7-1-3　土地の表示

倉田　続いて、【書式28】の「2　承認申請に係る土地」の欄を確認しましょう。

神谷　承認申請する土地の所在、地番、地目および地積の記載が求められています（帰属3条1項2号）。

（承認申請書等）

帰属第3条　承認申請をする者（以下「承認申請者」という。）は、法務省令で定めるところにより、次に掲げる事項を記載した承認申請書及び法務省令で定める添付書類を法務大臣に提出しなければならない。

一　（略）

二　承認申請に係る土地の所在、地番、地目及び地積

2　（略）

中里　不動産番号の記載は必要ないですか。また、不動産登記申請書のように不動産番号を記載することで一部の記載事項を省略できる規定はありませんか。

内納　国庫帰属制度は不動産登記制度とは別の制度であるという理由から、不動産番号の記載は不要ですし、任意に不動産番号を記載したとしても記載事項の一部を省略することは認められていません。[218]

218　帰属規パブコメ6。

第 8 章　相続土地国庫帰属のレシピ

倉田　複数筆の土地について一括して承認申請する場合でも、承認申請書は
　　１通で足りますか。

神谷　承認申請者が同一であれば、１通の承認申請書に複数の土地を記載す
　　ることが認められています（帰属規 4 条）。

（承認申請書の作成）

帰属規第 4 条　承認申請書は、土地の一筆ごとに作成しなければならない。

　ただし、同一の承認申請者等が二筆以上の土地についての承認申請を同時
　にするときは、この限りでない。

7－1－4　所有権登記名義人

倉田　次に、【書式28】の「3　承認申請に係る土地の所有権登記名義人」
　　の欄ですが、「1　承認申請者」とは異なるのでしょうか。

内納　相続または遺贈による所有権移転登記が経由された後に承認申請する
　　場合、両者は同一人となります。

　　しかし、承認申請は、所有権の登記名義人が死亡している場合であって
　　も、相続や遺贈の登記を経由することなく行うことができますので、この[219]
　　場合は承認申請者と土地の所有権登記名義人が異なることになります。

中里　所有権保存登記が経由されていない土地の場合は、どのように対応す
　　ればよいですか。

神谷　このような場合には所有権登記名義人がいないため、表題部所有者を
　　記載する必要があります（帰属規 2 条 1 項 3 号）。

（承認申請書の記載事項）

帰属規第 2 条（略）

　一・二（略）

　三　承認申請に係る土地の表題部所有者（不動産登記法（平成16年法律第
　　　123号）第 2 条第10号に規定する表題部所有者をいう。第13条第 1 項に
　　　おいて同じ。）又は所有権の登記名義人（同法第 2 条第11号に規定する登

219　2－1 参照。

492

記名義人をいう。第13条第１項において同じ。）の氏名又は名称及び住所

　　２・３（略）

内納　なお、承認申請者と所有権登記名義人が同一の場合は「１に同じ」と記載することも認められています[220]。

７－１－５　添付書面

倉田　続いて、【書式28】の「４　添付書面」の欄ですが、論点が多岐にわたりますので項を分けて検討することとします。

７－１－５－１　相続・遺贈による取得を証する書面

倉田　はじめに、承認申請者が相続または遺贈により取得した土地であることを証する書面を検討します。

　　【書式28】の「４　添付書面」のうち、(5)(6)に該当します。

神谷　この書面は、相続の登記を経由せずに承認申請する場合に添付が必要となります。相続を原因とする所有権移転登記が経由されている場合は、承認申請者が相続により取得した土地であることが不動産登記記録から明らかですので、添付を省略できます（帰属規３条１項１号）。

（添付書面）

帰属規第３条　承認申請書には、次に掲げる書類を添付しなければならない。

　一　承認申請者が相続又は遺贈（相続人に対する遺贈に限る。）により承認申請に係る土地の所有権又は共有持分を取得した者であるときは、当該者であることを証する書面（当該者であることが登記記録（不動産登記法第２条第５号に規定する登記記録をいう。）から明らかであるときを除く。）

　二～七（略）

中里　遺贈を原因として所有権移転登記が経由されている場合も、その旨は登記記録上明らかですから同様に添付を省略できるのではないですか。

神谷　国庫帰属の承認申請ができる受遺者は、相続人に限られます（帰属１

220　ウェブサイト（「６-Ⅲ　申請書の記載例、様式」→「Ａ　単独申請の場合の記載例」）。

493

第 8 章　相続土地国庫帰属のレシピ

条）。登記記録だけでは、受遺者が相続人であるか否かは判明しませんの
で、遺贈を原因として所有権移転登記が経由されている場合には、受遺者
が相続人であることを証する戸籍謄本等の添付が必須となる点にご注意く
ださい。[221]

内納　承認申請者が所有権保存登記の登記名義人である場合も、遺贈と同様
に相続によって所有権を取得した者であることが登記記録上から判明しま
せんので、登記記録上の表題部所有者から相続によって土地の所有権を取
得した者であることの証明が必要になりますね。[222]

倉田　相続や遺贈を原因とする所有権移転登記を経由しないまま承認申請さ
れた場合において、承認申請者が相続により土地の所有権や共有持分を取
得したことを証する書面としては、具体的に何を添付する必要があります
か。

神谷　相続登記の申請に必要となる書面と同様の書面を準備する必要があり
ます。

　具体的には、登記名義人の①法定相続情報一覧図（不登規247条）[223]または
登記名義人の出生から死亡までの連続した戸籍、登記名義人の戸籍の附
票、相続人全員の戸籍、②登記名義人の登記上の住所・氏名と最後の住
所・氏名が異なる場合、そのつながりが証明できる戸籍の附票や戸籍等、
③遺産分割協議が成立している場合は遺産分割協議書、相続人の印鑑証明
書、承認申請者の住民票、④未分割の場合は相続人の住民票となります。

　なお、①で法定相続情報一覧図を提出する場合、これに相続人の住所が
記載されている場合には③④の住民票は添付不要となります。また、相続
人の一部が相続放棄の申述をしている場合は、相続放棄申述受理証明書の
添付も必要ですし、相続分を譲渡した相続人がいる場合には相続分譲渡者
の譲渡証明書と印鑑証明書が必要になるのも、相続による所有権移転登記
の場合と同様です。

倉田　承認申請者が遺贈により土地の所有権や共有持分を取得した場合は、

221　要領 7 頁（第 4 節第 1 − 1）。

222　要領 7 頁（第 4 節第 1 − 1）。

223　要領 7 頁（第 4 節第 1 − 1）、帰属規パブコメ23。

いかがですか。

神谷　①遺言書、②登記名義人の死亡を証する戸籍、③登記名義人の登記上の住所・氏名と最後の住所・氏名が異なる場合、そのつながりが証明できる戸籍の附票や戸籍等、④承認申請者が登記名義人の相続人であることを証する戸籍、⑤承認申請者の住民票が必要になります。

　　なお、これらの一部は登記名義人の法定相続情報一覧図により代用できる点については、承認申請者が相続により所有権を取得した場合と同様です。

中里　相続や遺贈による所有権移転登記と同等の書面を添付する必要があるのはなぜですか。

内納　相続や遺贈による所有権移転登記が未了の場合、管理予定庁[224]の名義に所有権移転登記をする前提として、代位により承認申請者名義とする所有権移転登記が経由されるため、その際の添付書類として必要になるからです[225]。

7-1-5-2　代理権を証する書面

倉田　続いて、代理権を証する書面について検討します。

神谷　条文では、法定代理人の代理権について、親権者が未成年者の法定代理人として承認申請する場合を前提として親権者であることを証する戸籍を添付すべき旨が規定されています（帰属規3条1項2号）。

（添付書面）

帰属規第3条　承認申請書には、次に掲げる書類を添付しなければならない。

　一　（略）

　二　法定代理人によって承認申請をするときは、戸籍事項証明書その他その資格を証する書面

　三　承認申請者が法人であるときは、当該法人の代表者の資格を証する書面（当該法人が会社法人等番号を有する法人である場合において、その会社法人等番号を承認申請書に記載したときを除く。）

224　3参照。

225　2-1参照。

第 8 章　相続土地国庫帰属のレシピ

> 　四～七（略）

中里　親権者以外の法定代理権を証する書面については、特段の規定がないのでしょうか。

神谷　条文には明記されていませんが、要領において明らかにされています。

　　すなわち、成年後見人や代理権のある保佐人・補助人については登記事項証明書または審判書謄本と確定証明書を、相続財産清算人、不在者財産管理人、所有者不明土地管理人等についてはその選任と権限外許可を証する審判書謄本または決定書謄本を添付する必要があります。[226]

倉田　承認申請者が法人の場合において、代表者の資格を証する書面についてもここで確認しておきましょう。

神谷　承認申請者が法人の場合、法人の代表者の資格証明書の添付が必要です。

　　もっとも、承認申請書に会社法人等番号を記載した場合には添付を省略することができるのは、前述のとおりです。[227]

７－１－５－３　土地の位置および範囲を明らかにする図面

倉田　次に、承認申請する土地の位置および範囲を明らかにする図面（帰属規 3 条 1 項 4 号）について検討します。

　　【書式28】の「4　添付書面」のうち、(1)に該当します。

神谷　条文はこちらです。

（添付書面）

帰属規第 3 条　承認申請書には、次に掲げる書類を添付しなければならない。

　一～三（略）

　四　承認申請に係る土地の位置及び範囲を明らかにする図面

　五～七（略）

226　要領 8 頁（第 4 節第 1 - 2）。
227　要領 8 頁（第 4 節第 1 - 3）、**７－１－２**参照。

中里　土地の位置および範囲を明らかにする図面は、なぜ添付が必要となるのですか。

神谷　承認申請する土地の位置や範囲を確認するための図面として、書面調査や実地調査における基礎資料となるからです。また、隣接地所有者に対し境界を確認する際の資料としても利用されます[228]。

倉田　具体的にはどのような図面を添付することになりますか。

内納　地図上に、承認申請者が認識している土地の位置と範囲をマーカー等で示します。

　　使用する地図は特に限定されていませんが、不動産登記法14条1項に定める地図、同条4項に定める地図のほか、国土地理院が公開している地理院地図などが想定されています。

　　また、2,500分の1以上の縮尺が望ましいとされています[229]。

（地図等）

不登第14条　登記所には、地図及び建物所在図を備え付けるものとする。

2　前項の地図は、一筆又は二筆以上の土地ごとに作成し、各土地の区画を明確にし、地番を表示するものとする。

3　（略）

4　第1項の規定にかかわらず、登記所には、同項の規定により地図が備え付けられるまでの間、これに代えて、地図に準ずる図面を備え付けることができる。

5　前項の地図に準ずる図面は、一筆又は二筆以上の土地ごとに土地の位置、形状及び地番を表示するものとする。

6　（略）

倉田　提出する図面上に、承認申請する土地が含まれていれば足りますか。

内納　承認申請する土地だけでなく、承認申請する土地の場所が判明する程度に承認申請する土地の周辺を含む図面を添付しなければなりません[230]。

228　要領9頁（第4節第1-4）。

229　以上につき、ウェブサイト（「6-Ⅳ　添付書類」→「添付書類(1)〜(3)の記載例」のうち(1)）。

第 8 章　相続土地国庫帰属のレシピ

中里　図面を作成するに際しては、承認申請者において測量等を行う必要がありますか。

神谷　添付する図面は、承認申請者の認識を明らかにすれば足りると解されていますので、測量等は必要ありません。[231]

内納　却下事由の一つである「境界が明らかでない土地その他の所有権の存否、帰属又は範囲について争いがある土地」（帰属 2 条 3 項 5 号）における境界は、筆界ではなく所有権界を指していますので、承認申請者の認識に基づく所有権界を図面上で明らかにすれば足りることになりますね。[232]

神谷　もっとも、測量等を行った場合、その成果を任意に提出することは差し支えないとされています。[233]

内納　所有権界を明らかにした図面の作成にあたっては、法務局の地図データを利用したウェブサイトを活用する方法が便利ですので、簡単にご紹介します。

倉田　どのようなウェブサイトですか。

内納　代表的なものは「今ここ何番地？」[234]、「MAPPLE 法務局地図ビューア」[235]の二つで、いずれも無料版を誰でも利用できます。

神谷　どのような使い方ができるのですか。

内納　「今ここ何番地？」は航空写真に法務局備付きの不動産登記法14条 1 項所定の地図（以下、本項において「14条地図」といいます）データが紐づけされており、パソコンやスマートフォンの画面上で航空写真に14条地図の境界が表示されます。地番も表示されるため、画面上で承認申請しようとする土地の地番を特定するだけで、航空写真に所有権界が示された図面を簡単にプリントアウトすることができます。

神谷　プリントアウトしたものを、そのまま土地の位置および範囲を明らか

230　ウェブサイト（「6 - Ⅳ　添付書類」→「添付書類(1)～(3)の記載例」のうち(1)）。

231　要領 9 頁（第 4 節第 1 - 4 ）。

232　4 - 5 参照。

233　要領 9 頁（第 4 節第 1 - 4 ）。

234　「今ここ何番地？」〈https://office-shirado.com/imakoko/〉。

235　「MAPPLE 法務局地図ビューア」〈https://labs.mapple.com/mapplexml.html#12.86/34.7691/137.75913〉。

にする図面として提出することもできそうですね。

中里　山林などで現地が特定できないケースが散見されますが、このような場合に役立ちそうです。

内納　はい。スマートフォンの現在地情報とリンクするため、現地に出向いてスマートフォンから閲覧することにより承認申請しようとする土地を容易に特定できるので、とても便利です。

倉田　「MAPPLE 法務局地図ビューア」も同じようなウェブサイトなのでしょうか。

内納　「MAPPLE 法務局地図ビューア」は、14条地図のデータをマップル社の提供する地図データに紐づけてあります。住宅地図に14条地図の境界が表示されたものをイメージしてもらうとわかりやすいと思います。

神谷　日本全国どこでも調査が可能でしょうか。

内納　この二つは、いずれも14条地図区域に限定されていますので、14条地図が作成されていないエリアについては利用できませんが、浜松市の場合、「浜松市地図情報²³⁶」というウェブサイトが公開されており、市内全域を対象としています。

中里　同じようなウェブサイトは各自治体で公開している可能性がありますね。地元自治体のウェブサイトを調べておくとよさそうです。

倉田　ただし、添付書類として使用する際には著作権への留意をお願いします。

7-1-5-4　土地の形状を明らかにする写真

倉田　次に、承認申請する土地の形状を明らかにする写真（帰属規3条1項5号）について検討します。

　　　【書式28】の「4　添付書面」のうち、(3)に該当します。

神谷　条文はこちらです。

（添付書面）

帰属規第3条　承認申請書には、次に掲げる書類を添付しなければならない。

一～四（略）

236　「浜松市地図情報」〈https://www2.wagmap.jp/hamamatsu/Portal〉。

第 8 章　相続土地国庫帰属のレシピ

> 　　五　承認申請に係る土地の形状を明らかにする写真
> 　　六・七（略）

中里　土地の形状を明らかにする写真は、なぜ添付が必要となるのですか。

神谷　承認申請する土地の現状を明らかにするために添付が求められます。

　主として、建物や工作物等が存在しないことを確認するための資料とされます[237]。

倉田　具体的にはどのような写真を添付する必要がありますか。

内納　遠景の写真と近景の写真との双方の添付が求められます。

　　遠景の写真は、承認申請する土地の全体が確認できるようにすることを目的としています。また、前項で検討した「土地の位置および範囲を明らかにする図面」（帰属規 3 条 1 項 4 号）における位置関係を明らかにするための資料にもなります。

　　一方、近景の写真は、主として承認申請する土地上の有体物等を確認するための資料とされます。

　　なお、承認申請する土地の範囲を写真上にマーカーで示す必要があるのは、土地の位置および範囲を明らかにする図面の場合と同様です[238]。

中里　承認申請する土地が広大であるため、全景を 1 枚の写真で明らかにすることが困難な場合はどのように対応すればよいですか。

内納　その場合には複数枚の写真としても構いませんし、航空写真を用いることも可能です。また、ドローンを利用して作成することも可能です[239]。

7−1−5−5　隣接土地との境界点を明らかにする写真

倉田　続いて、承認申請する土地と隣接土地との境界点を明らかにする写真（帰属規 3 条 1 項 6 号）について検討します。

　　【書式28】の「4　添付書面」のうち、(2)に該当します。

神谷　条文はこちらです。

237　要領 9 頁（第 4 節第 1 − 5 ）。

238　以上につき、ウェブサイト（「 6 − Ⅳ　添付書類」→「添付書類(1)〜(3)の記載例」のうち(3)）。

239　要領 9 頁（第 4 節第 1 − 5 ）。

> （添付書面）
>
> 帰属規第３条　承認申請書には、次に掲げる書類を添付しなければならない。
>
> 　一～五（略）
>
> 　六　承認申請に係る土地と当該土地に隣接する土地との境界点を明らかに
> する写真
>
> 　七（略）

倉田　写真によって明らかにしなければならない境界点とは、具体的にはどのようなものでしょうか。

神谷　境界標またはそれに準じる工作物とされています。

　　　永続性のあるものとして金属標、金属鋲、プラスチック杭、コンクリート杭、石杭があげられます（不登規77条１項９号参照）。永続性の点では劣るものの、木杭でも認められます。[240]

倉田　境界標に準じる工作物の具体例も教えてください。

神谷　ブロック塀や道路のへり等があげられます。[241]

中里　このような境界標や工作物がない場合は、どのようにしたらよいですか。

内納　境界標や工作物がない場合には、亡失のおそれの少ない素材で仮杭を打つなどの方法により境界の位置を示す目印を設置します。[242]恒久性のある境界標の埋設までは求められません。[243]

倉田　具体的な対応例はありますか。

内納　ポールを立てる、プレートを置く、テープを貼る等の簡易な対応で問題ありませんが、これらの措置が写真撮影の時だけでなく、承認申請後の法務局による実地調査を経て国庫に帰属する時まで継続して設置されている必要があります。[244]

240　以上につき、ウェブサイト（「６‐Ⅳ　添付書類」→「添付書類(1)～(3)の記載例」のうち(2)）。

241　要領10頁（第４節第１‐６）。

242　ウェブサイト（「６‐Ⅳ　添付書類」→「添付書類(1)～(3)の記載例」のうち(2)）。

243　要領10頁（第４節第１‐６）。

第8章　相続土地国庫帰属のレシピ

中里　国庫に帰属する時まで継続して設置されている必要があるのはなぜですか。

内納　国は、国庫に帰属した土地について、現地に設置された境界標の範囲に限って管理することとなります。国庫帰属の時に境界標が設置されていない場合、国の管理すべき範囲が客観的に明らかとならないからです。[245]

7-1-5-6　登記承諾書

倉田　続いて、承認申請者の登記承諾書となります。

神谷　国庫帰属が承認された場合、管理予定庁により所有権移転登記が嘱託されます。具体的には財務省、農林水産省、林野庁などが想定されます。

　　この際の登記嘱託書には承認申請者の承諾書が必要になるため（不登116条1項、不登令19条1項別表73の項「添付情報」欄ロ）、承認申請の際にあらかじめ承諾書を添付することとされました（帰属規3条1項7号）。[246]

（添付書面）

帰属規第3条　承認申請書には、次に掲げる書類を添付しなければならない。

　一～六　（略）

　七　法第11条第1項の規定により承認申請に係る土地の所有権が国庫に帰属した場合には当該土地の所有権が国庫に帰属したことを原因とする国が登記権利者となる所有権の移転の登記を官庁が嘱託することを承諾したことを証する書面（承認申請者等が記名し、承認申請書に押印したものと同一の印を用いて押印したもの又は前条第1項ただし書の認証を受けたものに限る。）

内納　もっとも、後掲する承認申請書2頁目（【書式31】）7(2)に「承認申請に係る土地の所有権が国庫に帰属した場合、国庫帰属後に土地を管理する国の機関によって、私から国の機関への所有権移転の登記嘱託が行われることを承諾します」との記載とチェック欄があり、ここにチェックマークを付すことにより登記承諾書を添付したのと同じ効果が得られる取扱いと

244　ウェブサイト（「6-Ⅳ　添付書類」→「添付書類(1)～(3)の記載例」のうち(2)）。

245　要領10頁（第4節第1-6）。

246　要領10頁（第4節第1-7）。

7 承認申請手続

なっています。[247]

　　したがって、【書式31】の承認申請書を使用する場合は、別途承諾書を添付する必要はありません。

中里　ところで、【書式28】の「４　添付書面」では、⑷で印鑑証明書の添付が必要とされています（帰属規２条１項）。

　　この印鑑証明書は、承諾書に押印された印鑑が実印であることを証するための印鑑証明書（不登令19条２項）として提出するものと理解すればよいですか。

神谷　はい、そのとおりです。

　　したがって、承認申請書の該当欄にチェックマークを付さずに別途登記承諾書を提出するような場合でも、印鑑証明書は１通添付すれば足ります。[248]

中里　承認申請者が在外者のように印鑑証明書を提供できない場合、承認申請書や、別途提出する場合の登記承諾書に公証人の認証を受けるなどの措置が必要になるということですね（帰属規２条１項ただし書）。

（承認申請書の記載事項）

帰属規第２条　承認申請書には、法第３条第１項各号に掲げる事項のほか、次に掲げる事項を記載し、承認申請者又はその代表者若しくは法定代理人（以下「承認申請者等」という。）が記名押印しなければならない。ただし、承認申請者等が署名した承認申請書について公証人又はこれに準ずる者の認証を受けたときは、承認申請書に記名押印することを要しない。

　一～三（略）

２　（略）

３　承認申請書には、第１項の規定により記名押印した者の印鑑に関する証明書（住所地の市町村長（特別区の区長を含むものとし、地方自治法（昭和22年法律第67号）第252条の19第１項の指定都市にあっては、市長又は区長若しくは総合区長とする。）又は登記官が作成するものに限る。）を添付

247　ウェブサイト（「６-Ⅲ　申請書の記載例、様式」→「Ａ　単独申請の場合の記載例」）。

248　承認申請者の押印と印鑑証明書については、７-２-４参照。

第8章　相続土地国庫帰属のレシピ

しなければならない。ただし、次に掲げる場合は、この限りではない。

一～三　（略）

7-2　承認申請書の記載事項（2頁目・3頁目）

倉田　続いて、承認申請書2頁目・3頁目（【書式31】）を確認していきましょう。

【書式31】　承認申請書④（2頁目・3頁目）

2/5

（任意書面）
　　　　■　固定資産評価証明書
　　　　■　承認申請土地の境界等に関する資料
　　　　□　その他　（　　　　　　　　　　　　　　）
5　審査手数料　　1万4000円
6　承認申請に係る土地の状況　　別紙のとおり
7　その他
(1)　私は、静岡地方法務局が、審査に当たって承認申請に係る土地の状況を確認する目的で、当該土地の固定資産課税台帳の情報（土地の所在・地番、現況地目及び現況地積（課税））を地方公共団体から取得することを承諾します。
　　　　□　はい
(2)　私は、本承認申請に係る土地の所有権が国庫に帰属した場合、国庫帰属後に土地を管理する国の機関によって、私から国の機関への所有権移転の登記嘱託が行われることを承諾します。
　　　　■　はい
(3)　私は、静岡地方法務局が、本承認申請に係る土地を有効活用する観点から寄附受付の可能性等を確認するため、関係する国の行政機関、地方公共団体や土地の有効活用に資する団体等に対し、本承認申請に係る情報（承認申請があった旨、承認申請に係る土地の所在・地番、承認申請者名、承認申請に係る土地の位置及び範囲を明らかにする図面・承認申請に係る土地と当該土地に隣接する土地との境界点を明らかにする写真・承認申請に係る土地の

形状を明らかにする写真）を提供することを承諾します。

　　　　■　　はい

- -

　　　　　　　　　　　　　3／5

　　本件申請の内容は真実に相違ありません。

　　相続等により取得した土地所有権の国庫への帰属に関する法律（令和3年法律第25号。以下「法」という。）第2条第1項に基づき、上記のとおり、申請します。

　　承認申請者　　　住　　所　　　静岡県浜松市中央区砂山一丁目1番1号

　　　　　　　　　　氏　　名　　　鈴　木　太　郎　㊞

　　　　　　　　　　連絡先　　　053-111-1111

（申請書の作成を資格者が代行する場合）

　　承認申請書作成者

　　　　　　　　　　住　　所　　　静岡県浜松市中央区中央三丁目3番3号

　　　　　　　　　　氏　　名　　　司法書士　倉　田　和　宏

　　　　　　　　　　連絡先　　　電話　053-555-5555

　　　　　　　　　　　　　　　　メールアドレス　kuratakurata@kurata.com

７−２−１　任意の添付書面

倉田　添付書面の続きとして、任意書面が掲げられています。

神谷　承認申請する土地に関する固定資産評価証明書の添付は任意ですが、添付しない場合、【書式31】の「7　その他」(1)のチェックボックスにチェックマークを付し、法務局において固定資産台帳の情報を地方公共団体から取得することに承諾しなければなりません。[249]

倉田　承認申請する土地の境界等に関する資料とありますが、これは具体的に何を指しますか。

神谷　承認申請者が承認申請に先立って任意に測量等を実施した場合に、その成果を資料として提出するケース等が想定されます。[250]

249　ウェブサイト（「6−Ⅲ　申請書の記載例、様式」→「A　単独申請の場合の記載例」）。

第 8 章　相続土地国庫帰属のレシピ

中里　「その他」とあるのは、どのような書面が想定されていますか。

内納　却下事由（帰属 2 条 3 項）や不承認事由（帰属 5 条）に関係する書面が想定できます。

倉田　具体的にはどのような書面になりますか。

内納　法務局が関係機関から提供を受けることができる書面（帰属 7 条）は、これに該当するものと考えられます。

　　たとえば、墓地内の土地は却下事由に該当します（帰属 2 条 3 項 3 号、帰属令 2 条 2 号）。墓地内の土地であるか否かは、関係機関から提供を受けた墓地の許可に関する資料による書面調査で確認されますが、承認申請者[251]が、墓地としての許可が取り消されたことを証する書面を所持している場合、これを添付書面として提出することにより円滑な調査に役立ちます。

神谷　ほかにも、法務局は土壌汚染対策法 2 条 1 項に規定する特定有害物質により汚染されている土地に該当するか否かについて関係機関から提供を受けた特定有害物質に関する資料により確認するものとされており、提供された資料により汚染されている土地に該当する可能性があると疑われる場合には、承認申請者に対し、特定有害物質により汚染されていないことを証する資料（上申書）の提出を求めることとされていますが（帰属 6 条 2 項）[252]、この場合の上申書を承認申請時にあらかじめ提出しておくことも可能でしょう。

7-2-2　審査手数料

倉田　次に、【書式31】のうち「5　審査手数料」とありますが、これはすでに検討した承認申請者が納付すべき負担金とは別に、承認申請者が負担しなければならない手数料となるのですね。

神谷　はい。負担金は国庫帰属後の国による土地の管理費用の前払いという性質がありましたが[253]、審査手数料は、法務局が却下、承認、不承認の判断をするために行う審査に要する費用であり、承認申請する土地一筆ごとに

250　7-1-5-3 参照。

251　4-3-2 参照。

252　4-4 参照。

253　6-1 参照。

7　承認申請手続

　1万4000円を納めなければなりません（帰属3条2項、帰属令3条）。

（承認申請等）

帰属第3条（略）

2　承認申請者は、法務省令で定めるところにより、物価の状況、承認申請に対する審査に要する実費その他一切の事情を考慮して政令で定める額の手数料を納めなければならない。

（承認申請の手数料）

帰属令第3条　法第3条第2項の規定により納付すべき手数料の額は、承認申請に係る土地の一筆ごとに1万4千円とする。

中里　現金納付をするのですか。

神谷　承認申請書に収入印紙を貼付して納めます（帰属規5条1項）。なお、印紙に割印はしません[254]。

中里　負担金のように、隣接する土地を一括して承認申請する場合における軽減措置はありますか[255]。

神谷　軽減措置はありません[256]。

倉田　承認申請が却下されたり承認されなかったりした場合、審査手数料は返還されるのですか。

神谷　いったん納めた審査手数料は、いかなる場合も返還されません（帰属規5条2項）[257]。

　　承認申請者が承認申請を取り下げた場合も同様です[258]。

254　Q&A4-2。

255　6-2-4参照。

256　Q&A4-3。

257　Q&A4-5。

258　Q&A4-4。

第 8 章　相続土地国庫帰属のレシピ

> （手数料の納付方法等）
>
> 帰属規第 5 条
>
> 1　法第 3 条第 2 項の規定による手数料の納付は、承認申請書に手数料の額に相当する収入印紙を貼り付けててするものとする。
>
> 2　前項の手数料は、これを納付した後においては、返還しない。

倉田　そのような取扱いとなったのは、どのような理由によるのですか。

神谷　承認申請があった場合、法務局は書面調査や実地調査に着手するほか、地方公共団体等に連絡し必要な情報収集をするなど、一定の行政コストが発生します。審査手数料はそのための対価として納めるものだからです。[259]

中里　誤って過分に納付してしまった場合も、差額分の返還は受けられませんか。

内納　その場合には差額分について償還手続が用意されています。

　　　法務局が承認申請者に連絡をして償還を請求する旨の書面を提出させたうえで、払戻しのための手続を行うことになります。[260]

倉田　逆に、納めた審査手数料が不足している場合は、どのような取扱いとなりますか。

内納　法務局から承認申請者に対し不足額を通知し、補正の機会を与えるものとされています。なお、補正期間の目安は 2 週間とされています。[261]

中里　筆数が多数となる場合は審査手数料も高額化する一方、承認申請をしたとしても却下されたり承認されなかったりすればその全額が返還されないとなると、承認申請をためらうケースも予測できますね。

内納　適切な方法であるのかについては疑問が残りますが、Q&A では隣接する数十筆の土地のうち一筆に限って承認申請し、これが承認された後に残りの土地についてあらためて承認申請する方法も認めています。[262]

259　Q&A 4 - 6 。

260　要領11頁（第 4 節第 4 - 4 ）。

261　要領11頁（第 4 節第 4 - 3 ）。

262　Q&A 4 - 7 。

508

7　承認申請手続

7－2－3　土地の状況ほか

倉田　続いて、【書式31】のうち「6　承認申請に係る土地の状況」については「別紙のとおり」と不動文字で印刷されておりますが、ここでいう「別紙」は承認申請書の4頁（【書式32】）を指していますので、後述します[263]。

　次に、「7　その他」ですが、このうち(1)については、固定資産評価証明書を任意に提出しない場合にチェックマークを付す必要がある旨の指摘がありました[264]。

神谷　そのとおりです。固定資産評価証明書を任意に添付する場合、チェックマークを付す必要はありません。

倉田　(2)についても、チェックマークを付すことにより所有権移転嘱託登記の承諾書の添付が不要となる取扱いであることがすでに指摘されました[265]。

中里　この欄にチェックマークを付さず、登記承諾書も添付しない場合はどうなりますか。

神谷　補正の対象となりますが、承認申請者が補正に応じない場合、承認申請は却下されます（帰属4条1項2号・3条1項本文）[266]。

倉田　(3)はどのようなことを意味しているのですか。

内納　国は、承認申請された土地を有効活用するため、関係機関や地方公共団体、その他土地の有効活用に資する団体等に対し、寄附受けや他の制度の活用可能性について確認するとされています[267]。そこで、これらの団体に対して承認申請する土地の情報を提供することについてあらかじめ承認申請者からの承諾を得ておくために、この欄にチェックマークを付すことを求めています。

中里　照会を受けた関係機関や地方公共団体等が承認申請された土地の取得

263　7－3参照。

264　7－2－1参照。

265　7－1－5－6参照。

266　ウェブサイト（「6－Ⅲ　申請書の記載例、様式」→「A　単独申請の場合の記載例」）。

267　要領16頁（第8節－1）。

509

第 8 章　相続土地国庫帰属のレシピ

を希望する場合、国庫への帰属ではなく、希望する団体への寄附等が行われる可能性もあるということですね。

内納　そのとおりです。この場合、国は承認申請に係る処分を留保し、以後、国は関係機関や地方公共団体等と承認申請者との間における連絡調整[268]だけを担い、具体的な寄附等に関する調整は関係機関や地方公共団体等と承認申請者とが直接行うことになります。[269]

倉田　この欄へのチェックマークは必須項目となるのでしょうか。

内納　必須ではなく、チェックがない場合は関係機関や地方公共団体等への情報提供が行われません。[270]もっとも、土地の有効利用を図るための協力事項となりますので、[271]あえて反対する蓋然性は見当たらないものと考えます。

7-2-4　承認申請者の押印と連絡先

倉田　【書式31】では、承認申請者の押印欄があります。

　　　この押印は実印によらなければならず、印鑑証明書を添付しなければなりません（帰属規2条1項・3項）。[272]

中里　承認申請書に承認申請者の実印を押印させ、印鑑証明書の添付を求める理由は何ですか。

内納　承認申請者の申請意思を確認するためであると説明されています。[273]

倉田　添付する印鑑証明書の有効期限は定められていますか。

内納　有効期限の定めはありません。[274]

中里　印鑑証明書の原本還付請求は可能ですか。

内納　原本還付請求はできません。[275]この印鑑証明書が、国への所有権移転登

268　要領17頁（第8節-4）。

269　要領17頁（第8節-5）。

270　要領16頁（第8節-2）、Q&A 3-14。

271　ウェブサイト（「6-Ⅲ　申請書の記載例、様式」→「A　単独申請の場合の記載例」）。

272　7-1-5-6参照。

273　要領4頁（第3節第1-2）。

274　要領5頁（第3節第1-3）。

275　要領14頁（第6節1）、Q&A 3-10。

510

記を嘱託する際の添付書面として使用されるためです（不登令19条2項）。

神谷　なお、法人が承認申請者となる場合で、承認申請書に会社法人等番号を記載した場合は、法人の印鑑証明書の添付を省略することができます（帰属規2条3項1号）。

（承認申請書の記載事項）

帰属規第2条（略）

2　（略）

3　承認申請書には、第1項の規定により記名押印した者の印鑑に関する証明書（住所地の市町村長（特別区の区長を含むものとし、地方自治法（昭和22年法律第67号）第252条の19第1項の指定都市にあっては、市長又は区長若しくは総合区長とする。）又は登記官が作成するものに限る。）を添付しなければならない。ただし、次に掲げる場合は、この限りではない。

一　会社法人等番号（商業登記法（昭和38年法律第125号）第7条（他の法令において準用する場合を含む。）に規定する会社法人等番号をいう。以下この号及び次条第3号において同じ。）を有する法人の代表者又は代理人が記名押印した者である場合において、その会社法人等番号を承認申請書に記載したとき。

二・三（略）

倉田　次に、法定代理人による承認申請の場合についても検討していきます。

　　　親権者が未成年者の法定代理人として承認申請する場合の押印すべき印鑑と添付すべき印鑑証明書について整理してください。

神谷　この場合、承認申請書には親権者の実印を押印し、親権者の印鑑に関する印鑑証明書を添付します。[276]

倉田　未成年者の押印や印鑑証明書の添付は必要ありませんか。

神谷　はい、必要ありません。

中里　印鑑登録をしている未成年者が、親権者の同意を得たうえで承認申請書に記名押印するケースも想定できますが、その場合はどのように対応す

276　要領5頁（第3節第1-2(3)）。

第8章　相続土地国庫帰属のレシピ

ればよいですか。

内納　承認申請書に押印された未成年者の印鑑に関する印鑑証明書を添付するほか、法定代理人の同意を証する書面に親権者が実印を押印し、親権者の印鑑に関する印鑑証明書も添付しなければなりません。[277]

中里　なお、未成年者が共同親権に服している場合、父母双方が実印を押印し、父母双方の印鑑証明書を添付しなければならない点にご注意ください。

倉田　成年後見人や所有者不明土地管理人など、親権者以外の法定代理人からの承認申請の場合はいかがでしょう。

神谷　承認申請書に押印すべき者、添付すべき印鑑証明書は、いずれも親権者の場合と同じですので、法定代理人の実印を押印し、これに関する印鑑証明書を添付します。

中里　成年後見人として司法書士が承認申請する場合、選任審判書や登記事項証明書に記載されている成年後見人の住所を事務所所在地としているケースも少なくないと思います。そうすると、承認申請書に記載した成年後見人である司法書士の住所、法定代理人の代理権を証する書面として添付する登記事項証明書等に記載されている住所、印鑑証明書上の住所に齟齬が生じることが想定されますが、このような場合にはどのような対応をすればよいですか。

神谷　裁判所によって選任された法定代理人の場合、承認申請書に裁判所書記官が作成した印鑑証明書を添付することが認められています（帰属規2条3項3号）。

　　　したがってこのようなケースでは、承認申請書に司法書士の事務所所在地を記載して裁判所書記官に職務上使用する印鑑として届け出た印鑑を押印し、この印鑑に関する裁判所書記官作成の印鑑証明書を添付する方法が考えられます。

　（承認申請書の記載事項）
　帰属規第2条（略）

277　要領5頁（第3節第1-2(3)）。

2・3　（略）

　　一・二　（略）

　　三　裁判所によって選任された者がその職務上行う承認申請の承認申請書
　　　に押印した印鑑に関する証明書であって、裁判所書記官が最高裁判所規
　　　則で定めるところにより作成したものが添付されているとき。

内納　登記事項証明書等に事務所所在地ではなく自宅の住所が記載されてい
　　る場合には、承認申請書に個人の実印を押印し、市区町村長が作成した印
　　鑑証明書を添付することもできますね。

神谷　日本司法書士会連合会が発行する登録事項証明書には、司法書士の事
　　務所の所在地と個人の住所の両方が記載されていますので、この登録事項
　　証明書を添付することにより、承認申請書に個人の実印を押印し、市区町
　　村長が作成した印鑑証明書を添付する方法も可能です。

倉田　【書式31】では、承認申請者の連絡先の記載欄もありますが、連絡先
　　の記載は必須項目ですか。

神谷　必須項目です。原則として電話番号を記載します（帰属規2条2項1
　　号）。

　（承認申請書の記載事項）

帰属規第2条　（略）

　2　承認申請書には、前項各号に掲げる事項のほか、次に掲げる事項を記載
　　するものとする。

　　一　承認申請者又は法定代理人の電話番号その他の連絡先

　　二〜四　（略）

　3　（略）

中里　「その他の連絡先」とは何を指しますか。

内納　任意の記載事項としてメールアドレス等を記載することができます。[278]

278　ウェブサイト（「6-Ⅲ　申請書の記載例、様式」→「A　単独申請の場合の記載
　　例」）。

第8章　相続土地国庫帰属のレシピ

7−2−5　書類作成者

倉田　次に、承認申請書の作成代行者に関する項目を確認しましょう。

中里　業として承認申請書の作成代行をすることができるのは、弁護士、司法書士、行政書士に限定されるのでしたね。[279]

倉田　【書式31】に掲載したように、書類作成者のメールアドレスを記載することができるのですね。

神谷　はい。承認申請者の連絡先の場合と同様に、任意的な記載事項として認められています。[280]

内納　オンラインによる承認申請は認められていないとのことでしたが、[281]書類作成者のメールアドレスを記載しておくことにより、登記のオンライン申請のようにメールによる事務連絡を受けることができるのですか。

神谷　司法書士は書類作成者にすぎませんので、承認申請に関する事務連絡は原則として承認申請者本人に宛てて行われることになるでしょう。

7−3　承認申請書の記載事項（4頁目）

倉田　続いて、承認申請書4頁目（【書式32】）を確認します。

　　　ここは、【書式31】の「6　承認申請に係る土地の状況」に関する別紙に相当する箇所となります。[282]

　　　なお、承認申請書の5頁目は収入印紙貼付欄となりますので、記載例の紹介は省略します。

【書式32】　承認申請書⑤（4頁目）

---

4 / 5

（別紙）承認申請に係る土地の状況について

■　建物の存する土地ではありません。（法第2条第3項第1号）

■　担保権又は使用及び収益を目的とする権利が設定されている土地ではあ

279　2−1参照。

280　ウェブサイト（「6−Ⅲ　申請書の記載例、様式」→「A　単独申請の場合の記載例」）。

281　Q&A3−2、7−1−1参照。

282　7−2−3参照。

りません。（法第2条第3項第2号）

☐ 【森林の場合】森林組合等への森林経営委託契約等の管理や経営に関する委託契約を締結している土地、入会権・経営管理権が設定されている土地ではありません。（法第2条第3項第2号）

■ 通路その他の他人による使用が予定される土地ではありません。（法第2条第3項第3号）

☐ 【森林の場合】他人による使用が予定される林道、登山道が含まれる土地ではありません。（法第2条第3項第3号）

■ 土壌汚染対策法第2条第1項に規定する特定有害物質により汚染されている土地ではありません。（法第2条第3項第4号）

■ 境界が明らかでない土地その他の所有権の存否、帰属又は範囲について争いがある土地ではありません。（法第2条第3項第5号）

■ 崖（勾配30度以上であり、かつ、高さが5メートル以上のもの）がある土地のうち、その通常の管理に当たり過分の費用又は労力を要するものではありません。（法第5条第1項第1号）

■ 土地の通常の管理又は処分を阻害する工作物、車両又は樹木その他の有体物が地上に存する土地ではありません。（法第5条第1項第2号）

■ 除去しなければ土地の通常の管理又は処分をすることができない有体物が地下に存する土地ではありません。（法第5条第1項第3号）

■ 隣接する土地の所有者等との争訟によらなければ通常の管理又は処分をすることができない土地（隣接所有者等によって通行が現に妨害されている土地）ではありません。（法第5条第1項第4号）

■ 隣接する土地の所有者等との争訟によらなければ通常の管理又は処分をすることができない土地（所有権に基づく使用収益が現に妨害されている土地）ではありません。（法第5条第1項第4号）

☐ 【別荘地の場合】別荘地管理組合等から管理費用が請求されるなどのトラブルが発生する土地ではありません。（法第5条第1項第4号）

☐ 【森林の場合】立木を第三者に販売する契約を締結している土地ではありません。（法第5条第1項第4号）

■ 土砂崩落、地割れなどに起因する災害による被害の発生防止のため、土地の現状に変更を加える措置を講ずる必要がある土地（軽微なものを除く）ではありません。（法第5条第1項第5号）

第 8 章　相続土地国庫帰属のレシピ

■　鳥獣や病害虫などにより、当該土地又は周辺の土地に存する人の生命若
しくは身体、農産物又は樹木に被害が生じ、又は生ずるおそれがある土地
（軽微なものを除く）ではありません。（法第 5 条第 1 項第 5 号）

□　【森林の場合】適切な造林・間伐・保育が実施されておらず、国による整
備が追加的に必要な森林ではありません。（法第 5 条第 1 項第 5 号）

■　国庫に帰属した後、国が管理に要する費用以外の金銭債務を法令の規定
に基づき負担する土地ではありません。（法第 5 条第 1 項第 5 号）

■　国庫に帰属したことに伴い、法令の規定に基づき承認申請者の金銭債務
を国が承継する土地ではありません。（法第 5 条第 1 項第 5 号）

　私は、本承認申請に係る土地の状況について、上記のとおり、法第 2 条第
3 項に規定する申請できない土地及び同法第 5 条第 1 項に規定する帰属の承
認ができない土地に該当しないことを確認しました。

承認申請者氏名　　鈴木太郎

神谷　【書式32】は、いずれも却下事由や不承認事由に該当する土地ではな
いことについての承認申請者からの申告となりますので、原則として該当
する項目のすべてにチェックマークを付すことになります。

8　承認申請書と合算申出書の起案

倉田　以上の検討事項を踏まえ、事案に基づき承認申請書と合算申出書の起
案をしてみます。

8-1　承認申請書

倉田　承認申請書を起案してみましょう。

　事案❽の概要は次のとおりです（〔**図表34**〕）。

　被相続人である神内 A 夫は、令和 2 年 2 月 2 日に死亡しました。神内
A 夫の相続人は、妻である神内 B 子、長男である神内 C 男および長女で
ある神内 D 美の 3 名です。神内 B 子は、成年被後見人であり、成年後見

516

人として里田E介が就任しています。

　神内A夫の相続財産の一部に、X土地（静岡県浜松市天竜区佐久間町佐久間字佐久間7番7）があります。神内A夫は、生前、X土地の持分5分の3を、自身が代表取締役を務める株式会社カミウチに売却しました。株式会社カミウチの現在の代表取締役は中倉F也です。一方、X土地の持分5分の2については、相続登記が経由されておらず、登記名義は神内A夫のままです。

　神内C男、神内D美、中倉F也、里田E介の4名は、X土地について、国庫帰属の承認申請の検討を重ねた結果、承認申請することとしました。なお、X土地は神内B子の居住用財産ではありません。

　神内C男は、国庫帰属の承認申請の検討にあたってX土地の固定資産評価証明書を取得しています。なお、測量は行っていません。

　神内C男らは、国庫帰属の承認申請については、司法書士納谷F郎に書類作成を依頼することとしました。

　国庫帰属が承認された場合の負担金については、相続人が法定相続分に応じて負担するととしましたが、その納付は、神内C男が代表して全額を納付することとしました。

〔図表34〕　事案❽の関係図

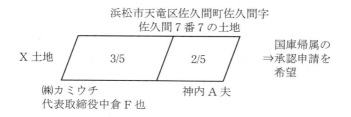

第 8 章　相続土地国庫帰属のレシピ

　　事案❽のケースでは、承認申請書（【書式33】）とその添付書類（【書式
34】～【書式36】）は次のとおり作成することができます。

【書式33】　承認申請書（事案❽）

1／5

相続土地国庫帰属の承認申請書

令和 6 年 8 月 1 日

静岡地方法務局長　　殿

1　承認申請者　氏　名　　神内 B 子
　　　　　　　　住　所　　静岡県浜松市中央区伝馬町 1 番 1 号
　　　　　上記成年後見人
　　　　　　　　氏　名　　里田 E 介
　　　　　　　　住　所　　静岡県浜松市中央区連尺 2 番 2 号
　　　　　　　　　　　　　連尺ビル 2 階
　　　　　　　　氏　名　　神内 C 男
　　　　　　　　住　所　　静岡県浜松市浜名区小松 3 番地の 3
　　　　　　　　氏　名　　神内 D 美
　　　　　　　　住　所　　兵庫県神戸市垂水区垂水町 4 番 4 号
　　　　　　　　名　称　　株式会社カミウチ
　　　　　　　　　　　　　（会社法人等番号：0804-01-555555）
　　　　　　　　住　所　　静岡県浜松市中央区田町 6 番 6 号
　　　　　　　　代表者氏名　代表取締役　中倉 F 也
2　承認申請に係る土地
　　　　所　在　　静岡県浜松市天竜区佐久間町佐久間字佐久間
　　　　地　番　　7 番 7
　　　　地　目　　畑
　　　　地　積　　300㎡
3　承認申請に係る土地の所有権登記名義人（又は表題部所有者）
　　　　氏　名　　神内 A 夫
　　　　住　所　　静岡県浜松市中央区伝馬町 1 番 1 号

518

名　称　　株式会社カミウチ

　　　　　（会社法人等番号：0804-01-555555）

住　所　　静岡県浜松市中央区田町6番6号

代表者氏名　代表取締役　中倉F也

2／5

4　添付書類

　（必須書面）

■　(1)　承認申請に係る土地の位置及び範囲を明らかにする図面

■　(2)　承認申請に係る土地と当該土地に隣接する土地との境界点を明らかにする写真

■　(3)　承認申請に係る土地の形状を明らかにする写真

■　(4)　神内C男の印鑑証明書

　　　　神内D美の印鑑証明書

　　　　里田E介の印鑑証明書及び成年後見登記事項証明書

　　　　（株式会社カミウチの印鑑証明書及び資格証明書はいずれも添付省略）

（遺贈によって土地を取得した相続人の必須書面）

□　(5)　相続人が遺贈を受けたことを証する書面

（承認申請者と所有権登記名義人が異なる場合の必須書面）

■　(6)　土地の所有権登記名義人から相続又は一般承継があったことを証する書面

　　　　神内A夫の法定相続情報一覧図

（承認申請者と所有権登記名義人は同一だが、登記記録に記載されている氏名又は住所に変更がある場合の必須書面）

□　(7)　氏名又は住所の変更があったことを証する書面

（任意書面）

■　　固定資産評価証明書

□　　承認申請土地の境界等に関する資料

□　　その他　（　　　　　　　　　　　　　　　　）

5　審査手数料　　1万4000円

6　承認申請に係る土地の状況　　別紙のとおり

7　その他

(1)　私は、静岡地方法務局が、審査に当たって承認申請に係る土地の状況を確認する目的で、当該土地の固定資産課税台帳の情報（土地の所在・地番、現況地目及び現況地積（課税））を地方公共団体から取得することを承諾します。

　　　□　はい

(2)　私は、本承認申請に係る土地の所有権が国庫に帰属した場合、国庫帰属後に土地を管理する国の機関によって、私から国の機関への所有権移転の登記嘱託が行われることを承諾します。

　　　■　はい

(3)　私は、静岡地方法務局が、本承認申請に係る土地を有効活用する観点から寄附受付の可能性等を確認するため、関係する国の行政機関、地方公共団体や土地の有効活用に資する団体等に対し、本承認申請に係る情報（承認申請があった旨、承認申請に係る土地の所在・地番、承認申請者名、承認申請に係る土地の位置及び範囲を明らかにする図面・承認申請に係る土地と当該土地に隣接する土地との境界点を明らかにする写真・承認申請に係る土地の形状を明らかにする写真）を提供することを承諾します。

　　　■　はい

(4)　承認後の納入告知書を代表して受領する申請人　神内Ｃ男

3 / 5

　本件申請の内容は真実に相違ありません。

　相続等により取得した土地所有権の国庫への帰属に関する法律（令和３年法律第25号。以下「法」という）第２条第１項に基づき、上記のとおり、申請します。

　　　　申請者　　氏　名　　神内Ｂ子

　　　　　　　　住　所　　静岡県浜松市中央区伝馬町１番１号

　　　　上記成年後見人

氏　名　　里田Ｅ介　㊞

住　所　　静岡県浜松市中央区連尺２番２号
　　　　　連尺ビル２階

連絡先　　電話　053-888-8888
　　　　　メールアドレス　sss-eee@shiho.co.jp

氏　名　　神内Ｃ男　㊞

住　所　　静岡県浜松市浜名区小松３番地の３

連絡先　　電話　053-999-9999
　　　　　メールアドレス　kkk-ccc@kamiuchi.co.jp

氏　名　　神内Ｄ美　㊞

住　所　　兵庫県神戸市垂水区垂水町４番４号

連絡先　　電話　078-000-0000
　　　　　メールアドレス　kami-ddd@kamiccha.co.jp

名　称　　株式会社カミウチ
　　　　　（会社法人等番号：0804-01-555555）

住　所　　静岡県浜松市中央区田町６番６号

代表者氏名　代表取締役　中倉Ｆ也　㊞

連絡先　　電話　053-123-1234
　　　　　メールアドレス　kamiuchi@kami.com

（申請書の作成を資格者が代行する場合）
　　承認申請書作成者

住　所　　静岡県浜松市中央区中央十丁目10番10号
　　　　　納谷司法書士事務所

氏　名　　司法書士　納谷Ｆ郎

連絡先　　電話　053-234-2345
　　　　　メールアドレス　naya-ff@lou.or.jp

4／5

（別紙）承認申請に係る土地の状況について

■　建物の存する土地ではありません。（法第２条第３項第１号）

第 8 章　相続土地国庫帰属のレシピ

- ■　担保権又は使用及び収益を目的とする権利が設定されている土地ではありません。（法第 2 条第 3 項第 2 号）
- □　【森林の場合】森林組合等への森林経営委託契約等の管理や経営に関する委託契約を締結している土地、入会権・経営管理権が設定されている土地ではありません。（法第 2 条第 3 項第 2 号）
- ■　通路その他の他人による使用が予定される土地ではありません。（法第 2 条第 3 項第 3 号）
- □　【森林の場合】他人による使用が予定される林道、登山道が含まれる土地ではありません。（法第 2 条第 3 項第 3 号）
- ■　土壌汚染対策法第 2 条第 1 項に規定する特定有害物質により汚染されている土地ではありません。（法第 2 条第 3 項第 4 号）
- ■　境界が明らかでない土地その他の所有権の存否、帰属又は範囲について争いがある土地ではありません。（法第 2 条第 3 項第 5 号）
- ■　崖（勾配が30度以上であり、かつ、高さが 5 メートル以上のもの）がある土地のうち、その通常の管理に当たり過分の費用又は労力を要するものではありません。（法第 5 条第 1 項第 1 号）
- ■　土地の通常の管理又は処分を阻害する工作物、車両又は樹木その他の有体物が地上に存する土地ではありません。（法第 5 条第 1 項第 2 号）
- ■　除去しなければ土地の通常の管理又は処分をすることができない有体物が地下に存する土地ではありません。（法第 5 条第 1 項第 3 号）
- ■　隣接する土地の所有者等との争訟によらなければ通常の管理又は処分をすることができない土地（隣接所有者等によって通行が現に妨害されている土地）ではありません。（法第 5 条第 1 項第 4 号）
- ■　隣接する土地の所有者等との争訟によらなければ通常の管理又は処分をすることができない土地（所有権に基づく使用収益が現に妨害されている土地）ではありません。（法第 5 条第 1 項第 4 号）
- □　【別荘地の場合】別荘地管理組合等から管理費用が請求されるなどのトラブルが発生する土地ではありません。（法第 5 条第 1 項第 4 号）
- □　【森林の場合】立木を第三者に販売する契約を締結している土地ではありません。（法第 5 条第 1 項第 4 号）
- ■　土砂崩落、地割れなどに起因する災害による被害の発生防止のため、土地の現状に変更を加える措置を講ずる必要がある土地（軽微なものを除く）

ではありません。(法第 5 条第 1 項第 5 号)
- ■ 鳥獣や病害虫などにより、当該土地又は周辺の土地に存する人の生命若しくは身体、農産物又は樹木に被害が生じ、又は生ずるおそれがある土地（軽微なものを除く）ではありません。(法第 5 条第 1 項第 5 号)
- □ 【森林の場合】適切な造林・間伐・保育が実施されておらず、国による整備が追加的に必要な森林ではありません。(法第 5 条第 1 項第 5 号)
- ■ 国庫に帰属した後、国が管理に要する費用以外の金銭債務を法令の規定に基づき負担する土地ではありません。(法第 5 条第 1 項第 5 号)
- ■ 国庫に帰属したことに伴い、法令の規定に基づき承認申請者の金銭債務を国が承継する土地ではありません。(法第 5 条第 1 項第 5 号)

私は、本承認申請に係る土地の状況について、上記のとおり、法第 2 条第 3 項に規定する申請をすることができない土地及び同法第 5 条第 1 項に規定する帰属の承認ができない土地に該当しないことを確認しました。

申請者氏名　　神内Ｂ子　　成年後見人　　里田Ｅ介
　　　　　　　神内Ｃ男
　　　　　　　神内Ｄ美
　　　　　　　株式会社カミウチ　代表取締役　中倉Ｆ也

5/5

収入印紙貼付台紙

中里　【書式33】の 7 ⑷に「承認後の納入通知を代表して受領する申請人」の記載があります。【書式31】にはない記載事項ですが、なぜこのような

第8章　相続土地国庫帰属のレシピ

事項が必要になるのですか。

内納　【**書式31**】の承認申請書は、承認申請者が一人であることを想定した記載例です。一方、**事案❽**のように承認申請する土地が共有の場合、共有者のうちの一人に納入告知書が送付されることになりますので、共有者を代表して納入告知書を受領する者を承認申請書に記載することが求められ[283]ます。[284]

倉田　ところで、7⑷には「承認申請者」ではなく「申請人」と記載されていますが、この点は何か理由があるのでしょうか。

神谷　ウェブサイト上に掲載された記載例で「申請人」とされているのです[285]が、特段の理由は示されておりません。「国庫帰属の承認申請をする者」ではなく、「納入告知書を代表して受領することを申請する者」という趣旨で書き分けているのでしょうか。

283　ウェブサイト（「7　負担金」→「負担金の算定についての詳細」→「負担金の納付方法」）。

284　承認申請者が複数名である場合、負担金納付期限について注意を要する。6-1参照。

285　ウェブサイト（「6-Ⅲ　申請書の記載例、様式」→「B　共同申請の場合（共有地の申請）の記載例」）。

8 承認申請書と合算申出書の起案

【書式34】 土地の位置及び範囲を明らかにする図面（事案❽）

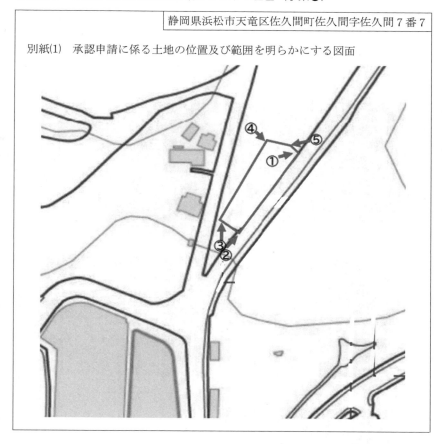

静岡県浜松市天竜区佐久間町佐久間字佐久間 7 番 7

別紙(1) 承認申請に係る土地の位置及び範囲を明らかにする図面

525

第 8 章　相続土地国庫帰属のレシピ

【書式35】　隣接土地との境界点を明らかにする写真（事案❽）

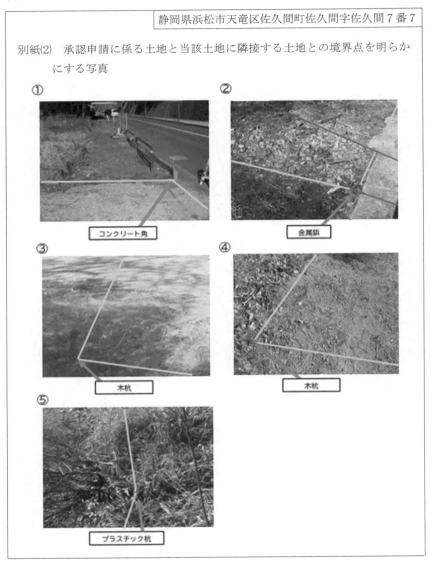

静岡県浜松市天竜区佐久間町佐久間字佐久間 7 番 7

別紙(2)　承認申請に係る土地と当該土地に隣接する土地との境界点を明らかにする写真

① コンクリート角
② 金属鋲
③ 木杭
④ 木杭
⑤ プラスチック杭

【書式36】 土地の形状を明らかにする写真（事案❽）

静岡県浜松市天竜区佐久間町佐久間字佐久間7番7

別紙(3)　承認申請に係る土地の形状を明らかにする写真

1　近景写真

（令和6年7月1日　撮影）

2　遠景写真

（令和6年7月1日　撮影）

第 8 章　相続土地国庫帰属のレシピ

8-2　合算申出書

倉田　次に、合算申出書を起案してみます。

　事案❾の概要は次のとおりです（〔図表35〕）。

　被相続人である神内 G 男は、令和 3 年 3 月 3 日に死亡しました。神内 G 男の相続人は、長男である神内 H 輔の 1 名のみです。

　神内 G 男の相続財産の一部に、X 土地（静岡県浜松市天竜区佐久間町佐久間字佐久間100番 1 ）および Y 土地（同所100番 2 ）があり、神内 H 輔は相続による所有権移転登記を両土地ともに完了させています。なお、両土地は隣接しており、その所在は、両土地ともに静岡地方法務局浜松支局の管轄内にあります。

　神内 H 輔は、X 土地および Y 土地について、承認申請することとし、司法書士に書類作成を依頼したところ、司法書士から、合算の申出により負担金を軽減できるとの説明を受けました。神内 H 輔は、合算申出書についても司法書士に作成を依頼することとし、承認申請書と同時に合算申出書を提出することとしました。

　事案❾のケースでは、負担金を軽減するための合算の申出をする場合の合算申出書（【書式37】）は次のとおり作成することができます。

〔図表35〕　事案❾の関係図

528

【書式37】 合算申出書②（事案❾）

令和6年9月1日

合 算 申 出 書

静岡地方法務局長 殿

　相続等により取得した土地所有権の国庫への帰属に関する法律施行令第6条第1項及び相続等により取得した土地所有権の国庫への帰属に関する法律施行規則第16条の規定に基づき、下記1の土地について、隣接する二筆以上の承認申請に係る土地を一筆の承認申請に係る土地とみなして負担金を算定すべき旨の申出をします。

記

1　合算の申出をする土地の表示

(1)　土地の所在地番　　静岡県浜松市天竜区佐久間町佐久間字佐久間100番1

（X土地）

(2)　土地の所在地番　　静岡県浜松市天竜区佐久間町佐久間字佐久間100番2

（Y土地）

2　申出人

住　所　静岡県浜松市中央区半田100番地の3

氏　名　神内H輔

倉田　それでは、**事案❿**のような場合はどうなるでしょうか。

　　事案❿の概要は次のとおりです（〔**図表36**〕）。

　　被相続人である神内G男は、令和3年3月3日に死亡しました。神内G男の相続人は、長男である神内H輔の1名のみです。

　　神内G男の相続財産の一部に、X土地（静岡県浜松市天竜区佐久間町佐久間字佐久間500番）があり、神内H輔は相続による所有権移転登記を完了させています。

　　神内H輔は、X土地について承認申請することとし、司法書士に書類作成および提出の代行を依頼しました。司法書士は令和6年9月1日に承認申請書を提出しました。

第 8 章　相続土地国庫帰属のレシピ

　その後、X 土地に隣接する Y 土地（愛知県新城市新城字新城 1 番）との境界について、Y 土地の所有者である里田 J 郎に対し、静岡地方法務局から確認の通知が送付されました。里田 J 郎は境界について異議を述べませんでしたが、自身も Y 土地について承認申請したいとの意向を神内 H 輔に連絡してきました。なお、里田 J 郎も相続によって Y 土地を取得しています。

　神内 H 輔は、里田 J 郎に司法書士を紹介し、2 名で司法書士事務所を訪れ、里田 J 郎が司法書士に Y 土地について承認申請書および添付書面の作成を依頼したところ、司法書士から、合算の申出により両土地の負担金の合計額を軽減できるとの説明を受けました。神内 H 輔および里田 J 郎が、合算申出書の作成を司法書士に依頼したところ、司法書士からは、Y 土地の承認申請書と同時に合算申出書を提出するとの説明を受けました。

　X 土地の地目は田、Y 土地の地目は畑であるが、ともに農用地区域に所在しています。

　事案❿のように隣接する土地を管轄する法務局やそれぞれの土地の所有者が異なる場合、合算申出書は【書式38】のように作成することができます。

〔図表36〕　事案❿の関係図

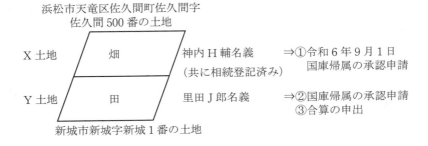

530

8　承認申請書と合算申出書の起案

【書式38】　合算申出書③（事案❿）

令和 6 年12月10日

合　算　申　出　書

名古屋法務局長　殿

　相続等により取得した土地所有権の国庫への帰属に関する法律施行令第 6
条第 1 項及び相続等により取得した土地所有権の国庫への帰属に関する法律
施行規則第16条の規定に基づき、下記 1 の土地について、隣接する二筆以上
の承認申請に係る土地を一筆の承認申請に係る土地とみなして負担金を算定
すべき旨の申出をします（負担金を算定すべき旨を共同して申出します）。

記

1　合算の申出をする土地の表示
　(1)　土地の所在地番　　愛知県新城市新城字新城 1 番（Y 土地）
　(2)　土地の所在地番　　静岡県浜松市天竜区佐久間町佐久間字佐久間500番

（X 土地）

　　　受付年月日　　　令和 6 年 9 月 1 日
　　　　　　　　　　　令和 6 年第100号
　　　提出法務局　　　静岡地方法務局
2　申出人
　　　住　　所　愛知県新城市新城100番地の 3
　　　氏　　名　里田 J 郎
　　　住　　所　静岡県浜松市中央区半田100番地の 5
　　　氏　　名　神内 H 輔
3　納入告知書を受領する申出人
　　　住　　所　愛知県新城市新城100番地の 3
　　　申出者　　里田 J 郎

倉田　事案❾の場合と比べて、事案❿では、どのような点に注意すべきで
　　しょうか。

神谷　承認申請書と同時に合算申出書を提出するのではなく、承認申請が受
　　理された後に合算申出書を提出する場合は、承認申請が受理された際の受

531

第8章　相続土地国庫帰属のレシピ

付年月日と受付番号を記載する必要があります（帰属規16条3号）。

　　事案❿では、X土地についてすでに承認申請が受理されていますので、X土地に関する承認申請が静岡地方法務局で受理された際の受付年月日と受付番号を記載します。

中里　事案❿では、X土地の表示欄に提出法務局の記載がありますが、この記載も、承認申請書と合算申出書を同時に提出する場合には不要ですか。

神谷　同一の法務局であれば不要です。提出法務局の記載があるのは、X土地とY土地の管轄が異なるためです。

　　【書式38】では、Y土地を管轄する名古屋法務局に合算申出書を提出しているため、名古屋法務局の管轄外に所在するX土地について、その管轄法務局の記載が必要になります。[286]

内納　事案❿の場合、Y土地の承認申請と同時に合算申出書を提出するため、提出先が名古屋法務局となっていますが、Y土地に関する承認申請が受理された後に、合算申出書を静岡地方法務局に提出することも可能ですよね。

神谷　はい、隣接する二筆以上の土地の管轄が異なる場合、いずれか一方の法務局に合算申出書を提出すれば足ります（帰属規16条1項本文ただし書）。

　　なお、その場合、X土地についてもY土地についても、承認申請が受理された際の受付年月日と受付番号を記載する必要があります（帰属規16条3号）。また、管轄が異なるY土地については、管轄法務局が名古屋法務局であることを記載しなければなりません。

内納　事案❿のように異なる所有者が共同して合算の申出をする場合は、その旨を合算申出書に記載しなければなりません（帰属規16条4号）。また、異なる所有者による共同の合算申出に際しては、申出書に負担金の納入告知書を受領する申出人を記載する必要がある点にも、注意が必要です。[287]

286　ウェブサイト（「7　負担金」→「負担金の算定についての詳細」→「負担金額算定の特例」→「2　負担金額算定の特例の申出の方法」→「申請書の記載例」のうち②）。

287　ウェブサイト（「7　負担金」→「負担金の算定についての詳細」→「負担金額算定の特例」→「2　負担金額算定の特例の申出の方法」→「申請書の記載例」のうち②）。

> （隣接する二筆以上の土地の負担金算定の特例の申出方法）
>
> 帰属規第16条　令第６条第１項の規定による申出は、次に掲げる事項を記載
> した申出書を管轄法務局長に提出して行わなければならない。ただし、隣
> 接する二筆以上の承認申請に係る土地の管轄法務局が二以上あるときは、
> そのいずれかに対して提出するものとする。
> 一　申出をする者の氏名又は名称及び住所
> 二　申出に係る隣接する二筆以上の承認申請に係る土地の所在及び地番
> 三　承認申請の受付の年月日及び受付番号（承認申請と併せて申出をする
> 　場合を除く。）
> 四　令第６条第２項の規定により共同して申出をするときは、その旨

9　承認申請後の流れ

9-1　通知・納付・登記・取下げ・審査請求

倉田　承認申請後の流れについて確認しましょう。

　　　承認申請者は、承認申請の結果をどのようにして知ることができるので
すか。

神谷　書面調査・実地調査を経て、法務局から却下（帰属規６条１項・２
項）、承認（帰属規17条１項・３項）、不承認（帰属規17条４項・６条）のい
ずれかが、承認申請者全員に対して、書留郵便による方法により書面で通
知されます。[288]

　　　却下または不承認の場合は、不正な承認申請のために用いられた疑いの
ある書面を除き、その旨の通知と同時に添付書面が還付されます（帰属規
６条３項・17条４項）。

　　　また、承認された場合は、負担金の額の通知も承認申請者全員に対し同
時に送付されます（帰属規17条２項）。ただし、共有の土地について共同し

288　要領38頁（第11節１・３）・39頁（第13節第１・第２）。

第8章　相続土地国庫帰属のレシピ

て承認申請した場合あるいは合算の申出を行った場合、負担金の納付に必要な納入告知書（帰属規19条）は、承認申請書や合算申出書に「納入告知書を受領する者」として記載した承認申請者だけに送付される扱いです。[289]

（承認申請の却下の通知方法等）

帰属規第6条　法第4条第2項の規定による承認申請を却下したことの通知は、承認申請者ごとに、決定書を交付して行うものとする。

2　前項の規定による交付は、決定書を送付する方法によりすることができる。

3　管轄法務局長は、承認申請の却下があったときは、添付書類を還付するものとする。ただし、偽造された書面その他の不正な承認申請のために用いられた疑いのある書面については、この限りではない。

（承認等の通知方法）

帰属規第17条　法第9条の規定による承認をしたことの通知は、その旨を記載した書面を承認申請者ごとに交付して行うものとする。

2　法第10条第2項の規定による負担金の額の通知は、前項の通知と併せて、負担金の額を記載した書面を承認申請者ごとに交付して行うものとする。

3　前二項の規定による交付は、前2項に規定する書面を送付する方法によりすることができる。

4　法第9条の規定による承認をしないことの通知については、第6条の規定を準用する。

倉田　負担金の納付期限は30日でしたね。

神谷　はい。負担金の額の通知書を受領した日の翌日から起算して30日以内に納付しなければならず、期限までに納付しないと承認の効力が失われます（帰属10条3項）。

289　ウェブサイト（「7　負担金」→「負担金の算定についての詳細」→「負担金額算定の特例」→「2　負担金額算定の特例の申出の方法」→「申請書の記載例」のうち②）参照。

期限経過後に納付した場合でも無効となり負担金は還付される取扱いですので、注意が必要です。[290]

倉田　承認された場合の国への所有権移転登記は、どのように行われるのでしょうか。

神谷　嘱託登記により行われますので、承認申請者が関与する必要はありません。なお、登記原因日付は、負担金が納付された日となります（帰属11条1項）。[291]

（国庫帰属の時期）

帰属第11条　承認申請者が負担金を納付したときは、その納付の時において、第5条第1項の承認に係る土地の所有権は、国庫に帰属する。

　2　（略）

中里　国への所有権移転登記がなされるとのことですが、実際の登記名義人は管理予定庁となりますので、宅地の場合は財務省、農地の場合は農林水産省、森林の場合は林野庁などの名義となることが想定されます。

倉田　承認申請後に、承認申請する土地の買受人が現れるようなケースも想定できますが、この場合、承認申請者としてはどのような対応が必要ですか。

内納　承認申請の取下げをした後に売却する必要があります。取下げをしないまま売却した場合、承認申請する土地の所有権を失うことによって承認申請権限を失うことから、承認申請は却下されます。[292]

神谷　取下げに関する条文をみてみましょう（帰属規7条）。

　　取下げができるのは承認申請書の受付があった時から承認があった時までとなります。承認があった後は取下げができない点にご注意ください（帰属規7条2項）。

290　要領41頁（第14節第4-4）、6-1参照。

291　要領42頁（第15節第3）。

292　Q&A3-19。

第 8 章　相続土地国庫帰属のレシピ

> （承認申請の取下げ）
> 帰属規第 7 条　承認申請の取下げは、承認申請を取り下げる旨を記載した書
> 　　面（第23条第 4 項第 1 号において「取下書」という。）を管轄法務局長に
> 　　提出する方法によってしなければならない。
> 　 2 　承認申請の取下げは、法第 5 条第 1 項の承認がされた後は、することが
> 　　できない。
> 　 3 　管轄法務局長は、承認申請の取下げがされたときは、添付書類を還付す
> 　　るものとする。この場合においては、前条第 3 項ただし書の規定を準用す
> 　　る。

中里　添付書類の還付については、却下や不承認の場合と同じ取扱いとなる
　　のですね（帰属規 7 条 3 項・ 6 条 3 項ただし書）。
内納　承認申請を取り下げたとしても審査手数料は返還されませんので、登[293]
　　記申請を取り下げたときのように収入印紙の再使用を申請することはでき
　　ない点にも、ご注意ください。
倉田　却下や不承認に対する審査請求は可能ですか。
内納　可能です。却下や不承認の場合だけでなく、負担金の額、一度承認さ
　　れたが後に取り消された場合の承認の取消し（帰属13条 1 項[294]）に対して
　　も、行政不服審査法に基づき法務大臣に対し審査請求をすることが認めら
　　れています[295]。

> （承認の取消し等）
> 帰属第13条　法務大臣は、承認申請者が偽りその他不正の手段により第 5 条
> 　　第 1 項の承認を受けたことが判明したときは、同項の承認を取り消すこと
> 　　ができる。
> 　 2 ～ 4 　（略）

293　Q&A 4 - 4 、 **7 - 2 - 2** 参照。
294　要領43頁（第16節）。
295　要領45頁（第18節 1 ）。

9　承認申請後の流れ

9－2　地位の承継

倉田　すでに承認申請がなされている土地について、承認申請がなされた後に生じた事由により所有権を取得した者がある場合、承認申請の手続にはどのような影響がありますか。

神谷　新たに所有権を取得した者が、帰属法2条1項・2項の各規定により承認申請をすることができる者である場合に限り、承認申請者としての地位の承継が認められています。

　　　具体的な手続が規定された条文を確認しましょう（帰属規12条）。

（承認申請者から所有権を取得した者の取扱い）

帰属規第12条　法第11条第1項の規定による負担金の納付がされるまでの間に、承認申請者から承認申請に係る土地の所有権の全部又は一部を取得した者（法第2条第1項又は第2項の承認申請をすることができる者に限る。以下この条において「新承認申請権者」という。）があるときは、新承認申請権者は、その取得の日から60日以内に限り、管轄法務局長に申し出て、承認申請手続における承認申請者の地位を承継することができる。

2　前項の申出は、新承認申請権者が申出書及び添付書類を提出して行わなければならない。

3　前項の申出書及び添付書類については、第2条（第2項第2号を除く。）及び第3条（第1号から第3号まで及び第7号に係る部分に限る。）の規定を準用する。この場合において、「承認申請書」とあるのは「申出書」と、「承認申請者」とあるのは「申出人」と、「承認申請者等」とあるのは「申出人等」と、「承認申請を」とあるのは「申出を」と、「承認申請に係る土地の表題部所有者」とあるのは「申出に係る土地の表題部所有者」と、「承認申請の」とあるのは「申出の」と、「承認申請者が相続又は遺贈（相続人に対する遺贈に限る。）により承認申請に係る土地の所有権又は共有持分を取得した者であるときは、当該者」とあるのは「申出人が新承認申請権者」と読み替えるものとする。

中里　所有権を取得した日から60日以内に、所有権を取得したことを証する書類を添付して申出書（要領別記第4号様式①②。【書式39】【書式40】）を提

537

第 8 章　相続土地国庫帰属のレシピ

出する必要があるということですね。

神谷　そのとおりです。

　なお、負担金の納付後、国への所有権移転登記が経由されるまでの間に承認申請者が死亡するケース等も想定できますが、負担金を納付した時点で土地の所有権は国に帰属することとなるため（帰属11条1項）、このようなケースでは地位承継の申出書を提出する必要はありません。[296]

【書式39】　地位承継の申出書①（一般承継）

申　出　書

静岡地方法務局長 殿

　下記承認申請に関し、相続の発生（注1）に伴い、新承認申請者として承認申請者の地位を承継し申請を継続しますので、その旨申出をします。

記

受付日：令和6年8月1日（注2）

受付番号：令和6年第70号（注2）

申請土地の所在地番：静岡県浜松市天竜区水窪字水窪1番10

申請土地の地目及び地積：　畑　100㎡

申請土地の所有権登記名義人の氏名・住所（注3）：鈴木一朗

新承認申請者名：鈴木吉郎

承継の理由（注1）：令和6年12月1日相続

添付資料（注4）：印鑑証明書、承認申請者及び新承認申請権者の戸籍事項証
　　　　　　　　　明書、登記承諾書

（注1）具体的な理由を記載してください。

（注2）受付年月日及び受付番号が分かる場合に記載してください。

（注3）所有権登記名義人又は表題部所有者の氏名・住所を記載してください。

（注4）添付資料の概要を記載してください。

申出年月日　　令和6年12月20日

296　帰属規パブコメ60。

申出人（新承認申請者）

　　住所：静岡県浜松市中央区砂山町一丁目1番1号

　　氏名：鈴木吉郎　実印

　　　　　　連絡先：053-111-111

＊　複数の申出人が同一の申出書を用いる場合には、連名または申請人ごとに別紙用紙を
　　用いても差し支えない。

中里　共有地について、相続等以外の事由によって共有持分を取得した共有
　　者が相続等によって共有持分を取得した他の共有者と共同で承認申請する
　　ことは認められていますが（帰属2条2項）、この場合に、相続等以外の事
　　由によって共有持分を取得した共有者から、承認申請後に、相続等以外の
　　事由によってその共有持分を取得した共有者についても、地位承継の申出
　　は可能ですか。

神谷　可能です。たとえば、売買によって共有持分を取得した者が帰属法2
　　条2項に基づき承認申請をした後に、その共有者からさらに売買で共有持
　　分を取得した者等が想定されます（**【書式40】**）。

　　　したがって、法人からの地位承継の申出が可能となる場合もありうるこ
とになります。[297]

【書式40】　地位承継の申出書②（特定承継）

申　出　書

静岡地方法務局長　殿

　　下記承認申請に関し、売買（注1）に伴い、新承認申請者として承認申請
者の地位を承継し申請を継続しますので、その旨申出をします。

記

受付日：令和6年8月1日（注2）

---

[297]　帰属規パブコメ62。

第 8 章　相続土地国庫帰属のレシピ

受付番号：令和 6 年第30号（注 2 ）

申請土地の所在地番：静岡県浜松市天竜区水窪字水窪 1 番10

申請土地の地目及び地積：　畑　100㎡

申請土地の所有権登記名義人の氏名・住所（注 3 ）：鈴木一朗

新承認申請者名：山田太郎

承継の理由：令和 6 年12月 1 日売買（注 1 ）

添付資料（注 4 ）：印鑑証明書、登記承諾書、登記事項証明書

（注 1 ）具体的な登記原因を記載してください。

（注 2 ）受付年月日及び受付番号が分かる場合に記載してください。

（注 3 ）所有権登記名義人又は表題部所有者の氏名・住所を記載してください。

（注 4 ）添付資料の概要を記載してください。

申出年月日　　令和 6 年12月20日

申出人（新承認申請者）（注 5 ）

住所：静岡県浜松市中央区田町二丁目 2 番 2 号

氏名：山田太郎　実印

　　　　連絡先：053-222-2222

（注 5 ）法人の場合には、代表者名及び新承認申請者の会社法人等番号も記載してく
　　　　ださい。

＊　複数の申出人が同一の申出書を用いる場合には、連名または申請人ごとに別紙用紙を
　　用いても差し支えない。

内納　地位承継の申出をすることができる60日の期間の起算日は、「取得した
　　　ことを知った日」ではなく「取得の日」とされている点に注意が必要です。[298]

倉田　承認申請者が死亡しその後に遺産分割協議が調ったようなケースにお
　　　いて、「取得の日」とは、承認申請者の死亡の日ですか、遺産分割協議成
　　　立の日ですか。

内納　承認申請者の死亡日が「取得の日」となります。[299]

298　帰属規パブコメ64。

299　Q&A 3 -16。

540

承認申請者が死亡してから司法書士が相続の相談を受けるまでにすでに相当の期間が経過していることも予測できます。今後、相続の相談を受けた際には、承認申請している土地の有無についても確認が必要になりますし、承認申請している土地がある場合には早急に地位承継の申出をする必要が生じますので、十分に注意しなければなりません。

倉田　60日の期間内に地位承継の申出書が提出されなかった場合は、どのようになるのでしょう。

　　承認申請後に承認申請者が死亡したが、相続人が地位承継の申出書を提出しなければならないことを知らないまま、承認申請者に代わって負担金を納付するようなケースが予測されるものと考えます。

神谷　管轄法務局が承認申請者の死亡の事実を知った場合に、死亡の日から60日以内に地位承継の申出がない場合、帰属法4条1項1号により承認申請が却下される旨の指摘がありますが[300]、管轄法務局も承認申請者の死亡の事実を知らないまま、承認申請者以外の者から負担金が納付されたケースについては要領にも言及はありませんので、今後の動向に注視する必要があります[301]。

中里　相続登記が経由されないまま承認申請された土地について、その後に、遺産分割協議が調ったために承認申請者の一人または複数人に土地の所有権が帰属することが確定したようなケースは、地位承継の問題ではないと考えますが、何らかの手続が必要になりますか。

神谷　この点についても、現時点では明確な見解は示されておりませんので、こちらも今後の動向に注視する必要があります[302]。

300　要領16頁（第7節4）。
301　帰属規パブコメ65参照。
302　帰属規パブコメ71参照。

第8章　相続土地国庫帰属のレシピ

10　事案集積の必要性

倉田　本章では、新たに創設された相続土地国庫帰属制度に関し、詳細な検討を重ねてきました。

　ことに、却下事由、不承認事由については承認申請者の利害にかかわる重要な論点となります。コストをかけて承認申請した結果、却下または不承認となる事態は可及的に回避したいと考えるのが通常でしょうから、却下または不承認の各要件は明確であることが理想ではありますが、本章における検討を踏まえると、不透明な部分も散見されます。

神谷　本書の執筆は令和6年7月であり、帰属法が施行された令和5年4月27日から1年以上経過しました。法務省によれば、令和6年6月30日時点で承認申請の件数は2,348件に上るうえ、延べ3万件を超える相談が法務局に持ち込まれており、国庫帰属の制度に対する国民の関心の高さをうかがい知ることができます。

倉田　2,348件のうち、国庫帰属が承認された件数はどのくらいあるのですか。

神谷　承認された件数は564件です。そのほか、却下が10件、不承認が17件、取下げが293件となっており、1,460件ほどが審査中となります。

内納　取下げの中には、地方自治体や国の機関による有効活用が決定したケース、隣接地所有者から土地の引受けの申出があったケース、農業委員会による調整を経て農地として活用されることとなったケースなど、結果的に状況が好転した事案もあるようですね。[303]

中里　今後、承認申請を希望するすべての国民、承認申請書の作成に携わる司法書士等の専門家、調査を担う法務局の職員のすべてにとって透明性のある手続としていくためにも、国には、承認・不承認・却下の結果とその理由を適時に公表することを強く求めたいと考えます。[304]

303　以上につき、法務省のウェブサイト「相続土地国庫帰属制度の統計」〈https://www.moj.go.jp/MINJI/minji05_00579.html〉。

304　荒井230頁参照。

10 事案集積の必要性

内納 せっかく創設された、従来の枠組みでは想定し得なかった新制度ですので、信頼ある制度として成長させてもらいたいですし、承認申請に携わる私たちとしても、積極的な関与と遵法精神に基づく書類作成を心がけていきたいものです。

◎著者紹介◎

中 里 功 （なかさと・いさお）

司法書士法人浜松総合事務所　代表
事務所ウェブサイト　http://h-sougou.com/
〔主な経歴〕
昭和47年12月生まれ
平成 3 年 3 月　浜松北高等学校卒業
平成 7 年 3 月　中央大学法学部法律学科卒業
平成 8 年　　　司法書士試験合格
平成10年 2 月　静岡県浜松市において開業
平成18年 4 月～平成19年 3 月　静岡県青年司法書士協議会会長
平成15年 4 月～令和 2 年 3 月　日本司法書士会連合会消費者問題対策委員会（旧消費者問題対策本部、消費者法制検討委員会）委員、平成28年 6 月～平成30年 3 月は委員長
平成19年 5 月～平成31年 3 月　静岡県司法書士会常任理事
平成13年～現在　消費者法ニュース編集委員
平成30年～現在　浜松市固定資産評価委員会委員
令和 4 年 6 月～令和 6 年 5 月　静岡県公立高等学校 PTA 連合会副会長
〔主な著書・論文〕
『司法書士のための会社破産申立ての手引き』（単著・民事法研究会）、『司法書士のための会社・事業者破産の実務と理論』（共著・民事法研究会）、『相続実務必携』（共著・民事法研究会）、『トラブル事案に学ぶ　おしゃべり消費者法』（共著・民事法研究会）、『実践 ADR～調停センター "ふらっと" の挑戦～』（共著・民事法研究会）、『悪質商法被害救済の実務』（共著・民事法研究会）、『ここがポイント！　消費者法』（共著・民事法研究会）、『ここがポイント！　改正特商法・割販法』（共著・民事法研究会）、『実践　簡裁民事訴訟』（共著・民事法研究会）、『簡裁消費者訴訟の実務〔全訂増補版〕』（共著・民事法研究会）、『消費者のためのわかりやすい消費者契約法 Q&A』（共著・消費者問題研究所）、『戦闘モード商工ローン』（共著・浜松商工ローン研究会）、「福祉分野の民事信託契約の条項例と作成上の留意点」（市民と法112号）、「司法書士による会社の破産手続開始申立書作成業務」（市民と法75号）、「パチンコ攻略法と特定商取引法」（現代消費者法 3 号）、「相続登記の専門家から相続の専門家へ～法定相続情報証明でピンチをチャンスに！」（月報司法書士557号）、「攻めの予防司法へ～仮登記を活用した事案を通じて」（月報司法書士536号）、「所有者不明の表題登記に対する保存登記」（月報司法書士527号）、「財産分与と否認」（月報司法書士512号）、「司法書士と簡裁代理権」（法学セミナー594号）、「〈座談会〉消費者法の今日的課題」（法律時報935号）

著者紹介

神 谷 忠 勝（かみや・ただかつ）

司法書士神谷忠勝事務所　代表
事務所ウェブサイト　https://www.ne.jp/asahi/kamiya/shihoushoshi/
〔主な経歴〕
昭和53年2月生まれ
平成23年　行政書士試験合格
平成29年　司法書士試験合格
平成30年　司法書士法人中央合同事務所に入所
令和5年　静岡県磐田市において独立開業
令和5年度〜令和6年度　静岡県司法書士会浜松支部理事
〔主な著書・論文〕
『相続実務必携』（共著・民事法研究会）

倉 田 和 宏（くらた・かずひろ）

司法書士倉田和宏事務所　代表
事務所ウェブサイト　https://shihousyosi-kurata-kazuhiro.xyz/
〔主な経歴〕
昭和38年1月生まれ
平成18年　行政書士試験合格
平成23年　司法書士試験合格
平成24年　司法書士登録
平成26年〜平成30年　静岡県司法書士会理事・同消費者問題対策委員会委員長
平成26年〜平成28年　静岡県司法書士会浜松支部理事
令和3年〜令和4年3月　浜松市空き家等対策委員会委員長
令和元年〜令和4年　静岡県司法書士会研修委員会委員長・同空き家・所有者不明土地問題対策委員会委員
令和5年〜現在　静岡県司法書士会常任理事（企画部長）・同相続登記推進対策本部副委員長
令和5年〜現在　一般社団法人静岡県公共嘱託登記司法書士協会理事（研修委員長）
〔主な著書・論文〕
『相続実務必携』（共著・民事法研究会）

545

著者紹介

内　納　隆　治（うちの・りゅうじ）

司法書士法人中央合同事務所　代表

行政書士中央合同事務所　代表

事務所ウェブサイト　http:// 司法書士法人中央合同事務所 .com/

〔主な経歴〕

昭和53年11月生まれ

平成21年　博士号（生命科学）取得

平成21年〜平成24年　東北大学学際科学国際高等研究センター博士研究員

平成24年〜平成25年　浜松医科大学メディカルフォトニクス研究センター博士研究員

平成27年　行政書士試験合格

平成30年　司法書士試験合格

令和元年　司法書士登録、司法書士法人中央合同事務所入所

令和4年　行政書士登録、行政書士中央合同事務所開業

令和3年〜現在　静岡県司法書士会デジタル型業務研究委員会委員長

令和5年〜現在　静岡県司法書士会理事

〔主な著書・論文〕

Domain analyses of the Runx 1 transcription factor responsible for modulating T-cell receptor-beta/CD4 and interleukin-4/interferon-gamma expression in CD4 (+) peripheral T lymphocytes

　Ryuji Uchino

　Immunology　2009 Sep;128 (1):16-24

Macrophage-targeted, enzyme-triggered fluorescence switch-on system for detection of embolism-vulnerable atherosclerotic plaques

　Yudai Narita, Kosuke Shimizu, Keisuke Ikemoto, Ryuji Uchino,

　Mutsumi Kosugi, Marten B Maess, Yasuhiro Magata, Naoto Oku, Mikako Ogawa

　J Control Release 2019 May 28;302:105-115.

Runx 1 と Runx 3 転写因子による末梢 CD 4 陽性 T 細胞の分化制御

　内納隆治　博士論文（平成21年）

所有者不明土地解消・活用のレシピ〔第2版〕

令和6年9月24日　第1刷発行

著　者　中里功・神谷忠勝・倉田和宏・内納隆治
発　行　株式会社　民事法研究会
印　刷　藤原印刷株式会社

発行所　株式会社　民事法研究会
　　　　〒150-0013　東京都渋谷区恵比寿3-7-16
　　　　　　　〔営業〕TEL 03(5798)7257　FAX 03(5798)7258
　　　　　　　〔編集〕TEL 03(5798)7277　FAX 03(5798)7278
　　　　　　　http://www.minjiho.com/　　info@minjiho.com

落丁・乱丁はおとりかえします。　　　　ISBN978-4-86556-640-6
カバーデザイン：関野美香

最新実務に必携の手引

── 実務に即対応できる好評実務書！ ──

2023年8月刊 令和5年4月施行の改正民法に対応して大幅改訂！

相続人不存在の実務と書式〔第4版〕

令和5年4月施行の改正民法下での相続財産清算人について、選任、財産目録の作成・提出をはじめとする相続財産管理の実務、弁済などについて書式を織り込み詳解するとともに、相続財産の保存のための相続財産管理人についてもわかりやすく解説！

水野賢一 著

（Ａ5判・358頁・定価 4,180円（本体 3,800円＋税10％））

2022年4月刊 民法（相続法）改正、遺言書保管法の制定に対応した新たな実務指針を明解に解説！

遺言執行者の実務〔第3版〕

遺言執行者の法的地位の明確化に対応し、遺言執行のみならず、遺言書作成の際の留意点、実務で注意を要する施行日と重要な経過措置を詳解！　新たに創設された配偶者居住権、自筆証書遺言の保管制度も解説し、最新判例も織り込んだ実践のための手引！

日本司法書士会連合会　編

（Ａ5判・353頁・定価 3,960円（本体 3,600円＋税10％））

2017年12月刊 規則31条業務の経験と研究を踏まえ、具体的な実務指針を示す！

遺産承継の実務と書式

相続人との委任契約に基づく遺産承継の実務指針を示すとともに、受任から相続人・相続財産の調査、遺産分割協議、遺産承継手続、終了報告までを具体的・実践的に解説！　各手続において作成する書式を多数登載しているので実務に至便！

一般社団法人日本財産管理協会　編

（Ａ5判・216頁・定価 2,750円（本体 2,500円＋税10％））

2018年10月刊 相続の承認・放棄を上手に選択するために必要な基礎知識と申述方法等の概要を整理！

Q＆A限定承認・相続放棄の実務と書式

相続の承認・放棄をめぐる各種手続に利用する書式を網羅的に登載するとともに、登記・税務、相続財産・相続人の破産、渉外相続などの関連実務にも言及しているので、弁護士、司法書士など相続事案にかかわる実務家の必読書！

相続実務研究会　編

（Ａ5判・323頁・定価 3,850円（本体 3,500円＋税10％））

発行　民事法研究会

〒150-0013　東京都渋谷区恵比寿 3-7-16
（営業）TEL. 03-5798-7257　FAX. 03-5798-7258
http://www.minjiho.com/　　info@minjiho.com

最新実務に必携の手引

― 実務に即対応できる好評実務書！ ―

2022年9月刊 高齢の依頼者から終活相談を受ける場合の必読書！

終活契約の実務と書式

財産管理・法定後見・任意後見・死後事務委任・遺言・見守り（ホームロイヤー）などといった各サービスを一括して受任する契約である「終活契約®」の実務を終活契約と関係する書式を織り込みながら、ポイントを押さえて解説！　※「終活契約」は登録商標です。

特定非営利活動法人　遺言・相続・財産管理支援センター　編
（Ａ５判・424頁・定価 3,960円（本体 3,600円＋税10％））

2020年12月刊 死を見据えた準備をすることで相談者と家族の未来を支援する！

新しい死後事務の捉え方と実践
―「死を基点にした法律事務」という視点に立って―

委任契約・法定後見に基づく死後事務の法的論点を整理し、相談者や家族が抱える不安を聴き取る相談の技法や、多岐にわたる法的メニューを上手に選択するための指針を示した垂涎の書！　長期にわたる支援のモデル事例において各種書式を掲載！

死後事務研究会　編　久保隆明・上野裕一郎・畑中一世・西澤英之・森田みさ
（Ａ５判・307頁・定価 3,520円（本体 3,200円＋税10％））

2023年3月刊 相続・遺言の基礎知識やトラブル対処法をＱ＆Ａ方式でわかりやすく解説！

相続・遺言のトラブル相談Ｑ＆Ａ
―基礎知識から具体的解決策まで―

相続・遺言の基本知識から専門知識までを、経験豊富な実務家がＱ＆Ａ方式でわかりやすく解説！　財産問題であるのと同時に相続人同士の家族問題でもある相続事件について、東京弁護士会法律研究部相続・遺言部が、専門的知識を踏まえつつ解説！

東京弁護士会法律研究部相続・遺言部　編
（Ａ５判・323頁・定価 3,190円（本体 2,900円＋税10％））

2021年8月刊 最新の実例に基づくさまざまな問題を、90の事例をもとに法的観点から解説！

葬儀・墓地のトラブル相談Ｑ＆Ａ〔第2版〕
―基礎知識から具体的解決策まで―

「送骨」「手元供養」などの葬送秩序の変化や、葬儀ローン・離檀料などの新たな紛争類型を含む90の事例をもとに、法改正に対応してわかりやすく解説！　トラブル相談を受ける実務家、消費生活センター関係者、自治体担当者等必携の１冊！

長谷川正浩・石川美明・村千鶴子　編
（Ａ５判・331頁・定価 3,190円（本体 2,900円＋税10％））

発行　民事法研究会

〒150-0013　東京都渋谷区恵比寿 3-7-16
（営業）TEL. 03-5798-7257　　FAX. 03-5798-7258
http://www.minjiho.com/　　info@minjiho.com

63歳で癌に罹患し余命宣告を受けた司法書士が辿り着いた境地とは？

レジリエントに生きたい
余命宣告を受けた司法書士の生き様

古橋清二 著

四六判・194頁・定価 1,540円（本体 1,400円＋税10%）

▶依頼者のために日々奮闘する後輩たちに向けて、司法書士として生きた30余年で経験した出会いや別れ、苦しみや悦び、社会や家族との向き合い方をとおして辿り着いた、温かく、しなやかな生き方を教えてくれる好個の書！

▶「今、僕は、僕の人生で最大の逆境に追い込まれている。もちろん、癌のことである。しかし、振り返ってみれば、僕はこれまで様々な逆境を乗り越えて、まさにレジリエントに（しなやかに）生きてきた。だから、ひょっとすると僕にとって最後となる癌という逆境も、レジリエントに乗り越えたいのである」（「はしがき」より）。

国民の権利擁護を使命とする専門家としての司法書士に必携の書！

司法書士のための
会社・事業者破産の実務と理論
─相談・申立てから破産開始後の論点まで─

古橋清二・中里 功 著

A5判・413頁・定価 4,400円（本体 4,000円＋税10%）

▶中小規模会社・事業者の破産事件の書類作成業務のノウハウを開示！
▶国民の権利擁護を使命とする専門家として、自責の念を抱え疲弊した依頼者に寄り添いつつ、相談から申立書作成まで、破産法の理念に則った手続遂行の支援を書式と事例で詳説！
▶手続全体の論点を判例等に基づき深く理解でき、相談に来た依頼者に的確な助言をすることで、生活再建につなげることができる！
▶中里 功 著『司法書士のための会社破産申立ての手引』および古橋清二著『司法書士のための破産の実務と論点』を合本して改訂した司法書士実務の必携書！

発行 ㊂民事法研究会

〒150-0013　東京都渋谷区恵比寿 3-7-16
（営業）TEL. 03-5798-7257　FAX. 03-5798-7258
http://www.minjiho.com/　info@minjiho.com